A QUESTÃO ANCESTRAL

FÁBIO LEITE

A QUESTÃO ANCESTRAL

ÁFRICA NEGRA

Casa das Áfricas

PALAS ATHENA

© 2008, Fábio Rubens da Rocha Leite
Projeto editorial: Daniela Moreau
Coordenação editorial: Daniela Baudouin
Capa e projeto gráfico: Fabio Miguez
Restauração e tratamento de imagens: Marcos Ribeiro

Dados Internacionais de Catalogação na Publicação (CIP)
(Câmara Brasileira do Livro, SP, Brasil)

Leite, Fábio Rubens da Rocha
A questão ancestral : África negra / Fábio Rubens da Rocha Leite.
— São Paulo : Palas Athena : Casa das Áfricas, 2008.

Bibliografia.

ISBN 978-85-60804-06-1 (Palas Athena)

1. África - Civilização 2. África - História
3. Brasil - Civilização - Influências africanas
4. Civilização antiga 5. Cultura - África
6. Cultura - Brasil 7. Identidade social
I. Título.

08-06153   CDD-303.482

Índices para catálogo sistemático:
1. Cultura africana : Sociologia   303.482

2008
Todos os direitos reservados e protegidos
pela Lei 9610 de 19 de fevereiro de 1998.
É proibida a reprodução total ou parcial, por quaisquer
meios, sem a autorização prévia, por escrito, da editora.

Editora Palas Athena
Rua Leôncio de Carvalho, 99 Sala 1 – Paraíso
04003-010 São Paulo SP Brasil
fone/fax: (11) 3289 5426
editora@palasathena.org.br
www.palasathena.org.br

Casa das Áfricas
Rua Jaciporã, 88 - Perdizes
01256-110 São Paulo SP Brasil
fone/fax: (11) 3801 1718
casadasafricas@casadasafricas.org.br
www.casadasafricas.org.br

vii Prefácio
Fernando Mourão

xiii Prefácio à presente edição
Fábio Leite

xxvii Fac-símile de súmula de argüição de tese de doutoramento (1983)
Antonio Candido

3 A QUESTÃO ANCESTRAL
Notas sobre ancestrais e instituições ancestrais em sociedades africanas: Ioruba, Agni e Senufo (1982)

385 Sobre o autor

Prefácio

Fábio Leite conhece música, tem sensibilidade. Aprendeu a escutar os tambores, percebeu que as escalas e divisões musicais pouco tinham a ver com a estrutura da música ocidental. Entrou na linguagem, primeiro no Brasil, depois em África. E mais, os tambores, as suas batidas, uma forma de comunicação, não foram tomadas como fator da estrutura e de função religiosa.

Um estudo profundo em torno de categorias que refletem aspectos centrais do universo africano de raiz tradicional antiga nasceu, há mais de três dezenas de anos, em torno da preparação e dos comentários sobre o programa mensal dos concertos da Orquestra da Universidade de São Paulo, conduzida pelo maestro Camargo Guarnieri. Dos temas de Villa-Lobos, às modinhas paulistanas, às composições de Guarnieri, aos clássicos, à preparação da excursão do coral da USP a países africanos, sob a batuta criativa de Benito Juarez, passamos a trocar idéias sobre temas da cultura africana.

Fábio da Rocha Leite escapava da rotina imposta pelo seu cargo, dando asas a um primado espiritual de certa maneira sufocado. Orlando Marques de Paiva, o reitor da USP, que criou a Orquestra uspiana, José Roberto Franco da Fonseca, jurista e humanista, foram essenciais ao desenvolvimento dos estudos africanos na USP, que na fase de arrancada tiveram o apoio de Eurípedes Simões de Paula, Miguel Reale, Ruy Andrade Coelho, Vicente Marota Rangel, Dirceu Lino de Matos, além de um grupo de jovens estudantes africanos, hoje espalhados pelo mundo, e enquanto alguns ficaram em São Paulo, o Carlos Serrano, o Kabengele Munanga.

Hesitei em abordar este esmiuçamento de uma relação de atores da afirmação universalista do continente africano, uma determinante, entre outras, da criação do Centro de Estudos Africanos da USP, mas é, sem dúvida, esclarecedora de um projeto.

Fábio libertou-se da agenda tão ambicionada por muitos e parte para a Costa do Marfim, terminados seus estudos preparatórios para o doutorado, acumulando a figura de Leitor na Universidade de Abidjan. Atendeu e desenvolveu o Leitorado sem impedir-se de iniciar longas viagens ao interior do país, onde surge a pesquisa vivida. Periodicamente enviava notícias, longas cartas onde falava dos seus novos amigos participantes, da África profunda, jovens e velhos, estes senhores da memória coletiva de um povo, na concepção do Fábio. Umas vezes respondia prontamente, outras vezes não. Fábio vinha a férias, rápidas, e aí comentávamos a sua visão do universo africano. Tínhamos interesses comuns no mundo sudanês, eu no eixo entre Dakar e Bamako, particularmente em Tombouctou que, anos mais tarde, uma "neta", Denise Dias Barros, no dizer de Fábio, esquadrinhou.

Fábio Leite não viajou só pela Costa do Marfim. Passou várias temporadas no Togo, Benin, Ghana e Nigéria, pesquisando as instituições ancestrais nas sociedades Iorubá, Agni e Senufo, a partir dos conhecimentos profundos dos cultos africanos no Brasil e de leituras de clássicos. Tento não usar o termo "religiões africanas" por uma razão muito simples. Durante mais de dez anos pesquisei e estudei o tema das artes africanas, analisando as principais coleções nos museus europeus e no campo, o que me levou a estudar filosofia africana. Intuí e percebi uma certa relação entre a simbologia de motivos repetidos em grande número de peças – o ziguezague, as formas em espiral e/ou helicoidais – como que simbolizando uma permanente relação com os antepassados comuns, percorrendo uma noção de tempo(s). Uma outra constatação diz respeito àquelas sociedades com estruturas "avançadas" quanto ao poder que, em relação aos cultos, criaram a figura do intermediário(s) na relação entre homem e os antepassados comuns, surgindo um panteon hierarquizado, tal como na sociedade Iorubá, contrapondo-se a outras sociedades em que o homem aprendeu a se comunicar diretamente com os antepassados, devidamente inserido na sua comunidade de origem, mais comum na África Bantu.

Nunca me senti à vontade com o tipo de leituras que pretendiam configurar duas Áfricas: a "tradicional" e a "moderna". Fábio Leite também não. Apesar do esforço de alguns autores, a divisão, termos opostos, não só é de natureza linear como insuficiente enquanto modelo de explicação. Além do mais essa metodologia leva a uma certa ambigüidade, à divulgação de idéias ligadas a interesses que negam a identidade africana. O ponto fundamental é, sem dúvida, a busca da identidade africana em um quadro universal e não redutor em busca de particularismos que passam a ter várias leituras, normalmente distantes da condição humana.

Por exemplo: falar do feiticismo como algo de especificamente africano é um erro. Encontramos a figura do feiticeiro em todos os cantos do mundo, mormente na literatura ocidental, ligada a um conceito de bem e mal que, aliás, não espelha o pensamento africano, refletindo mais uma prática típica de momentos agudos de ruptura social ocorridos em todas as épocas e lugares.

Um último fator, decorrente dos anteriores, emergiu de leituras antigas e das práticas judiciais atuais, ao novamente intuir que dos sucessivos conflitos exógenos e endógenos, ao longo da colonização, levaram a uma mutação do papel de certas figuras, como o do tradicional "adivinho", sufocado pelas estruturas do poder tradicional em ruptura, que se transformou em uma figura lida por uma parte da literatura ocidental, como a do "feiticeiro" exprimindo posições que se afastam da razoabilidade, da flexibilidade e do justo. Estudos de caso, em uma perspectiva temporal, em situações de rupturas sucessivas, vão neste sentido.

Na primeira metade do século XVI, Francisco de Vitória (1492-1546), em suas aulas na Universidade de Salamanca, evidenciou que o tratamento do Sujeito, da Pessoa Moral, tinham fundamento universal e não particular, da então *Comunitas Orbis*, ou seja o mundo ocidental, face aos povos que passaram a ser conhecidos. Para Vitória todos tinham a sua *orbis*, sua organização própria e não havia por que tratar o outro em condição caracterizada por uma *capitis deminutio*. Vitória, a quem dediquei um estudo introdutório às suas lições – *Relectiones de Indis Priore em De potestas civili* (no prelo: Fundação Alexandre de Gusmão) – afasta-se da interpretação extensiva do conceito de tutela, alargando os direitos subjetivos a todos os povos. A controvérsia é antiga, o problema é que ainda se mantém, passando da salvação à civilização, à cooperação.

Um ponto fundamental é o fato de que o texto de Fábio Leite não é um trabalho sobre religião mas trata, sim, de identidade. Curiosamente pilhei reações ao manuscrito nesse sentido, o que mostra o peso de idéias-força, tão aceitas, mas mal fundamentadas. Este é um ponto crucial que o leitor deve levar em conta para melhor aproveitar a contribuição do autor. Outro exemplo: o censo populacional brasileiro, pelas colocações que oferece, acaba por induzir o declarante, quando é o caso, a assinalar as "religiões afro-brasileiras", o espiritismo, na categoria de "religião", aliás posição assumida por muitos praticantes em busca de uma certa legitimação, o que reforça essa zona cinzenta do entendimento que, no fundo, é uma maneira de tratar com o poder. Para entender a obra de Fabio Leite, caro leitor, temos de nos afastar de preconceitos, ou melhor, ler seu trabalho utilizando como posição primeira, o véu da ignorância criado pelo jusfilósofo do Direito, John Rawls, ao tratar da proposição de um pacto social – *Uma Teoria da Justiça* –, ou em uma posição de "simpatia" com o outro, na concepção clássica de Adam Smith.

Teria uma sugestão a fazer ao Fábio e aos seus discípulos: pesquisar e analisar o papel que o curso de Iorubá lecionado durante vários anos no CEA/USP, que coordenou, teve em relação à pratica de cultos afro-brasileiros, principalmente em São Paulo, na medida em que boa parte desses alunos, oriundos dos terreiros, tomaram conhecimento da língua Iorubá confrontando-a com a linguagem utilizada nesses cultos. Certamente teremos muitas surpresas.

As numerosas e longas leituras que fiz – hoje estou, de certo modo voltando ao tema, na forma de um estudo sobre o Direito Africano, o chamado "direito tradicional", analisando segundo uma metodologia jurídica e escapando das leituras antropológicas, com exceção, entre outros de Bronislaw Malinowski (*Crime and Custom in Savage Society*) – na perspectiva do paradigma do justo, poderá permitir a emergência de uma relação, como fonte de direito, ao relacionar essas fontes com o moderno Direito Constitucional. Fábio, que no íntimo certamente lamentava o fato de eu ter passado a estudar as sociedades modernas em torno da formação e evoluções do Estado moderno africano, certamente ficará satisfeito, mas com restrições ao papel das novas constituições. Vamos continuar a "brigar" em silêncio.

E a obra de Fábio Leite? Indagar-se-á o leitor. Afinal qual é o papel do prefaciador? Chegou à altura de falarmos dela. Contudo tínhamos de pôr em relevo a figura do autor – um artista musical (pianista) – impelido para tarefas administrativas de que se libertou com a sua função de pesquisador.

Com os recursos da sua formação acadêmica, com o apego à pesquisa de campo participativa, com a presença de sua formação cultural, passou das instituições à construção de conceitos. A Sociologia, a História, a Antropologia e a Filosofia – influenciado pela obra de Lukács – permitiram-lhe aprofundar a reflexão sobre a pesquisa e propor uma leitura original, na qual embora se utilize de uma ampla bibliografia, esta não foi determinante. Opção perigosa, certamente, mas que permitiu pôr em evidência, por intermédio de uma construção metodológica adequada à proposta, conceitos descolonizados. Tarefa árdua que levanta obviamente divergências criativas. Na nossa troca de idéias ao longo do trabalho, Fábio Leite esquivou-se de utilizar certos autores. Insistiu em trabalhar e retrabalhar os seus dados de pesquisa participativa como as melhores fontes, sem se deixar influenciar por algumas obras já clássicas neste campo. Era um direito seu e, finalmente, assim o levou a termo, e bem.

Uma última palavra sobre a temática e estruturação de sua tese.

Em seus estudos sobre os ancestrais em sociedades africanas, Fábio desejou objetivar mais concretamente esse conceito o qual considerava pouco aprofundado embora utilizado com freqüência. Para isso, necessitou examinar, nas três sociedades que citei antes, em primeiro lugar a noção de pessoa, para possível definição da controvertida figura do ancestral, examinando os elementos constitutivos do ser humano. Encontrando pontos comuns nas três sociedades, viu-se obrigatoriamente diante da questão da morte, fator que permite a passagem do homem de sua existência terrestre à sua condição de ancestral. Vencidas essas etapas, finalmente examinou alguns fatores e instituições sociais de natureza ancestral captados naquelas sociedades, mostrando a interação material estabelecida entre elas e seus antepassados. Esses pressupostos, a metodologia e os procedimentos adotados constam com detalhes na introdução de 1982 à sua tese.

O livro de Fábio Leite, inovador, entre muitos méritos, alguns já destacados, poderá contribuir para que o leitor e pesquisadores passem a produzir uma reflexão criativa sobre os temas abordados.

Fernando Augusto Albuquerque Mourão
Professor Titular, USP
junho de 2008

Prefácio

Para Simone S. da Rocha Leite

Após concluir um programa de pós-graduação junto ao Departamento de Sociologia da Faculdade de Filosofia, Letras e Ciências Humanas da Universidade de São Paulo (USP), sob a orientação do Prof. Dr. Fernando Augusto de Albuquerque Mourão e permanecer na África do Oeste durante quatro anos continuadamente – enviado oficialmente pela Universidade de São Paulo – quando colaborei na criação de um curso de Português e Civilização Brasileira na então Universidade Nacional da Costa do Marfim – curso esse existente até hoje – e pude realizar pesquisas de campo em alguns países (Costa do Marfim, Gana, Togo, Benin e Nigéria) conhecendo de perto sociedades e certas práticas sociais negro-africanas, defendi em 1983, com aprovação, tese de doutoramento em Ciências Humanas (Sociologia) naquela faculdade, à qual dei nome de "A Questão Ancestral – Notas sobre ancestrais e instituições ancestrais em sociedades africanas: Ioruba, Agni e Senufo". Esse é o texto ora objeto de publicação.

Naquela época eram poucos aqueles – hoje felizmente o número aumentou bastante – que, no Brasil, dedicavam-se a esse campo de pesquisa, justamente no país onde o número de negros somente é superado pela Nigéria. Desde meu retorno ao Brasil em 1981, fui então procurado por pessoas e alunos, da USP ou não, por pesquisadores, por integrantes dos movimentos negros e por instituições interessadas nas questões relativas à África Negra, pois já havia começado a haver maior atenção pelo continente e seus conteúdos imposta não só pelo conhecimento restrito desses assuntos na época como pelo pouco número de pesquisadores dedicados a seu campo de estudo se comparado a áreas diversas – apesar dos heróicos esforços do Centro de

Estudos Africanos da USP (CEA/USP) e outros núcleos – como também pelo desejo de muitos brasileiros negros em saber mais sobre suas origens, identidade e real participação no processo histórico do país – cautelosamente manipuladas – armas eficazes no combate ao racismo e à discriminação.

Essa deferência foi certamente devida ao fato de ter eu chegado recentemente da África e estar redigindo um trabalho contendo temas pertinentes. A esses contatos e diálogos devo muito e os apoios cresceram com a aprovação da tese – para a qual se pedia divulgação mais ampla, inclusive na França ("Le Partage de la Culture" – *Jeune Afrique Bis*, nº 4, Paris, dezembro de 1984) – e tiravam-se cópias, como continuou acontecendo...

Mas nunca pensei muito nessa "divulgação mais ampla" e continuei minhas atividades junto ao CEA/USP, ao qual estou ligado desde 1974 com suas decorrências naturais, sendo que a Editora Ática, na ocasião publicando romances de autores africanos – em investida certamente influenciada pelo Prof. Mourão – e volumes da *História Geral da África* elaborada pela Unesco, recebeu um exemplar da tese (por artes do mesmo Prof. Mourão?) e enviou-me um ofício, de 19-12-1984, informando ter a mesma sido *aprovada para publicação* em reunião de seu Conselho Editorial da coleção Ensaios realizada em 08-11-1984 mas que, por motivo de acúmulo, o trabalho não poderia vir a público antes de 1986. (Soube depois que o parecer favorável fora do Prof. Dr. Ruy Coelho).

Fiquei satisfeito com a perspectiva de perpetrar a pequena contribuição a ser assim feita à parca bibliografia sobre África em língua portuguesa elaborada por brasileiros.

Quase dois anos após, sabedor da indicação de um professor da USP ligado a assuntos africanos em outra área para integrar um Conselho, ou o que o valha, junto à referida editora, pedi-lhe a gentileza de lá obter informações a respeito do andamento da publicação da tese, já formalmente compromissada. Algum tempo depois, para minha surpresa, comunicou-me a Editora Ática, por novo ofício de 16-5-1986 e sem nenhuma menção à deliberação favorável e formal anterior, estar devolvendo a tese por acúmulo de títulos na programação de publicações e pela necessidade de redefinição da linha editorial mas ressaltando não questionar sua "validade", "qualidade" e "importância", conforme consta do citado segundo ofício... (as aspas são minhas). Não haveria, pois, *publicação*.

Estarei errado e cometendo uma possível injustiça ao filosofar ser bem melhor ter inimigos declarados?

Não pensei em manter contato com a editora para expor as contradições trazidas com o rompimento unilateral do compromisso nem perguntei nada ao professor em causa: esqueci o assunto por estar acostumado a certos reveses, pela minha conhecida inércia editorial, mas principalmente porque o interesse sincero pelo meu trabalho por parte de outras fontes persistia e a tiragem por cópia continuava com regularidade…

O tempo passou, as atividades se dilataram, pude divulgar a África de diversas maneiras com publicações, palestras, entrevistas, congressos etc., inclusive devidamente credenciado na pós-graduação do Departamento de Sociologia da USP por mais de quinze anos, ministrando aulas e orientando com êxito três mestres e seis doutores, brasileiros brancos e negros, assim como africanos, sempre na linha de pesquisas de Sociologia da África Negra, a convite, sem remuneração e sem prejuízo de minhas atribuições no Centro de Estudos Africanos da Universidade de São Paulo.

Mas conheci Daniela Moreau, filiada à Associação Palas Athena e também coordenadora da Casa das Áfricas, em São Paulo. Seu incentivo a meu trabalho transpareceu: a seu convite, pude realizar algumas atividades na Associação Palas Athena – palestra sobre África, artigo publicado pela revista *Thot* e a honrosa elaboração do prefácio à monumental obra de Hampâté Bâ, um dos arquivos do saber negro-africano, *Amkoullel, l'Enfant Peul*, editado em língua portuguesa no Brasil (São Paulo: Palas Athena, 2003). A isso acrescente-se ter Daniela me convidado, há uns três ou quatro anos, para publicar a tal tese – influenciada discretamente, acredito, pela Profª Drª Denise Dias Barros, da USP e da Casa das Áfricas – concordando inclusive com a permanência das "Notas" elaboradas à parte ao final de cada capítulo, algumas delas longas, contendo várias páginas. Achei bom, aceitei e fui deixando, como sempre. Mas agora as delicadas alusões ao assunto tornaram-se mais intensas graças à atuação sutil do Prof. Dr. Acácio S. Almeida Santos, da PUC/SP e da Casa das Áfricas. Acabei não resistindo: eis-me aqui a escrever esta introdução, aliás distante, parece-me, dos cânones rígidos adotados para casos da espécie.

O meu interesse pela África não é novo. Já assumida minha posição ideológica e política duramente contrária ao golpe militar de 1964 e à ditadura de triste memória inaugurada em nosso país, em 1970 ingressei no Curso de Bacharelado em Ciências Políticas e Sociais realizado na Escola de Sociologia e Política de São Paulo em pleno período de repressão. Fui percebendo, por influência dos novos contatos e conhecimentos, ser o universo da musica – campo de interesse ao qual dedicava-me através do estudo pianístico (fui aluno de Magdalena Tagliaferro e Guilherme Fontaínha), principalmente o estudo da música impressionista francesa – insuficiente para obtenção de respostas adequadas a inquietações de outra ordem. Ao monólogo solitário da música, começou a se impor o debate crítico das ciências sociais.

Mesmo a sociologia da arte, sobre a qual me debrucei, não abordava as questões mais amplas, difíceis e sempre presentes que me afligiam. Logo descobri as razões: tomara consciência mais concreta das situações históricas negativas e, dentre elas – sem poder olvidar a perturbadora realidade política instaurada – destacou-se a do negro brasileiro, pois percebi, repentinamente, *nunca ter encontrado nenhum*, creio, nos teatros e ambientes artísticos que freqüentava há anos.

Esse detalhe, de enorme significado, juntamente com outros muitas vezes sutis, havia provocado em mim imensa repulsa pelo racismo, desigualdades, preconceitos e discriminações tão atuais e formidáveis no Brasil, levando-me a intenso desejo de conhecer melhor a problemática armado agora com os conhecimentos que imaginava possuir sobre arte e sociologia.

Dessa forma e em etapa bastante incipiente de propósitos optei, considerando minha formação artística, pelas manifestações musicais referidas desta feita ao negro brasileiro, dirigindo-me a núcleos concentrados onde o fenômeno se expressa mais objetivamente do que na chamada "música popular", chegando aos Candomblés. Em alguns deles – indicados por mim como *não fragmentados* por seu entrelaçamento com matrizes de origem negro-africana – pude ouvir música saída daquelas fontes, pude ouvir os tambores, cujos sons se entranham…

Imagine-se o tamanho de meus impasses ao percorrer tantas etapas sucessivas, diversas e não raro conflitantes. Aturdido, li todo o possível sobre o negro brasileiro e o Candomblé, constatando com o tempo não estar tratando nem apenas com música nem com religião, mas sim com um foco de resistência à destruição de valores contendo multiplicidades de explicações do mundo e do homem. Como seria na África de tamanha antigüidade?

A essas alturas, já tinha sido admitido na pós-graduação com uma proposta de estudo diferencial sobre o Candomblé indo para além da música e da religião, este último termo bastante utilizado para designá-lo. Mas percebi, com a ajuda inestimável do Prof. Mourão, ser necessário caminhar para mais longe. Vieram as leituras mais intensas e selecionadas sobre a África e a própria África Negra. Lá, em longa estada, houve em mim outra severa alteração de interesses, de alguma maneira já iniciada no Brasil, pois as evidências africanas aos poucos assomadas sobrepuseram-se pela sua força e sem nenhum demérito àquelas do Candomblé, cujo estudo de certa forma abandonei.

Nessa complexa e aflitiva situação vivida pelo pós-graduando em território estrangeiro diante de dúvidas e alternativas, formou-se paulatinamente uma massa crítica de intenções – gerada, no início, pela observação de grandes funerais e celebrações oficiais aos mortos e ancestrais (este último tema já despertava meu interesse no Candomblé como explico na introdução de

1982), seguidas de valiosas informações – tendendo para a pesquisa possível do assunto a ser depois por mim sintetizado no termo *a questão ancestral* em sociedades negro-africanas para fins de elaboração da tese. Pude assim obter, finalmente, maior serenidade pelo menos quanto à temática que resolvi abordar em minhas procuras.

Não me arrependo da escolha feita – apesar das limitações naturais de um trabalho dessa espécie pois além de sua natureza restringir informações, vários atos são de acesso proibido, muitos segredos não sendo de maneira alguma revelados – e considerei essa dimensão como campo adequado para percepção diferencial de práticas sociais estendidas mesmo a outros complexos civilizatórios da África Negra, possibilitando estabelecer relações concretas entre fenômenos no plano das abstrações justificadas.

Por exemplo, existem sociedades naquele continente não possuidoras de uma ancestralidade referente a pessoas a elas pertencentes mas já falecidas (*Ancestralidade Histórica*), mantenedoras porém de interações prioritárias com entes sobrenaturais ligados ao ambiente relacionado à sua profissão básica. É o caso conhecido por mim dos caçadores das florestas, peregrinos de deslocações continuadas, que utilizam acampamentos montados apenas pelo tempo necessário. Aí não ocorre a *Ancestralidade Histórica* impositora de aparatos materiais e sociais decorrentes da *sedentarização* nascida do modo agrário de produção, mas parece configurar-se uma ancestralidade *mítico-histórica*.

Seja como for, considero ser a ancestralidade negro-africana – pela carga histórica quando devidamente situada – caminho seguro para a penetração possível em um universo explicador de inúmeros fatores decisivos em processo.

Realmente, seu estudo exigiu incursões outras para não ficar despido de determinações mais significativas. Várias delas constam especificamente do trabalho, outras estão nele infiltradas, insinuadas ou não aprofundadas o suficiente a fim de não cometer eu possíveis desvios dos alvos principais ou, na hipótese, estar escrevendo a tese até hoje... Mas preciso deixar registrada a inclusão, no texto, sob formas menos ou mais explicadas, de práticas diferenciais constituindo parte do conjunto sintético de elementos estruturadores de processos sociais em sociedades da África Negra, conjunto esse que designo sob o nome de *Africanidade*.

A Africanidade inclui os temas indicados a seguir – certamente há outros – abordados e burilados ao longo de minhas aulas na pós-graduação, falas e escritos desde 1984: "A Força Vital; sentido diferencial e histórico do conceito; conhecimento, hierarquia e controle de energias naturais e sociais". "O Preexistente e o aparecimento do mundo: a criação primordial, narrativas tradicionistas, heróis e teatro sagrado; a recriação contínua do processo".

"A Palavra: mecanismo de manipulação de forças vitais e de desvendamento da realidade". "O Homem: princípios vitais naturais e sociais constitutivos do ser humano; os 'Comedores de Alma' e a imortalidade do homem". "Socialização e iniciação: sacralização do homem e progressão da personalidade; a não-divisão do 'eu' e a inserção consciente do indivíduo na sociedade". "A Morte: natureza mágico-histórica do fenômeno; objetivação do conceito; ritos funerários e a elaboração social do Ancestral". "Os Ancestrais: materialidade e dinâmica de interação entre vivos e não-vivos; dimensões ancestrais das práticas históricas; a ancestralidade e sua tipologia". "Economia e produção: a terra, a família e os laços de sangue, a comunidade e o trabalho; objetivação do conceito de prestígio; papéis e relações sociais e o caráter personalizado dos bens de produção; a resistência à emergência de classes sociais". "O Poder: relações entre produção e poder; mecanismos moderadores do poder; o homem, a mulher e suas identidades em relação ao poder; os ancestrais e a interpretação da natureza do poder; o chefe, o rei-homem e o rei-deus". "A Africanidade: objetivação do conceito enquanto síntese e aparato metodológico; a pesquisa do interior do sujeito da ação em oposição às abordagens periféricas".

Tais temas, com os dados de realidade neles inseridos, levaram-me a uma posição considerada por mim como princípio básico que deixo registrado sistematicamente sempre que possível e sem medo de tornar-me repetitivo: existem *duas* maneiras principais de abordar as sociedades negro-africanas. A primeira, chamada de *periférica*, vai *de fora para dentro* e chega à *África-Objeto*, não a explicando adequadamente. Essa opção é típica da visão ocidental que, com honrosas exceções, está disseminada e imposta por toda parte, inclusive na própria África. A segunda, pouco considera a anterior e faz configurar a visão *interna*, vai de *dentro para fora* e revela a *África-Sujeito*, ou seja, a África da identidade originária, ancestral, mal conhecida, oferecendo interpretações outras do mundo, surpreendentes e distantes das banalidades.

Como não poderia deixar de ocorrer, detectei algumas posições de análises às minhas idéias sobre a África Negra. Elas são pelo menos três e em alguns casos ocorrem cumulativamente.

Um tipo é formulado por quem até hoje considera ingenuamente ser minha tese um trabalho sobre *religiões* africanas, intitulando estas de "tradicionais". Mas o termo "tradição" não parece adequado para as práticas sociais negro-africanas, preferindo eu designá-las por *práticas ancestrais*. E ações atinentes à espiritualidade ficariam melhor explicitadas sob a designação de *ritos ancestrais*. Ainda mais: em nenhum momento de meu trabalho de tese – salvo eventual esquecimento – refiro-me a formulações religiosas, caminhando em direção diversa das visões definidas quase somente como "cultos aos ancestrais", transformando-os, sem mais, em "religião africana", cometendo-se perigoso engano.

O texto não se ocupa de *religião* nem eu me interesso pelo assunto, não reportando ancestrais e práticas ancestrais a essa temática. A opção visa ainda, estrategicamente, fugir da utilização daquele termo por rigor de análise e para não cair nas armadilhas de uma linha de explicações limitadas, periféricas e superestruturais. Uma dessas armadilhas sugere ser necessário o estabelecimento de laços importantes entre *religião* (do latim *religione*) e *religar* (do latim *religarem*). Aliás, utilizo freqüentemente verbos como ligar, relacionar, entrelaçar etc., emanados desse último conceito. Já o termo *religião* – embora também possa dispor sobre formulações significativas – parece-me ter adquirido o sentido mais imediatista e comum de injunção formal submetida a crenças em poderes celestiais e sublimação da condição humana. Isso ocorreria através da possibilidade de uma elevação contínua em direção ao Criador, numa espécie de *divinização do Homem*, tendo vicejado fortemente na África Negra sob múltiplas configurações geralmente unidas à dominação. Mas os valores originários a que me referi propõem, *ao contrário* e se crença existe, *a humanização dos deuses*, como a tese exemplifica.

Na realidade, as relações sociais ancestrais captadas abrangem praticamente todos os níveis – como se verá – mas a religiosidade atribuída aos inter-relacionamentos, principalmente em face de determinados momentos solenes e específicos de participação permitida, parece-me bastante restrita, oferecendo ângulos extremamente limitados a definições emanadas dos dogmas do conhecimento ocidental. Sem embargo, como considerar mero ato religioso, por exemplo, as magníficas manifestações de inúmeras práticas sociais que envolvem um funeral negro-africano *originário* com sua rica variedade de fases ainda que pesquisadas apenas em ritos passíveis de acesso? Creio possível somente com a observação *periférica*.

Existe também, em outra interpretação, quem considere minhas posições sobre a África Negra desatualizadas e referentes ao passado. A observação periférica e os significados obtidos em dados e bibliografia que tendem a minimizar a abrangência do sujeito da ação ou calcada em suposições teóricas nascidas do pensamento estrangeiro à realidade negro-africana, parecem-me instrumentos capazes de induzir a considerações equivocadas. Por exemplo: valores civilizatórios internalizados no universo histórico dessas sociedades não mais possuem espaço para sua manifestação em face dos processos de mudança social, tratando-se de "restos culturais" inexpressivos e em vias de desaparecimento rápido.

É bem explicável o fato de dinâmicas históricas trazidas pelas modificações sociais e tendentes à universalização impactarem crucialmente, mas essa condição não se aplica apenas às sociedades negro-africanas, tratando-se de fator manifestado em nível planetário. Entretanto, tais eventos não implicam, necessariamente, na destruição de singularidades. A história evidencia que não obstante todos os processos desestruturadores – alguns da mais extrema crueldade – impostos às sociedades africanas inclusive em épocas não tão distantes e ainda hoje, elas absorveram os efeitos decorrentes e os transformaram em fases – e não totalidades – mantendo sua continuidade histórica. Os valores e mecanismos ancestrais analisados não devem ser entendidos como "restos culturais", e sua percepção necessita o abandono dos caminhos distorcidos criados pelas abordagens periféricas para mergulhar na África profunda e descobrir o quanto possível os meios de *falar africanamente*, no soberbo termo integrante da palavra do grande antropólogo africano Niangoran-Bouah, digno representante da sabedoria Akan, falecido há alguns anos. Mas acrescento não tratar-se de tarefa fácil: ensaio isso há quase trinta anos restando-me, sinceramente, sérias dúvidas sobre o nível do patamar por mim atingido…

Um terceiro tipo de visão é oriundo daqueles sempre voltados para os grandes impasses da África Negra, suas situações históricas e políticas de antes e de agora, suas contradições e lutas libertárias, vitórias e derrotas. Nesse tipo de crítica consideram meu posicionamento como visão idílica de práticas sociais cuja existência reconhecem mas que são por eles vistas como ocorrências "culturais", minimizando a importância e materialidade dos eventos de minha preocupação. Eu os respeito, e muito, em sua nobreza de propósitos e pelos estudos necessários e profundos realizados sobre fatores decisivos, embora sinta nesses escritos uma significativa ausência do ser humano palpável. Quanto a mim, meus interesses de estudo não me parecem superestruturais (culturais), como parecem entender – talvez pela minha formação sociológica fortemente ancorada no materialismo histórico – nem incluem aqueles aspectos embora estejam eles sempre presentes, de maneira inquietante, em minha consciência. Tenho conhecimento das agruras da África, mas meu anseio principal foi e continua sendo o de *tentar* conhecer em primeiro lugar os homens e as sociedades mergulhados em tais situações aflitivas, ficando a dor exposta ainda mais agudamente no interior profundo do desenrolar da vida…

Antes de encerrar esta parte e depois finalizar o escrito, devo introduzir algumas poucas observações.

— Meus trabalhos tratam única e exclusivamente de atuações sociais denominadas *originárias* e consideradas presentes no processo histórico não obstante todos os abalos a ele impostos em decorrência das mudanças sociais próprias ou superpostas. Ou seja, refiro-me ao cerne de fenômenos atribuídos a uma identidade primeira, a meu ver atuantes na diversidade e transbordamentos.

— Em minhas falas, aulas e escritos publicados ou copiados, venho enunciando certos conceitos – preenchidos com as devidas explicações – como, por exemplo, "ancestralidade", "africanidade", "valores civilizatórios em sociedades negro-africanas", "elementos estruturadores de processos sociais", "África profunda" (encontrada mesmo em ambiente urbano), "Brasil, segundo país negro do mundo, só perdendo para a Nigéria" e vários outros. Mais, ressalto ter tomado conhecimento de quase verdadeiras cópias e plágios, produzidos no Brasil, falados ou escritos, usados com pressa, remetendo-os erroneamente a uma África pré-colonial ou às bases de uma religião africana típica, sem citações bibliográficas convenientes ou mesmo sem créditos e, pior, transpondo-os para certos aspectos da identidade e problemas do negro brasileiro ou, ainda, como instrumentos de comparação com as práticas do Candomblé. Esse tipo de abordagem não-diferencial, levando em nenhuma ou pouca conta processos históricos diversos, parece-me trazer mais prejuízos do que benefícios.

— Para publicação da tese desejei, e fui atendido, que a mesma seja editada – a partir da sua então folha de rosto e até seu final – tal como constou do original apresentado para defesa e com o mínimo possível de revisões, aceitando a correção de pequenos enganos instrumentais, de adaptações de alguns poucos termos ou frases, de acentos ausentes, de faltas de letras e alguns deslizes vernaculares, como bem observou o Prof. Antonio Candido, durante sua honrosa presença na Banca Examinadora. Mas creio que as correções não atingiram 3% do total.

Foram alteradas, por necessidade, além das correções instrumentais referidas, certas denominações utilizadas nas *conclusões* da tese onde – temendo talvez a enorme responsabilidade – propus enunciar os dois tipos de ancestralidade ali constantes com os nomes *provisórios* – note-se, *provisórios* – de *"Ancestralidade Histórico-Divina"* e *"Ancestralidade Histórica"*. Essa espécie de intuição foi valiosa, pois hoje estou atribuindo pelo menos a um desses tipos denominação diversa.

Mas por que, afinal, mantenho a teimosia de não submeter o trabalho a revisões, alterações e adições amplas antes de sua publicação? Porque considero, devo eu apresentar à leitura e à apreciação crítica o texto tal como foi produzido na época. Não desejo realizar as interferências comumente levadas a efeito nesses casos. Quero a tese, não um livro. A ação do tempo, novas realidades, idéias complementares, leituras etc., produziriam quem sabe abalos na originalidade inaugural. Ou seja, almejo vá o texto à edição com a identidade de seu término.

— Desejo acrescentar meus agradecimentos a Gbon Coulibaly e Tidiane Den, da Costa do Marfim, preciosos informantes para as pesquisas, assim como a Antonio Candido, Azis Simão (em memória), Ruy Coelho (em memória), Liana Trindade, Armando Corrêa da Silva (em memória), José Sebastião Witter, Dalmo de Abreu Dallari, Izidoro Blikstein, todos da USP. Também ao Tata Amoyá (São Paulo/Cachoeira-Bahia), Kazadi Wa Mukuna (Congo), Júlio Braga (África/Brasil), Dago Dadié e Roger Soro (Costa do Marfim). O mesmo às inúmeras pessoas de todos os horizontes, estimuladoras de meu trabalho como Dilma de Mello e Silva (USP), Octávio Ianni (em memória), Kabengele Munanga (USP), Mãe Nicinha do Bogun (Salvador-Bahia, em memória), Maurice Glelé (UNESCO-Paris), Juana Elbein dos Santos (SECNEB/Salvador-Bahia), Fábio Ávila (África/Brasil), Daniela Moreau (Casa das Áfricas, Associação Palas Athena – SP), a colegas de estudo, alunos e orientandos brancos e negros, brasileiros e africanos (lembrando Komoé Yao Gaston, em memória). Incluo também os nomes de Daniela Baudouin, Giselle Dias Barros, Mari Santos, Simone Santos (Casa das Áfricas) e Fabio Miguez pelo trabalho que tiveram com o texto.

— Seja-me permitido voltar ao Prof. Antonio Cândido para expressar minha gratidão por, 24 anos depois da defesa da tese, ter concordado com meu pedido para ser publicada conjuntamente a síntese de sua argüição na Banca Examinadora, a única enviada por escrito na ocasião e que permaneceu comigo até hoje. E propôs o venerável mestre, em sua generosidade, a eliminação das partes onde indica imprecisões às quais já me referi por considerá-las supérfluas. Nisso, não será atendido.

— Expresso minha gratidão ao Prof. Dr. Fernando Augusto de Albuquerque Mourão, ex-diretor do Centro de Estudos Africanos da USP, pelos incentivos a mim deferidos depois da defesa da tese (e já muito antes dela), por ter acreditado em meu trabalho e pelas oportunidades criadas.

— Finalmente, há a previsão de algumas das centenas de fotos por mim efetuadas durante as pesquisas de campo em lugares e países diversos da África Negra serem agora integradas na sua publicação, ilustrando certos capítulos. Entre os Agni, um grande número de fotos produzidas por ocasião das celebrações do inhame em várias ocasiões e localidades distantes umas das outras – incluindo algumas cerimônias não públicas – saíram *todas* veladas, como informo no texto da tese. Somente consegui sucesso nos funerais do rei Amon N'doufou III, em Krinjabo, obtidas nas ocasiões autorizadas. Aqui, devo realçar o excelente trabalho de Marcos Ribeiro, artista que procedeu à restauração dessas fotos sabendo preservar a sua identidade, não as transformando em cartões postais.

— Uma última observação julgada necessária: as transcrições em português constantes do texto original obtidas de obras escritas em francês ou inglês são de responsabilidade do autor da tese, que fez as traduções respectivas.

―――――

Devo concluir.

Acompanhando há longos anos os fatos nascidos do processo histórico dessa controvertida África – para não falar das realidades atrozes impostas em outros quadrantes e a cada dia mais intensas – internalizei, aflito mas com pensamento consciente e engajado, as tragédias que se abatem sobre ela, mudanças, situações políticas, estagnação, lutas pela liberdade, golpes de Estado, guerrilhas, crianças-soldados, fome e outras poderosas contingências negativas surgindo juntamente com algumas vitórias de significado. A penúria continua, há sangue irmão sendo derramado, sofrimento e crueldade indizíveis, a AIDS atinge números absurdos devastando o amor. Na época vivida naquele continente, parecia-me haver, quem sabe, mais esperança – não obstante continuasse vilipendiado pelos seus algozes, estrangeiros ou não – sentimento esse de certa forma por mim alimentado embora sempre estivesse presente a desconfiança típica do sociólogo. Essa esperança perdurou até cerca de quinze anos atrás, abalando-se gradativamente, pois novas circunstâncias adversas se apresentaram.

Na verdade, fatores deletérios – de outra ordem e gerais, aqui e acolá aos poucos percebidos – finalmente desvelaram-se, a todos sobrepujando e *alterando a essência das perspectivas,* mesmo aquelas ligadas à possibilidade de novas resistências da África, quem sabe superando-os. Diante deles, hesito em calar-me pois não enfrentamos apenas os problemas conhecidos, de envergaduras menos ou mais difíceis. A questão agora é diversa: espalha-se um temor geral – ora objeto de preocupações e debates internacionais embora o cotidiano prossiga sua marcha trivial – com a constatação inegável e histórica, em face de dados científicos poderosos e atuais, que a ação devastadora dos predadores da humanidade congruentemente atingiu a totalidade da natureza, caso nela estiver já instaurada, juntamente com os sinais alarmantes evidenciados – talvez apenas indícios de dimensão muito mais grave – uma *degradação* paulatina caminhando para o imponderável. Degradação humilhante para a nossa espécie, tendo pouco a ver com a interpretação de perda de equilíbrio e harmonia, características muitas vezes atribuídas ingenuamente pelo senso comum à natureza. Pois esta configura-se, em sua dinâmica, ao contrário e mesmo sem a interferência humana, como convulsa, controversa, impiedosa e não raro agressiva, podendo até mesmo modificar ou auto-destruir parcelas de seu todo. No caso, porém, tratamos com manifestações inquietantes de sua formidável *vitalidade intrínseca* e seus processos, sendo justamente ela a sofrer a degeneração infame por fatores *externos* instilados pelos homens sob várias formas, provocando outras alterações, mutações, recomposições ou destruições próprias, desconhecidas e de conseqüências imprevisíveis. O que haverá pela frente? Hoje mesmo, a perturbadora contingência global manifestada e tomando Homem e Natureza como totalidade, parece-me indicar a presença de uma progressão meramente instrumental do *processo civilizatório*. Na progressão *instrumental* a que estamos submetidos temos principalmente o vertiginoso desenvolvimento da tecnologia – para quais finalidades verdadeiras, afinal? – e da intolerável acumulação da riqueza, com as desigualdades mundiais acentuando-se de maneira insuportável. Já em uma progressão *qualitativa,* teríamos a possibilidade de a humanidade avançar até um modesto, suficiente, geral e igualitário bem-estar natural e social, o que não está ocorrendo.

Por outro lado, as ações progressistas do momento, visando melhorar o estado das coisas serão certamente sabotadas – como se vê – pelos poderes econômicos dominantes, hoje praticamente invencíveis, tornando-as restritas e pífias. E em prazos mais curtos e com conseqüências há tempo ressentidas, creio com surda amargura que serão mais uma vez as primeiras e principais vítimas os desvalidos deste mundo, sobre eles abatendo-se dramaticamente as novas desigualdades e pavores. No conjunto desse processo estarão envolvidos – como sempre estiveram quando se pensa em contrariedades históricas – aqueles africanos nunca necessitados das presenças estrangeiras impostas e violentadoras da África, tornando-a alvo, depois de séculos de dominação e das independências, de fórmulas "modernas" para investir planejadas pelas economias ricas a fim de "produzir o desenvolvimento", de vergonhosas esmolas recomendadas por organizações internacionais e governos. Essa África cujos tesouros naturais obtidos a baixo custo voltam hoje a despertar abertamente a cobiça insaciável de tantos – inclusive dos "novos poderosos" – como o comprova a atual "redescoberta" do continente (sim, a África está em pauta) com suas explorações introduzidas sem a contrapartida de progresso real. Essa África da grande voz que raramente é ouvida...

Com tal realidade extremamente negativa fixando-se duramente em minha consciência sob a forma da tristeza mais inalcançável produzida pela insatisfação progressiva com o estado do mundo e responsável em grande parte pelos meus últimos anos de relativo silêncio, pergunto-me em minha atual desilusão se terá significado agora, tantos anos depois, publicar um escrito tratando de problemas tão diversos.

O eventual interesse pelo texto será certamente de pequeno alcance diante desse panorama universal. Mas, lembrando com afeto daqueles africanos, os quais neste momento mesmo estão tratando de suas duras vidas lá nas savanas distantes onde os encontrei em sua altiva grandeza, penso este trabalho como modesto indicador de parte do patrimônio que os Senhores da Terra sempre estiveram destruindo e continuarão a fazê-lo até ao futuro incerto.

Fábio Leite
abril de 2008

Fac-símile de súmula de argüição do Prof. Antonio Candido (1983)

FABIO RUBENS DA ROCHA LEITE
A questão ancestral. Notas sobre ancestrais em sociedades africanas:
    Ioruba, Agni e Senufo.
Tese de doutorado.
Defesa em 25 de maio de 1983.
Banca: Mourão (orientador), João Batista, Kabengele Munaga, Aloísio
    Ferraz Pereira, A.C.

Aceitar o papel de examinador desta tese foi de minha parte uma temeridade, que só avaliei plenamente quando comecei a lê-la. Não apenas sou muito ignorante em matéria de estudos antropológicos sobre a África, como estou faz muito tempo à margem das leituras antropológicas em geral. A minha leviandade só se explica pelo fato de eu ter sido seu professor no curso de pós-graduação, quando escolheu a teoria da literatura como matéria complementar. Estar aqui é uma homenagem ao excelente aluno que você foi, - excelente não apenas pela qualidade dos trabalhos que apresentou, mas pelo interesse demonstrado. Se não me engano, já naquela altura conversamos mais de uma vez sobre o seu desejo de ir à África estudar, e mergulhar na realidade das culturas locais. Vejo agora que cumpriu exemplarmente o seu propósito, pois sinto que se identificou em profundidade aos problemas escolhidos como campo de investigação. Sinto igualmente que se tornou capaz de penetrar neles não apenas com o conhecimento, mas com toda a sensibilidade, de maneira a decantar o que têm de mais sugestivo e essencial.

Li a tese com atenção e lucrei muito. Mas o que desejo fazer não é arguição, que deixo para os colegas de banca, mais capacitados do que eu. Transmitirei apenas a minha impressão de leitor, que talvez lhe interesse na medida em que um trabalho como este, pela sua amplitude e por tudo o que movimenta como "humanidade" (digamos assim), deve atrair um círculo mais vasto que o dos especialistas, apesar do seu cunho técnico, no melhor sentido da palavra.

Verifiquei antes de mais nada como é penetrante a sua maneira de efetuar o que eu chamaria o interrelacionamento dos planos. Ou seja: a capacidade de sentir o vínculo essencial entre as práticas da vida quotidiana, as normas de organização do grupo, os critérios de identificação dos indivíduos na sociedade, a presença da tradição ancestral, como placenta da sociabilidade e como nexo com a transcendência. O seu ponto de referência é sempre a manifestação concreta das representações, isto é, o modo segundo o qual elas se encarnam em comportamento, em fazer, em vida prática, numa palavra. (Veja-se a importância da feia palavra "concretude" no texto). Daí o seu pressuposto de continuidade entre o homem natural-social e o homem natural. De tal modo que o leitor vai ganhando uma noção sugestiva da interligação entre natureza, organização social, tradição e transcendência, — todos ligados dexxada inextricavelmente para perfazerem o que se poderia chamar, forçando um pouco um velho conceito-chave da Idade Média cristã, a "grande cadeia do ser". No caso, ser do indivíduo, ser do grupo, ser da natureza, ser da sobre-natureza. O homem concreto que estudou em três culturas diversas parece uma projeção desta cadeia de continuidade.

Quanto à realização do trabalho, apreciei antes do mais a honestidade escrupulosa da sua investigação; o esforço para obter a informação mais segura e pertinente. Daí talvez certa prolixidade que por vezes deshorteia um pouco o ixxixx leigo, como eu, algo perdido entre a riqueza de pormenores, a terminologia africana, a multiplicação de casos, exemplos, nomes. É possível (pensando sempre com egoismo no não-especialista) que a leitura fucasse mais facil se tivesse havido xxxx redução a casos exemplares e situações sociais menos numerosas. Mas não sei se isto seria possivel dentro do seu plano.

Em segundo lugar, apreciei a capacidade de tornar sugestivo o mecanismo da vida social e cultural, desde o labor da terra e os ofícios até a iniciação, que redefine o ser e o faz renascer de certo modo, inclusive dando um exemplo de inserção da morte na vida (aspecto importante na trama de sua investigação). Ou até os complicados critérios de definição da chefia, capítulo fascinante das civilizações do golfo da Guiné que eu lembro ter entrevisto com deslumbramento na minha mocidade através do livro de Nadel sobre os Nupe da Nigéria, <u>Black Byzantium</u>. Com efeito, repito exemplar a combinação de força descritiva e discernimento analítico com que sua tese mostra o funcionamento do que se poderia chamar de grandes complexos culturais, - como os citados mecanismos da iniciação e da instalação dos soberanos. Aliás, nestas partes do texto há um deslizamento constante da apresentação científica para a representação mágica, que me parece sugestiva como halo que circunda a verdade dessas culturas permeadas pela atualidade do passado e a presença viva, atuante, da ancestralidade.

A mesma riqueza de planos se percebe no estudo do quotidiano, e não apenas no dessas circunstâncias de cunho excepcional. Haja à vista o belo estudo sobre as partes do corpo, a emergência extremamente significativa do "duplo" e a função dos "comedores de alma", tudo se ligando a noções sobre a imortalidade, que aparece como uma das traves da organização social, segundo o ângulo escolhido na tese.

Em resumo, eu a li com proveito e interesse, porque aprendi o que ignorava, através de uma exposição cheia do sentimento dos matizes e de um respeito comovido pela matéria. Mas, infelizmente, não posso, como disse, fazer uma arguição. Portanto, considero-o dispensado de qualquer resposta.

Lateralmente, desejo chamar a sua atenção para alguns traços de redação. Já sugeri que talvez houvesse sido possível maior contenção, pois a sua honestidade o levou a se derramar eventualmente um pouco demais, como quem prefere pecar por excesso e não por falta.

ta. Mais particularmente, apontarei algumas irregularidades da escrita, recurso clássico dos examinadores que não têm o que dizer a respeito do essencial...

Deixo de lado diversos erros notórios de dactilografia, como, na p. 96: "Eminentemente anti-humano, os Abiku, terror e tristeza da família, representam"... (obviamente escreveu "anti-humanos"). Lembro a concordância contestável que aparece por toda a tese, de "trata-se de" quando o sujeito é plural e você sempre escreve "tratam-se de". Caso parecido é "o que as <u>fazem</u> passar" (grifo meu).

Mais do que estas nugas gramaticais, lembro o uso de locuções e palavras que podem produzir ambiguidade ou obscuridade na expressão do seu pensamento, como os abundantes "daí que será", "daí que é". Ou "recito", em lugar de narrativa, sem falar de nítidas impropriedades como o uso de "alienígena" por "externo", na p. 146. Às vezes verificam-se expressões cujos termos produzem certa oscilação de sentido, como "recito tradicionista", ambos, a meu ver, fora de foco. Porque não "narrativa tradicionalista"? (P. 223). Outras vezes a expressão claudica apenas por um termo, como "herói civilizatório" em lugar do mais corrente "herói civilizador", generalizado desde os anos 40 pelos estudos do Professor Egon Schaden. Também tenho dúvidas quanto a "transformista" em mais de um trecho (p. ex. p. 491), para significar a realidade ou a atitude de transformação. ("Transformista" se liga a uma velha teoria biológica). Acho que em alguns casos há imprecisão no uso do conceito de tipologia, importante na sua exposição, e que parece sinônimo de "tipo", singular, ou apenas "modalidade", quando de fato significa algo mais amplo teoricamente. Veja pp. 294, 431, 464, por exemplo.

Estes reparos, como vê, são menos de gramática do que de expressão, visando sobretudo a comentar eventuais desvios do que desejou dizer realmente.

Terminando, quero reafirmar o apreço que tenho pelo sua tese, que me parece notavel pela soma de conhecimentos transmitidos, pelas descobertas devidas a uma investigação aturada e honesta, pela boa qualidade da interpretação, denotando imaginação criadora e devidamente atenta ao real. Sem falar da grande importância que devemos dar aos estudos sobre culturas africanas. Meus parabens.

A.C. de Mello.

A QUESTÃO ANCESTRAL

Fac-símile da capa da tese de doutoramento (1982)

FÁBIO RUBENS DA ROCHA LEITE

A QUESTÃO ANCESTRAL
NOTAS SOBRE ANCESTRAIS E INSTITUIÇÕES ANCESTRAIS
EM SOCIEDADES AFRICANAS: IORUBA, AGNI E SENUFO

Tese de Doutoramento apresentada ao
Departamento de Ciências Sociais da
Faculdade de Filosofia, Letras e Ciências
Humanas da Universidade de São Paulo.

Orientador: PROF. DR. FERNANDO A. A. MOURÃO

São Paulo
1982

Para Helena

Em memória de meus pais

Dedico este trabalho aos incontáveis homens, mulheres e crianças africanos das savanas, florestas, estradas, acampamentos, mercados, vendinhas, aldeias e demais lugares em que os encontrei. Eles me permitiram entrever a força de suas civilizações.

Aos dignitários e membros do Candomblé agradeço a vivência e as primeiras lições, as quais me ajudaram a penetrar no mundo dos valores sociais trazidos da África Negra.

Agradecimentos pela contribuição à elaboração deste trabalho:

Universidade de São Paulo; Universidade Nacional da Costa do Marfim; Universidade do Benin em Lomé, Togo; Universidade de Ifé, Nigéria; Fundação de Amparo à Pesquisa do Estado de São Paulo; Ministérios da Educação, dos Negócios Exteriores e da Função Pública, Costa do Marfim; Bibliotecas da Universidade Nacional da Costa do Marfim, do INADES e do Centre Catholique Universitaire de Abidjan, Costa do Marfim; Embaixada do Brasil em Abidjan, Costa do Marfim, Embaixada do Brasil em Lomé, Togo e Embaixada do Brasil em Accra, Gana; Missão Católica "La Providence", Abengourou, Costa do Marfim; Adjo Boniface; Amouzouvi Akakpo; Aika Akakpo; Bonzou II; Coulibaly Sinali; Eby Benjamin Justin Stanilas; Ehonou Bilie; Iya Ameble; Jean Rouch; J. Akinyooye II; Koui Theophile; Lanciné Sylla; Nanã Boni; Niangoran-Bouah; Ouattara Tiona; Pierre Fatumbi Verger; Yoshie Shibata; meus alunos da Universidade Nacional da Costa do Marfim; ferreiros de Koni (Costa do Mafim), de Yohonu (Togo) e Porto Novo (Benin); tradicionistas do Seminário sobre a Civilização Senufo, 1979, Korhogo, Costa do Marfim; todos os informantes das localidades de Ores-Krobou, Krinjabo, Aboisso, Abengourou, Tenindieri, Gomon, Abongoua, Korhogo, Nenekry, Farkaha, Katyorple, Napieleodogou, Penyakaha (Costa do Marfim); de Lomé, Atissoupe-Zebe (Togo); de Porto Novo (Benin); de Ifé, Ejigbo e Ifon (Nigéria).
A todos, minha gratidão,

Agradeço ao Prof. Dr. Fernando A. A. Mourão a confiança que em mim depositou, a orientação segura e o estímulo sempre presente em todas as fases deste trabalho e muito antes dele.

Sumário

APRESENTAÇÃO
O tema...13
O universo da pesquisa...19
Organização do trabalho..22

Parte I
O PRÉ-ANCESTRAL

    Introdução..27

Capítulo 1: O homem natural..29
    Ioruba...29
    Agni..32
    Senufo..33
    Notas..35

Capítulo 2: A dimensão mais histórica do homem..........................37
    O corpo..37
    O "duplo" e os comedores de alma...39
    O princípio vital de imortalidade..51
        Ioruba...51
        Agni..54
        Senufo..56
    Notas..59

Capítulo 3: O nome..63
    Ioruba...63
    Agni..66
    Senufo..68
    Notas..69

Capítulo 4: Socialização e iniciação..72
    Socialização...74
    Iniciação..78
    Notas..87

Parte II
A MORTE E A ELABORAÇÃO SOCIAL DO ANCESTRAL

Introdução 93

Capítulo 5: A morte 94
    Os processos que caracterizam a morte 94
    O caráter mágico e exterior da morte 95
    Tipologias da morte 96
    Notas 102

Capítulo 6: A elaboração social do ancestral 104
    Ritos de passagem 105
    Ritos de permanência 112
    Notas 117

Parte III
INSTITUIÇÕES ANCESTRAIS

Introdução 123

O exemplo Ioruba (introdução) 126

Capítulo 7: Os deuses 127
    O preexistente 127
    Obatala 128
    Odudua 130
    Oranmiyan 133
    Ogun 136
    Sango 139
    Notas 141

Capítulo 8: Jogos divinatórios 153
    Notas 158

Capítulo 9: A dimensão divina do poder e do rei 225
    O reino de Ketu 225
    O reino de Ifé 228
    O reino de Oyo 232
    Notas 243

O exemplo Agni (introdução)..249

Capítulo 10: O preexistente e divindades..250
    Notas..252

Capítulo 11: Os fundamentos ancestrais da nova história dos Agni........253
    Notas..259

Capítulo 12: O inhame...265
    A simbologia ancestral do inhame...266
    As celebrações do inhame...269
    Notas..280

Capítulo 13: Os ancestrais e o poder..287
    As Cadeiras patriarcais e as figuras jurídico-políticas.................287
    A natureza mágica das Cadeiras patriarcais e da Cadeira-Estado.....291
    O rei..294
    Notas..301

O exemplo Senufo (introdução)..305

Capítulo 14: O preexistente e a criação do mundo...............................306
    Notas..311

Capítulo 15: *Sizanga*, o bosque sagrado...314
    Notas..324

Capítulo 16: A natureza mágica da terra..329
    Notas..335

Capítulo 17: A dimensão ancestral da comunidade..............................339
    Notas..347

Capítulo 18: O *Poro*...352
    Notas..363

    Conclusões..366
    O pré-ancestral..366
    A problemática da morte...367
    Tipologias dos ancestrais..368
    Concretude e dinâmica ancestral de práticas históricas.............372
    A ancestralidade..378

    Bibliografia..381

Apresentação

O tema

O presente trabalho tem por objetivo explorar nossa proposição de que determinados fatores integrantes de várias esferas ligadas à estruturação e dinâmica dos processos sociais de três complexos civilizatórios negro-africanos são portadores de uma dimensão ancestral dotada de concretude histórica.

O interesse geral que acabou por se manifestar diferencialmente como universo de pesquisa não é recente. Embora este estudo esteja referido exclusivamente a sociedades africanas a preocupação com o tema nasceu no Brasil a partir de nossa participação no mundo dos Candomblés e dos dados que sobre eles procurávamos obter. Em 1976, vários anos após nossos primeiros contatos com o Candomblé, já possuíamos um número considerável de informações relacionadas com as divindades, os *Orisa*, mas os dados referentes aos cultos dedicados aos mortos – *Egun* – eram bastante precários. A importância deles nos parecia significativa, pois embora sua configuração plena no Brasil se manifeste somente na Ilha de Itaparica, sempre encontramos nos Candomblés um pequeno espaço dedicado aos mortos, e mesmo algumas cerimônias nunca apresentadas da mesma maneira daquelas referentes aos *Orisa*. Por outro lado, sempre que procurávamos obter informações mais precisas acerca de *Egun*, a atitude de nossos interlocutores era de cautela e reserva, as respostas evasivas eram constantes. Esses fatos, aliados à limitação da bibliografia, só fez crescer o nosso interesse.

Quando partimos para a África em 1977, a problemática alvo de nossas preocupações era a da explicação da materialidade dos cultos aos mortos enquanto fator de realidade internalizado nas práticas sociais. Nesse sentido, as pesquisas a realizar no continente africano tinham por objetivo obter o maior número possível de informações a respeito dessas práticas para tentar compreendê-las talvez mais objetivamente no contexto diferencial proposto pelo Candomblé. Contudo, pudemos constatar serem reveladores de apenas um aspecto de realidade mais ampla, a dimensão religiosa ou espiritual atribuída a elas pareceu parcial e insuficiente: percebemos ser possível tratar com relações e instituições sociais nas quais os antepassados pareciam interferir de maneira significativa.

Abandonada de certa maneira a proposição inicial, nosso trabalho foi se estruturando até aparecer como abordagem diferencial onde procuramos explorar a dimensão ancestral de três sociedades africanas tal como manifestada em algumas instâncias do universo social.

Não é de nosso conhecimento a existência de tal tipo de trabalho. A questão ancestral, referida a sociedades africanas, tem sido apresentada e discutida, porém o nível das generalizações parece se manifestar de certa maneira fora do objeto, no sentido do pouco estabelecimento de relações decisivas e diferenciais entre o universo social e os dados de realidade. Em outras palavras, a concretude ancestral das práticas históricas africanas tem permanecido mais ou menos indefinida: os enunciados, ou são genéricos demais ou limitam-se a aspectos extremamente particulares. No primeiro caso os autores, de maneira geral, servem-se de um grande número de dados tirados de inúmeras sociedades das quais não apresentam satisfatoriamente as características principais, utilizando-os para atingir instâncias teóricas e até do método. Ou então, apresentam essas características servindo-se de dados obtidos em um universo restrito para integrá-los em um aparato analítico. Existem ainda os autores que, examinando aspectos das civilizações africanas, inserem a questão ancestral no fluxo do texto sem apontar seu significado mais abrangente. Há também quem se detenha mais especificamente no assunto, enriquecendo-o, mas geralmente permanecendo no âmbito restrito de uma de suas configurações, como se tratassem com fatos isolados.

A problemática dos ancestrais e de seu relacionamento com as várias instâncias do social tem permanecido, em resumo, como esfera do social onde ocorrem ou se configuram propostas de "continuidade" dos grupos sociais; como fator "cultural" integrante da visão de mundo dos africanos; como elemento ligado às "tradições"; como manifestação da estática social e, às vezes, da dominação; como valor religioso ligado à espiritualidade africana, explicando através dela a realidade. Deve ser ressaltado que essas são abordagens progressistas. Mas para todas elas – não trataremos daquelas que consideramos racistas – deve ser registrada a existência de uma espécie de denominador comum: a importância da questão ancestral é apontada, menos ou mais explicitamente conforme o caso, mas não é definida nem quanto à sua essência e materialidade, nem quanto ao seu alcance.

Nosso trabalho não tem a pretensão de preencher essas lacunas. Seu objetivo mais fundamental é o de aflorar, o quanto possível e de maneira objetiva, as circunstâncias materiais que configuram a dimensão ancestral das sociedades pesquisadas. Por isso, o trabalho constitui-se essencialmente na exposição articulada de dados de realidade, embora algumas generalizações tenham sido ensaiadas.

Parece conveniente apresentar certos aspectos da problemática segundo as idéias expressadas por alguns autores.

Griaule, em *Dieux d'Eau* (1966), apresenta a questão ancestral de certa forma diluída na explicação do aparecimento do mundo e do homem entre os Dogon segundo a palavra de Ogotemmêli. Essa é uma obra quase obrigatória para as primeiras penetrações na visão africana da realidade, mas não obstante sua riqueza e envergadura, não se relaciona explicitamente com as práticas históricas diferenciais. O mesmo pode ser dito de *Le Renard Pale* (1965) nascido, de certa forma, da obra fundamental de Griaule antes referida. Mas esse último trabalho, elaborado juntamente com Dieterlen, apesar da exaustiva análise levada a efeito sobre o universo simbólico Dogon, não é instrumento decisivo para a compreensão da questão ancestral africana.

À africanidade dessas obras, elaboradas por pesquisadores estrangeiros, contrapõe-se o trabalho de Kagame, ele mesmo um africano. Esse autor produziu trabalhos considerados fundamentais para a compreensão das civilizações africanas, segundo mais de um autor. As preocupações de Kagame manifestaram-se em um primeiro momento em *La Philosophie Bantu-Rwandaise de l'Être*, tese defendida em 1955 e publicada em 1956, mas consubstanciaram-se decisivamente em *La Philosophie Bantu Comparée*, publicada em 1976. Preocupado com a configuração do homem em face do universo, Kagame coloca a questão ancestral como elemento desenvolvido em seu discurso sobre a formação do ser, onde define um princípio de inteligência capaz de unir-se ao criador e existir intemporalmente com relação à sociedade. Coloca-a também como elemento integrante da "religião" Bantu e da sua "veneração" aos antepassados. É necessário registrar ao longo de seu trabalho o relacionamento dos ancestrais com a problemática da continuidade histórica de grupos sociais, chegando mesmo a propor uma classificação dos antepassados. Essa temática, entretanto, é desenvolvida dentro de um aspecto apenas "cultural", despido de dados diferenciais que permitam avaliar a materialidade da proposição. Assim, não se sabe por que nem como os ancestrais são responsáveis pelos legados que beneficiam as "gerações vivas". Mas os problemas principais da obra de Kagame são o método e o engajamento ideológico, através do qual nega os valores que de certa maneira discute com autoridade. Quanto ao método, esse autor serviu-se essencialmente da lingüística, procurando a concretude do significado de certas proposições da sociedade através de um instrumento cultural, explicando-as depois pela sua inserção nos seus aparatos filosóficos. Limitou, dessa forma, o universo explicativo. Por outro lado, ao buscar a interpretação, utilizou seu universo estruturalista destituído de dinâmica para encontrar a saída ideológica na qual seu posicionamento religioso é parte integrante. Com isso, nega valores fundamentais da sociedade considerando e provando que se a imortalidade é indiscutível a reencarnação não existe. Ora, embora nós estejamos limitados ao estudo de três sociedades, conhecemos outras; por outro lado, a bibliografia, que ultrapassa nossa limitação, registra o fenômeno como proposição concreta das sociedades africanas. E não será fácil encontrar uma delas onde a reencarnação não se constitua em instrumento de explicação da realidade. Uma outra proposta abrangente de Kagamé é a cristianização dos cultos dedicados aos ancestrais, um dos mais significativos valores desses complexos civilizatórios, com isso estabelecendo um universo privativo onde interagem forças naturais e sociais. Essa cristianização sugere a utilização de artifício semelhante aos adotados pelas administrações colonialistas, como se os africanos não fossem dotados de consciência histórica. É melhor citar:

> Nós não temos portanto a ingenuidade de imaginar que seja fácil cristianizar essa doutrina na escala de uma geração. Razões de esperança, entretanto; sob outros céus e em outros tempos, a Igreja cristianizou costumes do gênero. Que se pense na fixação das festas de São João Batista em 24 de junho e a de Natal em 25 de dezembro, que acabaram por suprimir, nas duas datas, as celebrações em honra do sol. E por que, no que

concerne à lembrança ou veneração de nossos ancestrais, não sonharíamos nós quanto ao proveito que poderíamos tirar da festa de Todos-os-Santos e da comemoração dos defuntos em 1º e 2 de novembro? Isso seria talvez o meio mais apropriado para caminhar em direção à folclorização do culto [...]. Os Bantu convertidos [...] seriam iniciados progressivamente a um culto dos mortos que, do ponto de vista das Igrejas concernentes, sairia do gueto. (Kagame, 1976: 319)

Dispensamos maiores comentários.

Um significativo trabalho sobre os ancestrais, constituindo-se em abordagem insistente com o mérito de envolver a visão de mundo da sociedade segundo suas próprias idéias, é o de Thomas (1968). Embora esse autor desenvolva a problemática no bojo das discussões que estabelece sobre a morte africana, a importância dos temas relativos aos ancestrais não pode ser ignorada. Entretanto, apresenta dados diferenciais cuja materialidade está referida a aspectos quantitativos, pois ao discutir as questões suscitadas pelos dados tende a fazer diminuir sua dimensão qualitativa, em virtude do nível de generalização e abstração não situados em função de universos sociais específicos. Uma exceção é constituída pelo ensaio sobre a morte Diula integrante da mesma obra, mas nele a problemática dos ancestrais é apenas aflorada. Em outro trabalho, elaborado juntamente com Luneau (Thomas e Luneau, 1975), a questão dos ancestrais é também abordada, onde afloram e mesmo discute temas significativos. Entretanto, o número de fontes onde os dados foram obtidos é tão vasto e envolve tantos autores e sociedades que a temática permanece ao nível de seu enunciado, não permitindo captação mais diferencial e extensa no sentido de sua concretude. Essa obra é, porém, bastante instrutiva.

Parrinder, em seu trabalho sobre as religiões da África do Oeste (1950), aborda a questão dos ancestrais sob dois aspectos. Um deles é referido aos cultos, onde considera sua manifestação mais significativa nas sociedades onde o panteão de divindades é menos estruturado. O outro aspecto relaciona-se com as "sociedades secretas", as quais freqüentemente estão ligadas a aspectos específicos desses cultos mas ganham a condição de instituições mais significativas. Entretanto, Parrinder não trata a questão ancestral como fator integrante e específico de instâncias sociais abrangentes.

Verger, no conjunto de sua obra e dentro do sistema de trabalho que o caracteriza, está sempre preocupado em apresentar o maior número possível de dados diferenciais, e com isso constitui-se em autor de consulta obrigatória. As informações fornecidas são dotadas de concretude e coloca problemáticas difíceis de desvendar, não obstante a aparente simplicidade de seus enunciados. Mas Verger não se propõe realizar nenhuma articulação transcendendo o nível empírico. Talvez resida aí uma dimensão notável do valor da contribuição de Verger: não querer interpretar. No que se refere à questão dos ancestrais, o método é o mesmo.

Balandier, em *Antropo-Lógicas* (1974), dedica todo um capítulo ao que chama de "tradição", "conformidade", "historicidade" onde aborda sociedades africanas. Nesse estudo, a questão ancestral aparece particularmente relacionada com a "ordem", a "tradição" e a "ilusão da reprodução", esta última uma espécie de referência aos atos tendentes a reconstituir, em momentos sintéticos, certas proposições da sociedade. Balandier está essencialmente interessado na problemática das rupturas sociais e procura demonstrar como a questão ancestral liga-se à conformidade e à manutenção da ordem. Como em todos os escritos de Balandier por nós conhecidos, os dados podem ser oriundos de toda e qualquer civilização africana, são muito citados, porém não ocorre sua explicitação diferencial e extensiva. Assim, forma uma massa crítica cujo conteúdo não é exposto e com o auxílio da qual o autor articula suas idéias. Constitui relativa exceção a essa regra seu trabalho sobre os Fang e Ba-Kongo, para o que realizou pesquisas de campo na África de 1948 a 1951; não explicita entretanto qual o período de permanência efetiva no continente africano. Esse trabalho particularizante – no sentido de seus dados – permitiu a Balandier propor uma *Sociologia atual da África Negra*, título do livro que então se originou (1971). É inegável a extraordinária capacidade de síntese desse autor. Suas generalizações, porém, são extremamente universalizantes para o universo empírico abordado. Veja-se o caso onde Balandier, em *Antropo-Lógicas*, aborda os Agni: em apenas duas folhas faz generalizações e abstrações com o auxílio de uma única dimensão, de um único fato obtido por outro pesquisador e, a partir daí, propõe uma teoria do conhecimento, da visão de mundo, da consciência histórica e do caráter da dominação manifestada entre esses Akan. Dessa forma, embora as idéias e as formulações de Balandier devam ser consideradas para fins gerais, sua aplicação ao estudo diferencial das sociedades africanas é de utilidade relativa.

Elbein dos Santos aborda a importância dos ancestrais para a explicação de certos aspectos da realidade (1976), incluída a questão da concretude de alguns fatores ligados a uma visão de mundo específica. Nesse sentido, seu trabalho se constitui em contribuição meritória, porque há materialidade nos dados apresentados e porque propõe um avanço na bibliografia. Entretanto, sua preocupação não transcende os limites impostos pela própria natureza da pesquisa e os dados não são, portanto, relacionados com aspectos diferenciais de práticas históricas mais abrangentes. Por outro lado, esse trabalho apresenta uma característica metodológica não suficientemente objetivada, pois, por momentos, segundo nossa impressão, não sabemos se estamos no Brasil ou na África, por não constar a localização dos processos históricos, ainda que no enunciado de sua tese a autora tenha expressado que se propôs examinar a problemática tal como manifestada em nosso país.

A questão ancestral aparece fortemente caracterizada em um de seus aspectos no trabalho de Adoukonou (1979), onde discute a problemática da morte no pensamento Adja-Fon. Esse é um trabalho essencial para a penetração no universo da explicação africana de uma sociedade acerca de um de seus principais valores. Os dados apresentados são extremamente diferenciais, minuciosos e dotados de concretude, permitindo ao autor atingir elevado nível para a discussão. Mas quanto aos ancestrais, o universo de dados e de análise é restrito ao âmbito da definição do ancestral diante da morte através de ações da sociedade. Embora o trabalho de Adoukonou permita avaliar o vigor, a materialidade e a complexidade desse aspecto da problemática, a análise não é abrangente no sentido do relacionamento dos ancestrais com o conjunto das práticas históricas.

Idowu (1976) procura uma definição para as religiões africanas a fim de obter a configuração de seus aspectos materiais, examinando suas estruturas. Isso envolve um significativo número de assuntos relacionados com o tema, abordados pelo autor. Não obstante o valor a ser atribuído a esse trabalho, o qual constitui um digno esforço de apreensão de certos valores sociais, seu universo é limitado ao objetivo proposto. Em relação aos ancestrais, as idéias restringem-se à qualificação de sua essência e à validade do alcance de suas manifestações na esfera das práticas espirituais.

Johnson ([1921]1976) elaborou um vasto trabalho sobre os Ioruba, cujo mérito principal reside na extensão da obra em virtude do grande número de dados históricos fornecidos. Estes, infelizmente, são extremamente limitados quanto aos ancestrais, restringindo-se essencialmente às associações ou confrarias ligadas aos cultos dos antepassados.

Holas, ao elaborar uma monografia sobre os Senufo (1957), coloca a problemática dos ancestrais na esfera das práticas espirituais. A abordagem é entretanto muito limitada e não se refere de maneira eficaz a outras instâncias da realidade. Em trabalho posterior (Holas, 1968), trata da questão em ensaio infelizmente muito curto, certas indagações nele formuladas mereceriam aprofundamento mais minucioso. Embora chegue a propor uma hierarquia social envolvendo os ancestrais, assunto de significativa importância, refere-se a aspectos de inúmeras sociedades e não fornece dados concretos e diferenciais, o que possibilitaria a obtenção de uma visão mais abrangente quanto ao relacionamento dos ancestrais com os vários níveis da realidade. Registre-se entretanto que esse autor indica a importância de certos processos de socialização e de condensação de valores sociais envolvendo a questão ancestral, embora manifestada de maneira subjacente.

Infelizmente, trabalhos de autores africanos e não-africanos, cientes da necessidade de ultrapassar uma análise restritiva e dotada de erros por vezes fundamentais, não contêm dados extensos sobre os ancestrais e sua configuração, o que seria decisivo para fins de uma análise materialista das sociedades africanas. Esse é o caso de alguns autores citados neste trabalho, aqui e mais adiante. Tais dados existem em vários trabalhos, mas são difusos, encontram-se lançados no fluxo dos textos, não recebem uma análise mais expressiva, nem estão relacionados a domínios mais amplos. No entanto, as perspectivas são até certo ponto bastante animadoras, ao transcender o nível da problemática de nossa preocupação e manifestar-se em outras esferas decisivas para uma compreensão mais dilatada das sociedades africanas em todos os seus termos. Nesse sentido, pode-se considerar a intensificação de encontros, discussões, seminários, congressos, publicações e até debates na imprensa, na África e fora dela, que propõe a abordagem de temas pouco conhecidos e mistificados, bem como novas formas de analisar esse universo na tentativa de se chegar ao que Niangoran-Bouah define como "falar africanamente". E para esse fim há a configuração de todo um esforço de pesquisadores africanos, e mesmo estrangeiros, engajados nessa tentativa. Há também aqueles "arquivos do saber" – os velhinhos detentores do "conhecimento antigo" –, na verdade pessoas capazes de contribuir para o desvendamento das dimensões mais verdadeiras das civilizações africanas, geralmente dispostos a colaborar. Neste caso, porém, é necessário agir rapidamente.

O universo da pesquisa

Para os fins propostos neste trabalho, examinamos aspectos sociais de três complexos civilizatórios da África do Oeste: os Ioruba do Benin (reino de Ketu) e da Nigéria (reinos de Ifé e Oyo), os Agni da Costa do Marfim (reinos dos Ndenie, Samwy e Morofoe) e os Senufo do mesmo país, sociedades para as quais forneceremos alguns outros dados e proposições oportunamente. Obtivemos também, no campo e na bibliografia, informações adicionais junto a outras sociedades, que serão indicadas no momento adequado.

Devemos justificar desde logo os motivos que fundamentam a presença de três sociedades neste estudo.

Nosso interesse residia na apreensão de um aspecto determinado das sociedades africanas para o qual desejávamos obter o maior número possível de dados. Para tanto, duas possibilidades se apresentavam: 1) selecionar um fator social considerado significativo e portador de carga ancestral e explorá-lo em todas as suas configurações possíveis e até às últimas conseqüências – o que levaria talvez à captação mais abrangente da realidade ancestral desse fator tomado em sua singularidade, porém limitaria o universo mais amplo no qual se manifesta; 2) selecionar vários fatores sociais dotados de carga ancestral e explorá-los em suas configurações mais decisivas – opção que talvez conduzisse a uma apreensão menos abrangente da realidade ancestral desses fatores segundo suas individualidades, mas que ampliaria o universo material de sua manifestação. Essa foi nossa escolha, feita na tentativa de, com base em dados saídos da multiplicidade de fatores históricos, procurar estabelecer relações eficazes entre diversos níveis da realidade e, por outro lado, subsidiariamente, propor temas para trabalhos futuros. Foi com essa intenção que começamos nossas pesquisas de campo entre os Senufo, os quais já no Brasil nos chamaram a atenção devido a certas características de seus padrões civilizatórios.

No entanto, logo em seguida travamos contato com os Agni em um contexto que envolvia uma significativa proposição ancestral ligada às práticas históricas desses Akan: as "celebrações do inhame". Esse encontro foi decisivo para estabelecer os rumos de nosso trabalho. De fato, tratando-se de sociedades dotadas de uma dimensão organizatória que as distingue fortemente – sociedade *sem* Estado no caso Senufo e sociedade *com* Estado no caso Agni – mas para as quais a questão ancestral parecia adquirir significativa importância não seria o caso de examinar, se possível fosse, como esses valores se manifestavam em uma e outra? Resolvemos assim ampliar o universo da pesquisa para incluir os Agni, coerentemente com a opção de tentar obter um número expressivo de dados referentes ao alvo de nossa preocupação, já que apresentava-se-nos a oportunidade de obter informações bastante diferenciais quanto à natureza da organização política e de governo.

Pouco tempo depois, nova circunstância de pesquisa se deu. Realizamos por terra uma longa viagem, da Costa do Marfim à Nigéria, passando por Gana, Benin e Togo, tendo a oportunidade de travar contato com outras populações africanas – em certa intensidade com os Ewe, Adja, Fon – e sobretudo com os Ioruba, discutindo com Pierre Verger alguns ângulos dessa civilização da qual foi notável especialista, assim como aspectos do nosso trabalho. Verger nos levou a várias localidades relacionadas com as divindades Ioruba manifestadas no Candomblé e nos apresentou a muitos dignitários e mandatários ligados a elas. Ao assistirmos a uma cerimônia realizada na corte do rei de Ifon, pudemos captar, ao nível da realidade proposta em um momento de síntese, que a questão ancestral estava relacionada diferencialmente com a dimensão divina do rei. Ou seja, o campo possível de atuação de nossas pesquisas alargou-se potencialmente pois, embora já conhecêssemos essa característica do rei Ioruba, não cogitáramos pudesse ela nos auxiliar a objetivar mais significativamente o tipo de relação ancestral observada. Segundo parece, foi esse o momento da decisão de, em princípio, explorar também esse novo ângulo da problemática: de um lado o rei-homem (Agni) e, de outro, o rei-deus (Ioruba). Ao fazê-lo, tivemos em conta alguns fatores. E, embora a pesquisa de campo entre os Ioruba em seu próprio país não pudesse assumir um caráter sistemático por razões práticas – residíamos na Costa do Marfim –, a oportunidade de uma nova diversificação do trabalho, dentro do mesmo campo, deveria ser tentada. Julgamos essa decisão coerente com as anteriores, pois permitiria a obtenção de novos dados diferenciais: tratava-se de sociedade também dotada de Estado, porém oferecia uma dimensão ancestral diversa daquela captada entre os Agni. Dessa forma, pensamos em nos servir do conhecimento incipiente que já possuíamos acerca dos Ioruba, obtido na bibliografia, em nossa vivência no Candomblé, com todas as ressalvas cabíveis, e certamente enriquecido por essa viagem, ampliando-se ainda com o auxílio de novos livros. Essas são as razões pelas quais, apesar da pouca pesquisa de campo realizada entre os Ioruba, resolvemos, em virtude da dimensão ancestral captada, incluí-los neste trabalho.

Por tais razões, os dados referentes aos ancestrais e instituições sociais portadoras de natureza ancestral são bastante diferenciais, referindo-se a sociedades de organização social dotadas ou não de Estado e, mais, relacionando-se com tipologias diversas de ancestrais.

Parece oportuno apresentar algumas informações sobre os procedimentos.

Os dados foram obtidos em pesquisa de campo e na bibliografia. O trabalho de campo ocorreu na Costa do Marfim, Benin e Nigéria, durante nossa estada contínua naquele primeiro país no período de dezembro de 1977 a novembro de 1981, percorrendo por terra milhares de kilômetros. Quanto aos Ioruba, já fizemos referência ao caráter limitado das pesquisas de campo mas, de qualquer forma, o trabalho envolve os reinos de Ketu, situado no Benin, e de Ifé e Oyo, localizados na Nigéria. A área de pesquisa entre os Agni localiza-se a leste da Costa do Marfim, de alto a baixo, perto da fronteira com Gana, em região de floresta, laguna e quase litorânea. No caso dos Ndenie e Morofoe a distância de Abidjan, onde residíamos, é de cerca de 250 km em seu limite máximo e para os Samwy, de aproximadamente 150 km, mais ao sul, perto do litoral. Quanto aos Senufo, a área de pesquisa localiza-se nas savanas do norte, não longe das fronteiras com o Alto Volta* e Mali, a cerca de 650 km de Abidjan. Observações complementares puderam ser realizadas também no sul do Togo em ocasiões diversas, entre os já citados Ewe, Adja e Fon.

Os dados de campo foram obtidos pela observação direta, entrevistas e depoimentos; no entanto, a vivência diária com os africanos durante um período relativamente considerável – quatro anos continuadamente – nos auxiliou de maneira decisiva a penetrar na periferia do universo de seus valores, tornando-se um fator insubstituível para a concretização deste trabalho. Um material fotográfico de alguma significação pôde ser obtido, embora entre os Agni todas as fotos, feitas em ocasiões diversas e relacionadas com certas situações específicas, saíram veladas, razão da ausência de documentação fotográfica acerca de algumas cerimônias e sacrifícios, assim como do rei sendo carregado triunfalmente pelo povo ao longo das "celebrações do inhame". Pudemos também realizar algumas gravações sonoras, sendo que expressivos momentos da ação de tambores e de cerimônias foram registrados por Helena, nossa esposa.

Os dados bibliográficos exigiram um paciente trabalho de identificação das informações relacionadas com a problemática. Embora existam várias obras contendo propostas e até mesmo discussões sobre a questão ancestral, não há, como vimos, a apresentação de dados de realidade extensos, específicos e diferenciais que permitissem localizá-los com a concretude e alcance desejáveis. Como procurávamos material específico relacionado com sociedades específicas, tivemos de buscar nas obras relacionadas com essas sociedades quais informações estavam ligadas ao nosso campo de trabalho e, mais, quais tipos de relacionamento estabeleciam entre si. Essas informações encontram-se dispersas ao longo dos textos e sem remissão aos aspectos de nosso interesse. Não obstante, a bibliografia nos forneceu um grande número de dados, que foram organizados e utilizados de maneira diferencial. Sem eles a realização deste trabalho também não teria sido possível.

As informações obtidas permitiram elaborar uma primeira classificação mais geral por assuntos e passamos a verificar sua extensão e qualidade, isto é, analisar qual o alcance que possuíam em face do universo social de onde emergiram. Chegamos assim à organização das primeiras instâncias empíricas dotadas de algum nível de abstração. Pudemos então classificá-las por assuntos, ou conjuntos de assuntos, relacionados com temas precisos, desta vez já possuidores do binômio instituições/dados diferenciais de realidade. Isso permitiu começar a estabelecer relações entre as diversas instâncias empíricas classificadas, atingindo dessa forma outro nível de abstração, pois o procedimento permitiu detectar a materialidade do relacionamento existente entre o universo social e aquelas instâncias. Ao término desse procedimento, nossa massa de dados estava caracterizada diferencialmente e reintegrada no universo da qual a retiramos.

Devemos indicar, mesmo sumariamente, quais os principais pressupostos metodológicos que orientaram, de maneira geral, e menos ou mais conscientemente, o desenrolar da pesquisa e da articulação dos dados.

*NE: atual Burkina Faso.

Tivemos em conta, em primeiro lugar, a necessidade de procurar aflorar quais explicações a sociedade oferecia à análise a partir de seu próprio ponto de vista. Estivemos portanto preocupados com uma abordagem material e histórica, porém diferencial, isto é, portadora o mais possível da manifestação proposta que era necessário compreender. Presente esse pressuposto, foram objeto de nossa preocupação, ao nível do método, as formas pelas quais se exteriorizavam fatores básicos da consistência social, tais como a materialidade da organização social e suas práticas naquelas instâncias mais decisivas, bem como a problemática da consciência, envolvendo a concretude da explicação histórica com seus planos menos ou mais aparentes onde se estruturam e se articulam os processos sociais e seus valores estabelecendo a localização do homem nesse universo. Procuramos também definir o nível no qual deveríamos propor abstrações justificadas.

Nós supomos que a postura materialista e histórica tem sido aquela por nós adotada por considerá-la como a mais apropriada e progressista para a avaliação das questões sociais. Entretanto, tínhamos consciência da cautela a ser observada em relação a todo e qualquer tipo de adoção metodológica e de sua aplicação a um trabalho diferencial relativo a sociedades dotadas de processos civilizatórios extremamente antigos e das quais desconhecíamos, desde uma perspectiva mais abrangente, os postulados particularizantes. Essa cautela impôs-se ainda mais significativamente em virtude do assunto a ser abordado.

Às proposições metodológicas mais gerais, devem ser acrescentadas algumas mais diferenciais que contribuíram para a tentativa de absorção possível da visão africana da realidade. Nós as encontramos em determinados autores, africanos no geral, mas também em certos autores não-africanos. Nesses textos, pudemos tomar contato mais extenso com uma abordagem bastante específica, manifestada sobretudo na utilização da linguagem e na forma de exposição dos dados. Por outro lado, como já indicamos, a vivência na África foi de extrema utilidade para tais fins, destacando-se – além das próprias pesquisas de campo e do contato mais intenso com outros pesquisadores da realidade africana – os ensinamentos de nossos informantes, os quais nos auxiliaram a penetrar um pouco mais nesse universo. É o caso, por exemplo, das narrativas tradicionistas, sintetizadoras da idéia de manifestação de fontes orais de uma pluralidade de conhecimento expressada sinteticamente através da palavra. Outros exemplos poderiam ser citados, mas não julgamos necessário fazê-lo agora. Resta esperar que tais enunciados acerca de nossa postura metodológica e de pesquisa estejam exteriorizados no texto…

Organização do trabalho

O trabalho está dividido em três partes, a última delas contendo três sub-partes.

No decurso de nossas pesquisas emergiram dois fatores considerados fundamentais e cuja apreciação impôs-se como condição prévia à abordagem do alvo prioritário do trabalho.

Em primeiro lugar, consideramos necessário estabelecer quais critérios mínimos permitem abordar a questão dos ancestrais africanos sem permanecer em terreno destituído de materialidade. Para tanto, foi preciso examinar o tema referente à configuração do homem para encontrar a noção definidora do ancestral. Nesse universo, a problemática da morte colocou-se de maneira crucial, pois os pressupostos nascidos da proposta de formação do homem exigiram que fossem também apreciados quais mecanismos e processos permitem considerar que efetivamente a sociedade estabelece que o homem é dotado de uma capacidade transformadora passível de caracterizar historicamente a condição ancestral de sua existência, e como isso ocorre.

Esses temas integram a Parte I, em quatro capítulos, e a Parte II, constituída de dois capítulos.

Examinados assim aspectos preliminares, necessários à objetivação mais expressiva dos dados sobre o homem, futuro ancestral, pudemos abordar as principais instituições sociais detectadas em nossas pesquisas como efetivamente portadoras de uma dimensão ancestral segundo a perspectiva proposta pela sociedade.

Esse é o universo que constitui a Parte III, onde se encontram, separadamente, os exemplos Ioruba, Agni e Senufo, cada um deles contendo, respectivamente, três, quatro e cinco capítulos.

Quanto às notas, elas não são destinadas às remissões bibliográficas – colocadas logo após as citações e transcrições – mas, no geral, à apresentação de alguns aspectos complementares de interesse para o trabalho. Assim, preferimos agrupá-las por capítulos e colocá-las logo após eles, pois a extensão de algumas delas dificultaria a composição gráfica e poderia mesmo prejudicar o fluxo da leitura do texto e das notas.

Parte I

O PRÉ-ANCESTRAL

Introdução

Nesta primeira parte de nosso trabalho, apresentaremos dados referentes ao que chamamos de homem natural-social, aquele manifestado, durante sua existência visível, no espaço terrestre. Esse é o pré-ancestral.

No primeiro capítulo, veremos que o ser humano é constituído de uma pluralidade de elementos vitais naturais os quais, estando em união vital, fazem emergir o homem natural. Já no segundo capítulo, procuramos analisar mais detidamente as características desses elementos vitais na tentativa de verificar como eles estão relacionados com a noção capaz de fazer configurar o ancestral. Mas os dados expostos nesses dois capítulos não parecem suficientes para definir o ser humano em sua totalidade e o ente capaz de adquirir a condição de ancestral. De fato, o homem é constituído também de outros elementos – de ordem social – que, segundo a concepção da sociedade, devem integrar de maneira decisiva a personalidade, provocando uma síntese entre o natural e o social possibilitada por certos mecanismos. Esses elementos são o nome e a iniciação, esta manifestada no quadro abrangente dos processos de socialização. Dessa forma, é possível perceber-se a passagem do homem natural ao homem natural-social que, integrado na sociedade, constitui o pré-ancestral. O nome e a iniciação são temas abordados no terceiro e quarto capítulos, respectivamente.

Antes de passarmos à apresentação dos dados, convém definir sumariamente alguns conceitos utilizados com freqüência em nosso trabalho; outros serão analisados oportunamente.

O homem natural-social é entendido como síntese de elementos vitais naturais e sociais. Sobre isso, portanto, não insistiremos aqui. A noção de vitalidade liga-se ao conceito de força vital, objeto das preocupações de Tempels (1969), ao discutir a questão da energia inerente aos seres, de onde emerge o ser-força ou força-ser, no qual é impossível estabelecer separação entre força e ser: eles constituem uma só proposição. Mas nós consideramos essa noção extremamente genérica e sua aplicação deve ser feita de maneira diferencial, isto é, relacionada com aspectos precisos da problemática. Dessa forma, a noção de vitalidade ganha nuances e permite objetivar um pouco mais o relacionamento estabelecido entre a natureza e o homem. Ainda mais: nós utilizamos o conceito, nessa visão diferencial, com relação também às práticas históricas, introduzindo, por exemplo, a idéia de que os elementos de natureza social constitutivos do ser humano são essencialmente vitais devido à sua capacidade de promover a transfiguração do homem natural em homem natural-social. A sociedade é, assim, dotada de "força". Deve ser acrescentado ainda que a noção de vitalidade extensiva até sua explicação mais imediatamente observável, tal como utilizada no dia-a-dia do homem africano, é quando este considera, simplesmente, que algo ou alguém é "forte" por motivos relacionados a uma situação diferenciada de qualquer natureza, envolvendo real ou simbolicamente uma propriedade distintiva. Essas concepções parecem situar mais convenientemente, no âmbito das práticas sociais, a idéia de "força vital", não limitando-a às instâncias das formulações abstratas e do pré-estabelecido mas, ao contrário, configurando-a, em grande parte, como elemento pertencente ao domínio da consciência social. Por tais motivos, utilizamos indiferenciadamente as expressões "princípio vital", "elemento vital", "força vital" etc.: elas referem-se a dois grandes universos em interação, o do natural e o do social.

A questão da vitalidade remete à figura do preexistente, expressão também utilizada com freqüência neste trabalho. Nós usamos o conceito essencialmente para indicar a fonte mais primordial detentora da energia universal, manifestada enquanto força vital capaz de engendrar os processos de criação dentro, porém, de situações diferenciais, isto é, referidas a grupos sociais determinados. Isso envolve de maneira subjacente a palavra, elemento muitas vezes ligado à criação do mundo e à noção de vitalidade. A palavra, nas civilizações da oralidade, ganha singular importância. De fato, uma das manifestações da "força" do preexistente é dada pela palavra, forma condensada da energia universal passível de aflorar no homem. Nessa medida, a palavra humana é dotada de "força", devendo, assim, ser utilizada adequadamente: uma vez emitida, não volta à pessoa, uma de suas porções desprende-se e integra-se na natureza. Essa característica do preexistente – elemento detentor da palavra – não constituiu alvo deste trabalho, mas julgamos conveniente apontá-la sem qualquer outra intenção de explorar o assunto pois relaciona-se com a mais abrangente das instâncias míticas que interferem nos assuntos a serem abordados. O preexistente liga-se ainda, seguidamente, àquelas instâncias dos entes sobrenaturais, os quais por uma questão prática chamamos às vezes de divindades. Com isso, propomos estabelecer uma diferença de substância entre divindades e ancestrais. As divindades constituem manifestações específicas da energia universal que integra a existência total, consubstanciando-se em certos domínios da natureza, mas estabelecendo relações com a sociedade. Por tal motivo, integram também a massa ancestral de uma dada sociedade.

A noção de existência visível refere-se ao período da vida do homem natural-social manifestada no mundo terrestre. A vida adquire o sentido amplo de existência, pois o ser humano é pensado pela sociedade em sua configuração visível, quando é o homem natural-social e o pré-ancestral; e após ela, quando adquire a condição de ancestral. Isso envolve a questão da imortalidade do homem, assunto bastante prioritário no desenvolvimento deste estudo. Mas, em ambos os casos de manifestação da existência, é necessário que ela esteja ligada à história do grupo social respectivo.

Capítulo 1
O homem natural

Nas três sociedades alvo deste trabalho o homem natural aparece em sua existência visível como síntese de vários elementos vitais naturais em interação dinâmica permanente. Examinemos alguns dados a esse respeito.

Ioruba

Ara, o corpo, representação visível do homem, é concebido como um complexo externo e outro interno em relação constante. O primeiro deles é percebido pela figura, estabelecendo-se uma distinção entre a cabeça e o resto do corpo, talvez em razão de a cabeça aparecer em primeiro lugar nos partos normais e por tratar-se da sede de um outro princípio vital de notável importância: *Ori*. O complexo externo é também proposto pela noção de movimento, qualidade da capacidade motora propiciada pelos membros inferiores e principalmente pelos pés, *Ese*, permitindo ao homem ocupar espaços físicos e criar espaços sociais. A importância atribuída a *Ese* é significativa, estando mesmo ligada a certas práticas destinadas a *Ori*, tomado como divindade pessoal e privativa dos seres humanos, conforme indicado por Abimbola (1973). *Ese* compreende os dedos maiores dos pés, dentro de uma proposição diferencial relacionada com os ancestrais:

> Por ocasião de oferendas à cabeça [...] sacrifícios são oferecidos aos pais ou avós mortos, algumas gotas de sangue dos animais sacrificados são vertidas sobre os grandes artelhos direito e esquerdo, representando a alma do pai (ou avô) e da mãe (ou avó) se eles estiverem mortos. (Verger, 1973: 66)[1]

Um dado não negligenciável a respeito de *Ese* é registrado no reino de Ifé, centro do mundo espiritual Ioruba, onde o rei, *Ooni*, tem, à sua morte, esses dedos dos pés unidos por uma pequena corrente metálica, e assim é enterrado. Dessa maneira, *Ese* liga-se a uma concepção de espiritualidade do homem, manifestada na instância material do corpo e à sua capacidade de realização, contendo em si uma dimensão ligada aos ancestrais da família. Segundo Abimbola (1973), *Ese* também é visto como um *Orisa*, expressão que designa as divindades Ioruba.

O complexo interno do corpo está ligado à noção de entranhas, tomada no sentido de manifestação interna de fatores naturais e sociais. Essa dimensão do homem parece emergir de um grande princípio, físico e espiritual ao mesmo tempo, sintetizando de um lado, a noção de entranhas propriamente ditas, organizadas como sistema dotado de energia vital, e de outro, certas propriedades espirituais, quando essa noção propõe que alguns fluxos vitais, ligados à existência histórica visível, manifestam-se como propriedade intrínseca do homem, formulados e sentidos em seu interior. Segundo parece, esse princípio é dado pela idéia consubstanciada em *Okan* – "coração" – o qual, entretanto, não corresponde ao órgão físico tomado isoladamente, mas a um sistema vital instituidor da dimensão física e espiritual do homem. Verger indica, a propósito de *Okan*:

> Para invocar a idéia de alma, de espírito, de consciência, emprega-se às vezes a palavra Okàn, coração, ou a palavra Inú, ventre, estômago, matriz, entranhas, implicando a noção de interioridade (nínúnínú). A alegria se exprime pela expressão *"inú mi dùn"*, meu ventre é doce, delicioso, gracioso, agradável; sentimentos experimentados interiormente. (1973: 63)[2]

Outro princípio vital constitutivo do homem Ioruba é *Emi*, o qual permite ao ser humano existir em sua manifestação visível e animada proposta pelo corpo vivo. Verger (1973) chama *Emi* de sopro vital, alma, sopro, princípio vital, espírito. Elbein dos Santos (1976) considera que *Emi* manifesta-se no homem pela respiração. De origem divina, é o sopro de *Olodumare*, o preexistente Ioruba,[3] que colocado nos corpos modelados por *Orisanla* – divindade ligada à criação dos seres da natureza[4] – anima-os. Abimbola (1973) entende que *Emi* confere ao homem a condição de ser propriamente dito, relacionando-o à espiritualidade. E o considera imortal.

Mas *Emi* pode ser melhor compreendido quando se tem em conta sua manifestação individualizada: *Ejiji*, princípio também chamado de "sombra" ou "duplo". Verger indica a esse respeito: "Diz-se que existem três espécies de sombras; de manhã cedo as pessoas têm duas, uma à esquerda e outra à direita; ao meio-dia torna-se única; após seis horas da tarde, existem três" (1973: 62). Uma das características de *Ejiji* é, até certo ponto, sua fragilidade. Verger afirma que esse componente do homem é "relativamente vulnerável, pode-se produzir mal às pessoas fazendo trabalhos sobre sua sombra" (1973: 62).[5]

O homem natural Ioruba é constituído também por *Ori*, princípio vital de individualização da personalidade e do destino. Sua noção vai além da idéia de elemento integrante do sistema físico, pois esse princípio é considerado a "cabeça interna" das pessoas. De fato, *Ori* configura principalmente a abstração de uma dimensão do homem ligada à problemática de sua existência histórica. Embora tendo como sede a cabeça física, *Ori* não propõe o estabelecimento de relações decisivas com a massa cerebral, ele é algo fundamental superposto à matéria. Esse princípio vital tem origem específica: é elaborado por *Ajala*, o oleiro divino dos Ioruba, encarregado de produzir continuamente "cabeças internas" a fim de completar o homem. O processo de criação indicado por Abimbola (1973) estabelece que *Orisanla* molda os seres humanos e *Olodumare* insufla-lhes o sopro divino do qual é detentor, após o que recebem de *Ajala* seus *Ori*. Para isso, as pessoas devem escolher sua própria "cabeça interna", e esse ato é absolutamente livre, sendo suficiente a cada uma adotar, dentre a multiplicidade existente, aquele *Ori* de sua preferência, do qual, entretanto, não se conhecem as qualidades e os defeitos. Trata-se de um momento crucial do livre-arbítrio cujas conseqüências são imprevisíveis, pois a produção de *Ori* também o é. De fato, *Ajala* cria "cabeças internas" boas e más, dependendo de seu estado de espírito. Abimbola (1973) afirma que – por ser considerado ente "irresponsável" – ele não é tido como um *Orisa*.[6] Acrescenta ainda que, segundo consta entre os Ioruba, a escolha de um bom *Ori* é responsável pelo sucesso humano, e que ocorre o contrário em caso de uma opção infeliz. Ainda mais, a escolha de um *Ori* é definitiva, impossível de ser alterada. Dessa forma, o destino de um homem repousa nas qualidades de seu *Ori*, ou seja, o destino humano é estabelecido por *Ori*. É devido à sua extraordinária importância, enquanto elemento vital instituidor da individualização da personalidade e do destino, que, segundo Abimbola (1973), a única testemunha da escolha de um *Ori* seja a divindade regente do segredo e do conhecimento entre os Ioruba, o demiurgo conhecido por *Orunmila*, patrono dos jogos divinatórios e propiciatórios. Esses jogos permitem conhecer o destino, explicando a necessidade de as pessoas consultarem periodicamente *Orunmila* a fim de conhecer os desejos de *Ori* que, para Abimbola, constitui o elemento "que representa o destino humano" (1973: 80). Verger, por sua vez, detendo-se na questão da origem[7] e do destino do homem, aborda a noção de *Iponri*, ligada àquela de *Ori*. *Iponri* possui uma representação material segundo Verger (1973) constituída de certos elementos utilizados pelos dignitários encarregados dos jogos divinatórios, os *Babalawo*, para conhecer o destino das pessoas. Esse autor indica que tais elementos são guardados em uma pequena bolsa "de pano branco decorado no exterior com contas e cauris" (1973: 66). E conclui relacionar-se *Iponri* "com a noção de origem das pessoas e representa as seis gerações precedentes; o proprietário do *ìpònrí* sendo a sétima." (1973: 66).[8] Assim, Verger liga a problemática também aos ancestrais da família. *Iponri*, ainda segundo Verger (1963), estaria de certa maneira em conexão com *Ori* através da noção dada por *Iwo*, o cordão umbilical, elemento material da origem das pessoas. Finalmente, *Ori* refere-se ainda a uma outra dimensão: é considerado uma divindade pessoal, inerente a cada ser humano, um *Orisa* a ser cultuado. Nesse sentido, *Ori* aparece como senhor absoluto do destino dos indivíduos, protegendo-os e cuidando de seus interesses. Sua vontade predomina sobre todas as demais e nada pode ser feito contra uma pessoa se *Ori* não estiver de acordo, nem mesmo, segundo Abimbola (1973), pelo próprio *Olodumare*.

Seria possível, ainda, indicar certas características de outro elemento constitutivo do homem, *Esu*, definido por Elbein dos Santos, a respeito de uma de suas múltiplas dimensões, como princípio "dinâmico e de expansão de tudo o que existe, sem ele todos os elementos do sistema e seu devir ficariam imobilizados, a vida não se desenvolveria" (1976: 131). Porém, como esse aspecto de *Esu* não se aplica apenas ao homem, e levando em conta a sua abrangência universal, não nos deteremos nele, não obstante o interesse que desperta, por não fazer parte do contexto do qual este trabalho se ocupa.

Agni

Nós não possuímos dados seguros sobre quais processos primordiais deram origem ao homem Agni. Sabemos entretanto que o preexistente desses Akan – chamado *Alluko Niama Kadyo*, dentre outros nomes – é tido como fonte primeira da energia universal, sendo doador de um princípio vital caracterizador da vida em todos os seres da natureza. Mas, de qualquer forma, o homem natural Agni é constituído de pelo menos três elementos vitais.

Aona, o corpo, propõe a configuração de uma dimensão interna e outra externa em relação constante. A dimensão interna é percebida pela noção de entranhas, tomada no sentido de interioridade, e a externa pela figura, flexibilidade e movimento. *Aona* indica uma pluralidade, cada um de seus elementos constitutivos possui a vitalidade própria de sua natureza. É uma potencialidade de vida ou "vida em si mesma", mas é colocado em ação por um outro princípio vital distribuidor dessas energias, o *Woa Woe*. Sem esse princípio o corpo seria definido como uma pluralidade estática de elementos vitais.

Woa Woe é pois princípio vital sintetizador das várias potencialidades de *Aona* e lhe permite viver como pluralidade dinâmica. É assim o princípio vital relacionado com a energia primordial do qual o preexistente é o detentor por excelência. Por outro lado, faz configurar uma individualização das energias vitais, pois todos os seres são portadores desse elemento, individualização esta capaz de fazê-lo manifestar-se como "duplo" dos corpos. Uma prova material da existência de *Woa Woe* enquanto princípio de vitalidade é proposta pelas transformações sofridas pelos corpos após os processos caracterizadores da morte: uma vez que *Woa Woe* não mais se encontre unido ao corpo, este não tem vida nem possui seu "duplo" e, então, apodrece. Outra prova da existência de *Woa Woe* é dada pela possibilidade de sua manipulação e apropriação por parte de indivíduos capazes de o fazer. Finalmente, *Woa Woe* aparece como o princípio estabelecedor da união vital do corpo com *Ekala*, o terceiro grande elemento vital constitutivo do homem natural Agni. Realmente, *Ekala* só existe no plano da existência visível em um corpo animado pela vida, fato possibilitado pelo *Woa Woe*. Fora dessa união vital a condição de *Ekala* é outra, e sua explicação totalmente diversa.

Ekala, o terceiro princípio vital componente do homem natural Agni configura-se como elemento atribuidor da individualização da personalidade social e do destino. Explicam os Agni que *Ekala* é um princípio puro, pode ser bom ou mau, tais qualidades são inerentes à sua natureza. Define critérios da personalidade como inteligência, honestidade, bondade etc., e seus contrários. É responsável pelo destino dos homens, isto é, o destino de um homem é aquele de seu *Ekala*, e assim não é ele que será feliz ou infeliz em sua vida, essa é uma perspectiva que se coloca a seu *Ekala*. É devido a essas características que entre os Agni diz-se, de um homem bem sucedido, que "seu Èkala é vigilante" (D'Aby, 1960: 21). Outro atributo de *Ekala* é sua dimensão eminentemente sagrada: constitui-se em uma espécie de divindade pessoal e privativa dos homens, inerente à personalidade dos indivíduos.

Senufo

Segundo um depoimento por nós obtido em Korhogo, território Senufo,[9] o preexistente desses voltaicos – apresentado como princípio primordial feminino sob o nome de *Klotyeleo* – doou aos seres, no processo de criação, um elemento vital do qual é portador e fonte universal por excelência. Esse elemento vital, concebido como um fluido divino, caracteriza a existência da vida, mas a criação material propriamente dita dos seres não é obra do preexistente: eles são moldados por outras divindades que captam essa energia e a materializam individualizadamente.[10]

Esse atributo vital originário relaciona-se sobretudo com a concepção de vitalidade e animação dos seres, assim como com sua espiritualidade, dada pela essência divina de sua origem. Nessas condições, a substância primordial do homem e demais seres da natureza possui uma parcela do preexistente, ou seja, algo da energia vital divina classificada e hierarquizada segundo as espécies.

De acordo com essa versão, uma vez doado o princípio vital configurador da vida, o papel do preexistente fica esgotado: a guarda de cada ser é confiada à divindade dele privativa. No caso do homem, essa divindade a nós apresentada com o nome de *Niyiligefolo*, palavra traduzida por "aquele que me materializou", recompensa ou pune o indivíduo segundo este se conforme ou não às regras da natureza e da sociedade. Assim, não há concepção de castigo para além da existência visível e todos os atos considerados negativos são expiados durante essa fase, não cabendo ao preexistente ocupar-se nem do bem nem do mal: essa problemática fica restrita unicamente às relações estabelecidas entre os homens e sua divindade pessoal e privativa. Já para os outros animais, assim como para os vegetais e minerais, a guarda dos indivíduos é confiada a entes elementais denominados "Madebele", cuja função básica é a de protegê-los contra toda espécie de agressão. Esses entes constituem forças diversas daquelas inerentes ao homem, fazendo o mundo povoar-se de entidades atemorizantes ligadas às energias desconhecidas da natureza.

Essas proposições contêm alguns aspectos considerados significativos quanto à problemática da criação e configuração do homem.

O preexistente seria doador de um "fluido" definidor da vida. Como ocorreu essa doação? O informante de Korhogo disse que o preexistente "não faz que fazer correr o fluido", negando que para tanto tenha utilizado a palavra, elemento primordial de força vital do qual o preexistente é detentor entre várias sociedades tradicionistas.[11] Já Holas (1957) afirma o contrário: todo o processo primordial da criação Senufo se fez pela palavra do preexistente. Ambas as fontes concordam, no entanto, que o homem é dotado de substância divina.

O informante de Korhogo considera ser o preexistente o responsável pela criação, e dele "descende todo o universo. Tanto os homens como a matéria, as pedras mesmo e tudo, tudo que é matéria descende dessa mulher". Mas pensa que a materialização do homem é devida à ação de certas divindades colocadas a serviço do preexistente:

Mas assim que esse deus-mãe colocou todas as criaturas na terra [...] ela os confia a demiurgos [...] que são encarregados de atualizar o fluido [...] de completar a obra, de aperfeiçoar a obra, de a tornar atual. De a materializar. Uma vez isso feito, Deus não se ocupa mais da criatura, nem dos seres, nem das coisas.

Já Holas (1957), chamando a atenção para as várias configurações do preexistente Senufo (princípio feminino, princípio masculino ou andrógino), acredita que a obra de criação tenha sido feita pela palavra de *Koulo Tyolo*,[12] princípio universal masculino por excelência. E afirma ter esse preexistente criado um casal primordial gerador dos demais seres humanos. Seriam os primeiros ancestrais da humanidade, portadores do sopro divino do preexistente.

Por outro lado, na versão do informante de Korhogo, a divindade finalizadora da obra do preexistente materializando o homem, torna-se sua divindade pessoal e o acompanha em sua trajetória histórica, punindo-o ou beneficiando-o segundo as circunstâncias. Sobre esse aspecto, Holas diz que o preexistente somente age entre os homens através de "mediadores invisíveis mas ativos. Entre esses, Iligué Vô (ou Iliguéfolo) ocupa o primeiro lugar" (1957: 145).[13]

Estabelecida sua origem divina, os Senufo consideram o homem natural como ente constituído de pelo menos três elementos vitais.

Tyeri, o corpo, compreende um complexo interno e outro externo, interdependentes. O primeiro é percebido pela noção de ventre ou entranhas, sintetizando a idéia de um conjunto de órgãos e suas funções, mas também a possibilidade de captar e viver os sentimentos interiormente faz parte dessa proposição. *Tyeri* é concebido como uma totalidade dinâmica, propriedade derivada de duas razões básicas: ele possui qualidades vitais inerentes à sua natureza e a cada uma de suas partes, as quais se combinam como sistema existente por força de sua própria vitalidade. No entanto, é regido por um outro princípio vital catalisador, *Neri*, que o define como estrutura viva com possibilidade de ação, sua vitalidade podendo ser aumentada ou diminuída.

De fato, esse segundo componente do homem Senufo, *Neri*, parece configurar-se como um princípio de animalidade, uma energia caracterizadora da existência de vida em um corpo animado, ou seja, aparece como elemento catalisador das propriedades energéticas do *Tyeri*, podendo tratar-se do fluido ou sopro vital originado do preexistente. Uma das provas da existência de *Neri* é dada pela proposição segundo a qual ele pode transparecer em sua forma individualizada de "duplo". Nesse estado, é atingível e mesmo apropriável, caso em que provoca a diminuição das energias vitais do indivíduo e até sua morte. *Neri* pode ter sua energia diminuída mas também aumentada, quando é utilizado por seus apropriadores com o fim de aumentar sua própria vitalidade. Mas *Neri* reveste-se ainda de outra característica: pode constituir-se em uma energia deletéria e vingativa após a morte do corpo, dirigindo suas ações contra antigos inimigos. Por tal razão, entre os Senufo é costume colocarem-se bastões na cova dos cadáveres, por ocasião dos enterros, para serem oportunamente utilizados por *Neri* contra o causador ou causadores da morte.[14] *Neri* é, portanto, um componente vital do homem Senufo extremamente ambíguo: identificado como condição essencial para a configuração plena da vida em um corpo pode ser tomado como princípio vital de animalidade. Porém, até certo ponto, guarda características que o individualizam, sob forma dotada de uma espécie de inteligência, embora essa inteligência não pareça dotada de vontade reflexiva.

Pile, o terceiro elemento vital constitutivo do homem Senufo, define-se como princípio ligado por excelência às propriedades morais, intelectuais e de destino do ser humano, individualizando-o e atribuindo-lhe uma personalidade social. Segundo parece, também neste caso esse componente transparece ainda como uma divindade pessoal que até certo ponto se confunde com a personalidade dos indivíduos, integrando-a em suas instâncias mais profundas.

Dessa forma evidencia-se a pluralidade de elementos vitais integrantes da constituição do homem natural. Sob mais de um aspecto, pode-se afirmar que nas três sociedades esses elementos guardam características básicas e próprias que os definem e individualizam. A união vital e dinâmica desses elementos configura a síntese enunciadora do homem em sua existência visível.

Notas

1. Oferendas à cabeça: expressão ligada aos cultos destinados a *Ori*.

2. Nós ouvimos na África, com grande freqüência, a expressão "ventre" ser utilizada para exprimir sentimentos, ainda que jocosos. Isso ocorre no contexto comum e diário dos contatos entre as pessoas.

3. *Olodumare*, o preexistente Ioruba, é também indicado pelo nome de *Olorun*.

4. *Orisanla* é também indicado pelo nome de *Obatala*.

5. A expressão "fazendo trabalhos" refere-se à possibilidade de se exercer uma ação mágica com a utilização de certos recursos que pode ser benéfica ou maléfica. Nós considera-

mos essa expressão estrangeira ao pensamento africano, o qual exprime essa possibilidade de maneira diferente. No entanto, ela é bastante conhecida e utilizada nos cultos afro-brasileiros.

6   A noção de *irresponsabilidade* manifestada no âmbito da criação primordial parece ser uma constante entre os Ioruba. Ela aparece também referida a *Orisanla*, divindade que falhou na criação do mundo, mesmo sendo responsável pela criação dos seres da natureza. Essa característica humaniza a divindade.

7   Sobre a questão da matéria originária e primordial constituinte do homem Ioruba, ver Elbein dos Santos (1976), principalmente a partir da pág. 204.

8   Também Abimbola (1973) e Elbein dos Santos (1976) fazem referência a *Iponri*.

9   Depoimento de Tidiane Dem em Korhogo, Costa do Marfim, em abril de 1979.

10 Note-se que os Ioruba e Senufo também consideram que o preexistente delega às divindades a elaboração do homem, constituindo-se entretanto na fonte primordial da energia que possibilita o ato criador.

11 Nós utilizamos o termo "tradicionista" para indicar aquelas civilizações que detêm o conhecimento ancestral, isto é, extremamente antigo. Esse termo foi oficialmente adotado pelos participantes de Seminário Internacional sobre a Civilização Senufo realizado em Korhogo, Costa do Marfim, em agosto de 1979.

12 O nome do preexistente Senufo é escrito de diferentes formas pelos autores.

13 *Iliguefolo*: note-se a semelhança com a expressão *Niyiligefolo* utilizada por Tidiane Dem. Parece tratar-se do mesmo ente sobrenatural relacionado diretamente com o preexistente e os seres humanos.

14 Como se verá mais adiante, a morte dificilmente é atribuída a causas naturais. Os Senufo não constituem exceção a esse postulado.

Capítulo 2
A dimensão mais histórica do homem

No capítulo anterior procuramos apresentar a pluralidade de elementos vitais, os quais vitalmente unidos, configuram o homem natural, sua síntese. Convém agora examinar algumas características mais diferenciais desses elementos e seus destinos após terminados os processos que estabelecem o fim da existência visível. Essa apreciação permitirá perceber, segundo entendemos, a existência de uma proposição material de imortalidade para o homem natural, naquela sua dimensão mais passível de se tornar histórica. Para tanto, examinaremos três componentes vitais, o corpo, o "duplo" e o elemento por nós chamado de princípio vital de imortalidade. Outros elementos antes apontados dentro das informações referidas aos Ioruba, *Ese* e *Okan*, não serão abordados pois já estão relacionados com os demais. Quanto à questão do sopro ou fluido vital, doação do preexistente, ela será apreciada de maneira sumária, pois sua manifestação individualizada, o "duplo", relaciona-se de forma mais decisiva com a problemática que nos preocupa, a de procurar encontrar, no homem natural, a sua condição vital de imortalidade e, potencialmente, de historicidade. Essa temática assume importância decisiva para a tentativa de penetrar na explicação proposta pelas três sociedades acerca da controvertida figura do ancestral.

O corpo

Para as três sociedades, o destino do corpo após o fim da existência visível é o da corrupção pelo apodrecimento e a sua transformação em outros elementos que se integram à terra. Porém, embora o corpo seja o elemento constitutivo do homem que mais tende a apresentar os efeitos desse processo à observação, a proposta de sua aniquilação total praticamente não existe. De fato, algumas proposições evidenciam a existência de uma idéia de sua continuidade após a morte, embora os dados relacionados com essa problemática sejam realmente escassos.

O apodrecimento do corpo e sua integração à terra parecem configurar uma mutação, a qual, mesmo ao final, guarda de certa maneira algo da individualidade anterior. Entre os Ioruba, Verger (1973) registra a utilização de um pouco da terra de uma sepultura para integrar a representação material do morto respectivo, *Isese*. Embora essa prática esteja ligada a outro princípio vital, *Emi*, nada anula a possibilidade de existir também uma outra relação com o corpo transformado pela morte. Essa relação parece bastante evidente, pois tal representação material é moldada de maneira a lembrar feições humanas. Se assim for, a proposição é a de reconstituição da pessoa no plano físico, guardando *Isese* características de dois princípios vitais, *Ara* (o corpo) e *Emi* ("sopro vital", "duplo", "sombra"). Para os Agni, uma cova não pode ser utilizada mais de uma vez, não sendo atribuídas pelo "Mestre do Cemitério"[1] a certos indivíduos, principalmente a aqueles que se dedicam à apropriação de certas energias alheias, utilizando-se para tanto, nesses casos, de um artifício: esse dignitário escolhe deliberadamente uma sepultura antiga, sem vestígios aparentes. Retirada a terra aparecem os ossos, diz-se então que o solo recusa-se a receber o corpo. Esse ato repete-se mais duas vezes, em outras duas sepulturas também escolhidas previamente. Na terceira vez, o corpo é considerado definitivamente rejeitado pela terra do cemitério, sendo então depositado em outro sítio, distante da aldeia, o qual passa a ser considerado maldito e a ser cuidadosamente evitado. Quanto aos Senufo, as informações obtidas referem-se apenas à concepção de que a terra de uma sepultura é diferente, daí talvez certos atos das cerimônias funerárias ocorrerem no espaço dado pela cova do indivíduo, fatos que pudemos observar pessoalmente.[2]

Por outro lado, as três sociedades fazem representar seus mortos através de estatuetas, propondo assim uma espécie de reconstituição do corpo. Entre os Ioruba, há o exemplo de *Isese*, antes citado, colocada no local privativo dos cultos aos mortos das famílias, onde são realizados sacrifícios periodicamente. Os Agni Samwy do reino de Krinjabo[3] faziam simbolizar seus mortos através de representações materiais, sendo particularmente famosas as hoje infelizmente desaparecidas estatuetas *Mma*, feitas à imagem da pessoa falecida e reproduzindo inclusive as suas escarificações. Quando há morte entre os gêmeos, uma pequena estátua do gêmeo falecido é feita e entregue ao irmão sobrevivente, quem a leva sempre consigo. Entre os Senufo, existem representações dos ancestrais mais antigos, ligados à história distante, como é o caso das figuras de madeira simbolizando caçadores e fundadores de núcleos nas épocas em que tiveram lugar os processos de sedentarização. No sub-grupo Fodonbele, existem as estatuetas *Kpondosian*, de forma humana, representando ancestrais e utilizadas como pilões com os quais a terra é percutida ritualmente ao longo de certas cerimônias secretas dos cultos aos mortos.

Outra proposta de continuidade do corpo após a morte é dada pela ingestão ritual de certas de suas partes. Não possuímos dados a respeito quanto aos Agni e Senufo, porém entre os Ioruba de Oyo e Abeokuta esse fato foi registrado.[4]

É bem verdade que esses poucos exemplos estão ligados a explicações transcendentes da dimensão da realidade imediata proposta pelo corpo, mas não deixam de conter, entretanto, uma proposição de continuidade desse elemento constitutivo do homem após a sua morte. Thomas (1968), em pesquisas realizadas em países da África Negra, obteve apenas 58% de respostas afirmativas à idéia de aniquilação total do corpo após finda a existência visível. Dos 42% de respostas contrárias a essa idéia, 11% referem-se à concepção de aniquilação parcial e 31% à de nenhuma aniquilação. Nesses últimos resultados devem estar envolvidas outras proposições, como a de continuidade total do corpo após a morte possibilitada pelos processos de mumificação aplicados a dignitários de notável importância. É possível ainda que nesses índices esteja contida a idéia de continuidade do corpo dada pelos ossos, mas nós não possuímos informações mais significativas a respeito. Quanto à mumificação, nós não a relacionamos com as sociedades em causa, ainda que hipoteticamente, uma vez que a única informação obtida sobre tais processos apareceu entre os Baule, aos que não incluímos aqui para fins de exemplificação não obstante suas origens históricas comuns às dos Agni.[5]

O corpo é elemento constituinte do homem cujo significado social não pode ser negligenciado. Durante a existência visível é um elemento de referência histórica, sendo fator de individualização, de trabalho e de reprodução da sociedade quando serve de veículo para a tomada de consciência das funções sociais do sexo. Está ligado também aos processos iniciáticos, visando introduzir os indivíduos na sociedade de maneira ótima, como se verá. É ainda utilizado como elemento de reconstituição de certos modelos ancestrais ligados à explicação da realidade, permitindo a realização de danças e gestualísticas ancestrais, assim como a manifestação de máscaras e atores travestidos. Porém, não obstante a ampla dimensão social proposta pelo corpo, as características que o definem *não* possibilitam considerá-lo como o elemento vital mais histórico do homem e capaz de ligá-lo decisivamente à sua configuração ancestral.

O "duplo" e os comedores de alma

Conforme visto anteriormente, o princípio configurador da vida em um corpo, relacionado com a noção de sopro ou fluido vital – *Emi*, *Woa Woe* e *Neri* entre os Ioruba, Agni e Senufo, respectivamente – é elemento primordial doado pelo preexistente, particularidade que estabelece a dimensão espiritual dessa vitalidade e, de certa maneira, a dimensão espiritual e até mesmo divina do próprio homem durante sua existência visível.

Nós não temos condições de indicar com segurança o que ocorre com esse princípio vital após a morte do corpo mas, segundo parece, pode tornar-se então elemento constitutivo de um novo homem ou reintegrar-se à massa originária. Tal concepção é válida sobretudo para os Ioruba, segundo os quais *Emi* deixa a sepultura nove dias após o enterro "para tornar-se a sombra de um recém-nascido" (Verger, 1973: 62). Mas Verger registra ainda que *Emi* pode "ir para não importa qual família" (1973:62). Quanto aos Agni e Senufo, os dados obtidos na bibliografia e na pesquisa de campo permitem considerar esses dois destinos eventuais como possibilidades significativamente aceitáveis. Ocorre, entretanto, que tais princípios vitais possuem uma característica comum às três sociedades: considerados inextinguíveis devido à sua origem divina, individualizam-se fortemente, manifestando-se então sob a forma de "duplo" e, nessa condição, são atingíveis e apropriáveis. Assim, consideramos oportuno apresentar alguns dados referentes a essa individualização, a qual aproxima mais significativamente o "duplo" das práticas sociais.

Entre os Ioruba, *Ejiji*, o "duplo", guarda após o falecimento certas características de sua natureza. Segundo Verger (1973), transforma-se em terra após três dias do enterro e um pouco dessa terra faz parte dos elementos com os quais são elaborados *Isese*, representações individualizadas dos mortos da família, servindo para determinados cultos destinados aos ancestrais. Nessa reconstituição dos mortos, *Isese*, estando ligado a *Emi*, aparece como "um pouco do poder de *Olódùmarè* que permanece na casa" (Verger, 1973: 64). Mas *Ejiji* é um elemento frágil, sendo sobre ele que recaem as ações negativas de terceiros, as quais podem levar à morte do corpo mesmo durante a existência visível: de fato, quando *Ejiji* abandona definitivamente *Ara*, o corpo, *Emi* deixa de integrá-lo, configurando-se assim um cadáver, segundo indica Verger (1973). Para os Agni *Woa Woe*, o "duplo", pode abandonar o corpo se o desejar, eliminando a vitalidade de *Aona* e destruindo a união existente entre este e *Ekala*. Mas *Woa Woe* é também um elemento vulnerável, podendo ser apropriado por pessoas habilitadas a fazê-lo, mesmo que os indivíduos estejam vivos. Quanto aos Senufo, as mesmas características se aplicam a *Neri*, ainda que também seja considerado um elemento temido, capaz de ações vingativas.

O "duplo", nas três sociedades, aparece como um elemento vital ambíguo: é uma energia fortemente individualizada ligada à capacidade de vida do corpo, mas dele depende o término da existência visível, o que em princípio conduz à idéia de sua possível aniquilação. No entanto, essa idéia se aplica ao "duplo" somente enquanto relacionado com o indivíduo tomado isoladamente. De fato, tratando-se de energia apropriável, continua existindo, quando isso ocorre, sob a forma de força adicionada a outra pessoa, que assim faz aumentar sua própria vitalidade. Nesse sentido, o "duplo" não parece elemento aniquilável.

A dualidade e ambigüidade da noção de "duplo" em várias sociedades africanas – das quais as que examinamos não são exceções – expressam-se nas respostas obtidas por Thomas (1968) a propósito desse elemento constitutivo do homem, e demonstram a forte divisão das opiniões. A possibilidade de sua destruição atingiu 50% de respostas afirmativas. Para os outros 50%, a proposição de destruição parcial do "duplo" atingiu 9% e de nenhuma destruição, 41%. Nesses índices devem estar contidas as hipóteses antes indicadas: o "duplo" é elemento considerado aniquilável em relação ao indivíduo isolado; mas não o é quando estabelece relações com terceiros que dele podem se apropriar para benefício próprio, e assim continua existindo mesmo quando despojado de sua configuração originária.

A dinâmica proposta pelo "duplo" indica a oportunidade de que algumas outras considerações a seu respeito venham a ser apresentadas. Comecemos pela possibilidade de seu *auto-domínio*. Para tanto utilizaremos alguns dados obtidos em Gomon e Ores-Krobou, localidades da Costa do Marfim.[6]

Em Gomon ocorre periodicamente uma celebração de múltiplos objetivos conhecida pelo nome de *Dipri*,[7] envolvendo toda a comunidade e ao longo da qual excepcionais demonstrações de "força"[8] podem ser vistas, no âmbito individual e coletivo. *Dipri* está relacionada com os ancestrais fundadores pactuados com a terra em um momento crucial através de um sacrifício específico, o de *Bidyo*, filho do chefe da família ocupante, reunindo-se anualmente os membros da localidade para celebrar essa aliança e esses ancestrais, as divindades propiciadoras do pacto, as colheitas obtidas e o novo ano agrícola. A cerimônia é extensiva aos próprios instrumentos de trabalho e nela a proposição básica é a de os habitantes de Gomon constituírem um grupo coeso, cuja união permita o bem-estar social. Dessa forma, *Dipri* é um rito agrário mas também uma cerimônia funerária destinada a celebrar *Bidyo*, veículo possibilitador de fertilidade, e os demais ancestrais. Marca o fim de um ano agrícola e o início de outro, sendo também um momento de purificação das pessoas e de toda a coletividade proporcionado por *Kporu*, divindade aquática protetora de Gomon, habitante do riacho sagrado situado perto da localidade. É também o momento de manifestação da força dos habitantes de Gomon, sob o patrocínio de *Kporu*, provando assim que a trama ancestral integrante da explicação do mundo proposta pelo grupo é um fato presente, que renasce a cada vez juntamente com as novas colheitas e com a purificação da comunidade. O contexto social da manifestação de *Dipri* é dos mais expressivos, o que fundamenta a importância a ela atribuída e a transforma no evento coletivo mais contundente de Gomon em um momento de síntese.

Nós chegamos a Gomon na tarde do dia anterior ao evento pois já sabíamos que nesse dia a estrada que corta a floresta e dá acesso à localidade é fechada perto dos limites urbanos ao cair do sol e no sentido oeste-leste, de onde vínhamos.[9] Esse fato é devido à proposição segundo a qual o oeste é o lugar onde habitam os mortos, e quem deseje participar de *Dipri* deve chegar – se vier do oeste – até o momento aprazado, evitando-se assim venham pessoas acompanhadas de "forças" que não pertencem à comunidade, pois podem interferir nos atos que se desenrolarão no dia seguinte. Essa proposição parece guardar tal significado que, não obstante a estrada ligar duas localidades, fica interditada e só se passa por ela, no sentido oeste-leste, após o cair do sol, tendo motivos muito importantes e pagando multa. Após as apresentações de praxe, inclusive ao guardião da terra, venerável pessoa com mais de cem anos de idade – a diplomacia negro-africana é bastante complexa – pudemos permanecer em Gomon. Durante todo o resto do dia e até por volta de meia-noite, pudemos observar a grande movimentação da aldeia preparando-se para o evento, todos vivendo um clima de ruidosa alegria. Jovens reunidos – moças e rapazes organizados por grupos de idade – percorriam os espaços principais de Gomon, correndo e cantando refrões alusivos ao acontecimento, levando nas mãos varas e galhos finos. Esse ato é destinado a convidar as pessoas a participarem do acontecimento. Segundo um depoimento obtido, os grupos representam a união e a confraternização que devem marcar a festa; as varas e galhos, assim como os incessantes deslocamentos dos jovens, simbolizam a força e a intensidade dessa participação. Um palanque instalado em local privilegiado abrigava um significativo número de tambores, inclusive o tambor *Odo*, o qual somente pode ser percutido nessa ocasião sagrada ou em momentos extremamente graves para a comunidade. Os meninos, sempre participantes e atentos, são os encarregados de preparar as varas destinadas aos jovens, reunindo-se às vezes em pequenos grupos a fim de também declamar e cantar fatos importantes da história de Gomon e de seus ancestrais, como no caso da pequena canção que um deles nos deixou registrar, e que, de acordo com sua própria tradução, seria *Dipri* "uma coisa antiga, uma coisa dos antepassados, não é uma coisa de hoje". Por volta de meia-noite o silêncio caiu sobre Gomon, mas pudemos ouvir ao longe uma ou outra exclamação, às vezes um breve toque de tambor pequeno, acionado em surdina. Soubemos depois tratar-se das mulheres mais velhas que, na noite, dedicavam-se a expurgar a localidade de forças negativas. Antes do amanhecer, um ato de súplica ao preexistente – *Nyate* – foi feito pelo guardião da terra a fim de exorcizar a morte. Ainda muito cedo, ocorreu um sacrifício no riacho sagrado, constituído da oferenda de um galo e de um ovo destinado a *Kporu*. O acesso a esse espaço nos foi vedado, mas diz-se em Gomon que nesse dia, e somente nele, é possível encontrar-se e apanhar caulim no leito do riacho *Kporu*, a fim de ser utilizado durante as solenidades. Após esse sacrifício, o tambor *Odo* voltou a soar de vez em quando, assinalando o início de novos atos. Os chefes de família, reunidos com vários de seus membros, devem participar de uma refeição comunitária, simbolizando sua união, dirigindo-se em seguida ao riacho *Kporu* para as cerimônias de purificação em suas águas. Nós pudemos ver vários desses grupos, formando cortejos, as pessoas vestidas com roupas brancas dirigindo-se solenemente em direção ao riacho, precedidos cada um de uma pequena orquestra constituída de tambores individuais, sinetas e instrumentos de sopro chamados *Kroko*, feitos com presas de elefante. Os *Kroko* pertencem às divindades de Gomon que são advertidas, pela música, da chegada de seus protegidos. Ao seu retorno, pintadas com caulim, várias pessoas já se encontravam tocadas pela energia de *Kporu*, tendo caído em transe. Após o retorno à localidade, os chefes dessas famílias fazem oferendas de inhame a seus ancestrais e as manifestações públicas de "força" têm início. Os tambores de fala – *Attungbanye*[10] – começam a saudar os presentes, as divindades e os ancestrais, juntando-se a *Odo* e outros tambores, estabelecendo um ritmo às vezes hesitante, às vezes vertiginoso, mantido praticamente durante toda essa parte das cerimônias.[11] É ao som desses tambores que as pessoas iniciadas nos segredos de *Dipri*, sobretudo homens, provocam ferimentos a faca em si mesmos e os fazem fechar em seguida. Os golpes são dirigidos, na maioria das vezes, contra o ventre, mas atingem também outras partes do corpo. Segundo afirmado, *Kporu* interditou às mulheres, devido à sua função materna, ferimentos no ventre. Mas observamos e fotografamos uma mulher, vestida de branco e com o rosto pintado com caulim, que encostando no grande tambor *Odo*, costurou a língua diversas vezes para depois exibi-la e mostrar a ausência de ferimentos. Aliás, é possível afirmar que o objetivo básico é o de fazer cicatrizar os ferimentos após as lâminas penetrarem no corpo. Os cortes são tratados logo em seguida com uma mistura de ervas, caulim e ovo cru usada pela própria pessoa ou por terceiros, aplicada muitas vezes com a boca, estancando-se o sangue e fechando-se o corte a seguir, como vimos acontecer inúmeras vezes. Um homem, entrevistado no momento mesmo dos acontecimentos, declarou-se capaz de não apenas fazer o mesmo como também de transformar-se em pantera. Outro acrescentou ter a "força" de cortar o próprio sexo e depois reimplantá-lo sem nenhum dano, enquanto um terceiro afirmou poder dar-se tiros de espingarda na axila esquerda sem maiores problemas. Tudo foi entusiasticamente confirmado por um grande número de pessoas – formam-se grupos, às vezes muito numerosos, para observar as demonstrações dos iniciados – que rodeavam o entrevistador e entrevistados num diálogo difícil, devido ao ruidoso clima de excitação e euforia e à presença dos tambores. Outra testemunha, velho iniciado nesses segredos, afirmou-nos posteriormente que realmente essas coisas acontecem em Gomon, sendo "antes" muito mais extraordinárias. As demonstrações continuaram durante grande parte do dia e nesse período pudemos observar e fotografar ainda outros fatos: pessoas passando pelos primeiros ritos iniciáticos dessa forma de ação mágica – onde o uso de água lustral contida em vasilhas depositadas sobre morteiros de pilões pareceu conter significado prioritário –; transes violentos, considerados incipientes pelos próprios informantes, que apontavam a necessidade de iniciação;[12] e vimos também um sacrifício dirigido à "força" da própria pessoa, em que um galo foi degolado com os dentes e seu sangue fora depois sorvido por ela. A partir das quatorze horas os acontecimentos foram cessando até haver uma pausa. Depois dela tiveram início as demonstrações coletivas de "força", constituídas essencialmente no confronto de poderes: os iniciados dos quarteirões *Ente* e *Loa*, tradicionalmente oponentes nas competições mágicas ao longo de *Dipri*, organizam-se em dois grupos, um em cada extremo da rua principal da localidade. Esses grupos devem caminhar, sob o comando de seus chefes – os seus homens "mais fortes", os *Soponyire*, ocupantes desse cargo institucionalmente –, um em direção ao outro, franqueando as barreiras, obstáculos, animais fantásticos e toda espécie de perigos virtuais criados por ambos os lados e oferecidos à visão desses iniciados. Fatalmente, um dos grupos é vencido, embora isso nem sempre seja aceito pacificamente. Terminada a prova, vencedores e vencidos desfilam triunfalmente por Gomon conduzidos pelos seus líderes, reúnem-se sob a árvore sagrada ao som dos tambores para ali trazidos e executam a dança de guerra *Ambra*.[13] Finalmente, ocorre um ato de purificação geral no riacho *Kporu*, onde todos se lavam. Depois, a comunidade passa a aguardar a purificação da própria terra, feita pela chuva, sob a qual deixamos Gomon e os amigos que ali fizemos...

As mesmas demonstrações de "força" foram vistas em Ores-Krobou, localidade vizinha a Gomon, por ocasião de celebrações do mesmo tipo e ocorridas na mesma época.[14] Nessa ocasião, inúmeros atos dessa espécie puderam ser observados, principalmente os ferimentos à faca seguidos de cicatrização. A cicatrização, em poucos minutos, de um ferimento produzido no cotovelo com um facão foi fotografada em todas as suas fases, inclusive o momento da imposição da boca para aplicação de certos elementos, bem como, a exibição triunfal do braço curado, feita por um velho iniciado. Esse mesmo homem, anteriormente apresentado como o "mais forte" de Ores-Krobou, fez duas demonstrações espontâneas em outra ocasião. Nós estávamos almoçando com o chefe da localidade e um grande número de pessoas, pois era já o momento antecedente à pausa que ocorria por volta das quatorze horas, necessária à alimentação vedada aos iniciados, os quais nesse dia não comem nem bebem, a menos que não desejem participar das demonstrações de "força" ou, então, estejam dispostos a correr riscos, como a não-cicatrização dos ferimentos.[15] O velho iniciado aproximou-se com as mãos sobre o ventre, retirou-as e apareceu um corte, no qual se via algo saindo de dentro. À pergunta feita, respondeu que se tratava de um pouco de entranhas. Em seguida, empurrou tudo para dentro de si e o ferimento fechou-se em poucos minutos com a aplicação de um ovo cru e folhas mastigadas retiradas da boca. Restou no corpo uma cicatriz de aparência recente e na terra uma boa porção de sangue. A outra demonstração, feita a seguir, nos levou muito perto de vislumbrar algo fundamental para melhor compreensão da materialidade da "força" de alguns iniciados: trata-se de um talismã que se encontra guardado dentro da pessoa, em seu ventre. Esse velho iniciado, tendo primeiro expulsado lentamente da boca um ovo inteiro, imitando com os lábios os movimentos de postura das galinhas, colocou os dedos na garganta e começou a puxar um fio parecido com um barbante, colocando para fora cerca de 40 cm. O fio estava completamente esticado e com uma das pontas perdendo-se visivelmente na garganta, foi forçado várias vezes para fora, mas não saiu, como se estivesse preso, sendo então engolido. Com um sorriso vitorioso e alguns passos de dança, o "homem mais forte" de Ores-Krobou retirou-se. Infelizmente, obtivemos apenas quatro fotos desse momento inesquecível.

A nossa intenção ao apresentar esses dados não é a de buscar uma análise de seu significado mais abrangente de um ponto de vista social – enunciado o mais sucintamente possível no inicio da exposição –, mas sim o de registrar alguns aspectos relacionados com a problemática proposta pelo "duplo". Com efeito, os atos observados em Gomon e Ores-Krobou revelam que os iniciados são capazes de praticá-los quando se encontram em estado de transe. Esse estado, no entanto, é bem configurado. No dia de *Dipri* a divindade protetora das localidades faz expandir suas energias, sendo capaz de atingir os iniciados, capacitando-os a, por sua vez, desencadear suas forças vitais mais significativas e apropriadas para a ocasião. Para isso, entretanto, os indivíduos – caso não tenham adquirido "força" por um processo natural, vindo já ao mundo com essa qualidade, fato considerado possível segundo se aceita em Gomon, onde obtivemos esse dado – devem submeter-se a certos processos iniciáticos, os quais permitem tornar-se potencialmente capazes de entrar em interação com essas energias. Diz-se então serem portadores de *Seke*, uma "força" diferencial, tornando-os os *Sekepuone* da localidade. Para que um *Sekepuone* interaja com outras energias e forças, deve fazer aflorar *Egeu*, elemento integrante de sua vitalidade e personalidade capaz de controlar sua "força" e dirigi-la, indicando-lhe, nos eventos de *Dipri*, quais ferimentos pode produzir em si mesmo e em quais partes do corpo, quais ervas e outros recursos deve utilizar para fazer cicatrizar suas feridas quase instantaneamente. Quando *Egeu* aflora, o indivíduo passa a ser um *Kponpuone*, nome derivado de *Kpon*, emissão sonora simbolizadora dos ruídos produzidos pelas sacudidas do corpo ocorridas nos momentos iniciais da manifestação de *Egeu*. Dessa maneira, os *Sekepuone*, portadores de uma energia vital específica, *Seke*, transformam-se em certos momentos nos *Kponpuone*, isto é, em "homens fortes" sob o estado de transe propiciado por *Egeu*, permitindo a interação com outras energias desencadeadas por *Kporu*. Nesse estado, podem então praticar sem perigo suas demonstrações de "força". Esse foi o transe típico observado em Gomon e Ores-Krobou. Tal manifestação específica de exteriorização de energias vitais explica também as transformações pelas quais as pessoas iniciadas se dizem capazes de produzir nelas mesmas, como no caso do homem-pantera já referido: são seus "duplos" os detentores dessa capacidade. O mesmo ocorre também com relação às barreiras, obstáculos e animais fantásticos manifestados nas confrontações finais. Jogando com os "duplos", princípio vital capaz de transformar-se, as visões são criadas e vistas pelos "duplos" dos adversários, os quais por sua vez criam outras, assim até o desfecho, onde vencem os "mais fortes". Devemos mencionar essa possibilidade de manipulação do "duplo", capaz de atingir uma instância tão desenvolvida que os "homens fortes", quando em ação, permanecem, no âmbito da observação imediata, praticamente em atitude comum – como no caso do velho iniciado de Ores-Krobou, o qual quase exibiu o talismã guardado no interior do ventre –, em forte contraste com outros indivíduos, cujo estado de transe é mais aparente, marcado pelo enrijecimento do corpo, passos largos e pesados, olhar fixo e distante. Finalmente, cabe introduzir um outro dado. Embora *Dipri* seja um momento de confraternização de toda a comunidade, ela constitui uma boa ocasião para o exercício de ações desestabilizadoras. De fato, *Angre*, uma outra energia, capaz de ser manipulada por indivíduos habilitados, pode manifestar-se nessa ocasião particularmente especial onde os *duplos* estão soltos: nada impede que um manipulador de *Angre* – particularmente um *Angrepuone Hun*, considerado como produtor de ações nefastas pela comunidade[16] – dirija então sua "força" para prejudicar um *Kponpuone* e, vencendo seu "duplo", acarrete à pessoa visada toda espécie de problemas: como não ser capaz de ferir-se corretamente, ou de escolher quais ervas e outros recursos devem ser aplicados nos ferimentos para cicatrizá-los, provocando a doença e até mesmo a morte caso outros iniciados mais experientes não percebam o fato ou não consigam anular o processo.

Os dados apresentados demonstram a potencialidade do "duplo" e a possibilidade de seu domínio por parte dos próprios indivíduos, revelando sua dinâmica. Quando, porém, o controle do "duplo" – possível graças a uma qualidade natural ou a uma iniciação específica – não se realiza, os indivíduos ficam a mercê daquelas pessoas capazes de expropriá-lo, os "comedores de alma".

Essa temática remete o problema a uma segunda consideração, a da *manipulação* do "duplo" em um contexto que envolve o relacionamento de "força" entre pessoas.

Em primeiro lugar, parece necessário distinguir a figura social dos "comedores de alma" daquela que institucionalmente se lhe opõe. Por razões de maior objetividade na exposição serão adotadas, com reservas e a contragosto, as palavras "bruxo" e "mágico", respectivamente, e apenas para distingui-las, segundo a terminologia de Rouch (1973).

Na verdade, as duas categorias jogam com o domínio de certas forças e energias, sejam as suas próprias, inerentes à sua vitalidade, desenvolvidas ao longo de anos de aprendizado e prática, sejam energias ou forças estrangeiras à sua constituição, como divindades ou seres elementais dos quais se servem. Assim, tanto o "bruxo" como o "mágico" são considerados "homens fortes" na comunidade e seus métodos parecem não se diferenciar substancialmente. O que estabelece uma diferença fundamental entre os dois tipos é, essencialmente, o papel institucional desempenhado no interior da sociedade. Os "bruxos" agem em proveito próprio, apropriando-se de "duplos" alheios a fim de aumentar sua própria vitalidade ou para neutralizar alguém, por vontade própria ou a pedido de terceiros. Eles são os "comedores de alma" por excelência. Já os "mágicos" dedicam-se, nessa dimensão dos jogos de força, a defender a comunidade de toda ação nefasta e a afastar as influências devidas às práticas dos "bruxos" e às manifestações negativas de divindades, e até mesmo de ancestrais, descontentes por inúmeros motivos possíveis. Daí o "mágico" ter como um de seus papéis sociais relevantes a purificação coletiva da comunidade em diversas e determinadas situações. O "mágico", agindo ao nível individual ou coletivo, é o principal adversário do "bruxo". Mas nada exclui a possibilidade de que os "mágicos", em uma configuração abrangente, venham a ser também "comedores de alma". Registre-se, aliás, que as duas categorias podem até mesmo manter um relacionamento profissional, ocorrendo a troca, venda e compra de certos conhecimentos específicos e, ainda, a participação comum em certos rituais, conforme registra D'Aby (1960) entre os Agni.

Um dos pontos comuns existentes entre "bruxos" e "mágicos" é o de ambos possuírem a capacidade de um ótimo domínio de seus "duplos", manipulando-os e acionando-os para a realização dos atos desejados. Assim o domínio do próprio "duplo" constitui uma espécie de auto-possessão. Na possessão, o "duplo" de uma pessoa iniciada nessa arte é, em determinadas fases do processo, substituída por uma "força" estrangeira à personalidade, como uma divindade que se manifesta ela mesma ou utiliza o seu próprio "duplo" para tanto. Tal parece ser uma das dimensões mais expressivas do fenômeno da possessão.[17] Já na auto-possessão o "duplo" do indivíduo é dirigido por ele mesmo. Segundo parece, "bruxos" e "mágicos" utilizam-se desses dois métodos. Mas ambos são, sobretudo, grandes manipuladores de "duplos".

Rouch, apresentando dados acerca de "mágicos" e "bruxos" entre os Songhay-Zarma do Níger, considera o "mágico":

> um personagem estranho e solitário, temido mas indispensável, senhor dos gestos, das palavras, das árvores e das pedras, guardião da ordem espiritual da aldeia e capaz de conciliar as divindades aos homens que ousam solicitá-lo. Esses "videntes" permanentes são, sem intermediário, os senhores de seus "duplos" [...] que enviam, sob a forma de abutre, ao encontro das divindades aliadas ou para tomar conhecimento, no espaço e no tempo, da marcha de certos empreendimentos [...]. Quer se trate de adivinhação (geomância, jogos de cauris, profecia direta) ou preparação de um "Korte" ("encanto

mágico"), a trajetória é sempre a mesma: por suas palavras, seus gestos, o mágico [...] sublima seu duplo [...] o envia à busca dos materiais necessários a seu trabalho, ou simplesmente o projeta ao lado do duplo do cliente para saber o que este não diz ou talvez mesmo aquilo do qual aquele não tem consciência. (Rouch, 1973: 533-534)

O método utilizado para essa manipulação do "duplo" constitui-se, segundo esse autor, baseado nas narrativas tradicionistas da civilização Songhay, no deslocamento do "duplo" do "mágico", fazendo-o sair de si e colocando-o no espaço em relação aos pontos cardeais e em relação a sua "corrente iniciática", uma peça em metal recebida de seu iniciador e engolida pelo "mágico" o qual "vomitará por sua vez alguns dias antes de sua morte." (Rouch, 1973: 533). Essa corrente referida por Rouch parece se constituir em elemento sintetizador da "força" desses indivíduos. E, ainda, eles podem em determinadas circunstâncias, de confronto público e institucional desse tipo de poder, fazer o objeto sair pela boca. Esse ato constitui-se em momento particularmente perigoso, pois nessa ocasião o "duplo" da pessoa pode ser subjugado por outro mais "forte". Tal talismã parece tratar-se de um elemento catalizador das energias vitais do indivíduo iniciado na arte de manejar o próprio "duplo", confundindo-se com a sua própria energia, por isso é conservado em seu interior, em suas entranhas, onde também se mantém protegido. Esse foi o objeto que estivemos perto de ver em Ores-Krobou, conforme assinalado anteriormente, mas infelizmente não obtivemos sucesso. Um depoimento obtido por nós em Gomon na ocasião das celebrações de *Dipri*, estabelece que a "força" contida nesse objeto poderia ser transmitida voluntariamente por um iniciado de alto nível, quem guardaria, no interior do ventre, um objeto – não foi informado de que material – sintetizador de sua "força". Pouco antes da morte, tendo escolhido seu sucessor dentre aqueles por ele iniciados, vomita esse objeto, o qual é então engolido por aquele, completando-se assim a transmissão do poder. O possuidor desse objeto, pegando-o com a boca no momento de sua expulsão, é senhor de uma "grande força"; tem o poder de cura mas também o de criar imagens apavorantes e barreiras de todo tipo, sendo capaz ainda de se transformar em pantera, serpente e outros animais. Assim, os dados de bibliografia e os de pesquisa de campo confirmam que nos estágios mais avançados do domínio do "duplo" há um elemento material catalisador e desencadeador de energias adicionado à pessoa.

Quanto ao "bruxo", Rouch considera que está "muito perto do mágico mas, em lugar de utilizar seu poder para defender ou guiar os outros homens, ele o usa para causar o mal, roubar 'duplos' cuja perda acarretará a morte de suas vítimas." (1973: 535). Esse autor considera ainda que o "bruxo" possui, assim como o "mágico", "a arte de dirigir seu 'duplo' [...] e é esse 'duplo' que se constitui, de fato, no verdadeiro agente da feitiçaria. É ele que parte à caça de outros 'duplos'." (1973: 536). Referindo-se às técnicas de controle do "duplo" por parte dos "bruxos", Rouch acrescenta que estes conseguem fazê-lo sair pelas axilas ou pelo ânus, permanecendo o corpo em letargia enquanto o "duplo" vai à busca de outros "duplos", dos quais, se não forem suficientemente "fortes", conseguem se apropriar, geralmente alterando as condições psicológicas das vítimas através de estratagemas, tornando-as mais vulneráveis: o "duplo" caçador transforma-se em objeto, pessoa ou animal, e se a vítima os tocar é imediatamente presa de pânico e perde o controle de seu próprio "duplo", o qual é então aprisionado. Existe ainda a possibilidade de apropriação de "duplos" durante o sono das pessoas, quando aqueles, incontrolados, saem dos corpos adormecidos e se distanciam. Não estando sob domínio, tornam-se presas fáceis para os "comedores de alma". Essa mobilidade externa do "duplo" explica, segundo Rouch (1973), por que às vezes, em certos locais ermos, cintilações podem ser vistas na escuridão da noite: são os "duplos" de "bruxos" deslocando-se no espaço à procura de suas vítimas.[18] Uma vez dominado, o "duplo" capturado é escondido pelo "bruxo" durante algum tempo, e há a possibilidade, indicada por Rouch (1973), de que seja devolvido, caso o "mágico" o consiga. Desencadeia-se então, em silêncio, uma verdadeira batalha de forças oponentes e dirigidas, travada no espaço paralelo dos "duplos". Caso o "duplo" aprisionado não seja devolvido dentro de um certo prazo, sobrevém a morte do corpo despojado dessa energia e o "duplo" é partilhado entre os "bruxos" da confraria por eles formada ou então é doado à principal divindade do "bruxo" aprisionador, sendo "comido" em qualquer das hipóteses.

Torna-se possível indicar ainda alguns dados referentes à manipulação de "duplos", abordando desta feita os Agni.

Um tipo social diferenciado é constituído pelos *Bayie* (ou *Bayifoe*) que, segundo D'Aby, possuem o poder de se "transformar em animais para prejudicar os outros homens" (1960: 35). Esse autor nada mais acrescenta a propósito dos *Bayie* mas, de qualquer maneira, registra-se assim a existência de uma capacidade de metamorfose do homem, o qual, segundo parece, remete o problema às qualidades do "duplo". Esse autor, abordando a questão dos "bruxos" – os *Tilimafoe* – entre os Agni, apresenta informações um pouco mais extensas através das quais se constata ser a apropriação de "duplos" bem conhecida, embora os indivíduos envolvidos com tais práticas guardem ciosamente o segredo de suas técnicas. D'Aby cita um relato formulado por um tenente da administração colonizadora, datado de 1914, onde algumas informações foram registradas:

> Os chefes bruxos têm à sua disposição os pequenos bruxos e feiticeiros, duas categorias de indivíduos em princípio oponentes, visto que os primeiros lançam malefícios e os últimos têm a missão de os descobrir e entregá-los à vindita popular. Na realidade, essa hostilidade é aparente e não se manifesta a não ser que o bruxo chefe o deseje. A cada três noites, em média, os bruxos de cada tribo se reúnem todos em um local do mato sob a presidência de seu chefe. Este pede ao pequeno bruxo [...] o nome de uma pessoa, homem, mulher ou criança, que é preciso "comer". Dado o nome, ele, por processos que ninguém mais conhece, faz a metamorfose do indivíduo condenado em um frango, que sacrifica. Faz cozinhá-lo e o distribui a todos os presentes, que o comem [...]. (D'Aby, 1960: 57-58)

Esse depoimento, embora não informe mais sobre a técnica que permite aprisionar certas energias de uma pessoa e transplantá-la para um animal, é bastante valioso pela sua antigüidade e por introduzir, ainda uma vez, a idéia de possibilidade de metamorfose de forças constitutivas, sua internalização na energia vital de um outro ser e a continuidade de sua existência pela ingestão. O relato indica também a possibilidade de categorias oponentes – chamadas de "bruxos" e "feiticeiros" – agirem de comum acordo na dependência das circunstâncias, constituindo ainda suas confrarias.

Segundo D'Aby, os "comedores de alma" podem atuar à distância. Sendo capazes de manipular seus "duplos" ou de, pelo menos, atingir os "duplos" de outras pessoas através de técnicas infelizmente não suficientemente descritas por esse autor. Mas D'Aby cita, entretanto, um caso antigo e notório entre os Agni por envolver dois "homens fortes" de reconhecida competência.[19] Trata-se de uma demonstração pública de força mágica ocorrida em 1928 na localidade de Aby, entre os Agni Samwy, e observada por ele. Diante de um desafio, nascido de uma provocação, os oponentes iniciaram, longe um do outro, os atos destinados a atingir o adversário. Um dos disputantes, finalmente vencido, perdeu completamente o controle de suas faculdades e chegou a tal estado de debilidade física que o chefe da localidade, antevendo a possibilidade de sua morte, resolveu interferir e obrigou o "bruxo" vitorioso a pôr fim ao processo. O "bruxo" vencido abandonou a aldeia poucos dias depois por considerar sua derrota insuportável.

Quanto à existência de confrarias de bruxos, D'Aby as considera herméticas, diz que seus atos "não podem ser observados a não ser através de suas manifestações exteriores" (1960: 57). Essas "manifestações exteriores" são as conseqüências observáveis da ação dos "bruxos", indo do envenenamento à morte absolutamente inexplicável enquanto fenômeno natural. Mas as confrarias de bruxos, além das características mágicas que aproximam seus integrantes, permitindo inclusive a troca de informações e segredos, ligam-se também a uma proposta de manutenção do conhecimento diferencial, do qual são depositárias. De fato, segundo D'Aby, seus chefes velam para que os segredos de sua arte não venham a ser difundidos, acrescentando, no caso da "descoberta e apreensão de certos de seus membros, estes devem, tanto quanto possível, dar-se a morte por envenenamento de preferência a revelar os segredos da organização [...]" (1960:59).

Não obstante os "comedores de alma" dedicarem-se à apropriação de "duplos", podendo assim ocasionar a morte do corpo, a dimensão mais fundamental colocada por essa figura social relaciona-se, no universo da interação de forças vitais, com a possibilidade de aumento ou diminuição de energias. Na realidade, esses "homens fortes", em última instância, procuram, com a aplicação de seus conhecimentos, acrescentar à sua constituição vital mais uma parcela da "força" do próprio preexistente, em geral tomado como a fonte primeira doadora de um tipo muito especial de energia que se manifesta no homem. De certa forma, há uma grande interação, mesmo que indireta, entre eles e a divindade criadora. Sua ação consubstancia, portanto, uma proposta que, abordada desde uma perspectiva extremamente abrangente, referida à dinâmica das energias universais, escapa à noção de bem ou de mal, tomada em sentido ético estrangeiro à sociedade onde essas energias se manifestam. Com efeito, mais do que os métodos utilizados – inclusive aceitos pela sociedade como realidade integrante de seu universo de valores – são as suas conseqüências as geradoras de inquietação na comunidade. No entanto, os "comedores de alma" não devem ser relacionados, em nosso entender, com situações excepcionais eventualmente vividas pela sociedade, como no caso de interferências desestabilizadoras dos valores e explicações ancestrais provenientes da ação estrangeira, sobretudo aquela dos colonizadores e seus agentes, religiosos e outros, quando as atuações mágicas dos "homens fortes" podem ser solicitadas em um momento de anomia como se fossem válvulas de escape. Isso – embora possa ter acontecido – seria um engano proveniente de interpretação mais periférica pois, ao contrário, do ponto de vista aqui adotado, considerado mais decisivo – previlegiando os valores propostos pela sociedade enquanto instrumentos integrantes dos processos civilizatórios –, esses agentes sociais configuram-se como legítimos depositários de um conhecimento específico integrantes de parte desses mesmos valores. Na explicação dessa realidade, "bruxos" e "mágicos" contribuem para tornar mais objetiva a proposta de que as forças vitais são elementos indissociáveis da elaboração contínua do mundo.

A problemática colocada pelo "duplo" é, certamente, das mais complexas e os dados que apresentamos podem, se tanto, apenas aflorar algumas de suas instâncias, as quais, não obstante tal limitação, parecem permitir situá-las com algum fundamento no contexto que nos preocupa, aquele em que os elementos vitais constitutivos do homem indiquem em que medida sua formação ontológica guarda uma dimensão ancestral. Nessa ordem de idéias, o "duplo" aparece como princípio configurador da vida individualizada e pelas suas características mais decisivas pode ser considerado indestrutível, configurando-se como uma das manifestações de um princípio mais genérico e abrangente ligado às propriedades vitais e espirituais de origem divina, o chamado "sopro vital", energia doada pelo preexistente. É entretanto vulnerável e atingível, sendo um dos veículos capazes de desencadear os processos finalizados com a morte do corpo. Em determinadas circunstâncias, pode fazer diminuir ou aumentar energias, tornando as pessoas mais "fracas" ou possibilitando que elas sejam "fortes", isto é, pode, pela iniciação e práticas diferenciais, ser manipulado e utilizado pela vontade de quem detenha os conhecimentos necessários para fazê-lo, chegando quase a manifestar-se como elemento inteligente. O "duplo" é, assim, uma das concepções mais ricas propostas pela explicação africana definidora do homem natural e um dos elementos mais dinâmicos da personalidade. Entretanto, embora sua natureza estabeleça a existência de certas práticas sociais, algumas de significado não negligenciável, o "duplo" relaciona-se mais decisivamente com aquela instância ontológica do homem que estabelece sua vitalidade material e, em certo sentido, até mesmo espiritual, devido à sua origem divina. Mas embora tratando-se de elemento vital, talvez inextinguível, o "duplo" *não* transparece como a dimensão do ser humano mais capaz de fazer configurar sua condição histórica e sua potencialidade ancestral.

O princípio vital de imortalidade

Nós vimos em páginas anteriores deste capítulo que dois elementos vitais constitutivos do homem natural, não obstante a sua importância, não caracterizam a instância ontológica mais decisiva e capaz de integrá-lo à sociedade e a seus processos, nem estabelecem suficientemente a dimensão ancestral da personalidade. Um terceiro componente vital, entretanto, reúne mais expressivamente tais características e, ainda, estabelece a idéia de imortalidade do homem. Trata-se de *Ori*, *Ekala* e *Pile*, nomes sob os quais é designado entre os Ioruba, Agni e Senufo, respectivamente.

Em primeiro lugar, esse princípio vital define, como vimos, as qualidades morais e intelectuais do homem, estabelecendo ainda a noção de destino. Dessa forma individualiza fortemente a personalidade social propriamente dita. Por outro lado, as três sociedades consideram esse elemento indestrutível e inextinguível: entre os Ioruba, após a morte do corpo, reencarna-se nos recém-nascidos da mesma família ou integra-se na massa ancestral referida ao seu grupo social. Para os Agni vai ao país dos ancestrais do grupo ou reencarna-se, podendo entretanto, em certos casos, fazê-lo em outro grupo familiar. Quanto aos Senufo, o destino desse princípio vital após a morte é, substancialmente, o mesmo proposto pelos Ioruba.

A questão da existência e indestrutibilidade de um princípio vital extremamente diferenciador, ligado à dimensão mais histórica do homem, revestiu-se de menor ambigüidade nas já citadas pesquisas de Thomas (1968). De fato, dentre os dados obtidos por esse autor, 76% de respostas estabeleceram a idéia de nenhuma destrutibilidade após a morte, 17% a de destruição parcial e apenas 7% a de destruição total.

Nas três sociedades foi constatada a excepcional importância atribuída a esse princípio constitutivo do homem natural.

Ioruba

Entre os Ioruba as pessoas realizam regularmente cultos específicos a seus próprios *Ori*, a "cabeça interna". Para Abimbola (1973), uma parte dos sacrifícios é extensiva a *Ese*, conforme vimos anteriormente. Essa prática se estende até mesmo ao domínio do político, como ocorre no reino de Oyo, onde uma das principais cerimônias anuais – *Odun Orun* – envolve o culto do *Ori* do rei, o *Alafin*, fazendo configurar acontecimento de expressiva importância social, pois a "cabeça interna" do soberano é considerada a principal do reino e, assim, a celebração institucional desse *Ori* assume proporções abrangentes: o destino da sociedade não se desassocia daquele do *Alafin*. Verger assinala que essas oferendas à cabeça – ato conhecido pela designação de *Ibo Ori* – são anualmente feitas nas localidades Ioruba pelo rei, e no dia seguinte "todos os dignitários e pessoas tituladas do local fazem seu próprio iborí e seu exemplo é seguido pelos diversos chefes de família" (1973: 63). O culto de *Ori* é tão vital e necessário que mesmo as divindades o praticam. Uma narrativa Ioruba, indicada por Verger (1957) – na qual é saudado o poderio excepcional de *Ogun*, o deus-ferreiro – diz que a divindade faz o culto de seu *Ori* utilizando-se, para o sacrifício, de um elefante.

Ori tem um destino preciso após a morte do corpo: "A cabeça (ori), ela, se alguém morre, torna-se Egún" (Verger, 1957: 508). Isso está relacionado à proposição Ioruba onde fica estabelecida uma distinção entre mortos em geral e aqueles mortos fortemente individualizados no interior de um grupo. Estes últimos são os ancestrais propriamente ditos, *Egun*, elemento caracterizador do parentesco e dos laços de sangue configurados no âmbito da família e da sociedade através das práticas históricas. *Ori* é, pois, um princípio vital que institui a imortalidade do homem.

A proposição de imortalidade de *Ori* está ligada a duas dimensões específicas de seu destino, após a morte do corpo: a da sua reencarnação, real ou simbólica, e a da sua transformação em ancestral. Parece ser nesse sentido que Verger afirma residir *Ori* "alternativamente na terra […] e no país dos mortos" (1973: 62). Em ambos os casos esse destino está relacionado com um grupo social específico.

Quanto à proposição de reencarnação de *Ori*, Verger indica: *Emi*, o "sopro vital", "alma", pode "ir para não importa qual família. A cabeça (ori), ela, se alguém morre, torna-se Egún e volta à mesma família quando há um recém-nascido" (1957: 508). Essa primeira proposição acerca de *Ori* pode ser percebida concretamente entre os Ioruba pois "numerosas crianças são chamadas Babatúndé (o pai voltou) ou Ìyátúndé (a mãe voltou); são aceitas, ao seu nascimento, como a reencarnação do avô ou da avó recentemente falecidos" (Verger, 1973: 62). Ainda na instância da possibilidade de reencarnação, uma das provas da imortalidade de *Ori* e de sua capacidade de retornar ao convívio dos homens com uma personalidade específica, é dada pelos tristemente célebres *Abiku*, as "crianças que nascem para morrer".[20] Os *Abiku* são filhos de uma mesma mãe, falecidos sucessivamente em tenra idade, e são considerados como reencarnações sucessivas da mesma pessoa.

Mas, em não se reencarnando, *Ori* transforma-se em *Egun* após a morte do corpo, e nessa condição integra-se na massa ancestral diferenciada referida ao seu grupo social.

De acordo com Verger, os mortos das famílias Ioruba manifestam-se

> a seus descendentes por intermédio de uma entidade chamada Egún; é o espírito dos mortos que voltam à terra […]. Egún serve de intermediário com os espíritos do outro mundo. Aparece junto de certas famílias após a morte de um de seus membros ou ao longo de certas cerimônias feitas para honrar sua memória; vem, também, trazer a bênção dos ancestrais nos casamentos de seus descendentes. (Verger, 1957: 507)

Egun é fortemente individualizado e pode manifestar-se materialmente. A propósito, Verger diz de suas aparições:

> oferendas de alimentos e de dinheiro lhes são feitas [...]. Egún fala com voz rouca e profunda; dança de boa vontade ao som dos tambores bata, de preferência, ou, à sua falta, dos tambores obgon. O contato de sua roupa pode ser fatal para os vivos, assim os mariwo, membros da sociedade Egún, os acompanham sempre, munidos de grandes varas (isan) para afastar os imprudentes. O vento provocado por suas roupas quando dança rodopiando é, ao contrário, benéfico. (1957: 507)

A propósito ainda da individualização de *Egun*, Elbein dos Santos considera que:

> a adoração dos ancestres masculinos toma toda sua significação pelo fato de os espíritos de alguns mortos do sexo masculino, especialmente preparados, poderem tomar uma forma corporal e serem invocados em circunstâncias determinadas através de ritos bem definidos. São os Égún ou Egúngún, antepassados conhecidos, que levam nomes próprios, estão vestidos de maneira que os singulariza e são cultuados pelos membros de sua família e seus descendentes. (Elbein dos Santos, 1976: 105-106)

Outro aspecto da individualização de *Egun* é proposto pela modalidade de nomes Ioruba denominada *Orile*, destinada a perpetuar a memória histórica da família e referida a narrativas específicas, os *Oriki*. São justamente esses *Oriki*, com suas formas de saudação, as declamações de *Egun* a seus familiares durante suas manifestações. Finalmente, cabe acrescentar possuíram os ancestrais ainda um outro tipo de representação individualizada, as estatuetas *Isese* antes referidas, alvos dos cultos prescritos pelo costume.

Transcendendo esse nível, *Egun* representa e revive ainda certos modelos ligados à realidade social. Para tanto, ocorrem suas manifestações materiais onde:

> Grandes festas são organizadas para celebrar sua vinda e muitas vezes, ao longo dessas reuniões, Egún realiza "milagres": dissimula-se no centro de uma praça sob uma grande roupa e sai tendo assumido diversas formas para grande alegria das pessoas reunidas. Transforma-se, assim, sucessivamente em camaleão (agemo), crocodilo (oni), píton (ere), ancião (sambala), mulher jovem (awele), etc. (Verger, 1957: 508)

A importância de Egun deu origem aos cultos diferenciais a eles propiciados,[21] promovidos por dignitários habilitados para tanto. Essas pessoas constituem-se em confrarias especialmente preparadas para estabelecer um relacionamento profundo com os ancestrais, e as técnicas promovedoras dessa intimidade são ciosamente conservadas ao abrigo do conhecimento comum, sendo consideradas verdadeiras "sociedades secretas".[22] Essa importância mais abrangente, ligada a contexto social mais amplo, manifesta-se mesmo na instância das práticas políticas. Isso é registrado nos reinos de Ketu e Oyo, onde um dos principais dignitários da corte, *Alapini*, é o principal sacerdote do culto *Egun*.

Agni

Os Agni realizam certas cerimônias destinadas ao culto do *Ekala* pessoal estando os indivíduos ainda vivos. Assim, as pessoas dedicam um dia da semana ao seu *Ekala*, normalmente o dia que corresponde ao de seu nascimento e, nessa ocasião, tomam banhos purificadores, passam caulim no corpo e fazem oferendas, até bastante simples, como apenas uma porção de *Nvufu*, massa de bananas misturada com óleo dendê e gemas de ovos. Nesses dias evitam trabalhar e até mesmo conversar, a fim de não correrem o risco de alterar-se e, assim, perturbar *Ekala*.

Ekala possui nomes privativos, isto é, nomes são atribuídos a ele e não propriamente aos indivíduos. O nascimento de uma pessoa marca a emergência de um novo *Ekala*, o qual recebe um nome atribuído segundo o dia desse nascimento e de acordo com o sexo. Dessa forma *Ekala* e pessoa se confundem.

Os Agni classificam as pessoas em duas grandes modalidades, estabelecidas segundo as características de seus *Ekala*. Trata-se dos indivíduos *Ese Kpili* e *Efewoa*. Essas modalidades propõem por sua vez dois destinos possíveis para *Ekala* após a morte do corpo, seja sua inserção individualizada no país dos ancestrais, *Ebolo*, seja a reencarnação, esta aparecendo sob formas diferenciais.

O *Ese Kpili* é um indivíduo portador de um *Ekala* capaz de continuar sua trajetória em direção a *Ebolo* uma vez finda a existência visível. Pode também, em outra circunstância, voltar ao seio da família reencarnando-se em um de seus novos membros. Por tais motivos, as cerimônias funerárias dos *Ese Kpili* são completas, cumprindo-se todos os atos exigidos. Já o *Efewoa* possui um *Ekala* ao qual é vedado ir para o país dos ancestrais. Seu destino após a morte do corpo é sempre o de reencarnar-se, mas essa reencarnação é aleatória, podendo voltar o *Ekala* para outra família. Por tais motivos, as cerimônias funerárias para os *Efewoa* não são completas. Nelas, o *Efewoa* normalmente não é sepultado com ataúde, mas depositado diretamente na terra, à diferença dos *Ese Kpili*. E há o costume de colocar-se sobre a testa do cadáver uma folha específica, que se considera que tem o poder de obrigar esse *Ekala* a reencarnar-se na mesma família. Ainda no quadro das cerimônias funerárias, quando se trata de um *Efewoa* não existe o primeiro período de luto, e o ato *Elesa-Alee*, a "cerimônia de lavar as mãos", um rito de purificação ligado à problemática da morte, é diferente dos demais.

A possibilidade de reencarnação de *Ekala* no interior da mesma família é proposta pelas crianças que, em certos casos, recebem o nome do avô paterno ou de sua irmã mais velha falecidos. Nessas circunstâncias, consideram os Agni tratar-se de reencarnações do mesmo *Ekala*. Dentro da mesma concepção, entretanto, quando o pai de uma criança falece pouco antes do nascimento desta, ela pode receber o nome de seu progenitor, juntando-se a esse nome um sufixo indicativo do sexo para o caso das meninas. Registre-se, aliás, serem essas designações indicativas de reencarnação de *Ekala* instituidoras de uma das modalidades de nomes existentes entre os Agni. Outro fator indicativo de reencarnação de *Ekala* consubstancia-se nos *Abawo*, categoria representada pelas crianças de uma mesma mãe que morrem em baixa idade e sucessivamente.[23] Nesses casos, é considerado tratar-se sempre do mesmo *Ekala*, havendo uma modalidade específica de nomes ligados a tal circunstância. A reencarnação desse tipo aparece como bastante negativa, o mesmo acontece no caso do *Ekala* de um "comedor de alma", pois isso conduziria o indivíduo a continuar exercendo tais práticas.

Devido a esses fatores uma das primeiras providências tomadas logo após a morte de uma pessoa é a confirmação da qualidade de seu *Ekala*, feita pelos jogos divinatórios, para que fique em evidencia se há ou não direito formal a funerais, e quais atos devem integrar as cerimônias.

Essa possibilidade de configuração absolutamente diversa do destino de *Ekala* após a morte do corpo manifesta-se ainda em outras instâncias.

Um exemplo é encontrado entre os Agni Samwy, que faziam representar seus mortos através das estatuetas *Mma*. Essas estatuetas propõem, como sugerimos antes, a idéia, ainda que simbólica, da continuidade do corpo após sua morte. Mas as *Mma* eram, principalmente, uma das sedes de *Ekala*,[24] e o local onde eram depositadas, o *Mmaso*, constituía um espaço sagrado onde habitavam os *Ekala* da comunidade – concentração essa conhecida pelo nome de *Mwome* – ali cultuados e lugar onde se desenrolavam certos atos fundamentais das cerimônias funerárias. Embora essas representações e locais diferenciados referidos aos ancestrais da comunidade tenham desaparecido,[25] sua existência, ainda que no passado, permite perceber a noção de indestrutibilidade atribuída a *Ekala*, bem como a de seu destino após a morte do corpo, segundo suas características. De fato, as estatuetas *Mma*, dotadas de todos seus atributos e cumpridas todas as cerimônias funerárias, eram privativas dos *Ese Kpili*, mas os *Efewoa* falecidos com pouca idade não tinham esse direito. Nesse último caso, o *Efewoa* era representado pela "metade de uma noz de coco seca, cuidadosamente polida, pintada em negro, sobre a qual se haviam traçado, com caulim, alguns riscos longitudinais" (D'Aby, 1960: 68). Já no caso de morte em idade adulta, o *Efewoa* possuía o direito à estatueta *Mma* mas não aos funerais completos, alterando fundamentalmente o sentido dessas cerimônias e, conseqüentemente, a condição vital de *Ekala*.

Esses dados permitem considerar que os Agni definem *Ekala* como um princípio vital imperecível do homem natural, sintetizando a idéia de sua imortalidade. Suas características e a importância a ele atribuída estende-se mesmo ao domínio das práticas políticas, pois *Ekala* está intimamente ligado à natureza do poder entre os Agni, como se verá oportunamente.

Senufo

Quanto aos Senufo, existem várias práticas destinadas ao culto e aperfeiçoamento de *Pile* durante a existência visível. Para isso, o indivíduo faz regularmente oferendas rituais a seu *Pile* e, nessas ocasiões, procura não falar nem deixar sua residência. Segundo um depoimento por nós obtido em território Senufo, nos dias de culto ao *Pile* a pessoa prefere que suas refeições sejam preparadas por suas irmãs, a fim de evitar que eventuais energias negativas possam atingir a alimentação, acarretando prejuízos a esse princípio vital. Para os Senufo, o homem, embora considerado um ser natural dotado de energia divina, deve ter sua personalidade aperfeiçoada, mesmo naquelas suas dimensões mais primordiais, a fim de integrar-se na sociedade de maneira ótima. Isso ocorre através dos processos de socialização, com suas fases cruciais de iniciação, particularmente aquelas nas quais os indivíduos são recolhidos em espaços especialmente destinados a esse fim. Nessas fases, um dos objetivos básicos é o de fazer emergir plenamente a chamada "personalidade profunda" configurada em *Pile*. Diz-se, nesses casos, ocorrer a "morte" da personalidade anterior, propondo-se então uma espécie de renascimento configurador do ser natural-social propriamente dito. E é *Pile* o princípio vital acionado pelos dignitários iniciadores durante essas fase com tal objetivo, segundo indicado por Holas (1957). Essa nova configuração do *Pile* é acompanhada da imposição de um novo nome revelador das características mais significativas da personalidade, então afloradas. Esse será o nome a ser pronunciado em determinadas fases das cerimônias funerárias da pessoa.

O *Pile* é considerado um princípio vital indestrutível, podendo ter dois destinos após o término da existência visível: reencarna-se em um novo membro da família ou integra-se no país dos ancestrais.

A possibilidade de reencarnação é indicada pela modalidade de nomes atribuídos a crianças cujos nascimentos ocorrem em circunstâncias especiais. É o caso das crianças que sobrevivem tendo nascido após o falecimento sucessivo de seus irmãos, recebendo então o nome de *Nalourogo*, "o que voltou"'. Essa proposta de reencarnação pode configurar duas possibilidades. Em primeiro lugar, a da reencarnação típica, aquela do parente próximo falecido. Mas pode referir-se também à hipótese de reencarnações consideradas negativas, aquelas de um mesmo *Pile* instalando-se sucessivamente nos recém-nascidos de uma mesma mãe para abandonar os corpos algum tempo depois, como constatado entre os Ioruba e Agni. Nós não possuímos dados referentes a essa última possibilidade e aos Senufo, o que permitiria avaliar com maior segurança se a modalidade *Nalourogo* marca o aparecimento de um *Pile* diverso daquele referido às crianças "que nascem para morrer" – ou seja, o *Pile* de um ancestral plenamente configurado – ou se há uma decisão do *Pile* itinerante de permanecer normalmente em um corpo ou, ainda, se é obrigado a fazê-lo por força de certas técnicas destinadas a esse fim, como ocorre entre os Ioruba e também entre os Agni. Mas, de qualquer maneira, a idéia de imortalidade e de reencarnação do *Pile* parece configurar-se socialmente através dessa modalidade de nomes.

A inserção dos indivíduos após a morte do corpo em uma massa ancestral referida ao seu grupo social é proposição bastante típica da explicação Senufo da realidade. Sem nos determos por ora em dados que comprovam a condição material-histórica dessa proposta, podemos indicar entretanto algumas de suas manifestações mais gerais.

Em primeiro lugar, os ancestrais possuem um nome específico para os designar – *Kubele* – e o lugar geral onde habitam – *Kubelekaa* – constitui um espaço específico a não ser confundido com o *Niel*, o espaço primordial por excelência. *Kubelekaa* é a réplica da aldeia, o lugar onde os ancestrais se instalam após a morte do corpo físico e cumpridos os ritos funerários. Por outro lado, sua manifestação na comunidade terrestre ocorre, no sentido aqui adotado, no âmbito da família e no âmbito da comunidade. No primeiro caso, essa manifestação é dada pelos cultos aos ancestrais da família, cujas representações materiais são colocadas em lugares específicos, *Kukpala*, onde ocorrem os atos rituais de estilo. Existe ainda *Kukpagele*, o monumento pertencente aos ancestrais da comunidade, razão pela qual seu significado ganha sentido mais abrangente. Ainda na instância das manifestações reais ou simbólicas desses antepassados diferenciados, é possível apontar a existência de um tipo de máscara, pertencente à família das máscaras *Wabele*, cuja importância na reprodução dos modelos ancestrais de explicação do mundo, promovidos por dignitários das chamadas "sociedades secretas", é das mais significativas. Esse tipo das *Wabele* é pintado em cor branca que, conforme indicado por Holas (1978), é a cor dos "espectros que voltam".

Nós gostaríamos de fazer referência, ainda, a alguns dados por nós obtidos nas pesquisas de campo realizadas entre os Senufo, dados esses relacionados com a manifestação, em um objeto, de certas instâncias da formação ontológica do homem. Essa manifestação, em outro contexto, adquire dimensão ainda mais abrangente do ponto de vista das práticas históricas, assunto a ser abordado mais adiante.

Nós obtivemos esses dados na aldeia de Penyakaha, onde habitam representantes do sub-grupo Nafara, na qual localizamos representações materiais da personalidade, individualizadas em certas pedras que simbolizam pessoas vivas ou falecidas, cada uma possuindo a sua. Tais pedras acham-se espalhadas pela aldeia e podem ser encontradas isoladas, enterradas em frente às entradas das habitações mas com uma das superfícies aparentes, fazendo-se passar praticamente despercebidas ao estrangeiro menos avisado. Nesse caso, podem referir-se a pessoas vivas ou falecidas. Mas são encontradas também reunidas em um canteiro, quando então se referem apenas às pessoas ainda vivas. Assim que uma criança nasce, uma pedra é colocada no canteiro da família, coberta por uma vasilha de barro emborcada. Ao lado dessa vasilha é colocada outra, também emborcada, sob a qual se encontram certas folhas e cascas de árvores. Na ocasião em que a criança atinge a idade de cinco anos, a primeira vasilha é retirada e disposta ao lado da pedra que cobria, com a boca voltada para cima. Isso é feito para a vasilha receber água de chuva ou então sacrifícios de água, inclusive em circunstâncias necessárias à proteção especial como, segundo nos foi citado, no caso de viagens longas. Nessa ocasião a outra vasilha é retirada do canteiro, quebrada e abandonada no mato, sendo a criança lavada ritualmente com um banho especial de proteção preparado com as folhas e cascas de árvores nelas guardadas durante todo esse tempo. Segundo a explicação fornecida pelos informantes de Penyakaha, os Senufo consideram que até os cinco anos as pessoas são naturalmente protegidas. Ao término desse período completa-se um ciclo cujo fim é simbolizado pela destruição da vasilha, iniciando-se então outra fase – marcada pelo ritual do banho – pressupondo o desenvolvimento de certas forças. Quando a pessoa atinge a idade adulta, não há mais necessidade de manter essa pedra no canteiro. Tendo sido iniciado, tendo adquirido "força", o indivíduo pode removê-la e depositá-la, por exemplo, em frente à sua casa; as oferendas não são mais obrigatórias, mas ocorrem em determinadas ocasiões. Para ilustrar essa alteração da personalidade, foi citado o caso de pessoas idosas que, em virtude do desenvolvimento e domínio de sua "força", não mais necessitam sacrificar às suas pedras. Após o fim da existência visível, as pedras continuam referidas, individualizadamente, às pessoas que as possuíam, representando-as.

Todos esses fatos explicam a presença de pedras colocadas nos canteiros mas também espalhadas pela aldeia, sendo entretanto que no canteiro do chefe da comunidade pode ser plantada uma árvore, simbolizando a vida, conforme informado. Um fator significativo referente a essas pedras deve ser ainda indicado, a fim de completar-se a explicação oferecida acerca da sua natureza mais profunda: considera-se que elas contenham uma parcela da personalidade do indivíduo, aquela imortal e ligada a seu destino, o *Pile*, parecendo mesmo confundir-se com uma divindade pessoal. Segundo parece, essas pedras, na instância da morte e dentro da multiplicidade de locais em que os ancestrais podem se manifestar, anulando de certa maneira o espaço e o tempo, constituem-se em sedes desses antepassados. De qualquer maneira, a sociedade as considera dotadas de um certo tipo de vitalidade e, nesse sentido, nós as chamamos de "pedras-seres".

Os dados apresentados neste capítulo fazem configurar o último princípio vital de que nos ocupamos como o elemento constitutivo do homem natural, considerado pela sociedade inexaurível e inextinguível, tornando-o imortal por força de suas características. Esse princípio estabelece também a instância ontológica do ser humano *mais capaz de torná-lo essencialmente histórico e atribuir-lhe, ao fim da existência visível, a condição de ancestral*. A imortalidade em causa, entretanto, não é aleatória: está referida à sociedade, seja através da inserção desse princípio na massa ancestral após a morte do corpo, seja por força da reencarnação. Ela é, assim, uma imortalidade diferencial, e não pode ser compreendida a não ser enquanto proposição histórica que estabelece relações vitais entre o natural e o social.

Notas

1 Esse dignitário é o encarregado de zelar pela terra do cemitério. Cabe a ele autorizar a manipulação da terra para a abertura de covas.

2 Quando em abril de 1979 chegamos em Niapieoledougou, território Senufo, para observar parte de uma cerimônia funerária, várias pessoas encontravam-se em cima do túmulo respectivo, cantando e mesmo dançando, dentre as quais alguns músicos, que acionavam seus instrumentos.

3 O reino de Krinjabo – ou reino Samwy – é domínio dos Brafe, um dos sub-grupos Agni.

4 Conforme Palau Marti (1964). Entretanto, vários órgãos do corpo podem servir para esses fins rituais.

5 Os Baule fazem parte do grande complexo cultural formado pelos Akan, integrado também pelos Agni.

6 Gomon é uma localidade habitada pelos Abidji que, segundo Lafargue (1976), seriam o resultado de uma fusão entre os Alladian, Agni Ndenie, Makpato e Ebrie. Já Ores-Krobou é localidade dos Aboude, sub-grupo Abbey. Essas duas localidades estão separadas por poucos quilômetros e situam-se ao longo da estrada que vai de Sikinsi a Agboville, em região de floresta. Nós participamos das celebrações de *Dipri* primeiro em Ores-Krobou (14 e 15/4/78) e uma semana depois em Gomon (20 e 21/4/78). Desejamos agradecer aqui nossos informantes de Gomon e Ores-Krobou, que nos forneceram um número significativo de dados, inclusive a Adjo Boniface, de Gomon, substituto de seu pai na zeladoria do riacho sagrado onde habita *Kporu*, a divindade regente das manifestações de *Dipri*. Queremos também agradecer a hospitalidade e todas as atenções que nos foram dispensadas em Gomon e, particularmente, em Ores-Krobou.

7 Para apreciar em detalhes as celebrações de *Dipri* entre os Abidji de Gomon, ver Lafargue, 1976.

8 Nós utilizamos a palavra "força" para nos referirmos à possibilidade de auto-domínio e exteriorização de energias vitais intrínsecas ao ser, com interferência ou não de entes sobrenaturais e utilizadas em relação à própria pessoa ou a terceiros. A alusão à noção de "força" exterioriza-se freqüentemente entre os africanos, nos mais variados contextos. Assim, é comum ouvir-se, a propósito de um homem de posses, casado com várias

mulheres, com muitos filhos, ou que seja excelente agricultor, contador de legendas e fatos históricos ou músico etc., que "ele é forte".

9 Nós chegamos a Gomon antes do fechamento da estrada, sabedores de que isso ocorreria pois na semana anterior precisamos pagar pequena multa a fim de obter autorização especial para entrar em Ores-Krobou, onde chegamos ao entardecer, havendo já barreiras instaladas. Em compensação, os habitantes de Ores-Krobou nos ofereceram presentes à nossa partida...

10 Os tambores de fala abrangem mais fatores além da percussão e do ritmo: eles são destinados a transmitir a sua própria palavra e, assim, não devem ser vistos apenas como veículos transmissores de códigos. Nesse sentido, eles são fontes de dados históricos, pois reproduzem, em sua manifestação privativa, as narrativas tradicionistas, ligadas à explicação da realidade de um determinado grupo social. O dignitário acionador de um tambor de fala conhece necessariamente a história e a forma de transmiti-la através dos tambores. Devido a isso, geralmente o tambor de fala e o dignitário encarregado de transmitir os textos tamborilados são chamados pelo mesmo nome: de certa maneira, eles se confundem. Deve ser realçado que os tambores de fala são considerados entes sagrados. Em primeiro lugar, parecem estar ligados ao próprio preexistente, seu criador, o som relacionando-se com a respiração primordial. Isso estabelece uma distinção entre a palavra enquanto elemento vital da natureza e a linguagem, a qual utiliza-se da palavra para construir elementos sociais. Dessa maneira, a palavra do tambor aproximar-se-ia da palavra do preexistente. Note-se, a propósito: a voz dos entes sobrenaturais e dos ancestrais sempre difere da voz humana quando, nas práticas rituais, ocorre a proposição de reproduzi-la, servindo-se as pessoas de certos objetos ou instrumentos, como ocorre por exemplo no caso de cerimônias destinadas aos antepassados. Por outro lado, o caráter mágico e sagrado dos tambores é proposto pela sua própria vitalidade: eles são considerados seres vivos, dotados da vitalidade de todos os elementos que os constituem. A problemática dos tambores, a partir da visão africana do mundo e enquanto fonte de dados históricos, pode ser apreciada em trabalho de Niangoran-Bouah (1981), proposta importante de toda uma temática de pesquisa de grande valor para a melhor compreensão dessas civilizações.

11 As "falas" e os ritmos dos tambores de Ores-Krobou e Gomon foram gravados nessas duas ocasiões por Helena, esposa do pesquisador. Nessa gravação a riqueza sonora dos instrumentos, o seu perfeito domínio por parte dos tamborileiros, assim como a beleza da execução, podem ser apreciados. Dela constam também as emissões sonoras produzidas pelos *Kroko*, os instrumentos de sopro feitos com presas de elefante.

12 Com a iniciação, há uma paulatina socialização do transe pelo domínio da "força", que então se manifesta de forma ordenada e em momentos socialmente previstos.

13 Nessas ocasiões, somente a dança *Ambra* pode ser executada em Gomon.

14 Observamos esses fatos ocorridos em Ores-Krobou nos dias 14 e 15/4/1978, uma semana antes das comemorações de *Dipri* havidas em Gomon.

15 Há também interdição para as relações sexuais nesse período, relacionada com a necessidade de preservar a "força" que, nelas, pode ser "roubada" pelas mulheres.

16 Os *Angrepuone* são manipuladores por excelência de suas energias vitais, particularmente de seus "duplos". Nessa modalidade, aparecem os *Angrepuone Hun*, que são aqueles *Angrepuone* que se utilizam dessa capacidade para exercer atos considerados maléficos. São os "comedores de alma" mais eficazes dos Abidji.

17 Para apreciação dessa teoria, tal como proposta a partir de dados obtidos entre os Songhay do Níger, ver Rouch (1960 e 1963).

18 Entre os Senufo existe o hábito de as pessoas dormirem sobre o lado esquerdo, comprimindo o braço contra o corpo a fim de proteger a axila, por onde o "duplo" pode sair durante o sono. Essa mobilidade independente do "duplo" explica também, em parte, os colares, braceletes e outros adereços "fortes" utilizados para "fechar" pontos do corpo considerados "fracos" em relação ao "duplo". Quanto aos abutres referidos por Rouch (1973), nós observamos vários à luz do dia, enfileirados nos telhados das residências de Abougourou, capital dos Agni Ndenie, em momentos importantes da celebração anual dos inhames, como a saída do rei e durante os sacrifícios oficiais de sangue. Nós os fotografamos mas, como já lembrado, as fotos feitas nessa ocasião saíram veladas. Só percebemos as presenças perturbadoras das aves quando nosso informante, apontando-as, nos disse que elas na verdade eram feiticeiros, transformados, à caça de energia humana que circulava com intensidade em razão dos acontecimentos, atraindo-os. Quanto às cintilações, também citadas por Rouch, nós as observamos em Ores-Krobou à noite deslocando-se na escuridão da floresta.

19 Nessa contenda, um dos disputantes era Malinke, estranho portanto à sociedade Agni. Podemos acrescentar que entre os Malinke há uma forte islamização de seus indivíduos. Um muçulmano, nosso vizinho, nos explicou entretanto que, segundo seu ponto de vista, as práticas herdadas dos antepassados não se confundem com as propostas religiosas dos muçulmanos.

20 Para uma apreciação mais aprofundada da problemática dos *Abiku*, o trabalho de Verger (1968) é indispensável.

21 Os cultos destinados a *Egun* são substancialmente diversos daqueles dedicados às divindades Ioruba, os *Orisa*.

22 A expressão "sociedade secreta" é utilizada no sentido de indicar a existência de grupos de pessoas detentoras de conhecimentos específicos relacionados com determinadas instâncias, as quais podem envolver o mágico e o sagrado. Embora uma grande parte de suas ações rituais seja "fechada", a comunidade conhece a existência dessas associações e mesmo, muitas vezes, quais postos e funções são ocupados e exercidos pelos seus dignitários.

23 Os *Abawo* constituem modalidade idêntica aos *Abiku* dos Ioruba.

24 Uma característica da "força" dos ancestrais é a de poderem expandir sua vitalidade de maneira a manifestá-la ao mesmo tempo, na sociedade e em vários locais e objetos.

25 A utilização das estatuetas *Mma* foi interditada pelo profeta liberiano Harris, um cristão iconoclasta influenciado pelo colonialismo, destruidor de verdadeiros tesouros das artes africanas. As ações de Harris, que se fizeram sentir entre os Agni particularmente em 1914, provocaram o surgimento de um novo local para o culto de *Ekala*, o cemitério, anteriormente um espaço localizado em oposição ao *Mmaso* – o campo de estatuetas *Mma* – e ao *Mosonu*, um espaço destinado ao culto das divindades protetoras da comunidade.

Capítulo 3
O nome

Até aqui procuramos indicar a existência de uma pluralidade de elementos vitais que, com suas características, constituem o ser por nós chamado de homem natural. Devemos abordar agora outros elementos configuradores da personalidade, os quais, entretanto, têm origem e natureza social. Vejamos, em primeiro lugar, a questão dos nomes tal como se manifesta nas três sociedades alvo de nossas pesquisas. Nelas, o ato de atribuir nomes aos indivíduos está ligado, não apenas à necessidade de identificação formal, mas principalmente à proposta de demonstrar a existência de relações concretas entre as qualidades fundamentais da personalidade e a dimensão social da existência visível.[1] Ao apresentarmos alguns dados indicadores da materialidade dessa proposição levamos em conta, mais uma vez, que ela se manifesta diferencialmente, isto é, sempre referida aos valores históricos de um grupo social determinado.

Ioruba

Abordando a temática dos nomes entre os Ioruba, Verger (1973) com o auxílio de Johnson (1976, 1ª edição em 1921), apresenta quatro modalidades.

A primeira delas, *Oruko Amuntorunwa*, reúne nomes de atribuição facultativa, liga-se às condições do nascimento: aplica-se aos gêmeos, *Taiwo* e *Kehinde*, segundo o sexo; às crianças nascidas após eles, *Idowu*; àqueles nascidos com os pés aparecendo antes da cabeça, *Ige*; aos que vêm ao mundo com o cordão umbilical em torno do pescoço, *Ojo* e *Aina*, conforme seja menino ou menina, respectivamente. Embora Verger classifique essas condições de nascimento na modalidade onde o nome é atribuição facultativa para designá-las, isso não significa que elas sejam de menor importância para a explicação mais profunda do indivíduo. O cordão umbilical *Iwo* liga-se às noções mais fundamentais das origens do próprio *Ori*, a "cabeça interna", sendo cuidadosamente conservado em um pote colocado em lugar fresco ou então enterrado perto da residência, plantando-se em cima uma palmeira. As crianças nascidas com os pés aparecendo em primeiro lugar revelam um acontecimento especial: de fato, é a cabeça que deve vir primeiro em sua condição de sede de *Ori*.[2] Quanto aos gêmeos, a importância atribuída a eles entre os Ioruba é fato reconhecido. No âmbito da família, recebem alimentação distribuída eqüitativamente entre ambos. O gêmeo falecido é cultuado pela mãe, a qual leva com ela uma estatueta de madeira, representando-o, e oferecendo-lhe uma parte de sua própria alimentação. O gêmeo sobrevivente, possuindo idade para tanto, faz oferendas de alimentos e bebidas ao irmão morto. No âmbito da sociedade, práticas de uso comum, como exibi-los no mercado – onde lhes oferecem moedas de igual valor[3] – revelam o caráter de certa maneira mágico atribuído à duplicidade manifestada nos gêmeos, duplicidade essa de caráter altamente positivo: os gêmeos são, para os Ioruba, símbolos da fertilidade e de família numerosa.[4]

Outra categoria de nomes, não incluída nas modalidades apresentadas por Verger, mas por ele discutida em outro trabalho (1968), é a dos *Abiku*. Os *Abiku* são seres que se encarnam várias vezes para abandonar os corpos algum tempo depois, provocando alterações consideráveis na organização familiar. Quando uma mesma mãe perde vários filhos, sucessivamente e em baixa idade, trata-se de um *Abiku* reencarnando várias vezes. É a mesma proposta existente entre os Agni e, talvez, entre os Senufo, conforme registrado antes. Diz-se que esses seres transitam continuamente entre o espaço que lhes pertence e o espaço terrestre, daí seu nome, *Abiku*, literalmente, "nascer-morrer". Permanecem ocupando um corpo por tempo determinado, cuja duração varia segundo as circunstâncias, como, por exemplo, até ficar a mãe grávida novamente, até começar a engatinhar ou manter-se em pé, até o aparecimento do primeiro dente etc. Esse prazo é fixado pelos próprios *Abiku* no momento da partida para reencarnar-se. Os *Abiku* são detentores de inabalável princípio de solidariedade entre si, formando verdadeiras confrarias no espaço conhecido pelo nome de *Egbe-Orun*, onde são dirigidos por *Iyajanjasa* e *Oloiko*, duas divindades tutelares segundo o sexo, sendo entretanto *Alawaiye*, "Senhor de *Awaiye*", quem parece colocar-se na origem dos *Abiku*. Realmente, segundo as narrações tradicionistas invocadas por Verger (1968) a propósito dos *Abiku*, foi *Alawaiye* quem os trouxe pela primeira vez ao espaço terrestre, fato ocorrido na localidade de Awaiye, onde existe a floresta sagrada pertencente aos *Abiku* e na qual oferendas especiais lhes são feitas com a intenção de retê-los na família. Essas oferendas exigem um grande conhecimento dos segredos dos *Abiku*, principalmente de quais difíceis e exóticos atos ou presentes devem se constituir para conseguir mantê-los nos corpos ocupados temporariamente. A revelação dos métodos e técnicas a serem utilizados nessa empresa é feita pelos jogos divinatórios e propiciatórios dos Ioruba, manipulados pelos dignitários habilitados, os *Babalawo*, "Pai do Segredo", os quais têm acesso a esse complexo sistema revelador da explicação profunda das coisas.[5] A importância mágica e social da problemática proposta pelos *Abiku* é tão grande que esse sistema divinatório comporta um número relativamente significativo de declamações referidas a eles, das quais Verger cita oito (1968). Dentre as técnicas utilizadas para retê-los na família destacam-se oferendas específicas de certas comidas e doces, vestimentas especiais e ervas ligadas à problemática. As crianças *Abiku* recebem certas incisões em determinadas partes do corpo, nas quais são introduzidos certos elementos "fortes" preparados com ervas, ou então trazem consigo talismãs preparados com elas. Finalmente, nomes específicos são atribuídos aos *Abiku* com a mesma intenção de retê-los. São nomes, os mais variados, incitando-os a permanecer com seus pais, como *Aiyedun* ("A vida é doce"), *Durojaiye* ("Fique para gozar a vida"), *Ikuforijin* ("A morte perdoou"), *Kojeku* ("Não consinta em morrer"), *Omotunde* ("O filho voltou") etc.[6] Por tais razões, os *Abiku* configuram-se como antítese da proposta altamente positiva consubstanciada nos gêmeos, traduzindo-se como símbolo mágico da mortalidade infantil e da escassez, justamente o contrário daqueles. Eminentemente anti-humanos, os *Abiku*, terror e tristeza da família, representam ainda os obstáculos colocados à formação da descendência, elemento básico dos valores da sociedade Ioruba.

A segunda grande modalidade de nomes apresentada por Verger, *Oruko Abiso*, divide-se em quatro categorias, todas elas envolvendo crianças e a família de forma mais ou menos direta. Esses nomes privilegiam a criança de um ponto de vista afetivo, a situação da família na ocasião do nascimento, em função de um fato importante como a guerra, por exemplo, a condição política da criança e da família (na medida em que seu nome indicará relações com títulos de chefia ou realeza) e a dimensão sagrada do evento, quando o nome é relacionado com a divindade, *Orisa*, cultuada pela família.

A terceira modalidade, *Oriki*, é individualizante, referindo-se às características pessoais do indivíduo e a seu *Ori*, a "cabeça interna". Thomas e Luneau (1975) consideram que esse nome refere-se ao ancestral que atribui à criança seu próprio "espírito", acrescentando que ele é substituído durante certos processos de iniciação, ao longo dos quais pensam que ocorre uma modificação significativa da personalidade. Verger (1957), sem deter-se muito nessa problemática da manipulação ritual de *Ori* nos processos iniciáticos, registra que após eles o iniciando recebe um novo nome, afirmando ainda que pronunciar voluntariamente o nome anterior constitui-se em "grande sacrilégio". Thomas e Luneau (1975) consideram ainda que o fato de somente os mais velhos pronunciarem nomes da modalidade *Oriki*, revela o respeito devido a ela. Essa particularidade já fora assinalada por Verger (1973), quem acrescenta ser falta inconcebível uma criança chamar seus pais por esse nome.

A quarta modalidade apresentada por Verger, *Orile*, já mencionada, parece configurar-se como referência explícita às origens da família e sua continuidade no plano da existência visível e após ela. Segundo esse autor, *Orile* não é propriamente um nome, constitui indicação da "origem longínqua da descendência familiar" (Verger, 1973: 69), havendo em *Orile* referências e associações totêmicas, possivelmente ligadas à idéia de pactos estabelecidos na origem extremamente distante do grupo. A importância de *Orile* é muito grande, pois, juntamente com *Oruko* e *Oriki*, permite a identificação total do indivíduo e da família (Verger, 1973; Johnson, 1976, 1ª edição em 1921). Essa noção de configuração ancestral de um grupo prolongado após a vida terrestre é perceptível por dois fatos: em primeiro lugar, cada *Orile* comporta várias narrativas transmitidas às crianças, sempre referidas à família, por outro lado, servem também de saudação para os membros do grupo, mesmo para aqueles que não estão mais habitando um corpo: de fato, *Orile* agrupa as fórmulas que *Egun*, os ancestrais da família, "pronuncia com sua voz rouca quando cumprimenta seus descendentes ao longo das cerimônias celebradas para os invocar" (Verger, 1973: 69).

Agni

Os Agni possuem uma grande variedade de nomes, relacionados a situações sociais, mágicas, sagradas ou referidas a condições de nascimento, usos e costumes. Esses nomes parecem ser atribuídos, em vários casos, de maneira alternativa e/ou cumulativa, sem que essa questão pudesse ter sido suficientemente objetivada, com exceção de *Ekala*, que recebe obrigatoriamente um nome específico logo após o nascimento. A obrigatoriedade parece extensiva também à atribuição de um nome somente pronunciável por ocasião da morte da pessoa, podendo haver aí uma ligação com *Ekala*, porém do ponto de vista do parentesco.

Entre os Agni, a criança recebe um nome referido ao dia de seu nascimento. Esse nome não é atribuído ao indivíduo enquanto manifestação exterior, mas ao seu *Ekala*, o princípio imortal de individualização do homem e de seu destino. Essa designação é conhecida por *Klada* e divide-se em duas séries de sete nomes, uma para cada sexo, cada nome correspondendo a um dia da semana Agni, composta de duas seqüências de sete unidades diárias cada uma.[7] Esses dias são denominados, respectivamente, pela ordem: *Kisie, Dyole, Mala, Uhuwe, Ya, Fwe* e *Mole*. Os *Ekala* dos indivíduos nascidos nesses dias recebem os seguintes nomes, pela ordem: *Kadyo, Kablan, Kaku, Kwao, Koffi, Kwame* e *Kassi*, para os do sexo masculino. Os do sexo feminino são os seguintes, na mesma ordem: *Advoba, Ablan, Akuba, Yaba, Afiba, Ama* e *Akassi* (D'Aby, 1960). Tal modalidade de nomes foge de qualquer identificação jurídica ou de identidade formal. Refere-se à individualização da dimensão imperecível da pessoa e à manifestação de sua personalidade profunda. Por isto, atribuído ao *Ekala* do indivíduo, que o guarda para sempre. A localização na ordem de nascimento determina, ora a não atribuição de qualquer nome especial (1º, 2º e 5º partos), ora a imposição de nomes invariáveis nos casos onde a criança pertence ao mesmo sexo de seu predecessor (no 3º e 4º partos), seja qual for o sexo dos mais velhos (para o 6º parto) e, finalmente, seja qual for o sexo dos nascituros, costume este que abrange do sétimo ao décimo-segundo parto. Neste último caso, o décimo nascituro, designado por *Blu-Te*, deve ser eliminado. O filho seguinte é então formalmente considerado o décimo e terá o nome de *Blu*, o verdadeiro, aquele a ser conservado (D'Aby, 1960).[8]

Aos gêmeos são atribuídos nomes invariáveis, fato relacionado também à criança nascida depois deles. São chamados *Nda* e *Anuma*, respectivamente. Mas há uma distinção entre gêmeos do mesmo sexo (*Nda-Tele*) e de sexo diferente (*Taki-Na-Nda*). O nascimento de gêmeos entre os Agni é considerado acontecimento altamente favorável, por serem tomados como símbolos de fertilidade e prosperidade, e vistos como manifestação das divindades-gêmeos, ligados ao sagrado, e é por isto que uma das exteriorizações abrangentes dessas proposições constitui-se em um sacrifício específico que lhes é propiciado todos os anos durante as celebrações do inhame – um dos eventos mais importantes dos Agni –, nas quais o caráter sagrado atribuído à fertilidade é um dos fatores presentes. Os gêmeos, devido a tais características, são rodeados de atenções especiais. Uma árvore que se diz estar sempre verde, e possui o poder de transmitir força e felicidade aos gêmeos – a árvore *Gnangon* –, é plantada diante das casas onde ocorre o nascimento de gêmeos tão logo estes comecem a ensaiar os primeiros passos.

No caso da morte de um gêmeo, o sobrevivente é vestido da mesma maneira que o irmão falecido e recebe uma estatueta representando-o, da qual não se separa. Os funerais respectivos somente são celebrados por ocasião do falecimento do gêmeo sobrevivente, sendo então destinados aos dois irmãos. Finalmente, denomina-se *Anuma* a primeira criança nascida após gêmeos, para marcar esta condição (D'Aby, 1960).

Outra importante modalidade de nomes concebida pelos Agni é referida às crianças nascidas após mortes sucessivas, em tenra idade, de seus irmãos. A explicação atribuída a esse fato é a de tratar-se sempre do mesmo *Ekala*, o qual vem se reencarnar por algum tempo a fim de receber uma recompensa, como, por exemplo, um nome significativo, retirando-se depois. Nesses casos são geralmente atribuídos nomes depreciativos, procedendo-se mesmo a certas escarificações nas crianças para compará-las com os *Kanga*, os "escravos", artifícios utilizados para procurar reter os *Ekala*. Não existem dados informando se esses seres constituem confrarias ou associações no espaço que lhes é próprio, a fim de pregar peças aos homens, como ocorre entre os Ioruba. Mas é certo que são considerados como seres manipulados por certas divindades ou mesmo ancestrais, abandonando o corpo logo após terem obtido um atributo ou presente no espaço terrestre. Acrescente-se que as crianças, em outra circunstância, podem também receber nomes depreciativos com o intuito de protegê-las das ações dos "comedores de alma", não despertando assim a inveja e o desejo de vingança.

Há também um tipo de nomes que se refere ao parentesco, mas envolve o problema da reencarnação. Nessa categoria, a criança recebe o nome do avô paterno quando é do sexo masculino ou da irmã mais velha deste quando for do sexo feminino. Mas pode receber também o nome de seu pai quando este vem a falecer pouco antes ou logo depois de seu nascimento, juntando-se ao nome um sufixo designativo do sexo para o caso das meninas. Em todos esses casos a suposição é a de tratar-se da reencarnação do mesmo *Ekala* de pessoas falecidas da família.

As crianças podem receber ainda nomes de pessoas com as quais os pais guardaram relações significativas de amizade em decorrência de alianças ou de terem recebido benefícios materiais ou morais. Os acontecimentos de alcance social também estabelecem o critério de atribuição de certos nomes, como aqueles dados quando o nascimento ocorre em época de boas colheitas. E na esfera do sagrado, os nomes são referidos às divindades mais relacionadas com os indivíduos, condição descoberta pelos jogos divinatórios.

Os Agni possuem ainda uma outra modalidade de nomes, conhecida por *Woda*, extremamente particularizante, referida ao parentesco sangüíneo dos dois sexos. É o nome por excelência que celebra e eterniza a memória dos ancestrais. Esse nome não é pronunciado durante a vida do indivíduo, a não ser após o fim de sua existência visível e pelas carpideiras durante certas fases das cerimônias funerárias (D'Aby, 1960).

Ressalte-se, finalmente, que os Agni possuem duas maneiras de enunciar nomes: pela emissão da voz e pelos tambores de fala. Assim, um mesmo nome é considerado *Mgbayee* no primeiro caso e *Nzablano* no segundo.[9]

Senufo

Para os Senufo um dos nomes atribuíveis ao indivíduo refere-se à ordem do nascimento e ao sexo, assim como a certas circunstâncias de ordem física, como tamanho, tonalidade da pele, albinismo.

Uma outra modalidade refere-se à problemática da reencarnação dada em circunstâncias especiais, como no caso de crianças que sobrevivem tendo nascido após o falecimento sucessivo de seus irmãos. Essa criança chamar-se-á *Nalourogo* ("o que voltou"). Tal modalidade confirma, na instância do nome, a proposta de imortalidade do homem dada pela possibilidade de reencarnação.

Outra instância da instituição dos nomes entre os Senufo é aquela ligada aos processos de socialização e iniciação, nos quais os indivíduos recebem nomes específicos a cada etapa vencida, correspondendo idealmente às transformações qualitativas de sua personalidade, simbolizando a absorção plena desses processos. Registre-se que um dos principais nomes iniciáticos dos Senufo, atribuído ao final das últimas etapas da iniciação, é guardado em segredo e somente é pronunciado por ocasião da morte do indivíduo. Aqui também existe um relacionamento significativo entre o *Pile* e a questão dos nomes. De fato, Holas (1957) registra durante as fases finais da iniciação a utilização de certas técnicas secretas pelos dignitários delas encarregados, produzindo uma nova configuração desse princípio vital, fazendo-o emergir plenamente com toda sua potencialidade natural e social. Um novo nome é então atribuído à pessoa, mas, devido às suas características reveladoras, é mantido oculto enquanto perdure sua existência visível.

Entre os Senufo existe também uma modalidade de nomes referida à família. Não obstante o grande número de indivíduos de que se compõe essa sociedade, poucos são os nomes de família, tendo Holas apontado apenas cinco – *Soro, Yeo, Tuo, Silue* e *Sekong*:

> Todos esses nomes, sem serem necessariamente "totêmicos", encontram-se ligados a animais míticos […] segundo o esquema bem conhecido: o animal, tendo prestado um serviço ao primeiro ancestral, é doravante respeitado por todos seus descendentes e associados rituais destes. (Holas, 1957: 88)

Essa última forma de nomes dos Senufo propõe uma primeira configuração da figura do ancestral-fundador e talvez mesmo outros, ainda mais longínquos, qual seja, a de celebradores de pactos totêmicos que permitiram estabelecer certas alianças mágicas no passado. Esses pactos totêmicos e alianças mágicas constituem-se em fundamentos explicativos da realidade proposta pelos Senufo.

Os dados apresentados, se bem não explorados suficientemente em suas inúmeras instâncias, permitem considerar não constituir o nome elemento estrangeiro à personalidade. Ao contrário, é atributo revelador de suas características mais significativas, que permitem a identificação profunda da essência natural e social do indivíduo. Mas o nome, assim como os princípios vitais naturais, é também dotado de uma dinâmica distintiva, pois identifica e define as mutações sofridas por esses princípios vitais ao longo da integração paulatina do homem na sociedade. Por tal razão, as pessoas recebem vários nomes, inclusive sucessivamente, os quais vão sendo acrescentados aos anteriores na medida em que essas mutações vão ocorrendo. Ou seja, o nome propõe a consciência do desenvolvimento qualitativo da existência natural e da progressão histórica da personalidade. Visto sob esse ângulo abrangente, proposto pela sociedade, o nome pode ser considerado, ele mesmo, também como um elemento vital constitutivo do homem, sendo sua natureza, no entanto, de ordem histórica. De fato, manifestando-se como instituição distante do nível formal e jurídico, exerce uma ação eficaz sobre o indivíduo na medida em que o caracteriza diante da sociedade, sob todos os aspectos, segundo os valores propostos por ela. A configuração abrangente assumida pelo nome abarca a questão principal alvo de nossa preocupação: com efeito, os nomes estabelecem relações significativas, no âmbito do indivíduo e da sociedade, com o princípio de imortalidade do homem, definindo também sua dimensão natural mais capaz de tornar-se histórica e ancestral.

Notas

1 Nós não abordaremos aqui a questão dos nomes altamente individualizadores eventualmente adquiridos pelas pessoas após a morte.

2 Para apreciação da questão da placenta, cordão umbilical e aparecimento da cabeça antes do resto do corpo, que apresenta interesse para melhor compreensão da proposta Ioruba acerca da configuração do homem, ver Verger (1957 e 1973) e Elbein dos Santos (1976).

3 Nós pudemos observar freqüentemente a exibição de gêmeos nos mercados africanos.

Eles ficam no chão perto das mães, sentados ou deitados em esteiras, mamando, brincando ou dormindo. Ao lado de cada um é colocado um pequeno recipiente onde as pessoas costumam depositar moedas. Não se trata de esmolas ou doações, mas sim de reverência: o mercado e os gêmeos são manifestações de fertilidade e de abundância para a sociedade.

4 Para a questão dos gêmeos entre os Ioruba e populações do Benin (ex-Daomé), ver Verger, 1957, principalmente a partir da pág. 564.

5 Veremos oportunamente como os jogos divinatórios dos Ioruba permitem o acesso ao conhecimento e qual o universo que abarcam.

6 Verger (1968) cita 42 nomes de *Abiku*, seguidos das respectivas saudações.

7 Os Agni consideram que existe uma semana favorável e uma semana desfavorável. Isso parece estar relacionado com a descida do preexistente entre os homens após completada a criação do mundo. Na perpetuação do fato, uma semana é favorável para as práticas espirituais, correspondendo ao período de permanência no mundo do preexistente. Mas é considerada desfavorável para as atividades econômicas por essa mesma razão. E vice-versa: quando o preexistente está ausente do espaço terrestre, as atividades econômicas podem ser intensificadas, e diminuídas as práticas espirituais. A semana *Anaa* é considerada favorável para as cerimônias envolvendo o sagrado.

8 Segundo D'Aby (1960), essas não são, ou não eram, as únicas crianças sacrificadas entre os Agni por ocasião do nascimento e em decorrência de certas características ou circunstâncias. Esse autor cita também as que não choram após o nascimento (são consideradas mudas), aquelas com menos ou mais de cinco dedos nas mãos ou nos pés, as que nascem com cabelos brancos, apenas um olho, os primeiros filhos cujas mães não foram publicamente declaradas núbeis e aqueles concebidos antes de pelo menos três ciclos menstruais após o parto precedente.

9 Nós vivemos uma situação na qual ocorreu nosso envolvimento pessoal com os tambores de fala Agni. Isso aconteceu em 17 de março de 1979, quando chegamos a Krinjabo, sede do reino dos Agni Samwy, para observar algumas cerimônias ligadas ao falecimento do rei Amon Ndoufou III. Tornava-se necessário obter autorização para permanecer no local, razão pela qual fomos convidados a nos apresentar formalmente e expor as razões de nossa presença às autoridades locais, dignitários e delegações, reunidos em assembléia numa grande área coberta com lonas, formando número significativo de pessoas, não menos que quinhentas. A apresentação foi feita com o auxílio de um dignitário que transmitia em língua Agni as nossas palavras e nos traduzia em

francês as dos notáveis, transmitidas por seu porta-voz. Tudo ocorreu sob um grande silêncio, quebrado apenas pelas palavras e pelo som dos tambores de fala, reproduzindo, segundo nos foi informado com insistência, o essencial do diálogo. Fizemos então a necessária oferta de bebidas, de uma importância em dinheiro destinada a contribuir com as despesas, e de outra especificamente destinada aos tambores de fala, os quais, então, fizeram um longo discurso. Após esses atos, nossa presença foi oficialmente admitida pela assembléia. Cabe registrar: em nenhum momento houve referência direta à morte do soberano, salvo se isso tiver ocorrido em língua Agni ou através dos tambores.

Capítulo 4
Socialização e iniciação

Nas páginas anteriores foram vistas algumas questões essenciais relativas à configuração ontológica do homem, o qual emerge como síntese da pluralidade dinâmica dos elementos vitais naturais que o constituem. Um desses princípios propõe a imortalidade do ser humano e sua dimensão mais passível de se tornar histórica e ancestral. Foi visto também, passando já ao plano da sociedade, que o homem se configura como sendo portador ainda de um outro elemento vital – o nome ou nomes – revelador de certos atributos naturais mais decisivos e da dimensão histórica da personalidade. Esse componente vital liga-se ainda, seguidamente, à problemática da configuração do indivíduo no interior da sociedade – no plano mágico ou das práticas sociais – estabelecendo relações entre pessoa e grupo social, seja a sociedade global, seja uma de suas unidades básicas, a família, envolvendo o parentesco e a memória sanguínea e social. O nome é, assim, mais um elemento vital configurador da personalidade e sua natureza social contribui decisivamente para acrescentar uma dimensão histórica fundamental ao indivíduo.

Mas esses elementos vitais naturais e sociais ainda não são suficientes para a definição cabal da figura histórica que buscamos.

Além desses dois amplos espectros vitais definidores do ser e do homem, um outro deve ser aflorado aqui na tentativa de abordar a problemática da *passagem plena do homem natural ao homem natural-social,* condição básica para a configuração social do pré-ancestral.

Esse outro grande elemento vital, de ordem eminentemente histórica, são os processos de socialização, cuja proposição básica parece ser o aperfeiçoamento da personalidade profunda do indivíduo com vistas à internalização ótima, segundo os padrões ancestrais originários, das principais proposições e valores da sociedade, produzindo o homem natural-social acabado e socialmente integrado.

Nessa primeira parte do presente trabalho procura-se, como já foi afirmado, verificar como se configura o homem natural e o homem natural-social, passível de tornar-se um ancestral. Assim, o interesse prioritário dessa problemática, nos processos de socialização, únicos capazes de atribuir a dimensão histórica do homem à sua personalidade, é o de procurar verificar como essa dimensão é formalmente considerada, caracterizada e aceita pela sociedade. Em outras palavras, a intenção é a de procurar apresentar quais são os pressupostos e ações sociais que permitem à sociedade considerar que ocorreu uma transformação suficiente da pessoa natural a ponto de torná-la social e, portanto, histórica. Assim será privilegiada aqui a questão da iniciação, tomada como dimensão específica e particular dos processos de socialização.

Dentre os processos de introdução do indivíduo na sociedade, é possível distinguir-se duas proposições específicas, a socialização e a iniciação, esta se constituindo em aspecto diferencial daquela.

A socialização, com seus mecanismos interativos, abrange a família e a sociedade, com todas as suas práticas históricas, cabendo citar uma de suas instituições, as chamadas "classes de idade", microcosmos da sociedade sintetizada na aldeia, caminhando desde os grupos infantis formados pelo critério de idade até os de "gerações", grupos formalmente definidos que continuam existindo mesmo após os processos iniciáticos e a integração de seus componentes na sociedade, exercendo inclusive funções políticas e de governo. A iniciação transparece como síntese dos processos de socialização, tratando-se de momentos diferenciais e sintéticos dela, onde a sociedade é acionada através de agentes específicos, os dignitários iniciadores. Nesse último caso, ocorre uma notável concentração da sociedade sobre o indivíduo e ampla intensificação das relações sociais no âmbito da comunidade, transparecendo a iniciação como momento particularmente crucial da formação da personalidade. Trata-se evidentemente de duas dimensões de uma única proposta abrangente de introdução do indivíduo na sociedade. Mas parece conveniente distingui-las aqui por se caracterizarem diferencialmente no tempo e no espaço e porque de certa maneira, a iniciação freqüentemente se individualiza fortemente, sobretudo quando é destinada à elaboração de tipos sociais especiais.

Thomas e Luneau afirmam que "é o grupo em sua totalidade que toma a seus cuidados a formação da personalidade" (Thomas e Luneau, 1975: 42). Realmente, os processos de socialização ocorrem ao nível da comunidade como um todo, personificada pela aldeia, imagem da sociedade.

A noção de aldeia parece essencial para a explicação dos processos de socialização, incluindo suas fases iniciáticas. De fato a aldeia, nas sociedades sedenterizadas, se define como símbolo distintivo da transformação do natural em social do conjunto da sociedade, o mesmo pressuposto básico se coloca em relação ao individual. A aldeia é por excelência o grupo social e a sociedade, síntese do mundo natural transformado, onde o indivíduo se encontra em processo de integração social ótima. Justifica-se que os processos de socialização ocorram na aldeia e os de iniciação nos locais iniciáticos, como a montanha, floresta ou Bosque Sagrado e, mesmo, em qualquer outro retiro onde, decisivamente, provoque-se uma ruptura e separação da comunidade, com o fito evidente de procurar demonstrar, empírica e simbolicamente, no final do processo, a transformação do natural em social. A aldeia, imagem do mundo social é, assim, o principal universo onde se desenrolam os processos de socialização. Interessa entretanto reter que sem essa ruptura com a aldeia em um dado momento da socialização, a integração formal do indivíduo na sociedade, segundo os padrões ancestrais, não é considerada legítima.

Por outro lado, os processos de socialização envolvem, como já dissemos, instituições abrangentes, como a família e as classes de idade, enquanto a iniciação envolve os agentes iniciadores, geralmente ligados a grupos especializados em certas formas de conhecimento esotérico. Os agentes sociais acionados são portanto inúmeros. Mas as palavras de Thomas e Luneau, antes citadas, devem ser entendidas sob seu prisma mais qualitativo, isto é: a socialização, incluindo suas fases iniciáticas, é uma tarefa assumida deliberadamente pela sociedade a fim de permitir a integração conscientemente comunitária do indivíduo na vida social total.

Examinemos em primeiro lugar alguns aspectos relacionados com a socialização.

Socialização

Dentre os instrumentos da socialização, indicaremos brevemente alguns aspectos daqueles observados pessoalmente em suas manifestações empíricas, com maior ou menor intensidade, porém sempre de forma limitada, pois o alvo prioritário era a iniciação.

Um deles é a família. A criança, que encontra na própria mãe o marco inicial de sua existência social por participar juntamente com ela, principalmente na fase considerada incipiente de sua vida, das mais variadas atividades, está em relação constante com um variado número de pessoas. Trata-se da família conjugal – geralmente constituída pelo marido, sua esposa ou suas esposas, e filhos – e da família extensa, reunindo pessoas ligadas pelo parentesco, casamento e agregação, inclusive a família conjugal. A família extensa pode ser considerada a família propriamente dita, tal como é concebida pelo pensamento africano originário.

Em se tratando da família conjugal, a criança é introduzida nos processos de socialização mais restritos, geralmente ligados à figura imediatamente dada de sua mãe, das outras mulheres e irmãos. As figuras do pai e do tio, na dependência da organização patrilinear ou matrilinear, embora mais abstratas, não deixam de exercer um papel significativo, principalmente depois das primeiras fases da vida. Com relação à família extensa, a problemática da socialização em fase de personalidade incipiente ganha sentido mais amplo e diversificado pelos contatos mantidos pelas crianças com os seus parentes. O número de pessoas envolvendo a criança e promovendo sua participação social é considerável na família extensa, propondo a diversificação de contatos e começo de atividades sociais incipientes, iniciadas já dentro de uma configuração comunitária significativa que pode se tornar ainda mais abrangente e diversificada quando várias famílias extensas encontram-se reunidas para o exercício das mesmas atividades econômicas.

De qualquer maneira, a personalidade vai-se configurando desde o início no sentido coletivista e comunitário. A família, elemento básico da formação dessas sociedades negro-africanas, é o primeiro núcleo de gestação da personalidade social solidária e participante que os caracteriza. Até o fim de sua vida – e após ela, quando se tornar um ancestral –, dentro do quadro institucional normal, o indivíduo manterá relações privilegiadas com a família.

Outra técnica da socialização parece residir naquilo aqui chamado de contatos de corpos. Numa fase de total incipiência da personalidade social, a criança começa a ser socializada pelo desenvolvimento das propriedades sensoriais segundo as técnicas africanas. De fato, os bebês permanecem longo tempo – mesmo após serem capazes de ensaiar os primeiros passos – atados com panos às costas nuas da mãe por certas técnicas que permitem o máximo de possibilidade de movimentação do corpo. Durante vários meses após o nascimento, a criança vive no contato mais estreito com o corpo da mãe, sem sofrer uma separação brusca entre o seguro estado de estar no ventre e aquele de estar fora dele e, muitas vezes, longe do mesmo. Segundo parece, o costume de trazer as crianças às costas revela, além da instância prática, uma proposição da maternidade africana acerca do destino da pessoa em sua fase social incipiente e totalmente dependente: a vida intra-uterina deve, de certa maneira, ser prolongada, facilitando a transição ao mundo exterior nos primeiros contatos do indivíduo com ele.[1] A criança começa portanto a participar das atividades sociais pouco tempo após seu nascimento, pois não é jamais abandonada, e as técnicas utilizadas para trazer os bebês às costas permitem à mãe, logo após o término formal do recolhimento do parto e apresentação do bebê à comunidade, o retorno à vida social integral. Assim, as mulheres trabalham no campo, em casa ou no mercado, pilam e cozinham, deslocam-se muitas das vezes por longas distâncias carregando pesados volumes na cabeça, realizam enfim as mais variadas atividades, inclusive de lazer e mesmo rituais, cantando e dançando sempre com seus bebês nas costas.[2]

Se bem que a criança permaneça em estreito contato com o corpo da mãe durante um longo período após o nascimento, outras figuras intervêm nessa manipulação, em virtude de situações de ordem afetiva ou prática. Em muitos momentos, ela passa pelas mãos de um grande número de mulheres ligadas à família. Por outro lado, quando a mãe dá à luz novamente antes de terminada a fase do "bebê nas costas", a prole anterior continua sendo carregada por suas irmãs, primas ou tias mais velhas. Diversificam-se, assim, os estímulos sensoriais. Após um certo tempo, ocorre nova diversificação desses estímulos. São as fases dos contatos físicos entre crianças de idade mais ou menos similar durante os jogos infantis, onde o indivíduo ainda não coordena com rigor as práticas lúdicas. Esses contatos físicos avançam ainda mais em outras fases da idade, quando os jogos já se configuram de maneira mais definida e o corpo começa a ser acionado como um elemento importante da personalidade. Isso ocorre nos simulacros de luta, nas danças infantis e nas manipulações incipientes do sexo, que somente são permitidas, via de regra, após encerradas oficialmente as primeiras fases da infância, o que às vezes ocorre por ocasião da excisão e circuncisão, quando estas acontecem em baixa idade, conforme indicam Thomas e Luneau (1975). Os estímulos corpóreos podem se configurar também na fase da adolescência dentro do quadro amplo da socialização orientada para a tomada de consciência das funções sexuais segundo regras bem definidas relativas à sua dimensão social. Sendo o sexo encarado como fator de extrema importância, seu despertar é também um objetivo social, evidenciado pelas técnicas de sua configuração objetiva em relação à dinâmica social, traduzidas na excisão e circuncisão. Finalmente, registre-se que certos contatos físicos são provas inegáveis de estima e amizade e em razão disso é freqüente homens africanos andarem de mãos dadas.

Os contatos de corpos, a estimulação sensorial e sua diversificação e extensão, são técnicas seguras de integração do indivíduo na sociedade, sendo a percepção do corpo um elemento fundamental para que o indivíduo se situe socialmente. Dessa forma, manifesta-se a proposta de se incluir o corpo no sistema de referências sociais. Através dessas técnicas, utilizadoras da naturalidade como elemento importante do desenvolvimento físico e sensorial, o corpo passa a ser percebido e concebido como um elemento constitutivo da personalidade, permitindo a interação física dos indivíduos, e transforma-se no veículo por excelência da sobrevivência da sociedade, quando se liga ritualmente às funções sexuais com vistas ao papel desempenhado na procriação. Nesse caso, a transformação do corpo em veículo social ligado à procriação é estabelecida pela própria configuração social do sexo e sua transfiguração, permitida pela excisão e circuncisão.

Outra técnica é a da imitação. Pudemos observá-la sobretudo entre as meninas, as quais procuram reproduzir gestos e atitudes de suas mães tão logo isso se torne possível, criando geralmente imagens relacionadas à problemática doméstica. Assim, uma menina imita sua mãe no ato de pilar alimentos, utilizando pequenos pedaços de madeira, ou "prepara" a comida perto da mãe. Não raro, as meninas levam às costas, devidamente amarrada, uma boneca simbolizando o bebê que a mãe assim carrega. Ou ainda, leva sobre a cabeça um pequeno objeto, reprodução dos pesados volumes portados por sua mãe nos duros trabalhos diários, quando esta carrega na cabeça praticamente de tudo.[3]

Interessa notar, no entanto, que essas atitudes são estimuladas pelos adultos, que inclusive integram as crianças em grupos definidos pela similaridade de idade e cuja população está constantemente recriando a realidade conhecível. A aparente indiferença dos pais africanos com relação a esses momentos comunitários de seus filhos demonstra a inabalável confiança nos processos igualitários de socialização colocados à disposição da comunidade. A atitude vigilante com relação à criança, o interesse às vezes forçado, o medo de qualquer perigo, geralmente infundado, de ordem física, psicológica ou moral, parecem ter um sentido quase insignificante no interior de um grupo onde todos seus representantes estão relativamente livres das frustrações impostas pelos adultos às crianças. Em outras palavras, as atitudes comunitárias de imitação, que não são raras, constituem-se em técnicas desenvolvidas pelas crianças com total liberdade e integridade de seu mundo interior, perfeitamente respeitado. E mais, a imitação prepara o indivíduo para o trabalho, quando se opera a transição para idade mais significativa. É freqüente, pois, ver-se meninas já pilando, auxiliando efetivamente na preparação das refeições, carregando fardos na cabeça e seus irmãos às costas, nos recintos familiares, no mercado ou em trânsito, acompanhadas de suas mães.

Também histórias e fábulas são técnicas institucionais da socialização. Desde a mais tenra idade, a criança participa individual ou coletivamente de um processo de transmissão do conhecimento muito caro ao africano. São as fases na qual as crianças ouvem estórias e fábulas, geralmente ligadas aos eventos familiares e comunitários. Essa técnica se constitui numa das delícias das crianças. Mas configuram também fórmulas preparatórias para as audiências concedidas pelos sábios da comunidade ou para melhor apreensão dos futuros ensinamentos esotéricos, muitas vezes ministrados em linguagem simbólica, dispensados nas fases iniciáticas. A extensão da importância de tal técnica guarda ainda maior significado nas civilizações onde a palavra é considerada elemento vital pela sociedade. As estórias e fábulas são a reprodução, em linguagem acessível e em contexto profano, da história e dos valores ancestrais básicos, muito embora sejam apresentadas de maneira "falsa" no sentido estabelecido por Eliade.[4] O fator simbólico entretanto vai se tornando cada vez mais complexo até transformar-se em expressão figurada, como nas fórmulas esotéricas de comunicação privativas dos iniciados, aperfeiçoadas até transformar-se, nas etapas finais, em linguagem inacessível aos não-iniciados. Importa notar que as estórias e fábulas são instituições extensivas. Embora a criança tenha sempre alguém da família para recitá-las, também participará de um grupo às vezes reunido para conhecer as explicações sobre a realidade através da palavra. E quando atingir os graus mais avançados do conhecimento, penetrará no universo simbólico da linguagem secreta dos ancestrais, cuidadosamente conservada pelos sacerdotes iniciadores.

Podemos abordar agora, também brevemente, a questão das "classes de idade". Tão logo terminadas as fases incipientes da personalidade e podendo já a criança realizar com toda autonomia os jogos infantis, ela é introduzida em grupos formados pelo critério da idade. São as chamadas "classes de idade", onde se reproduzem os modelos educacionais básicos comunitários.

Thomas e Luneau sintetizam assim o papel das "classes de idade":

> As associações ou fraternidades de crianças e adolescentes, suplementando parcialmente os adultos em sua tarefa educativa, desenvolvem o sentido da vida coletiva, da responsabilidade individual e estimulam o desejo de ser útil ao grupo; constituem, por outro lado, centros de aprendizado tecnológico, social, mesmo religioso, de uma eficácia incontestável. Organizadas segundo as classes de idade (cuja repartição varia de acordo com a importância numérica das crianças), ao nível de quarteirões ou da aldeia, agrupam indivíduos de 6, 7 anos até a época do casamento (20–25 anos). Sua finalidade é ao mesmo tempo lúdica (sociedades de lutas, sociedades de espetáculos, sociedades de danças e cantos) e utilitária (sociedades de trabalho ou assembléias permanentes de mão-de-obra que permanecem à disposição da aldeia para recados e pequenos trabalhos domésticos, para o cultivo, a colheita, a reparação das casas [...]). Podem desempenhar um papel de beneficência e praticar a ajuda social mútua. Assim, cada criança pertence tanto a essas classes de idade como à sua família e a si mesmo; para ela, a sensação de ser rejeitada é penosa. Em todo caso, é curioso realçar que mesmo nas sociedades fortemente hierarquizadas, as classes de idade constituem sempre um agrupamento fraternal igualitário, democrático, altamente educativo. (Thomas e Luneau, 1975: 41)

Essa técnica de socialização coletiva hierarquizada envolve a proposta de formação de uma personalidade-padrão pela absorção dos valores básicos da sociedade, sua imposição aos indivíduos, sua difusão permanente e, assim, a perpetuação desses valores. Isso parece explicar que a mobilidade social do indivíduo é, em grande parte, aquela a que seu grupo de idade tem direito. Observa-se nessa organização das técnicas de socialização, em primeiro lugar, o trajeto da personalidade social incipiente à sua plena configuração, com a conseqüente integração formal do indivíduo na sociedade. Por outro lado, o grupo reproduz a vida coletiva do conjunto da sociedade segundo o estágio configurado dentro da hierarquia, estabelecendo relações muito significativas entre os grupos dos mais jovens e dos mais velhos, pois estes últimos se encontram cada vez mais perto do mundo dos adultos, isto é, da participação plena na vida social. As classes de idade constituem-se pois nos contingentes que renovam seguidamente a sociedade e dão-lhe a dinâmica de sua reprodução e de seus valores. Esses contingentes são as gerações sociais, as quais chegam a se constituir em espécies de formas de governo, quando várias instâncias do poder passam sucessivamente de uma geração a outra.[5]

Mas esses processos e técnicas comunitários, igualitários e hierarquizados do aprendizado, educação e socialização propriamente dita, só podem ser perfeitamente compreendidos pelos seus atos complementares básicos, traduzidos pela iniciação, etapas específicas das principais proposições de um processo mais totalizante e genérico.

Iniciação

Vimos anteriormente, de forma muito simples e reduzida, alguns aspectos de certas técnicas de socialização. De fato, considerando os propósitos do presente trabalho e singularmente os desta primeira parte – a configuração do homem natural e sua passagem à condição de homem natural-social, futuro ancestral –, o interesse principal reside agora na iniciação, processo particular de socialização onde as propostas de transformação do ser são prioritariamente evidenciadas.

Para configurar-se socialmente, o indivíduo depende totalmente da sociedade. Existem aí duas proposições básicas. A primeira, muito evidente, é a de que somente a sociedade é fonte absoluta dos valores sociais e técnicas que levam à socialização. A segunda, menos evidente, coloca o ser como dinâmico e transformável em sua substância, cabendo à sociedade, através de representantes qualificados e técnicas especiais, provocar e conduzir as transformações básicas necessárias. Em outras palavras, a sociedade está encarregada de produzir o ser histórico através da manipulação eficaz dos elementos constitutivos do homem. Isso explica a espécie de marginalidade social atribuída ao indivíduo não iniciado e também o fato de a iniciação constituir um elemento vital da interpretação do homem.

Para os fins deste trabalho, convém desde logo distinguir duas grandes dimensões da iniciação: 1. a iniciação aqui chamada de *atípica*, até certo ponto não-abrangente, que envolve a formação do indivíduo em relação a uma atividade social específica, como por exemplo, dentre outras, aquelas referidas a ferreiros, caçadores, pescadores, médicos, dirigentes de cultos a divindades e ancestrais, adivinhos, "comedores de alma", "mágicos" e, mesmo, aquelas concernentes às práticas políticas, caso da iniciação prevista para o exercício de funções de governo envolvendo o rei. Essa modalidade de iniciação leva, portanto, à emergência de tipos sociais *diferenciados*; 2. a iniciação denominada típica, que faz aparecer plenamente o indivíduo natural-social padrão por excelência e o introduz formalmente na sociedade, levando à emergência de tipos sociais *não-diferenciados*.

Em ambos os casos, a suposição básica é a da ocorrência de uma transformação substancial da personalidade, com o envolvimento decisivo das instâncias divinas ou mágicas e da sacralização do homem.

Vejamos em primeiro lugar, brevemente, alguns aspectos de certas iniciações atípicas.

Uma das modalidades da iniciação atípica a que tivemos acesso no trabalho de campo concerne ao ferreiro. As ligações desse profissional com os quatro elementos o tornam uma figura especial na comunidade: de fato, o ferreiro é o homem capaz de manipular a terra, o ar, o fogo e a água em benefício da sociedade, e essa intimidade com tais irredutíveis potências o tornam um indivíduo excepcional, geralmente rodeado de uma aura mágica bastante respeitada. Em princípio, o ferreiro manipula as próprias entranhas da terra, cavando poços às vezes de grande profundidade e perfurando galerias a fim de extrair a matéria prima da qual sai o ferro. Está assim em contato íntimo com a terra, considerada um ente sagrado, e com o mundo subterrâneo, um universo desconhecido e um dos locais onde habitam os mortos. Por outro lado, o ferreiro domina outro elemento da natureza, o fogo, em pelo menos dois momentos importantes da produção: quando a matéria prima é depurada nos fornos e quando, após esse processo, é transformada na forja. Nessa ocasião, o ferreiro domina também outros elementos da natureza, a água e o ar, indispensáveis para a transformação do ferro, culminando nos instrumentos de trabalho utilizados pela sociedade. É por esta razão, talvez, a excepcional importância atribuída à forja e aos utensílios dos quais se servem os ferreiros e a sacralização do local em que ocorre essa transformação, onde regularmente são feitos sacrifícios, inclusive de sangue. O ferreiro, mestre dos quatro elementos, é o mágico da transformação ligado às forças mais atemorizantes da natureza: a terra e seu mundo subterrâneo, povoada por entes os mais temidos; o fogo, assemelhado ao fogo celeste – o sol e o raio –, os quais não raro provocam incêndios e mortes; a água benéfica da chuva, do rio, da fonte, da lagoa, do mar; e o ar, assemelhado à manifestação da respiração divina. Por estar ligado intimamente aos quatro elementos e à transformação, o ferreiro é uma das principais figuras relacionadas com a problemática da morte. Sua ligação com o mundo subterrâneo lhe permite maior intimidade com este, chegando mesmo a poder comunicar-se com as forças que o habitam, principalmente através da linguagem estabelecida pelas pancadas do martelo na bigorna. O mundo subterrâneo é o local das transformações pelas quais passam os cadáveres nos processos de integração à terra. Entre os Senufo, existe uma máscara ligada à correta separação entre o cadáver e os demais princípios vitais considerada companheira dos cadáveres, e o lugar onde habita, dentro da estrutura de sua explicação, é segundo Holas (1978) o mundo subterrâneo (*Koubelekaa*). Essa máscara é eminentemente ligada aos ferreiros devido exatamente às suas relações com as entranhas da terra, pois se ocupa geralmente de abrir as covas e de realizar certos ritos funerários de importância. Quanto à iniciação dos ferreiros, ela é bastante específica e particularizante, em virtude justamente das características da definição social especial atribuída a esse tipo. Essa foi a única informação objetiva conseguida entre os Senufo quanto ao problema da iniciação dos ferreiros.

Ainda dentro das iniciações atípicas, podemos citar também algumas informações, desta feita referentes aos Agni (D'Aby, 1960). Elas referem-se especificamente aos *Adwefoo* ou "fazedores de medicamentos" e aos *Komea*, pessoas ligadas à manipulação das forças sobrenaturais. Para essas duas categorias existe um aprendizado específico e a iniciação ao domínio de uma arte particular geralmente mantida em segredo.

Os *Adwefoo* são ligados ao conhecimento das doenças, seus diagnósticos e métodos de cura, sobretudo pela utilização de folhas e plantas cujas propriedades aprendem a conhecer, inclusive aquelas ligadas à dimensão mágica. As folhas, além de suas propriedades naturais segundo as espécies, possuem uma natureza divina ou semi-divina e estão geralmente relacionadas a entes sobrenaturais. O *Adwefoo* é considerado um homem "forte" pelo domínio exercido sobre as folhas, cabendo-lhe não apenas descobrir a moléstia e suas causas, como medicá-las e afastá-las, protegendo o paciente e a si mesmo da ação nefasta dos "bruxos" ou "comedores de alma", já que as doenças raramente possuem causas naturais, podendo na realidade ser uma manifestação da perda de energias vitais. Embora considerado um homem "forte" e ligado a um domínio especial do conhecimento – supondo algum relacionamento com as divindades e os ancestrais, principalmente quanto à manipulação das folhas –, o *Adwefoo* não tem como objetivo prioritário o combate direto com os "comedores de alma", embora isso, de certa maneira, seja subjacente a sua formação. Ele é um agente da medicina originária e sua dimensão mágica mostra-se a partir do conhecimento obtido acerca dos segredos de sua arte, em grande parte os segredos das folhas e plantas, cujo poder domina com as fórmulas encantatórias desencadeadoras de suas energias desde o momento da escolha até a preparação e aplicação dos medicamentos. O poder das folhas, e particularmente desses médicos herboristas, é realçado pelas narrativas onde a arte de curar é, entre os Agni, uma das instâncias da divisão inicial do trabalho proposta pelo pre-existente quando veio à terra após criá-la, juntamente com a agricultura e a pesca, conforme indicado por D'Aby (1960).

A figura do *Adwefoo* confunde-se até certo ponto com a do *Komea*, pois uma das atribuições sociais deste último é, também, a arte de tratar os doentes. Porém, a diferença reside no fato de o *Komea* trabalhar sob a influência direta de forças mágicas e divindades das mais variadas espécies, compreendendo geralmente uma divindade pessoal e particular, possuindo o acesso à visão de entes sobrenaturais e ancestrais e às suas revelações, transmitidas à comunidade em determinadas circunstâncias, indicando os sacrifícios e demais prescrições necessárias em face de uma situação dada, desde a doença devida à ação dos "comedores de alma" até a purificação de toda uma localidade atingida por um acontecimento funesto qualquer. Dessa forma, o *Komea* é, por excelência, o inimigo social dos "comedores de alma", trazendo uma espécie de equilíbrio no jogo de forças mágicas em ação na comunidade, o que não impede a existência de um relacionamento às vezes estreito entre as duas instâncias, pois não raro um determinado segredo, um método eficaz, pode ser vendido por uma das partes à outra. Assim, o conhecimento mágico e a manipulação do segredo ganham um sentido dinâmico. Na realidade, a diferença entre um *Komea* e um "comedor de alma" não é decisivamente e essencialmente de qualidade, mas até certo ponto de objetivos sociais. A iniciação de um *Komea* começa muito cedo, por volta dos dez anos de idade, quando é já colocado aos serviços de seu iniciador, recebendo o título de *Konvoba*, expressão a ser traduzida como "Filho do *Komea*" no sentido de adepto de um iniciador, ou daquele do qual nascerá um novo mágico. Já nessa fase o iniciando é confiado por seu mestre a uma divindade específica a cujo culto então se dedica. A iniciação dura até quinze anos, período durante o qual o aprendiz vai adquirindo os conhecimentos necessários sob a orientação de seu mestre, do qual não se liberta a não ser após demonstrar a este, a outros *Komea* e mesmo aos "comedores de alma", ter atingido um nível satisfatório. Essas provas desenrolam-se em lugares reservados e proibidos aos não-iniciados, quando em caso de sucesso, ocorre uma cerimônia pública de liberação do novo mágico e sua reintegração à família na condição de *Komea*. De fato, a formação de um *Komea* prevê, devido à grande importância social atribuída a essa figura, o envolvimento de todo um grupo, pois sua liberação pública é precedida dos pagamentos feitos a seu iniciador, além das despesas necessárias às celebrações então ocorridas, durante as quais são servidas, segundo as mais caras tradições africanas, copiosas refeições aos dignitários e demais convidados reunidos para essa ocasião única.

Embora os dados sobre a iniciação de um *Komea* sejam escassos, sabe-se que a cerimônia pública de sua consagração prevê uma série de demonstrações dos conhecimentos adquiridos, as quais, pelo menos no passado, eram muito severas, como ilustra D'Aby referindo-se à cerimônia denominada *Asibe Tile* existente entre os Agni Samwy de Krinjabo, dirigida pelo próprio rei, e aqui registrada a título de ilustração:

> O monarca fazia abater pelos caçadores um macaco da espécie chamada "Asibè". Os carrascos cortavam a cabeça do animal e a colocavam no fundo de uma enorme vasilha que enchiam a seguir de cascas, folhas, liames e raízes de toda sorte. Acabava-se de completar o recipiente com água. A vasilha assim preparada era colocada sobre um grande fogo instalado em praça pública. O rei verificava pessoalmente o conjunto do dispositivo, depois ordenava fosse cozido o conteúdo. Pouco antes do meio-dia, a cerimônia tinha início pela dança dos feiticeiros e dos carrascos. Assim que essa dança chegava ao seu momento culminante, o rei, seguido de sua corte, após ter examinado uma última vez o conteúdo da vasilha, tomava lugar no meio do círculo, sob a grande árvore, um olho marcado com um círculo de pó de carvão e o outro de caulim. Como de hábito, sacerdotes e feiticeiros rivalizavam nas proezas. O rei convidava então o candidato a, condu-

zido pelos deuses, mergulhar a mão no fundo da vasilha para retirar a cabeça do animal. Bem entendido, quem não conseguisse era considerado impostor, abusador do povo e decapitado [...]. (D'Aby, 1960: 56)

Outra modalidade de iniciação atípica é referida aos chamados "comedores de alma" sobre os quais, juntamente com os "mágicos" – dos quais os *Komea* são exemplos –, já indicamos alguns dados. Ainda dentro das iniciações atípicas, poderiam ser indicados dados referentes àquelas ligadas ao exercício de práticas políticas altamente diferenciadas, como é o caso da iniciação do rei entre os Ioruba. No entanto, como os dados disponíveis deverão ser aplicados posteriormente, em outro contexto, deixamos de fazê-lo aqui.

Esses poucos exemplos indicam que a iniciação pode se configurar diferencialmente, estando ligada à elaboração de figuras sociais atípicas, não constituindo o padrão médio da personalidade social. Trata-se de tipos sociais diferenciados, diversos daqueles, resultando da iniciação típica, que embora também envolva o mágico e o sagrado, tem por objetivo básico marcar definitivamente certas grandes etapas dos processos de introdução abrangente dos indivíduos na sociedade. Vejamos alguns aspectos dessa segunda modalidade de iniciação, a iniciação *típica*.

Chamamos iniciação típica à iniciação articulada no quadro abrangente dos processos de socialização tendo por objetivo fazer emergir, num momento dado, o indivíduo natural-social, passível de ser plenamente integrado na sociedade. Enquanto a iniciação atípica tem por alvo sobretudo a formação de uma figura social de certo modo essencialmente distintiva – fornecendo o indivíduo atípico –, a iniciação típica busca a figura social comunitária, igualitária e coletiva por excelência, ou seja, *a personalidade-padrão* básica.

Esses momentos cruciais da socialização são marcados pela grande atenção dispensada pela sociedade aos eventos, tendo como conseqüência uma forte intensificação dos laços comunitários, tanto no plano psicológico como no das práticas concretas – evidenciando-se o aumento da circulação dos bens de consumo –, isto é, uma afirmação coletiva dos valores sociais em uma situação dada. Realmente a sociedade, atribuindo-se a carga total da responsabilidade dos processos de socialização está, nos momentos iniciáticos coletivos, prestes a receber novos contingentes, formados segundo os padrões organizatórios ancestrais.

A notável importância das fases iniciáticas típicas parece devida ao fato de que nelas a sociedade, através de seus agentes eficazes – os dignitários iniciadores – promove a transformação idealizada, em um momento de síntese, do ser natural em ser natural-social. Trata-se de um marco decisivo, definitivo e altamente expressivo dos processos de socialização, tendo por alvo a elaboração do homem social e coletivo. A iniciação típica só pode ser compreendida como uma ação da sociedade por ser acionada no momento no qual o indivíduo é considerado suficientemente socializado a fim de caracterizar-se sinteticamente essa transformação. Evidentemente, existem várias fases da vida de um indivíduo nas quais ele sofre um processo particular de iniciação, cada uma corresponde ao início ou término de uma etapa de sua introdução progressiva na sociedade. As grandes fases finais da iniciação correspondem à sua configuração plena como ser social acabado.

Vários fatores são destinados a demonstrar a proposição de transformação do homem natural em homem natural-social, podendo ser destacados: as transformações do corpo pela excisão e circuncisão, proposta de configuração social do sexo e das funções da reprodução humana; a recriação sintética dos processos de socialização, acontecida nos espaços iniciáticos, onde o aprendizado é colocado à prova. Nessas fases, ocorre a "morte" da personalidade anterior à fase da reclusão e renascimento do indivíduo, então detentor da personalidade considerada socializada e, sobretudo, comunitária. Essas etapas exigem a sacralização do homem, manifestada sobretudo pela "morte" ritual da personalidade anterior e a emergência da personalidade profunda aflorada sob o patrocínio de divindades, ancestrais e dignitários especializados; esse renascimento é marcado também pela atribuição de um novo nome, dentre outros fatos.

Considerando que a vida e a continuação da sociedade repousam nas atividades sexuais enquanto fatores de reprodução, a excisão e a circuncisão constitui atos sociais de importância não negligenciável. Uma das proposições explicadoras dessas práticas, bastante conhecida, é, simplificadamente, a de que homens e mulheres trazem em si os princípios masculino e feminino, sendo então o prepúcio comparado aos lábios vaginais e o clitóris à glande do pênis. Essas concepções estão, de resto, ligadas às explicações originárias da criação primordial e à figura do preexistente, não raro aparecendo como andrógino. Essa androginia manifestada no homem – diferente do preexistente por não possuir toda sua "força" – deve, portanto, ser destruída a fim de fazer configurar o ser humano propriamente dito. Nesse sentido, a excisão e a circuncisão são práticas eminentemente históricas, ligadas à configuração do homem natural-social. Mas há ainda razões de ordem prática, das quais podemos apontar algumas de acordo com informações por nós obtidas e conforme indicado por Thomas e Luneau (1975): com a ausência do prepúcio e do clitóris, a penetração é facilitada para ambas as partes, há maior concentração do prazer, o esperma jorra mais livremente e é melhor aproveitado, pois não é retido em parte pelo prepúcio e pelo clitóris. Mas a excisão e a circuncisão adquirem sua dimensão mais significativa enquanto tomada de consciência do sexo e de seus atributos sociais:

> A mutilação sexual, mais do que qualquer outra marca corporal, torna-se o signo manifesto de uma metamorfose, de uma transformação quase completa da pessoa na medida em que é integrada em sua sexualidade específica e procriadora [...]. Enfim, precisamente em razão das relações estreitas que mantém com a vida (e sua renovação), pelo poder que tem de provocar a vinda ao mundo de crianças que não somente assegurarão a continuidade do *phylum* clânico mas que poderão reencarnar os ancestrais bem-amados, o sexo ocupa um lugar capital ou privilegiado nas práticas iniciáticas:

símbolo do que é importante na condição humana, torna-se modo de conhecimento […]. Talvez porque permanece estreitamente ligado ao mistério da vida e da procriação, o sexo participa do sagrado […]. Mais uma vez reencontramos a dimensão capital atribuída ao corpo, expressão privilegiada da vida e de sua renovação, do prazer e da fecundidade. Desse ponto de vista, pode-se confessar sem risco que a iniciação opera a transmissão fundamental da sexualidade experimentada, portanto impura (natureza), à sexualidade ritualizada purificante, sublimada (cultura). Facilita, de qualquer maneira, a unidade interior do Ser, colocando termo à androginia, fonte de dualidade física e psíquica e contribui à sua tomada de consciência, à sua auto-revelação. (Thomas e Luneau, 1975: 227–228)

A excisão e a circuncisão são, portanto, atos destinados à plena configuração social das funções biológicas do homem ligadas à continuidade da sociedade. Trata-se, com efeito, de uma importante instância das práticas sociais em que a sociedade, através de atos marcantes e decisivos, se propõe mais uma vez a dominar e organizar as mutações do ser, isto é, a deter os principais fatores do processo. O caráter eminentemente social e comunitário dessas práticas é revelado, no modo mais simples do cotidiano, pelas notáveis cerimônias havidas ao término dessas fases iniciáticas a fim de declarar o começo idealizado da vida sexual plena e social dos indivíduos. Não parece necessário insistir mais sobre a importância dessa transformação do ser nem sobre o caráter comunitário atribuído à problemática, bastando lembrar: essa fase da emergência social do indivíduo o coloca dentro de um grupo de iniciandos, a excisão e a circuncisão acontece por turmas definidas por critérios de idade, reforçando a tomada de consciência do caráter abrangente e social do fato.

Vistos sumariamente alguns aspectos parciais da excisão e circuncisão, podemos apresentar agora certos dados referentes a outra dimensão da iniciação. O tema, como no caso anterior, será abordado genérica e resumidamente, aparecendo depois em contextos mais específicos.

Dissemos antes que a iniciação configura-se como um momento de síntese dos processos de socialização, no qual a sociedade propõe a configuração plena da personalidade social-padrão. Em sua última etapa, aquela na qual geralmente ocorre o recolhimento nos espaços iniciáticos, onde são testados os conhecimentos adquiridos ao longo do processo, esse momento de síntese assume extraordinária importância. Como em todos os atos de iniciação, a sacralização do homem é um de seus fatores essenciais. Nesse processo de emergência de uma personalidade concebida como definitivamente socializada considera-se, parece, que a sociedade, através de seus agentes iniciadores – os dignitários detentores do conhecimento ancestral e dos segredos e técnicas da iniciação – pode fazer configurar a passagem da personalidade natural à personalidade natural-social, num momento de síntese onde, como já dissemos, os aspectos considerados mais importantes da socialização são colocados à prova.

Três momentos capitais marcam essa fase crucial dos processos de socialização: a separação entre iniciandos e comunidade, o período de recolhimento nos espaços iniciáticos e a reintegração na comunidade ao final da etapa. Todos esses momentos são caracterizados por uma forte concentração da sociedade sobre o indivíduo.

A primeira manifestação concreta de que a personalidade antiga – já trabalhada ao longo dos processos de socialização, mas ainda não acabada – vai "desaparecer", é dada pela separação entre os indivíduos – reunidos por turmas formadas segundo o princípio de idade – e a sociedade. A reclusão no espaço iniciático corresponde à separação do mundo social e uma volta ao estado natural abrangente dado pelo universo da natureza. Por isso, os espaços iniciáticos são localizados fora da aldeia, geralmente nas florestas e bosques sagrados. Esses espaços são cuidadosamente conservados ao longo do tempo e se constituem em locais em que um universo primordial é representado e para onde é preciso remeter os iniciandos, a fim de com ele colocá-los em contato real e simbólico.

O momento de separação da aldeia é altamente dramático, pois as famílias têm consciência da possibilidade de um iniciando não voltar em decorrência das provas a vencer – físicas, morais, psicológicas –, difíceis e perigosas. Por outro lado, um notável clima psicológico se cria e se desenvolve na comunidade no momento do recolhimento, não só pela possibilidade do desaparecimento definitivo da pessoa – provocado ou não – como também pelo mistério envolvendo as práticas ocorridas no espaço iniciático. Realmente, há todo um universo mágico envolvendo a floresta ou Bosque Sagrado, espaços misteriosos por excelência, onde certas forças da natureza, divindades e ancestrais são chamados a participar dos atos iniciáticos. Todo esse clima é mantido pela lei do silêncio imposta ao iniciando, as revelações constituindo um perigoso precedente. O clima de tensão é agravado pelo fato de que o período de recolhimento é de inteira responsabilidade do conjunto da comunidade, os iniciandos encontrando-se entretanto à inteira mercê dos iniciadores, únicos elementos capazes de dominar as forças irredutíveis dos espaços iniciáticos. Assim, a expectativa social é altamente significativa e provoca sensível estreitamento dos laços comunitários.

O desaparecimento da personalidade antiga, já iniciada pelo afastamento da aldeia, é paulatino, pois os iniciandos geralmente vão penetrando nos espaços iniciáticos por etapas, numa demonstração de que se encontra em curso uma espécie de regressão ao estado natural absoluto, às vezes mesmo até o estado intra-uterino.

Outra dimensão específica da iniciação é dada pelo período de reclusão, marcado por uma série de atos tendentes a simbolizar essa regressão e integração ao estado natural onde o homem tem sua origem inicial. Até mesmo partos são simulados no Bosque Sagrado, conforme indica Holas (1978), havendo, segundo Thomas e Luneau (1975), atos representativos do estado fetal; quando os indivíduos são mergulhados na água, ali assemelhada ao líquido amniótico, e os iniciadores utilizam varas sacralizadas com as quais a "perfuram" e liberam o nascituro. Existem ainda outras técnicas de desaparecimento em que os indivíduos são "engolidos" pela terra, o principal dos úteros, permanecendo em poços e subterrâneos, na escuridão do grande ventre sagrado.[6] Os hábitos considerados como pertencentes ao universo social são abandonados: nessa fase os iniciandos não usam mais as roupas que os protegem do sol e do frio e disfarçam ou escondem o sexo; permanecem nus ou portando apenas as insígnias dos ancestrais e os talismãs protetores. As refeições são repugnantes, em contraposição aos suculentos repastos consumidos nas aldeias. Os iniciandos abandonam a linguagem anterior, simbólica e falada, e devem apreender uma simbologia esotérica – introdução ao conhecimento ancestral secreto – e uma nova língua, a língua dos iniciados. Porém, ao mesmo tempo, essas ações ganham uma dimensão eminentemente social, pois os iniciandos são submetidos a um aprendizado concentrado das principais proposições ancestrais sobre o conhecimento e a explicação do mundo, e são submetidos aos mais variados testes, através dos quais são avaliados.

Durante o período de reclusão, não existe comunicação entre a aldeia e os espaços iniciáticos, nenhuma notícia é dada sobre a saúde e destino dos neófitos. Essa situação pode durar vários meses, durante os quais a comunidade espera com ansiedade a volta de todos, o que nem sempre acontece, seja porque alguém pereceu por causas naturais diante das condições da permanência em reclusão, seja porque foi eliminado por não preencher as condições mínimas para sua reintegração plena na sociedade segundo as normas ancestrais e por não serem portadores de uma personalidade-padrão básica. A reclusão no espaço iniciático é definitiva e não prevê a liberação de um indivíduo a não ser ao término do processo, salvo pela fuga, possibilidade inaceitável, pois traria o descrédito ao indivíduo e à família, lançando-os na mais ignóbil situação no interior da sociedade onde, por outro lado, um iniciando fugitivo não poderia continuar vivendo, pois correria o risco de ser eliminado pelos seus próprios familiares diante da vergonha trazida por essa ação significativa da negação dos principais valores sociais.

Finalmente, a morte simbólica da personalidade anterior parece ocorrer também na instância do sagrado, acompanhando o nível do histórico. Essa problemática configura-se pela morte ritual do neófito, representada pela possessão por parte da divindade pessoal – confundida com a sua própria personalidade profunda – dentro de um contexto preciso, isto é, a possessão possibilitada e ocorrida no conjunto das práticas mágico-sagradas destinadas a precipitar esse momento crucial. Nós não sabemos se essa possessão atinge todos os iniciandos. Esse assunto é dos mais delicados devido à dimensão sagrada a ela atribuída. No entanto, o despertar da personalidade profunda em um momento ritual preciso existe, pelo menos de maneira simbólica, através dos atos simulados de nascimento e, sobretudo, pela imposição de um novo nome, geralmente guardado em segredo, que corresponde ao processo de sacralização do indivíduo e passa a ser um elemento vital da personalidade, então considerada plenamente socializada desde uma perspectiva histórico-sagrada.

O terceiro grande momento das fases finais da iniciação – marcado por extraordinárias manifestações de regozijo na aldeia, reunida para receber seus novos contingentes – constitui-se no retorno dos iniciados ao seio da comunidade e ao mundo social, portadores agora da personalidade natural-social propriamente dita, aquela estabelecida pelas regras ancestrais. Eles venceram as provas, tomaram contato estreito com os segredos ancestrais e adquiriram conhecimentos sintetizadores dos principais valores da sociedade. Obtiveram um ordenamento sistemático das transformações do ser através de atos eficazes da sociedade e receberam, portanto, o direito de cidadania. São devedores eternos da sociedade e dos sacerdotes iniciadores, os quais lhes proporcionaram a oportunidade de passar do estado natural ao estado natural-social segundo as proposições ancestrais organizadoras dos processos de socialização. Eles são os novos cidadãos, os que ingressaram plenamente na vida comunitária.

A iniciação, sobretudo as fases de reclusão, é um fato social de grande significado individual e coletivo. Individual, porque permite ao iniciado a integração formal na sociedade, com seus direitos e deveres, ou seja, proporciona sua configuração histórica propriamente dita pelos laços concretos estabelecidos entre sociedade e homem, sem os quais é considerado uma personalidade social marginal por não corresponder ao padrão comunitário. É nesse sentido que a iniciação constitui-se em elemento vital histórico da formulação da personalidade do homem aqui tratado. Coletivo, porque a sociedade é a única instância onde se organizam as transformações do homem, evitando a desordem proposta pela ausência de processos institucionalizados tendentes a elaborar o ser natural-social e evidenciá-lo plenamente em momentos de síntese. Desse modo, a sociedade não só organiza os processos de socialização, até mesmo na instância da essência do ser humano como, através da iniciação e sacralização do homem, impõe a permanência e o domínio de seus principais valores e normas ancestrais.

Quando todos os elementos vitais naturais e sociais constituidores do homem natural-social encontram-se reunidos dinâmica e qualitativamente, configurando aquele ser perfeitamente integrado nas práticas históricas com a consciência ótima de sua condição existencial plena, emerge na sociedade o *pré-ancestral*, aquele que passará ainda por outras mutações após o fim de sua existência visível.

Notas

1 O contato é mesmo epidérmico. Fora dos centros mais urbanizados – às vezes mesmo neles, nos bairros populares –, as mulheres geralmente trazem o busto nu assim como seus bebês. Para colocá-los nas costas, a mãe se curva e coloca a criança no dorso com as pernas à volta da cintura e os braços em direção aos seios. Ainda curvada para sus-

tentar o bebê nessa posição, envolve-o com um primeiro pano, deixando a descoberto apenas a cabeça. O pano é amarrado na frente do corpo da mãe a qual em seguida coloca outro, de maneira um pouco diferente, possibilitando evitar, com um pequeno movimento, a incidência direta do sol, do vento e da chuva sobre a cabeça do bebê. Todos os movimentos de amarrar a criança são feitos em poucos segundos. A mãe pode deslocar-se e trabalhar com seu bebê às costas, e mesmo niná-lo com movimentos dos quadris estando com as mãos ocupadas. Quando o bebê é ainda de tenra idade, praticamente não é percebido quando a mãe é vista de frente. Mas é comum identificar-se a mãe, nessa mesma posição, levando seu bebê já crescido às costas, as plantas dos pés aparecendo na frente, às vezes os braços e até mesmo a cabeça, quando a curiosidade já se manifesta e o bebê se inclina para observar. Nas cidades, o uso de blusas por parte das mulheres evita em grande parte esse contato epidérmico direto que mistura os calores e os humores dos corpos de mãe e filho na mais estreita e amorosa interação.

2 É o que vimos em várias ocasiões e nas mais diversas situações. No Togo, por exemplo, durante uma memorável cerimônia familiar de culto a *Vodun*, ocorrida na residência do *Vodunnon* (ou *Hungbono*, "aquele que possui o *Vodun*") de nome Aika Akakpo, várias mulheres cantavam e dançavam em honra de suas divindades tendo sempre seus bebês às costas. O mesmo foi visto inúmeras vezes na Costa do Marfim, em contexto sagrado ou não. Uma criança africana começa a aprender a dançar praticamente no ventre de sua mãe.

3 Na dependência de seus afazeres, as mulheres carregam na cabeça – sempre com seus bebês às costas – água em bacias ou latas, feixes de lenha ou de folhas, machado, facão, frutas, legumes, verduras etc. Nós vimos até mesmo aquelas que carregam na cabeça máquinas manuais de costura, levadas aos mercados para confeccionar roupas. As meninas carregam volumes menores e também latas de óleo, mala escolar, cadernos, régua etc. Quanto aos homens, não carregam nada...

4 Eliade chama a atenção para o fato de que a narrativa considerada "falsa" – isto é, não produzida em contexto sacralizado por força do próprio tema abordado – no interior de um grupo pode ser tomada como "verdadeira" em outro, na dependência da existência de processos de "demitificação". Eliade pensa entretanto que o importante "é o fato de os 'primitivos' sempre sentirem a diferença entre os mitos ('histórias verdadeiras') e os contos ou lendas ('histórias falsas')" (Eliade, *Mito e Realidade*, 1972: 15).

5 Para melhor apreciação da questão das "classes de idade" e sua participação na organização da sociedade e no poder, podem ser vistos, além do trabalho de Thomas e Luneau (1975), os de Augé (1975), Ablé (1978) e Sylla (1980).

6   Conforme Thomas e Luneau (1975), Turner (1974) faz referência ao ritual *Isoma* dos Ndembo da Zâmbia, no qual as pessoas devem passar por um túnel cavado na terra, simbolizando o trajeto da morte para a vida. Embora a idéia de renascimento esteja contida nessa prática descrita por Turner, a essência da proposição – ligada à problemática da morte real – é diversa daquela que abordamos aqui.

Parte II

A MORTE E A ELABORAÇÃO SOCIAL DO ANCESTRAL

Introdução

Na Parte I procuramos demonstrar que nas três sociedades em causa o homem transparece como síntese de uma pluralidade de elementos vitais os quais, encontrando-se em união e interação, estabelecem a existência visível. Para tanto, apreciamos certas características dos princípios vitais chamados de naturais e daqueles definidos como sociais. Vimos também que dentre esses elementos, um deles propõe a individualização do homem enquanto manifestação de certas qualidades instituidoras da dimensão mais histórica do ser humano. Por outro lado, esse princípio é inexaurível, manifestando a imortalidade do homem, proposta sobre a qual repousam os principais fundamentos que explicam a noção de ancestral: imortal em sua dimensão mais histórica, portador de uma carga social diferencial da sociedade a que pertence, o homem pode ser compreendido pela sociedade como ser total manifestado durante sua existência visível – quando é o pré-ancestral – e após ela.

Nessa formulação do homem, a morte aparece como fator decisivo para a objetivação dos conceitos definidores do ancestral. Assim como o estado de união vital dos elementos naturais e sociais constitutivos do homem caracteriza sua manifestação no mundo terrestre, a dissolução dessa união estabelece novo estado existencial. A morte, portanto, permite a última transfiguração do homem.

Na Parte II apresentaremos, em seu capítulo próprio, o de número 5, dados referentes aos processos caracterizadores da morte, o seu caráter mágico e exterior, bem como as formas de sua manifestação. Essas dimensões da problemática – cuja apresentação nos pareceu necessária para a captação mínima da natureza social da morte – antecedem o verdadeiro alvo a ser atingido nesta parte do trabalho: explorar a morte como a instância onde a sociedade é acionada pela última vez na configuração plena da imortalidade do homem, através das cerimônias funerárias.

Estas são apresentadas sob dois ângulos que, no entanto, fazem parte de uma única proposta geral, a da continuidade do homem após o término da existência visível. No capítulo 6 examinaremos alguns dados referentes ao que chamamos de *ritos de passagem* e de *ritos de permanência*.

Esse ritos funerários em seu conjunto, podem na verdade constituir o último princípio vital que configura o *pré-ancestral*, nele internalizado, ainda uma vez, pela sociedade de que depende.

Capítulo 5
A morte

Os processos que caracterizam a morte

Com o fim da existência visível, uma das dimensões dessa problemática, que indica estar em curso uma notável mutação no homem, é aquela consubstanciada na noção de desordem, provocada pelo rompimento da união dinâmica e interdependente dos elementos vitais constitutivos do ser humano.

Essa noção de desordem foi encontrada por Thomas (1968) de maneira significativa. Nas sociedades africanas onde esse autor realizou suas pesquisas, os processos de separação dos elementos vitais combinam-se em quatro modalidades básicas: 1. como ruptura do equilíbrio estabelecido entre os diversos elementos vitais; 2. como separação pura e simples dos mesmos; 3. como diminuição progressiva da vitalidade desses elementos; 4. como destruição imediata ou progressiva de alguns deles. Nesses dados, a concepção de morte como ruptura de equilíbrio atingiu 22%. Como separação pura e simples dos elementos vitais, 45%. Como diminuição progressiva de vitalidade o índice foi de 18% e como destruição imediata ou progressiva deles, de 10%. Somente 5% das respostas não puderam ser exploradas e classificadas convenientemente.

Esses índices indicam que a morte implica desequilíbrio, desorganização, separação.

Quanto às sociedades pesquisadas neste estudo, foram encontradas as seguintes proposições: para os Ioruba, o que caracteriza a morte é a ausência no corpo (*Ara*) do sopro vital (*Emi*). Entre os Agni, a morte aparece quando o *Woa Woe*, o "duplo", separa-se definitivamente do corpo (*Aona*). Quanto aos Senufo, a problemática da morte manifesta-se quando há separação entre corpo (*Tierî*), o princípio vital denominado *Neri* e o princípio de individualização e destino, o *Pile*.

A concepção de desorganização, ruptura de equilíbrio, separação, lembremo-nos, não implica *aniquilação total* dos elementos vitais, nem mesmo a do corpo, como visto anteriormente, sendo este um dado básico para a explicação da imortalidade do homem e da concepção definidora do ancestral. Isso é percebido principalmente pelas características do princípio vital ligado à dimensão mais histórica do ser humano, nas sociedades alvo de nossa preocupação instituídos por *Ori*, *Ekala* e *Pile*, respectivamente para os Ioruba, Agni e Senufo. Como tais princípios vitais estabelecem a noção mais histórica e imortal do homem, o fim da existência visível guarda, em grande parte, um caráter mágico e exterior ao ser humano.

O caráter mágico e exterior da morte

Em princípio, qualquer tipo de morte guarda um caráter mágico e sobretudo exterior ao homem, de vez que o fato é tomado, mais significativamente, como fruto de uma intervenção exterior que provoca a desorganização e separação dos elementos vitais constitutivos da pessoa e ocasiona o desfecho. Muito embora o preexistente possa ser considerado em princípio como a única instância legítima para decretar a morte, não age diretamente. Explica-se dessa forma a grande variedade de causas do fim da existência visível e seu caráter mágico e exterior ao homem.

Thomas (1968), nas pesquisas já citadas, obteve respostas para vários tipos de morte, as quais aparecem da seguinte maneira: 1. mortes súbitas, violentas, sem causas aparentes, 4%; 2. mortes por raio, afogamento, asfixia, em partos, 24%; 3. mortes por suicídio ou homicídio, 3%; 4. mortes em decorrência de moléstia, 22%; 5. mortes ligadas à velhice, 43%; 6. mortes por sacrifícios rituais humanos, 4%. Para esse total de 100%, 74% das respostas foram afirmativas à idéia de ser a morte desencadeada por questões mágicas, nas seguintes proporções: para o primeiro tipo, 4% (e 0% para causas naturais); no segundo, a porcentagem foi de 22% contra 2%; no terceiro, de 3% contra 0%; no quarto, de 20% contra 2%; mesmo no caso da velhice, onde a morte é considerada mais aceitável como fenômeno natural, o índice foi de 21% de respostas afirmativas às origens mágicas da morte, contra 22% que as deram como naturais. E, finalmente, no caso de mortes rituais, a porcentagem foi de 4% contra 0%. Nesses 74% que configuram a morte como fator mágico, os processos precipitadores são devidos, segundo os mesmos dados, a sacrifícios rituais humanos, 4%; feitiçaria, noção envolvendo a questão dos "comedores de alma", 5%; maldições, envolvendo a potência da palavra utilizada para matar, 8%; e negligência e faltas reais, 57%. Esse último índice compreende transgressões de interditos sexuais (9%), alimentares (13%), de lugares (6%), de pessoas (8%) e recusa a práticas de sacrifícios prescritos (21%). Os 26% restantes, que se ligam à idéia de causas naturais para a morte, dividem-se em 22% para a velhice levando à morte, 2% para causas naturais da doença ocasionando o desfecho e 2% para as mortes em parto.

Esses índices parecem indicar que a morte é considerada quase sempre um fator mágico e exterior ao homem. Essa proposição concilia-se com a explicação das origens divinas do homem e do equilíbrio estabelecido entre os elementos vitais dele constituintes, sendo a morte a sua antítese. Mas embora a sociedade atribua às instâncias mágicas o papel principal no desencadeamento dos processos que levam à morte, estabelece entretanto regras precisas para a definir, segundo padrões institucionais.

Tipologias da morte

Em ampla generalização, pode-se considerar que a morte é tomada como fator que se manifesta essencialmente de duas maneiras do ponto de vista da sociedade: como conseqüência até certo ponto *natural* e como *fato extraordinário*. Em ambos os casos, encontram-se presentes as origens mágicas do processo e de seu desfecho.

A primeira modalidade, que chamaremos de *positiva*, por ser socialmente mais aceitável, parece envolver essencialmente a morte na velhice, no quadro abrangente do sacrifício ritual humano, e a morte, real ou simbólica, que ocorre ao longo de certas fases cruciais dos processos de iniciação.

A segunda modalidade, que chamaremos de *negativa*, pois se traduz como desordem por excelência, é composta, segundo parece, de todos os demais tipos de morte, com pequenas exceções, e embora institucionalmente explicável, aparece como evento extraordinário.

Vejamos a modalidade *positiva*.

A morte que parece mais se aproximar de um conceito de conseqüência natural da existência visível é a ocorrida na velhice e dentro de certas regras sociais. É o caso da morte de um indivíduo idoso falecido após preencher critérios socialmente dados, como iniciação, formação de família numerosa permitindo descendência significativa e a existência de herdeiros legais, comportamento ético apropriado, dedicação ao trabalho, conhecimento respeitado na comunidade, posse de certos bens materiais etc. Uma pessoa nessas condições é considerada vitalmente mais "forte", menos passível de ser atingida pelos efeitos da morte em virtude de ações mágicas de homens, divindades, ancestrais ou outras forças irredutíveis da natureza. Uma prova significativa dessa proposição de as pessoas idosas serem mais "fortes" e imunes, realizando com sucesso a formação plena de sua personalidade, foi encontrada, como dissemos anteriormente, entre os Senufo. De fato, entre eles, a pedra ritual representando a personalidade profunda do indivíduo pode ser removida do canteiro familiar e, no caso dos velhos, receberá menos sacrifícios destinados à proteção e à realização. Segundo parece, essa possibilidade de realização ligada aos mais velhos corresponde à idéia de o indivíduo idoso encontrar-se mais perto das fontes sagradas de energia e do espaço ancestral, onde deverá ocupar seu lugar em prazo não muito distante. Sendo os ancestrais geralmente considerados como uma espécie de elo entre os homens e o sagrado, os idosos por sua vez constituem-se em elos eficazes entre as pessoas e os ancestrais, explicando a razão de o maior número de funções ligadas à problemática dessa comunicação serem preenchidas por pessoas de idade considerável. Nesse sentido, um velho sábio africano é quase um ancestral vivendo na comunidade. Desse conjunto de proposições de realização, que compreende o acesso mais possível e eficaz ao sagrado, resulta o grande respeito geralmente devotado aos idosos e a legitimação do poder gerontocrático.

A morte ocorrida pelo sacrifício ritual humano parece ser considerada como altamente positiva do ponto de vista da sociedade, pois, salvo exceções aberrantes, refere-se essencialmente ao estabelecimento de relações significativas com o sagrado. Não falaremos aqui do sacrifício enquanto rememoração da morte do ancestral básico, um tema realmente envolvido na explicação das origens do homem africano.[1] Colocaremos o sacrifício, em primeiro lugar, como uma proposta de precipitação de energias vitais e sua canalização às instâncias divinas ou ancestrais, constituindo-se em técnica de comunicação com esse universo e de reversão simbólica à fonte originária dos princípios configuradores da vida. Trata-se de uma espécie de devolução de energia divina contida no sangue e uma proposta de continuidade e renovação do sangue ancestral, conforme exposto a nós por Bonzou II, rei dos Agni Ndenie: o sangue ancestral, legado juntamente com a terra, tem como símbolo vivo o indivíduo e a coletividade, revertendo aos ancestrais através do sacrifício, criando um circuito. Todo sacrifício de sangue guarda esse significado, um dos principais, na opinião do soberano Agni. Nesse quadro abrangente, o sangue desempenha importante papel, embora haja, ao que parece, uma outra proposição básica ligada à destruição real ou simbólica do indivíduo em função do todo: a passagem do singular ao coletivo. Devemos realçar entretanto que o sacrifício ritual humano não se legitima apenas nesse sentido de precipitação de energias e sua canalização para determinadas instâncias – divindades ou ancestrais –, bem como, no de figurar a passagem do singular ao coletivo pela destruição do indivíduo integrante da espécie. De fato, um grande número de sacrifícios humanos é destinado pura e simplesmente a honrar um notável falecido. Esses são, por excelência, os sacrifícios humanos ocorridos ao longo de certas fases das cerimônias funerárias de alguns dignitários e reis, cuja grande notoriedade exige a realização de tais práticas, seja para a canalização da energia no momento das transformações ocasionadas pela morte, auxiliando-as pelo acréscimo de energia, seja para simbolizar uma perda social importante abstraída na vítima, como é o caso das pessoas que acompanham voluntariamente o rei na morte e aqueles dignitários da corte que obrigatoriamente devem desaparecer com o monarca. No caso de funerais cíclicos com sacrifícios humanos, a proposição inicial volta a configurar-se, o sacrifício se constituindo em doação excepcional a uma instância específica, a do ancestral diferenciado e de extrema importância para a coletividade. O mesmo pode ser dito com relação ao sacrifício humano ocorrido no quadro de certas cerimônias não ligadas aos funerais mas a certos cultos coletivos aos ancestrais e divindades, sejam cultos institucionalizados ou aqueles de emergência, feitos na tentativa de obter soluções para problemas comunitários. Para esse tipo de problema, pode aparecer ainda a necessidade de sacrifícios adicionais, quando as divindades e/ou ancestrais declaram a insuficiência das práticas, através de esterilidade, doenças ou manifestações que atingem a sociedade, como epidemias e uma notável negatividade dos fenômenos naturais ligados à produção. A problemática é então identificada e traduzida por sonhos, revelações, visões e, principalmente, pelos jogos divinatórios e propiciatórios, permitindo conhecer as verdadeiras causas desses fatos excepcionais e recomendar as providências necessárias à sua reparação. Dessa maneira, compreende-se melhor a controvertida figura do sacrifício humano para fins rituais. Trata-se de práticas sociais dinâmicas baseadas em qualidades e essências insubstituíveis do homem, portador dos elementos vitais passíveis de estabelecer comunicações ótimas com o sagrado através do desencadeamento de energias.

Nas três sociedades em causa, o sacrifício humano apareceu como instituição social, podendo ser sumariamente citados alguns exemplos, em sua existência abrangente, referidos ao passado.

O caráter político-sagrado do sacrifício humano é registrado de maneira significativa entre os Ioruba onde, à morte do rei, vários dignitários da corte, homens e mulheres, eram sacrificados, como o indica Palau Marti (1964). Quanto aos Agni, já citamos o caso das crianças sacrificadas, por vários motivos, na ocasião do nascimento. A isso podem ser acrescentados os sacrifícios humanos de ordem ritual propriamente ditos, sendo particularmente importantes aqueles ocorridos ao longo de certas fases das cerimônias funerárias e em função da sacralização do trono real, quando o sacrifício apresenta também sua dimensão política (D'Aby, 1960). Quanto aos Senufo, Coulibaly (1978) coloca a questão do sacrifício humano no capítulo destinado aos ritos agrários, embora não deixe estabelecida a existência de relações entre a problemática agrícola e o derramamento ritual de sangue humano. Isso é devido, segundo parece, à extrema delicadeza do problema. De qualquer maneira, esse autor cita o caso dos albinos entre os Senufo, os quais, em épocas passadas, teriam sido vítimas ideais para os sacrifícios humanos. Aquele autor registra, a propósito, que anteriormente os chefes influentes Senufo possuíam em suas concessões pelo menos um indivíduo albino, atualmente não se encontrando albinos idosos entre os Senufo. Essa proposição não deixa de despertar interesse, pois em uma das versões sobre a criação do mundo e o aparecimento do homem entre os Senufo, os ancestrais-homens primordiais da humanidade constituíam um casal de pele branca, conforme aponta Holas (1957). Estaríamos aí diante da morte do ancestral mítico que é necessário rememorar, pois esse casal, no princípio de semi-deuses, adquiriu aos poucos todas as necessidades humanas. A presença de albinos como elementos distintivos servindo a sacrifícios rituais é registrada entre os Ioruba. No reino de Oyo, ocorreu um sacrifício histórico de cunho político, envolvendo vítimas mal-formadas ou portadores de sinais distintivos, dentre as quais um albino, figura relacionada com a divindade da criação dos seres da natureza, *Obatala*, cuja cor é o branco, símbolo primordial da massa geradora indiferenciada. Veremos o significado desse sacrifício mais adiante, bastando registrar aqui apenas termos assistido em Ifon, na Nigéria, uma cerimônia no palácio real dedicada a *Obatala* na qual participaram alguns albinos. Finalmente, cabe ponderar que, com as proibições formais, o sangue animal passou a substituir o sangue humano, tendo havido uma superposição: os animais – de resto também sempre sacrificados dentro de contextos específicos – passaram a representar o homem na imolação ritual, se bem nos pareça muito duvidoso que o sacrifício humano, principalmente quando referido à morte de certos dignitários e reis, tenha desaparecido por completo e não seja praticado reservadamente. De qualquer maneira, a interdição formal, que deu origem ao ritual condenado, reduz o universo social da explicação.

Quanto à morte ocorrida ao longo dos processos de iniciação, ela é eminentemente simbólica, embora entre os Senufo tenhamos obtido mais de um depoimento segundo os quais um iniciando, na fase mais crucial dos processos de iniciação, pode simplesmente "desaparecer" no local específico onde ocorrem os atos iniciáticos, isto é, pode ser eliminado por não preencher os requisitos mínimos exigidos para a sua plena configuração como ser social segundo as regras ancestrais. Mas isso é um caso excepcional. Queremos falar aqui do desaparecimento idealizado da antiga personalidade e da emergência da personalidade profunda, ocorrida na iniciação. Esse momento crucial é dado por dois fatores básicos. Em primeiro lugar a pessoa é "morta" pela divindade regente da iniciação a fim de fazer aflorar sua personalidade profunda, a qual emerge por força de parte dos atos iniciáticos. Essa "morte" é manifestada por um transe particularmente violento, não socializado, onde a pessoa perde o domínio dos reflexos, chegando mesmo a um notável estado de rigidez muscular. Tal "morte" é um sinal evidente de que a iniciação é necessária e costuma aparecer geralmente nos processos iniciáticos ligados ao culto de uma divindade.[2] Em segundo lugar, a pessoa "renasce", pela emergência plena da personalidade profunda sacralizada pela iniciação. O transe é, então, socializado e se produz serenamente dentro de contextos determinados, geralmente atendendo a expectativa do grupo.

Deve ser indicado ainda a questão do desaparecimento da personalidade em outro sentido, caracterizada como uma espécie de "morte" social, assunto já abordado. Esse processo é definido pelo conjunto de propostas e atos destinados a demonstrar o desaparecimento da personalidade natural e sua transformação em natural-social. A problemática do desaparecimento idealizado da personalidade anterior, natural e profana, e a emergência da personalidade profunda, social e sacralizada no quadro abrangente dos processos de iniciação, é registrada com segurança entre duas das três sociedades em causa, Ioruba e Senufo. Embora tenhamos alguns dados relativos à iniciação entre os Agni, eles se referem a outros contextos e não fazem referência a essa alteração vital da personalidade, ligada à questão da morte real ou simbólica, no quadro das mortes socialmente aceitas e institucionalizadas.

Segundo parece o falecimento não ocorrido dentro desses primeiros tipos de mortes reais ou simbólicas é considerado geralmente um evento extraordinário e negativo. É a segunda modalidade sob a qual se configura a morte, *a modalidade negativa*.

Podemos apreciar brevemente essa problemática a partir de alguns dados relativos aos Agni segundo D'Aby (1960).

Em primeiro lugar, deve ser indicado que as mortes mais ou menos súbitas ocorridas por acidente, suicídio ou doença, são atribuídas em grande parte às negligências cometidas pelos indivíduos com relação a seus *Ekala* (princípio vital imortal e individualizador do destino), ou seja, pela transgressão de certos interditos a ele peculiares – ausência de sacrifícios, práticas de relações sexuais não seguidas de um período de purificação, emanações consideradas negativas oriundas de mulheres em período menstrual (o que explica a existência de um aposento coletivo especial para as mulheres nessa situação, onde ficam isoladas nesse período, o *Manza-Swa*) etc.

Nos casos de a morte sobrevir por acidente ou doença relativamente breve, a causa exata deve ser conhecida antes de proceder-se aos primeiros atos das cerimônias funerárias, nesse caso os jogos divinatórios são acionados seguidos dos sacrifícios cabíveis. Quando o acidente for produzido por raio, queda de árvore e outros, normalmente não ocorre a exposição do corpo, mas os prantos oficiais são permitidos. Esses tipos de morte obrigam que sejam feitos rituais de purificação da residência do defunto e dos seus habitantes, a fim de afastar as más influências. Os afogados devem ser inumados à borda do rio onde pereceram, salvo quando se tratar de um notável. Nesse caso, se o processo de decomposição for muito avançado, o enterro será feito, excepcionalmente, no local. Em caso contrário, o corpo é transportado para os atos funerários respectivos, sem exposição do cadáver, providenciando-se rapidamente o enterro. Mas certas porções do cadáver são enterradas às margens do rio – pedaços de unha, tufos de cabelo – a fim de praticar-se a inumação simbólica exigida pelo sistema de crenças: a pessoa foi certamente aniquilada pela divindade aquática do local e o cadáver deve permanecer ali. Assim, a inumação de certas porções do corpo tem por objetivo aplacar a ira da divindade, a qual, caso contrariada, pode provocar inundações desastrosas por ocasião das grandes chuvas ou, ao contrário, a diminuição notável ou mesmo o desaparecimento das fontes de água nos períodos de seca. Aliás, a morte atribuída às divindades é bastante especial. Quando alguém é morto pela divindade aquática *Abava*, é esta a receptadora, em primeiro lugar, das honras e dos sacrifícios prescritos pelos jogos divinatórios, senão o cadáver será abandonado sem mais formalidades. O corpo de um suicida que põe termo à vida por enforcamento não é tocado por ninguém antes que entre em contato com a terra; corta-se a corda e somente depois da queda o corpo é recolhido, sendo proibido expô-lo. A morte de mulheres grávidas e de pessoas iniciadas aos cultos a divindades é geralmente considerada como manifestação de extrema negatividade, adotando-se medidas especiais de proteção e purificação. O falecimento de gêmeos é também considerado altamente negativo e os prantos oficiais, jejum ou luto são proibidos caso o irmão se encontre vivo. Isso ocorrerá por ocasião dos funerais do irmão que sobreviveu, providenciando-se então as cerimônias respectivas, destinadas aos dois. A exposição do corpo é obrigatória, o cadáver e o irmão vivo sendo vestidos de maneira idêntica. Este último receberá, como já dissemos, uma estatueta representando o irmão falecido, símbolo que se considera que contém o seu *Ekala*. O gêmeo sobrevivente traz sempre consigo essa representação do irmão morto.

Finalmente, o caráter mágico da morte estabelece uma tipologia particular de relacionamento com os supostos agentes humanos causadores de óbitos ocorridos por força de maldições, envenenamentos ou apropriação de energias vitais pelos "comedores de alma". Por tais razões, à sua morte, tais emissários não têm direito ao enterro em cemitério cuja terra, pelo artifício já indicado, rejeita lugar para a sepultura.

Evidentemente, a morte não configura evento facilmente aceitável e controlável. Em primeiro lugar, propõe a desordem, pois corresponde à negação da coesão vital configuradora do homem natural, colocando a problemática da possibilidade de imperfeição do sistema. Nesse sentido, representa uma falha do próprio processo organizatório do homem natural, talvez uma falha do próprio preexistente, o qual permitiu deixar que a morte aparecesse. Por outro lado, a morte coloca em questão, ainda, a qualidade das relações estabelecidas entre a sociedade e o plano dos entes sobrenaturais, quando aparece, na maioria dos casos, como resultado de ações mágicas desestabilizadoras e desorganizadoras, relações essas particularmente tensas quando atribuídas à ação das divindades ou mesmo ancestrais, ou seja, em última instância, à punição do próprio preexistente.

No plano da existência visível, a morte parece ser concebida como uma instância em que a desordem e a perturbação do equilíbrio se caracterizam, dentro do sistema de explicação do mundo, com a mesma importância da guerra, esterilidade, epidemia e escassez. Esse conjunto de fatores propõe uma dinâmica específica da morte, aquela onde esta se manifesta como elemento desequilibrador da explicação do mundo e mesmo das relações e instituições sociais, e não se devem ignorar essas instâncias. Ela produz também conseqüências negativas concretas, particularmente difíceis em sociedades comunitárias. No caso da morte de crianças, há decréscimo do potencial idealizado da continuidade das linhagens, um dos pressupostos básicos para a configuração da família e das massas sucessoriais. No caso da morte de homens e mulheres, ocorre o decréscimo do potencial gerador e reprodutor da sociedade, como também dos contingentes ligados à produção, à divisão do trabalho e às práticas políticas. No caso da morte de pessoas idosas, ocorre decréscimo do potencial dos sistemas educativos superiores e iniciáticos, religiosos, políticos e do conhecimento esotérico baseado na experiência e domínio mais significativo das explicações ancestrais. Esses aspectos ganham particular importância no interior dessas sociedades nas quais a economia é organizada de maneira a não ocasionar um excesso de produção passível de ser apropriado por um segmento social. Talvez tais sociedades proponham a fertilidade humana como um bem supremo – e temam sobremaneira a morte –, considerando ser um grande número de filhos, seus descendentes, um fator básico para a sua plena configuração e continuidade, podendo assim, como tem sido, resistir ao desaparecimento ao longo dos processos de dominação colonialista e todo tipo de adversidades, oferecendo notável resistência à destruição de seus indivíduos e valores.

Entretanto, não é essa dimensão desorganizadora da morte que se deseja prioritariamente colocar em evidência aqui. Não obstante a importância atribuída a essa sua característica, pretendemos explorar a morte como a instância onde a sociedade é acionada para fazer *configurar o ancestral*, assunto a ser examinado no capítulo seguinte.

Notas

1 Como é por exemplo o caso entre os Dogon, indicado por Griaule e Dieterlein (1965), dos primeiros "monitores" da humanidade – os quatro *Nommo* – um dos quais, justamente aquele considerado o "pai dos homens", foi sacrificado no espaço primordial em virtude de erros cometidos por seu irmão gêmeo, criador do mundo terrestre. Eliade faz referência ao "assassinato da divindade" como instrumento de perpetuação das origens do grupo social, acrescentando que jamais "é esquecida [...] porque foi sobretudo após sua morte que ela se tornou indispensável às criaturas humanas" (Eliade, *Mito e Realidade*, 1972: 91). Lembre-se aqui, a propósito, o sacrifício de Bydio, filho do ancestral-fundador de Gomon, ato exigido para selar o pacto com a terra na qual puderam então permanecer os Abidjii, conforme registramos antes.

2 Nós pudemos observar o transe na África em inúmeras ocasiões, ligadas aos cultos a divindades e ancestrais, quase todos já socializados. Mas pudemos observar também os transes nos quais a manifestação exterior da possessão indicava a necessidade de iniciação. Isso ocorreu particularmente em Ores-Krobou e Gomon, ao longo das celebrações de *Dipri* já referidas. O que marca singularmente o transe não-socializado é o seu caráter violento e desordenado, ao qual pode seguir-se a "morte" ritual da pessoa, produzida pela possessão. Um caso observado em Gomon produziu uma "morte" ritual das mais espetaculares, podendo ser melhor compreendido em seu significado social quando relacionado com o contexto específico daquelas cerimônias, o qual já foi realçado. O indivíduo "morto" pela divindade naquela ocasião era bastante jovem. Encontrava-se a uma certa distância e, ao som dos tambores e em meio às danças, entrou repentinamente em transe, momento captado por mero acaso. A seguir, diante da violência da possessão, acompanhamos e fotografamos os acontecimentos. Após movimentos desordenados, o homem acabou por cair ao solo e veio rolando velozmente pela rua acompanhado por várias pessoas que seguiam atentamente o acontecimento. Em dado momento o corpo deteve-se e em seguida voltou a rolar, desta feita em movimentos de ida e volta, imobilizando-se somente quando uma senhora, trazendo em si alguns símbolos de iniciação – como o rosto pintado com caulim – conseguiu colocar um pé sobre o peito da pessoa. Totalmente fora de seus sentidos normais, estendido na terra, olhos cerrados e respiração alterada, o jovem não possuía movimentos próprios e seu corpo encontrava-se rígido, impossibilitado de flexionar as articulações. Nesse estado, foi então carregado para outro local. À nossa pergunta, foi respondido que se tratava de um caso típico em que se impunha a iniciação, pois sua "força" se manifestara e precisava ser adequadamente desenvolvida. Realmente, com a iniciação, a possessão e o transe assumem outro caráter, há controle de todos os movimentos, produz-se em contextos definidos e dentro da expectativa do grupo, chegando, com o tempo e a prática, a uma espécie de auto-possessão, como vimos no caso do "homem mais forte" de Ores-

Krobou, que fez sair da boca um fio, na ponta interior do qual, segundo parece, encontrava-se um talismã. Dessa forma há uma proposição de progressão, mutação do transe e a sua socialização, proporcionada pelos processos iniciáticos. Não desejamos estabelecer comparações neste trabalho entre as práticas espirituais africanas e aquelas de origem africana manifestadas no Candomblé. Mas podemos deixar registrado que a problemática do transe não-socializado, ligado a contextos rituais, durante o qual a divindade "mata" o neófito – às vezes de maneira também espetacular, tornando-o mais legítimo entre os iniciados –, o que revela a necessidade da iniciação, é uma das características notáveis do Candomblé e um dos seus mais contundentes eventos, ocorridos e assistidos publicamente. Já o transe e posessão absolutamente tranqüilos, de difícil percepção, pode ser visto no Brasil na "Casa das Minas", em Salvador, junto às velhas senhoras zeladoras daquele tão antigo terreiro de legítimas raízes negro-africanas.

Capítulo 6
A elaboração social do ancestral

Configurado o fim da vida no espaço terrestre, a sociedade, vendo-se diante da morte, organiza-se rapidamente para dar continuidade à existência do homem, desta feita vivida no país dos ancestrais. De onde se explica a notável importância das cerimônias funerárias, veículos que permitem à sociedade efetivar essa mutação crucial do ser humano. De fato, nós constatamos que entre os Senufo e Agni não existe a possibilidade de repouso para um indivíduo atingido pela morte e nem a de sua penetração no espaço sagrado dos ancestrais sem a realização dessas cerimônias. Segundo os depoimentos obtidos, até que elas não tenham lugar ninguém penetra nesse espaço, o homem permanece em seu "vestíbulo", carregando as bagagens levadas consigo nessa trajetória, sem poder juntar-se aos ancestrais. Por outro lado, aqueles que não recebem funerais indicam das mais variadas formas a necessidade de sua efetivação, através de sonhos, aparições e mesmo manifestações negativas, como doenças, esterilidade, epidemias, secas etc.[1]

Nós acreditamos que as cerimônias funerárias constituem, em seu significado mais abrangente, uma única e vasta proposição cujos atos materiais podem ser considerados como um só conjunto levando ao mesmo objetivo. No entanto, as manifestações concretas desses atos são bastante diversificadas e sua exteriorização ocorre em momentos diferenciais, devido justamente à excepcional complexidade da problemática. Para maior facilidade de exposição, abordaremos tais práticas funerárias sob dois ângulos que estabelecem relações decisivas entre si e são também complementares.

Um desses ângulos refere-se à etapa iniciada logo após o óbito e culmina idealmente com a inumação. O outro corresponde à etapa que se inicia até bastante tempo após a inumação, às vezes um ano ou mais.[2] O período intermediário é um tempo provavelmente destinado à correta separação dos elementos vitais ocorridos após o óbito, e exige várias providências. A essas duas dimensões das cerimônias funerárias chamaremos *ritos de passagem* e *ritos de permanência ou grandes funerais*, respectivamente. Os atos constitutivos do total da problemática parecem demonstrar, em seu conjunto, que são destinados a fins específicos: à separação adequada dos elementos vitais integrantes do homem, impactados e desorganizados pela morte; à demonstração da desordem provocada pelo evento; à superação social desse evento e dessa desordem pela noção de imortalidade do homem, pela manipulação dessa imortalidade e pelo fortalecimento da coesão social; à caracterização ótima do mundo visível e do país dos ancestrais; e, finalmente, à utilização da imortalidade do homem para transformá-lo em ancestral, promovendo a continuidade de sua existência em um plano relacionado historicamente com a sociedade. Todos esses são fatores característicos das cerimônias funerárias, exteriorizando-se entrosadamente ao longo do tempo nas duas grandes modalidades de manifestações referidas, os *ritos de passagem* e os *ritos de permanência*.

Vejamos alguns aspectos da primeira modalidade, utilizando para tanto dados referentes aos Agni.[3]

Ritos de passagem

Os ritos de passagem têm início logo após o óbito e uma de suas manifestações revela a necessidade de caracterizar socialmente o fim da existência visível no momento mesmo da desagregação dos princípios vitais que se encontram sob processos desestabilizadores particularmente agudos: *Aona*, "o corpo", ainda guarda certas características, *Woa Woe*, o "duplo", não abandonou completamente o corpo e *Ekala* encontra-se em situação extremamente difícil, pois somente o tempo e a sociedade poderão auxiliá-lo a encaminhar-se em direção ao país dos ancestrais, *Ebolo*, onde não penetrará a não ser após cumpridas as cerimônias funerárias.

A noção da existência de um tempo necessário à adequada separação dos elementos vitais, configurada pela observação da transfiguração do corpo em outras substâncias através dos processos de apodrecimento e de integração à natureza, evidencia-se em dois momentos. Um deles, particularmente dramático, aparece nos ritos que ocorrem da morte à inumação, quando as providências devem ser tomadas rapidamente em face da situação crítica na qual se encontra o morto, isto é, totalmente à mercê da sociedade. O segundo momento dessa problemática parece corresponder ao período onde, terminados estes atos cruciais e urgentes, a sociedade passa a esperar o desenrolar dos processos de separação dos elementos vitais. Realmente, após a inumação, os interditos e demais instituições funerárias começam a ser afrouxados paulatinamente.

Vejamos o que ocorre na primeira grande fase das cerimônias funerárias, a dos ritos de passagem, com relação aos processos de separação.

Uma das primeiras providências tomadas após a morte de um indivíduo é o exame de seu *Ekala*, recorrendo-se aos jogos divinatórios. Os Agni, como vimos, concebem a existência de duas modalidades de *Ekala*. A primeira é a daqueles cujo destino final é o de tornar-se um ancestral, indivíduos considerados *Ese Kpili*, os quais, por essa razão, têm direito a cerimônias funerárias completas. A segunda modalidade de *Ekala* é formada pelos *Efewoa*, cujo destino é o de reencarnar-se. Os indivíduos *Efewoa* não têm direito a funerais completos pois não entrarão jamais no *Ebolo*, reencarnar-se-ão sempre em filhos da mesma mãe ou de outras mulheres da comunidade. A verificação do *Ekala* é também necessária para orientação dos ritos de passagem segundo as qualidades desse princípio vital, pois nem todas as pessoas têm direito ao mesmo tipo de cerimônias, inclusive a honra da paramentação e exposição do corpo ou o enterro no cemitério, como é o caso dos "comedores de alma".

Em casos comuns de cerimônias funerárias, o corpo recebe cuidados especiais, a cargo dos *Abofoma*. Essas pessoas, encarregadas de preparar o cadáver, nele introduzem várias doses de bebida alcoólica a fim de retardar os processos iniciais de decomposição. Se for considerado necessário, o corpo é sentado num buraco feito na terra durante um determinado período, a fim de expelir dejetos e líquidos. A rigidez cadavérica é retardada mediante fricções aplicadas nas articulações com o auxílio de um ungüento especialmente preparado pelas mulheres, em cuja composição entra obrigatoriamente a manteiga vegetal obtida da árvore *Karite* (Butyrospermum Parkii), um produto muito comum à venda nos mercados africanos e bastante utilizado. O corpo é lavado com água quente e sabão, e então com uma infusão de água, folhas e limão. As unhas são aparadas, a barba é feita, no caso dos homens, e os cabelos são trançados, nos casos das mulheres. Finalmente, após ser colocada a roupa interior, o cadáver é vestido de maneira a demonstrar a posição social da pessoa. D'Aby (1960) registra, a propósito da paramentação, que antigamente as famílias que possuíam recursos materiais recobriam o corpo da cabeça aos pés com ouro em pó. Um leito mortuário é preparado com os conhecidos panos Akan, lençóis e travesseiros, e sobre ele é depositado o cadáver que ali permanecerá até serem reunidas todas as doações da família, aliados e amigos, geralmente constituídas dos citados tecidos, alguns de vários metros de comprimento, bebidas e vidros de perfume etc., além de doações em dinheiro e alimentos. Isso estabelece assim um princípio de reciprocidade pois a família beneficiada deverá proceder da mesma forma no caso de óbito ocorrido na família ofertante. Essas doações são em parte colocadas posteriormente no ataúde e acompanharão o morto na condição de símbolos de sua posição social, prestígio e estima desfrutados na comunidade. Por outro lado, constituem a bagagem com a qual penetrará no espaço ancestral, *Ebolo*, onde tomará lugar entre seus pares após o término dos funerais. Essa instituição reveste-se de grande importância nos processos de configuração social da morte, pois as doações são avaliadas e nomeadas publicamente pelo chefe da aldeia. Esse ato, *Asiedee* ("coisas para o enterro"), é obrigatório para um número expressivo de indivíduos da própria família do defunto. Uma doação especial, o *Asuepe* ("cortar o rio"), no sentido de atravessar um curso de água, é constituída de uma soma em dinheiro colocada no ataúde, a fim de que o morto pague a travessia do rio mítico, *Ebolo Asue*, que separa o mundo terrestre de *Ebolo*, o país dos ancestrais.

O ataúde é preparado e a cova aberta, mediante um pagamento em bebida alcoólica feito aos responsáveis pelo serviço, os quais não tomarão nenhuma providência sem o cumprimento desse ato. Após a preparação do cadáver, este é transportado para o leito mortuário para ser exposto publicamente, geralmente fora da residência, no pátio da respectiva concessão. Depois da colocação do corpo no leito mortuário, ocorre um ato de pranto oficial, interrompido após algum tempo, com exceção da esposa ou esposas (quando o morto é um homem), mãe e irmãos, que somente cessa oficialmente após o enterro, não assistido pelo cônjuge sobrevivente (*Kulavoe*). Após esse primeiro pranto oficial, inicia-se formalmente a exposição pública do cadáver e a cerimônia *Asiedee*, a de doações para o enterro. Depois da avaliação pública das doações e de sua aceitação, decorrido o prazo de exposição pública do corpo, ocorre o delicado momento da transposição do cadáver para o ataúde. Esse ato é assistido por poucas pessoas, citando D'Aby (1960), apenas o patriarca-chefe, a mãe, as tias e irmãs do defunto, o cônjuge sobrevivente e alguns amigos íntimos. Trata-se de um ato o quanto possível secreto, cuja discrição é garantida pela vedação do espaço público através de uma barreira formada por grande número de "panos" colocados estrategicamente. Isso evita não somente a visão pública do ato de transposição do cadáver para o ataúde como, principalmente, a constatação oficial da retirada de jóias e adereços colocados no cadáver, assim como de expressiva parte das doações recebidas. Estas são transportadas para um aposento próximo, dissimuladas pela cobertura formada pelos tecidos. O fato é de certa maneira conhecido oficiosamente, mas se for pública e oficialmente constatado, pode provocar inconvenientes:

> Essa precaução é indispensável para evitar o escândalo que não deixaria de se produzir se os doadores tomassem conhecimento da não utilização de suas doações. Cada um deseja, com efeito, que o morto leve consigo uma última lembrança, sem preocupar-se com a capacidade do ataúde. (D'Aby, 1960: 106)

O enterro é precedido de um aviso aos coveiros, que não devem ser surpreendidos no trabalho pela chegada do cortejo fúnebre. Uma vez saído este da residência e da aldeia, não pode ali voltar sob nenhum pretexto, pois considera-se que a viagem em direção a *Ebolo* já teve início, e o retorno do corpo à aldeia, nesse momento de separação dos princípios vitais, é altamente indesejável. Registre-se, entretanto, que os Agni enterram seus mortos com os pés voltados em direção à aldeia. Antes de se proceder ao enterro, os pregos da tampa do ataúde são retirados a fim de evitar a mudez em caso de reencarnação. Em se tratando de um indivíduo *Efewoa*, o corpo não pode ser enterrado com o ataúde e é depositado diretamente na terra. O recipiente mortuário é colocado sobre a tumba somente depois de ser destruído. Uma folha específica é colocada sobre a cabeça do cadáver na tentativa de obrigar o *Ekala* do *Efewoa* a reencarnar-se no mesmo grupo familiar. O morto levará para a cova, além das doações e da quantia em dinheiro destinada a pagar a travessia do rio mítico, além do qual se encontra *Ebolo*, mensagens, pedidos e mesmo objetos destinados a outros ancestrais, revelando a inabalável crença na imortalidade. A esses objetos podem ser acrescentados outros, como facas e talismãs, que serão utilizados pelo morto em suas ações de vingança contra os causadores do fim de sua existência visível.

Todos esses atos envolvem a problemática da separação adequada dos elementos vitais, mas também fazem caracterizar dois universos distintos em interação configurada nesse momento diferencial, o espaço terrestre e o dos ancestrais.

A proposta de caracterização social desses dois universos nas primeiras fases da morte aparece ainda entre os Agni sob a forma de várias e significativas instituições, acionadas de maneira particularmente intensa nas fases dos ritos de passagem, abrandando-se paulatinamente com o distanciamento do óbito.

Um dos sinais mais evidentes do luto entre os Agni é o ato de raspar a cabeça (*Be Tikpa*), sendo condição indispensável que para tanto o morto tenha direito aos funerais. Existem momentos formais para esse ato, que ocorre por ocasião da refeição comunitária tomada no terceiro dia após a morte, *Elesa Alee*, e quando do encerramento dessa parte dos funerais, atingindo todos os membros mais próximos da família.[4] O luto propriamente dito, *Ese Hie*, envolve três fases específicas. A primeira, inicia-se logo após a morte e termina na alvorada do segundo dia após o enterro, tratando-se do dia da refeição comunitária antes referida, o *Elesa Alee* ("refeição do terceiro dia"). Sendo período particularmente crítico, onde os processos de separação dos elementos vitais encontram-se em curso incipiente, a fase é dramática e prevê interdição do trabalho e jejum total. A exteriorização da dor pode abranger toda a comunidade, particularmente a família do morto, porém o cônjuge sobrevivente, *Kulavoe*, não participa das manifestações públicas, pois é recolhido a um aposento especial onde permanece isolado junto com as mulheres da família durante os períodos de luto. A segunda etapa do luto é de duração variável, iniciando-se logo após a refeição comunitária do terceiro dia, que põe fim à fase anterior. Pode durar de sete dias a um ano ou mais, segundo a importância das cerimônias, terminando antes dos ritos de permanência, iniciados a partir da cerimônia denominada *Ese Butwe*. Durante esse período de luto, é possível comer após o meio-dia. As mulheres continuam isoladas e o trabalho lhes é vedado, sendo-lhes permitido, eventualmente, ir buscar provisões nas plantações da pessoa falecida, mas não lhes é autorizada a permanência nelas, sobretudo ao *Kulavoe*. Essa fase do luto, embora mais branda, ainda é considerada delicada devido à proximidade da ocorrência do óbito. Na terceira fase do luto, ocorre o seu período final, o *Kulavoe* pode trabalhar moderadamente, mas deve evitar contatos prolongados com a terra onde a pessoa falecida trabalhava. As mulheres da família podem trabalhar normalmente, mas a refeição matinal ainda continua proibida. O período completo de luto vai portanto do momento da morte ao início dos grandes funerais, abrandando-se paulatinamente as interdições com o distanciamento do óbito.

Outra instituição dos ritos de passagem é a viuvez, *Kula*. Não se trata de um estado civil, mas de uma fase da vida do cônjuge sobrevivente em que a sociedade, através de certas normas, institucionaliza um estado de separação. Preenchidas essas normas, o *Kula* termina oficialmente. As características principais do estado de viuvez são o isolamento e certas interdições, fatores que, à semelhança dos períodos de luto, também vão sendo atenuados na medida do distanciamento da morte. O *Kula* prevê quatro fases. A primeira, *Ase Tala*, pode durar apenas três dias, quando o *Ekala* do morto for reconhecido como *Efewoa*, ou até três meses no caso de se tratar de um *Ese Kpili*. Nesse período, tratando-se de um indivíduo dessa última categoria, o *Kulavoe*, após a partida do cortejo fúnebre, recebe um banho purificador e é recolhido ao aposento especial, antes citado, onde permanece sob os cuidados de uma mulher idosa. O isolamento é absoluto, servindo essa pessoa de intermediário entre o *Kulavoe* e os demais. Durante esse período é interditado ao *Kulavoe* falar em voz alta e indicar as coisas com os dedos, só podendo fazê-lo com a mão fechada do braço direito. A segunda fase do *Kula* dura no mínimo uma lua e algumas interdições são suspensas, como o isolamento absoluto, podendo o *Kulavoe* falar em voz alta e banhar-se no rio, sempre assistido de sua guardiã. Na terceira fase de viuvez, iniciada no primeiro dia de lua nova após o período anterior, ocorrem duas cerimônias e dura várias luas. Numa delas, ao nascer do sol do primeiro dia de lua nova, pratica-se o *Be Tin Anu Kpakyee*, ato de despojamento de uma pequena porção dos cabelos do *Kulavoe*. A outra cerimônia se constitui no ato simbólico de retorno do *Kulavoe* ao trabalho: o caminho das plantações é-lhe indicado. Esse ato (*Ate So Toe*) ocorre no mesmo dia da cerimônia anterior e é praticado pela guardiã do *Kulavoe*, a qual pode então retornar a seu domicílio e ir buscar alimentos nas plantações. Diferentemente do estado de luto, o de viuvez não termina com o encerramento dos funerais. Somente após um certo período atingirá seu fim, marcado por um ritual específico, que indica o início da quarta fase da instituição. Nela, *Ebolo Nzue Noa*, definida essencialmente pelo ritual que simboliza o retorno efetivo do *Kulavoe* ao trabalho, sua guardiã, após reunir certos utensílios e alimentos (uma vasilha para cozinhar, um recipiente de água, um facão, uma enxada, um ovo fresco, bananas, óleo dendê, condimentos), leva o *Kulavoe* às plantações. Enquanto prepara uma refeição, o *Kulavoe* trabalha, utilizando-se da enxada e do facão. Pronta a refeição, a guardiã, no momento considerado oportuno, pronuncia uma palavra de agradecimento pelos trabalhos realizados. O trabalho cessa e o *Kulavoe* come e bebe, isolado. Termina assim, oficialmente, o estado de viuvez, e com ele todas as interdições.

Outros atos que concernem aos ritos de passagem, ligados às relações estabelecidas entre o mundo terrestre e *Ebolo* nas fases de separação dos elementos vitais, são as confissões, o divórcio mágico dos cônjuges, a separação dos filhos e as cerimônias de purificação.

Quando a pessoa falecida é um homem, a viúva ou viúvas confessam seus eventuais atos de infidelidade e outros considerados contrários ao respeito e bom tratamento devidos ao esposo, assim como declaram sua disposição em resolver os problemas de dívidas e diferenças pessoais envolvendo o defunto. Anteriormente, essas declarações eram feitas publicamente e diante do cadáver, mas atualmente são reservadas. De qualquer maneira, essa instituição subsiste e desencadeia providências entre as partes envolvidas, como multas, pagamentos, ressarcimentos, a fim de o falecido não sofrer esse tipo de preocupações na sua marcha em direção a seu destino, todas as diferenças são regularizadas de acordo com o costume.

O divórcio mágico dos cônjuges constitui um ritual onde o sobrevivente, fazendo a volta ao ataúde por três vezes, declara consumada a separação de ambos e o fato de que a partir desse instante cada um irá para onde quiser. Segundo D'Aby (1960), esse ato é absolutamente necessário à tranqüilidade dos cônjuges, pois caso contrário a pessoa falecida poderia causar perturbações ao esposo sobrevivente. O ato de separação é extensivo também aos órfãos do defunto. O ritual é praticado por estes, bastando que lancem no caixão uma noz de palmeira. Os filhos de pouca idade, para fazê-lo são passados três vezes por cima do ataúde com o auxílio dos adultos, e devem evitar qualquer contato com o cadáver. Se isso ocorrer, uma folha denominada *Blako Nyama* deve ser amarrada no tornozelo esquerdo da criança a fim de impedir que seu *Ekala* siga o do pai ou mãe.

As cerimônias de purificação são também atos que marcam os processos de separação. Além dos banhos especiais, tomados em função dos contatos com o cadáver e devido à situação em si mesma, existem pelo menos quatro atos formais de purificação. Uma primeira cerimônia ocorre logo após a preparação do cadáver para a exposição pública, quando as pessoas encarregadas, os *Abafoma*, após as providências, se retiram a fim de lavar-se inteiramente, ou ao menos os braços, os pés e o busto. Ao retornar do cemitério, não é permitido entrar nas casas sem que as pessoas lavem os pés e as mãos com água fresca, sendo as respectivas vasilhas colocadas diante das residências. Uma terceira cerimônia de purificação, esta de caráter mais extensivo, é o *Be Sa Wusia*, o "ato de lavar as mãos". Ocorre no segundo dia após o enterro e em praça pública, perto da residência do morto. O elemento básico é o vinho de palmeira, colocado em um recipiente apropriado, para que as pessoas se purifiquem tocando-o com o dorso da mão esquerda. A bebida não é consumida e o recipiente, após a cerimônia, é abandonado em espaço público. Mas a morte recente, o novo estado existencial da pessoa falecida, que pode reagir de maneira imprevisível, exige a purificação e proteção de toda a comunidade. Assim, a cerimônia denominada *Kulo Asu Bo* é o ato pelo qual toda a localidade é purificada pelo viúvo, ou pela primeira mulher quando o morto for um homem. Essa cerimônia constitui-se essencialmente na aspersão, em espaços públicos, de uma massa preparada com caulim e excrementos de uma determinada espécie de macaco (*Fue Bi*, o "macaco negro"). Após esse ato não há mais perigo em circular pelas ruas.

Podemos indicar, ainda dentro da dimensão relacionada com os ritos de passagem, alguns fatos que evidenciam a coesão social em face da morte.

As doações fazem parte integrante dos ritos de passagem e constituem atos obrigatórios para um grande número de pessoas, envolvendo os parentes das famílias enlutadas e os aliados. As doações de outros membros da comunidade não são obrigatórias mas, caso sejam feitas, estabelecem um princípio de reciprocidade. Em se tratando de um notável ligado ao rei, este vê-se moralmente obrigado a contribuir. Deve-se notar que as despesas são feitas segundo regras precisas. Uma soma preliminar em dinheiro destinada às despesas iniciais de manutenção do cônjuge sobrevivente, do pai e da mãe do morto, caso este seja um homem, é atribuída logo após o óbito pelo chefe da localidade. Tal soma é proporcionada por dois intendentes designados por aquela autoridade, a fim de se desincumbirem das despesas envolvendo as primeiras cerimônias, compreendendo aquelas decorrentes da hospedagem e alimentação de visitantes de outras localidades. Esses intendentes são reembolsados pela família respectiva após os funerais, todas as contas são acertadas no dia seguinte ao seu encerramento, cabendo o reembolso aos irmãos e sobrinhos da pessoa falecida. Estes perderão seus eventuais direitos à sucessão e herança caso se recusem a participar dessas despesas. Nós já fizemos referência a uma das principais cerimônias de doação ocorrida durante as fases dos ritos de passagem e antes de o cadáver ser colocado no ataúde, o *Asiedee*, ato destinado a reunir recursos materiais para as despesas, presentes e objetos utilizados para acompanhar o morto, principalmente os tecidos costumeiros. Deve-se notar que a família enlutada gasta significativas quantias com a hospedagem de visitantes, explicando-se a importância das doações. Outra cerimônia de grande significado ocorrida na fase inicial dos ritos de passagem é a distribuição de alimentos, ato denominado *Elesa Alee*, "refeição do terceiro dia", já referida. Com essas doações é preparada uma refeição comunitária colocando fim à primeira fase do luto. Ela é feita dois dias após o enterro e dela tomam parte pessoas participantes da abstinência alimentar. A importância dessa cerimônia é realçada pelo fato de que ela somente se concretiza nos casos de falecimento dos *Ese Kpili*, ou seja, aqueles indivíduos que têm *Ekala* com direito a funerais completos e passíveis de entrar no *Ebolo*. Em caso de falecimento de um *Efewoa* essa cerimônia não tem lugar.

Um outro ato de importância envolvendo doações é a dos víveres destinados à celebração dos funerais propriamente ditos. Essas doações ocorrem durante a cerimônia denominada *Ese Butwe*, integrante de um conjunto de manifestações coletivas conhecidas pelo nome genérico de *Kya Lie* e das quais a *Ese Butwe* parece ser uma das mais significativas. Efetivamente, a *Ese Butwe* – iniciada logo após o *Elesa Alee*, "refeição do terceiro dia" – é o último dos *Kya Lie* e prevê uma série de atos importantes, marcando o fim da segunda fase do luto e a fixação da data de início dos funerais, ocorrendo ainda a doação dos alimentos, bebidas e dinheiro necessários às despesas. A importância do *Ese Butwe* é demonstrada pelo fato de ser essa ocasião aquela da prática de sacrifícios humanos, conforme indicado por D'Aby (1960). Dentre os *Kya Lie* destacam-se também aqueles atos destinados às manifestações ruidosas e às grandes danças funerárias organizadas segundo categorias sociais, delas participando desde os cativos até o patriarca-chefe, na dependência da posição social do morto, sendo certo que no caso da morte de um patriarca ou do rei, a instituição abrange toda a comunidade. Essas manifestações, em seu conjunto, constituem ato de coesão social dos mais significativos diante da morte.[5]

Podemos ainda nos referir brevemente à questão da exteriorização da dor, em alguns casos institucionalizada nos prantos oficiais. Um de seus momentos é o da colocação do cadáver no leito mortuário para sua exposição pública. Nessa ocasião, estando o cadáver já paramentado, sua face é coberta com um pano branco. As pessoas ligadas à preparação do corpo, os *Abofoma*, retiram-se para um ato de purificação e retornam pouco depois. O pano é então retirado e as mulheres emitem um grito de surpresa, seguindo-se um período limitado de prantos intensos e lamentações que cessa algum tempo depois, tendo direito à sua continuidade a viúva ou viúvas, mães e irmãos do morto. Nesse momento é permitido às carpideiras chamar o morto pelo seu nome *Woda*, modalidade de nomes antes indicada. Esse é, segundo parece, o primeiro reconhecimento institucional de manifestação da morte. Mas os prantos oficiais constituem também mecanismos de interação social, realizados pelas carpideiras exteriorizando a dor comunitária por meio de declamações, provérbios e metáforas, recitadas publicamente e oficialmente, fazendo alusão à história do povo, do indivíduo falecido e mesmo à problemática de certos conflitos sociais. Essa parece ser mais uma instituição que demonstra a grande importância atribuída à morte e o caráter social e abrangente a ela imputado. Outros dois momentos de prantos ativados como instituição ocorrem por ocasião da abertura dos funerais. O primeiro acontece ao cair da noite desse dia, e o segundo ao amanhecer do dia seguinte, sendo o pranto função atribuída às mulheres da família enlutada, *Ese Nvoe Mmala*, por tempo determinado e em lugares precisos.

Todos esses atos parecem evidenciar uma proposta tendente a fazer configurar o fim da existência visível em períodos nos quais os processos de separação dos elementos vitais encontram-se em curso. Eles procuram caracterizar, também, dois universos – o da existência terrestre e o dos ancestrais – dentro, porém, de uma dimensão eminentemente social. Essa proposição é observável na forte coesão, que no mesmo momento se manifesta no interior da sociedade. Tal coesão não significa apenas a rejeição simbólica da morte nem somente um mecanismo acionado para vencê-la – a mais periférica das constatações –, mas também a afirmação de que a sociedade realmente concebe a existência de dois aspectos do universo da vida, onde se estabelecem relações prioritárias no momento diferencial proposto por esse tipo de evento. Ainda mais, a sociedade está consciente da situação crítica e de extrema dependência em que se encontra o indivíduo falecido, e de que somente ela é capaz de agir, como um todo, para possibilitar a transfiguração do estado vital do homem.

Não se sabe muito a respeito dos atos que promovem efetivamente a transformação do homem em ancestral naquelas instâncias rituais onde ocorre a manipulação de energias vitais, através da qual essa mutação é possível. Os dados a esse respeito são bastante limitados,[6] mas nós podemos indicar alguns, mais ou menos diretamente relacionados com essa instância específica da problemática. De qualquer maneira a dimensão social e histórica dessa transformação – universo que mais nos interessa reter – é percebível através de certas instituições ligadas aos *ritos de permanência*.

Ritos de permanência

As cerimônias *Ese Butwe* marcam, como vimos, o fim dos ritos de passagem e fixam uma data para as cerimônias dos ritos de permanência, que podem ocorrer até longo tempo depois da morte. Um significativo número de atos complexos, assim como o tempo, faz configurar, na sociedade, o término da existência visível. A imagem do indivíduo, em sua nova condição, começa a emergir e tomar forma na consciência coletiva e na história da comunidade. Entretanto, a concretização plena dessa mutação não permanece no âmbito das idéias: torna-se necessário introduzir material e efetivamente o homem no país dos ancestrais, propondo que sua imortalidade – dada pelo princípio vital constitutivo que estabelece sua dimensão mais histórica, o *Ekala* – fique perfeitamente definida enquanto estado vital diferencial do ser, ligando-o decisivamente a um grupo social determinado. A sociedade, então, superadas as primeiras instâncias da morte e na ocasião propícia, organiza-se novamente *para completar a elaboração do ancestral*.

Podemos indicar a existência de alguns atos que integram as cerimônias funerárias destinados a fazer configurar o ancestral, embora não tenhamos condições de oferecer detalhes mais aprofundados, não observados e sem respostas.

Um desses atos é o da destruição de inhames, que parece propor demonstrar a mutação vital ocorrida com a pessoa falecida. Para essa cerimônia, homens, mulheres e jovens da família dirigem-se a uma plantação de inhames que pertenceu a essa pessoa e desenterram cuidadosamente os tubérculos de um montículo de maneira que nada reste na terra. Isso é feito pelas mulheres e pelos jovens. Desenterrados os inhames, as mulheres os cortam ao meio e, após isso, os jovens os reduzem a pequenos pedaços, cozidos no próprio local, até desmanchar completamente, simbolizando seu desaparecimento total. Esse desaparecimento poderia ser feito pela ingestão, processo não utilizado a fim de não estabelecer qualquer conotação com a vitalidade do organismo: dessa forma demonstra-se que esse tipo de relacionamento direto e material não mais abrange a pessoa falecida, a qual deve se ocupar de tarefas mais condizentes com sua nova situação de ancestral. Isso é percebível também pelo fato de que somente as mulheres e jovens promovem o desaparecimento do inhame, como se este houvesse sido apropriado e destruído sem que seu responsável pudesse evitá-lo, como o faria se estivesse ainda no espaço terrestre.

Essa demonstração de mudança do estado existencial é ainda proposta através de outros atos integrantes da mesma cerimônia, os quais, desta feita, são levados a efeito por homens adultos. Depois de cozidos os inhames, o montículo de onde foram desenterrados é coberto com folha de bananeira e circundado de pó de caulim, sendo assim sacralizado para fins das oferendas de bebida alcoólica ali feitas ao novo ancestral, do qual se evoca então o *Ekala* pelo nome. Nessa ocasião, há também a transposição de uma parte da energia da pessoa falecida para a vara *Anis*, retirada de um arbusto específico. *Anis* é levada posteriormente à sepultura, onde é depositada. Assim, evidencia-se que o relacionamento da pessoa falecida com a terra – e conseqüentemente com a existência visível – passou a ser de outra ordem e qualidade.

O desaparecimento do homem no plano físico e os processos de sua transformação em ancestral exigem ainda a revitalização da terra, com a qual este não mantém mais relações materiais. De fato, o fim da existência visível provoca a concomitante diminuição da vitalidade da terra, com a qual a pessoa falecida mantinha relações importantes. Nos grandes funerais, um sacrifício de sangue a cargo do *Asiesofwe*, o dignitário encarregado dos cultos à terra, é feito no local destinado a esse fim, onde dois pintinhos são imolados para promover a revitalização da terra. Com isso, o ancestral deve ocupar-se de outro tipo de relacionamento com a terra, sua manipulação material podendo então ser feita por outra pessoa.

Uma outra instituição funerária que propõe a configuração do ancestral é a da sua surpreendente representação visível na comunidade, a qual é feita nas cerimônias por pessoas específicas. Essas pessoas, os *Muruwaa*, vestem-se com os melhores tecidos doados para as cerimônias, usam sandálias, paramentos e adereços do defunto, exigem doações de dinheiro, bebidas, fumo etc., comem as refeições rituais destinadas ao morto, sendo geralmente atendidos, nessa ocasião, quando manifestam seus desejos. Essa possibilidade é entretanto efêmera, não vai além do período dos funerais. Mais ainda: tal representação, em sua significação essencial, tende a demonstrar a modificação vital ocorrida, pois é confiada a pessoas desprovidas da capacidade real de ir além dos limites por ela propostos. De fato, a instituição consubstanciada nos *Muruwaa* era antigamente vivida por escravos ou, na falta destes, pelas crianças, circunstância esta observada ainda hoje. Ou seja, pessoas que não detêm institucionalmente as mesmas condições do agora ancestral para realizar tais atos. Evidencia-se mais uma vez que a pessoa falecida não guarda mais a condição anterior que lhe permitia realizar tais atividades materiais. Vai longe a imaginação criadora desses Akan...

Os Agni iniciam os grandes funerais – ou ritos de permanência – na noite de um dia *Uhuwe*, quinta-feira, aproximação possibilitada pela divisão do tempo em semanas de sete dias, e terminam dois ou nove dias depois, isto é, sempre em um dia *Fwe*, dia especial para os Agni, correspondente ao sábado. Os funerais de nove dias são normalmente reservados a pessoas de grande conceito na comunidade, geralmente dignitários detentores do poder político ligado à posse da cadeira patriarcal dos Agni.[7] No caso de morte do rei, esses atos são ainda mais complexos.

Nesse dia *Uhuwe* três abrigos cobertos com teto de folhas são construídos antes do cair do sol, um no pátio da concessão do morto e os demais na rua, a pouca distância um do outro. Esses cobertos constituem um ponto importante de demarcação do espaço funerário e das cerimônias, servindo de local para os tambores e tamborileiros, cantores, declamadores e dançarinos, sendo também o ponto para onde se dirigem as mulheres da família enlutada, as *Ese Nvoe Mmala*, a fim de, por duas vezes, durante os funerais, praticarem oficialmente os prantos. É curioso indicar, nos casos de funerais de dois dias, a destruição dos abrigos externos no dia *Fwe* seguinte ao início das cerimônias, sendo os seus restos depositados na floresta. Já no caso de funerais de nove dias, os tetos desses abrigos serão retirados no dia *Uhuwe*, antecedendo o dia *Fwe* de encerramento das cerimônias. De qualquer maneira, no dia da destruição dos abrigos ou retirada de seus tetos, um grande silêncio reina na aldeia, os menores ruídos sendo o quanto possível evitados. No caso dos funerais de nove dias, o morto é considerado como participante das cerimônias, desta feita sem disfarces, colocando-se para tanto, entre os dois abrigos externos, um montículo de gravetos sobre os quais é instalada, com o auxílio de pedras, uma vasilha fora de uso. Trata-se respectivamente do fogão comum – nesse ato chamado *Eome Se* ou "fogo daquele que volta" – sendo a vasilha denominada *Ese Abotile* ("vasilha coroada"), pelo fato de ser cinturada com uma folha de bananeira. Junto a esse fogão o futuro ancestral, invisível, vem se instalar durante a cerimônia para dela participar. Prontos os abrigos, e antes da abertura dos ritos de permanência, as autoridades locais são formalmente avisadas da iminência do início dos acontecimentos. Ocorre então a primeira das muitas libações alcoólicas, pois o aviso é acompanhado de doações em bebidas.

O próximo ato é o *Ese Tike*, a abertura oficial dos grandes funerais, ocorrendo na noite desse mesmo dia *Uhuwe*. O chefe da localidade reúne-se com outros patriarcas e dignitários, aos quais se juntam os membros masculinos da família enlutada, formando-se um cortejo que se dirige ao local destinado coletivamente aos ancestrais da comunidade para um ritual preciso: invocar o *Ekala* do morto.[8] Não existem quase dados sobre as cerimônias de invocação do *Ekala* nesse contexto específico, extremamente "fechado". Os atos são cumpridos com o auxílio da palavra, invocando-se o morto pelos seus nomes mais significativos, talvez inclusive pelo seu nome *Woda*, ligado à problemática da ascendência sanguínea, mantido em segredo e pronunciado somente por ocasião dos ritos funerários, como o fazem as carpideiras em certos momentos dos ritos de passagem. Durante a invocação do *Ekala* ocorrem vários sacrifícios de bebida alcoólica, a qual é vertida à terra por cada um dos dignitários competentes para fazê-lo, sucedendo-se então as declamações fúnebres dirigidas à pessoa falecida. Segundo os poucos dados existentes e obtidos a respeito dessa cerimônia, as declamações e sacrifícios constituem-se em atos pelos quais a comunidade declara solenemente ao morto seu estado de ancestral definitivamente estabelecido pelos ritos de permanência. A palavra é dirigida diretamente ao *Ekala*, informado-o da separação definitiva e final em processo, dando início aos grandes funerais. Nesses discursos evitam-se referências explícitas ao falecimento, utilizando-se outras fórmulas tendentes a indicar uma mudança vital de estado, como a referência de que a cabeça da pessoa tocou a terra, ou de que houve a partida para o *Anahole Leka* ("o país da verdade"), talvez o mesmo *Ebolo*, o país dos ancestrais. Ao longo dessas cerimônias, que freqüentemente exigem bastante tempo devido à delicadeza do momento, uma vez que o *Ekala* em questão participa diretamente delas, os ruídos são evitados na aldeia. Finalmente, após seu término, vários tiros de espingarda são disparados e os tambores começam a soar, marcando o início formal dos grandes funerais em suas manifestações públicas.

Quando os tambores são ouvidos, o silêncio é rompido na aldeia e imediatamente as mulheres da família enlutada praticam um primeiro ato oficial de pranto num dos palanques localizados na rua que dura um tempo determinado, após o que dirigem-se à concessão do morto, onde passam o resto da noite. Esse pranto oficial é repetido ao amanhecer do dia seguinte, e após ele as mulheres são definitivamente liberadas de qualquer tipo de jejum. Essa liberação ocorre pela cerimônia específica chamada *Be Noa Bo*, constituindo-se fundamentalmente na refeição oferecida às mulheres da família por *Ese Tile Blawa* – uma das mulheres encarregadas da intendência dos funerais –, e está ligada diretamente ao sentido profundo das cerimônias: a configuração definitiva das instâncias da existência terrestre e a dos ancestrais. Na ocasião, uma fórmula é pronunciada com relação às mulheres da família, marcando esse caráter decisivo: "Fazemos funerais hoje. Em conseqüência que você não venha a inchar se comer a refeição da manhã" (D'Aby, 1960: 114).

Nesse mesmo dia, começa a distribuição de víveres e bebidas destinados às inúmeras refeições e libações típicas das manifestações públicas e coletivas de regozijo produzidas até o encerramento dos grandes funerais. As cerimônias prosseguem, marcadas pelos sons dos tambores, cantos, danças, refeições copiosas, trocas formais de notícias e cumprimentos, declamações sobre a história do povo e de seus ancestrais. É a expressão, ainda uma vez, do estreitamento dos laços comunitários a fim de vencer a morte pela elaboração do ancestral, o que é manifestado na forma mais cara ao africano: a alegria, a música, as danças, a recordação da história e dos grandes feitos dos ancestrais, a diplomacia, a palavra, a refeição comunitária. No caso dos funerais comuns, as manifestações terminam no sábado seguinte ao seu início, quando ocorre a destruição dos abrigos externos, já referida. Quanto aos funerais solenes, interrompem-se na quinta-feira seguinte ao seu início, antevéspera do dia *Fwe*; retiram-se os tetos dos abrigos e evitam-se todos os ruídos na aldeia. Ao cair do sol, os tetos dos abrigos são recolocados, o silêncio é interrompido, as manifestações de regozijo recomeçam e continuam até o dia *Fwe*, quando os grandes funerais são encerrados. Nesse dia *Fwe* à noite, as celebrações chegam ao seu clímax quando se organiza a grande dança chamada *Ndolia*, executada durante horas e terminando quando o cônjuge sobrevivente entra na roda, reintegrando-se assim na comunidade. É o fim dos grandes funerais, repetidos ciclicamente no caso de ancestrais de grande prestígio. Os tambores silenciam e diz-se que a partir de então o morto penetrou definitivamente no *Ebolo*, pôde pousar sua bagagem e tomar lugar entre seus pares: *a sociedade o tornou um ancestral*.

Evidentemente, a morte não é um fator de fácil aceitação social, porque estabelece a desordem dos princípios vitais – cuja interação organizada é pressuposto fundamental para a configuração do ser humano e, portanto, da sociedade, e mesmo em relação às instituições sociais. Por isso, ela é temida e respeitada. Negar esse temor à morte pela possibilidade de sua superação social, constituiria grave engano, porque à associação interativa dos homens corresponde a noção de associação dinâmica dos elementos vitais constitutivos de cada um e de todos os seus indivíduos, cuja união vital essa interferência deletéria destrói. A sociedade, que sob vários aspectos concebe-se a si mesma como um só grande indivíduo, cujos elementos vitais – a natureza, os homens e as instituições – também se encontram em interação, vê-se ameaçada por extensão, toda vez que a morte se apresenta na comunidade, pois seus efeitos jamais são considerados fatores tão somente individualizantes.

Mas não é por temor que a sociedade propõe uma superação da morte. Na verdade, a sociedade possui uma arma poderosa para vencê-la, seja no plano social, seja nas instâncias ontológicas. De fato, o homem é detentor de um princípio vital imortal que configura justamente sua dimensão constitutiva mais histórica. E a sociedade pode, através de atos eficazes, estabelecer definitivamente e materialmente essa imortalidade, que em última análise é a sua própria, através da transformação do homem em ancestral.

Dentro da perspectiva aqui adotada, a morte configura-se essencialmente como veículo que permite a continuidade da existência histórica em outro plano. Essa existência, entretanto, é absolutamente diferencial: ela refere-se ao antepassado de um grupo social determinado, possuidor da condição ótima de homem natural-social plenamente integrado na sociedade segundo seus principais valores, que sofre a desagregação de seus princípios vitais constitutivos. Mas, pela manipulação de sua dimensão mais histórica, integra-se no espaço ancestral criado pela sua sociedade que, ao dominar valores diferenciais, impõe-se à realidade universal assumida pela morte.

A própria morte permite a transfiguração vital do homem natural-social (o pré-ancestral) no ancestral elaborado e configurado pela sociedade, com a qual manterá relações privilegiadas. Nesse sentido, as cerimônias funerárias – além da profunda revelação do humanismo negro-africano por elas expressado – podem ser consideradas como o derradeiro elemento vital constitutivo do homem, o qual é, através delas, novamente transfigurado, justamente em sua dimensão mais histórica, como o fora ao longo dos processos iniciáticos, porém desta feita em relação ao fim da existência terrestre. Não obstante a concretude da morte, a sociedade propõe, através do ancestral, a manifestação mais abrangente da vida.

Notas

1 Um depoimento obtido acerca da importância dos funerais enquanto ato destinado a apaziguar a cólera dos mortos que esperam por eles, foi resumida da seguinte forma: quando alguém morre, os olhos dos ancestrais ficam vigiando a aldeia incessantemente, até a realização dos funerais. Segundo nosso depoente, tal noção faz parte de um provérbio existente em sua aldeia natal, localizada na região de Man, oeste da Costa do Marfim. Essa pessoa nos ofereceu ainda algumas outras informações que levam a crer que nessa região existem ainda cultos destinados ao búfalo solar.

2 É o caso, por exemplo, dos funerais de Amon Ndoufou III, soberano dos Agni do reino Samwy, cujos primeiros atos funerários por nós assistidos tiveram início no primeiro semestre de 1979 e que, dois anos depois, ainda não haviam chegado a seu término.

3 Conforme Mouezy (1954), D'Aby (1960), Eschlimann (1976) e informações obtidas em pesquisa de campo entre os Agni. Agradecemos a Ehounou Bilie, notável de Krinjabo residente em Aboisso, bem como a informantes de Krinjabo, Abengourou e Abongoua.

4 Foi-nos informado por um Agni que as pessoas raspam a cabeça em sinal de luto mas também para depositar os cabelos nas covas de seus mortos a fim de evitar sua ira no seio

da família pelo fato de seus membros continuarem no espaço terrestre. Foi impossível confirmar esse dado.

5   Nós pudemos observar uma dessas manifestações coletivas entre os Agni. Elas se desenrolavam durante o período de exposição do morto. As danças ocorriam no espaço geral formado pelos pátios comuns de algumas casas, bastante sombreado por árvores. O cadáver, do sexo masculino, encontrava-se exposto sob um abrigo coberto de folhas e o leito mortuário encontrava-se protegido por um mosquiteiro de cor branca. Não foi possível identificar quais roupas haviam sido utilizadas para vestir o corpo, pois este achava-se coberto por vários panos do costume, que deixavam à mostra apenas a cabeça e os pés, estes calçados de sapatos comuns. O espaço total estava delimitado por uma grande árvore, formando dois sub-espaços, onde se encontravam dois grupos distintos de pessoas. Encostados nessa árvore, voltados em direção ao cadáver, vários homens compunham uma orquestra formada de tambores e agogôs, proporcionando o ritmo necessário para as danças. Perto do leito mortuário várias mulheres estavam sentadas no chão, sobre esteiras, as cabeças envoltas em grandes lenços. Ainda perto do cadáver, alguns bancos davam assento a várias pessoas, algumas de idade avançada, homens e mulheres. Ao lado do leito mortuário, um conjunto formado por algumas mulheres jovens executava uma dança desenvolvida em um círculo formado à volta de alguns pratos colocados no chão e contendo alimentos não identificados. Essas mulheres também cantavam. As crianças espalhavam-se por todo esse espaço, o qual, entretanto, continha um número relativamente reduzido de pessoas. Esse primeiro conjunto espacial estava organizado a partir do cadáver. O espaço do outro lado da árvore formava-se de maneira totalmente diversa. Havia lá uma outra orquestra composta de instrumentos de percussão, espécie de grandes tamborins, e um grande número de pessoas, homens e mulheres, dançava. Mas ao contrário do que se passava ao lado, as danças não eram, aparentemente, organizadas, aturdindo o estrangeiro pela sua descontração em oposição à forte ritualística dada pela precisão dos gestos e sua evolução em conjunto observados no outro grupo. Realmente, enquanto no primeiro grupo a unidade era dada pelo conjunto, no segundo esta não existia: de tempo a outro, incentivado por um tamborileiro que se aproximava mais, pelas aclamações da assistência ou mesmo dos que dançavam, alguém se destacava do grupo e fazia uma demonstração pessoal, aplaudida calorosamente. Nesse espaço não havia nenhuma representação visível da morte a ser constatada, em flagrante oposição ao visto anteriormente. Ao que parece, duas proposições fundamentais ocorriam ao mesmo tempo: a de separação, marcada pelo primeiro grupo, fortemente ritual; e a de coesão social, dada pelas ruidosas manifestações do segundo grupo. Nesse conjunto, em princípio conflitante, entretanto, os sons e as vozes interagiam e, embora duas orquestras estivessem em ação ao mesmo tempo, os sons dos grandes tamborins pareciam completar o ritmo dos tambores e agogôs.

6   A problemática da transformação dos patriarcas falecidos em *Vodun*, a partir de dados absolutamente diferenciais, extensos e minuciosos, obtidos entre os Adja-Fon, pode ser apreciada em Adoukounou (1979). Esse é, realmente, um trabalho que identifica, em seus termos mais significativos, as propostas da sociedade.

7   As Cadeiras patriarcais dos Agni são um dos principais símbolos dessa sociedade, estando ligadas a várias e importantes instituições sociais, principalmente ao poder e ao poder de Estado.

8   Lembremo-nos que antes das intervenções harristas, os *Ekala* da comunidade ficavam concentrados no *Mmaso*, onde eram depositadas as estatuetas *Mma*, consideradas como uma das sedes desse princípio vital. Nós não sabemos onde esse ato de invocação de *Ekala*, ocorrido nessa fase das cerimônias funerárias, se produz atualmente.

Parte III

INSTITUIÇÕES ANCESTRAIS

Introdução

Nas duas partes anteriores procuramos indicar a existência, nas três sociedades alvos da nossa preocupação, de uma proposta de imortalidade do homem através de um princípio vital individualizador que constitui sua dimensão mais histórica, o qual, liberado com a morte, permite – com auxílio dos funerais – a elaboração social do ancestral histórico, aquele nascido da natureza e da sociedade na dinâmica dos processos sociais. Devemos abordar agora alguns aspectos de certas relações e instituições sociais integrantes de nossas pesquisas. Nós pensamos que uma significativa parte dessas instâncias da realidade é de natureza ancestral, característica capaz de contribuir para alargar o campo explicativo das práticas sociais negro-africanas. Por outro lado, com o auxílio desses dados, tornar-se-á talvez possível oferecer maior concretude histórica a conceitos não suficientemente objetivados sobre os ancestrais enquanto elementos integrados no universo dos homens.

Nesta Parte III há uma diversificação metodológica: enquanto nas partes anteriores a sociedade aparece como praticamente a única fonte legítima e capaz de caracterizar plenamente o homem e torná-lo um ancestral após a morte, aqui são os ancestrais os legitimadores das instituições ou no mínimo fontes de sua explicação.

Há ainda uma outra questão de método ligada à concepção mais genérica acerca dos ancestrais. Anteriormente procuramos fazer aflorar a idéia de existência de dois universos distintos – o mundo terrestre e o país dos ancestrais – ambos configurados diferencialmente, isto é, entendidos como universos relacionados especificamente com um dado grupo social e mantendo relações constantes entre si. Um desses universos, o dos ancestrais, necessita agora ser ampliado para conter também de maneira mais incisiva as divindades e o próprio preexistente. Não se trata de discutir a substância primordial dos ancestrais históricos e das divindades. Uns e outros ligam-se às práticas históricas e essa é a dimensão mais adotada para os fins deste trabalho. Quando utilizarmos as expressões "ancestral" ou "instituição ancestral", será em relação a um dos dois, indicando eventualmente sua natureza quando se torne necessário fazê-lo.

Devemos ainda apontar alguns aspectos da problemática.

Procuramos evidenciar a dimensão ancestral dos temas que serão apresentados. No estado do nosso atual conhecimento sobre as sociedades africanas não podemos avaliar com segurança maior o alcance quantitativo e qualitativo dessa dimensão, mas ele nos parece bastante significativo. Existem momentos em que esse alcance se afigurou mais expressivo que em outros. Mas no geral, não obstante certas generalizações, nós nos referimos à dimensão ancestral das manifestações históricas e não à sua totalidade ou a seu universo global.

Por outro lado, ao apreciar essas manifestações, o fizemos com relação aos seus aspectos ancestrais considerados mais decisivos. Portanto, o caráter ancestral das instituições é apontado com relação à modalidade para a qual mais tende, emergindo instituições ancestrais de natureza divina e/ou histórica. Isso constituiu-se, para fins de exposição, em técnica destinada a melhor objetivar a problemática dentro da dimensão ancestral mais possível de ser captada, embora esses tipos possam talvez constituir-se em categorias históricas diferenciais de abrangência mais ampla.

As dimensões ancestrais integrantes dos dados a serem apresentados referem-se a sociedades agrárias, organizadas politicamente de maneiras diversas. Como vimos, os Ioruba e Agni constituem sociedades dotadas de um poder centralizador extensivo sintetizado no Estado. Já os Senufo constituem uma civilização onde não se configura o Estado nem o poder extensivo que abrange o conjunto da sociedade.

Para fins da exposição, utilizaremos a noção de Estado – no caso, Estado monárquico dotado de aparato centralizador expressado sobretudo na figura do rei – para nos referirmos a uma constelação de grupos sociais mais restritos formados por unidades básicas, as grandes famílias das quais emergem aquelas fornecedoras de reis. Essa constelação é detentora de uma ascendência histórica remetendo-a a ancestrais manifestados de duas formas: aquelas das unidades básicas, que fizeram configurar as famílias pelos laços de sangue e pela sua administração; e os ancestrais do próprio Estado, participantes da organização da sociedade e da administração do Estado de maneira mais abrangente. Cabe realçar que é um traço fundamental dessa noção de Estado o fato de a sociedade possuir uma consciência histórica ótima dessa dimensão ancestral. Esses Estados ocupam um território bem delimitado, configurado pela fixação de suas unidades básicas em diversas áreas das quais detém a capacidade legítima de exercer ações jurídicas e administrativas restritas aos limites estabelecidos por um poder mais centralizador. Evidencia-se a homogeneidade social, política e administrativa, porém a capacidade de absorção do Estado permite a introdução, no seu interior, de representantes de outras civilizações, sendo que a estruturação das práticas históricas permanece, entretanto, baseada nas proposições da sociedade receptora, inclusive quanto à jurisprudência e direitos ancestrais. Existe um poder centralizador dentro do Estado, sintetizado no rei, instância máxima da administração geral e guardião de todos os elementos materiais e imateriais que estruturam a sociedade, detendo o poder sobre as várias instâncias políticas, administrativas e militares, embora existam aparatos moderadores do poder. O rei é auxiliado em suas funções por assessores, conselheiros e notáveis de importância considerável, inclusive aqueles ligados ao comando de aparatos militares, além de Conselhos, constituídos de maior ou menor número de membros, existentes no âmbito da Corte mas também no das famílias. Dessa forma, Estado e reino parecem constituir uma só figura. O poder mais evidente de Estado é exercido com parte de sua estrutura encontrando-se descentralizada, formulando-se em dois níveis: nas chefias das unidades básicas, as grandes famílias, e nos dignitários detentores do poder militar. Mas o exercício do poder, nesses casos, no geral não configura delegação. Ele é legitimado essencialmente pela posição histórica desses agentes sociais, sua concretude emerge em função de suas ligações com os ancestrais que instituem essas instâncias através das famílias, da ocupação de uma área englobada no território abrangido pelo Estado e pela participação na esfera da administração a eles peculiar.

Finalmente, cabe lembrar que a Parte III foi dividida em três sub-partes, cada uma delas referida respectivamente aos Ioruba, Agni e Senufo, onde se encontram enfeixados sob a forma de capítulos os assuntos que as compõem.

O exemplo Ioruba (introdução)

Os Ioruba ocupam áreas da Nigéria, Benin e Togo, constituindo um complexo civilizatório de significativas proporções pois sob o aspecto lingüístico congrega "vários milhões de indivíduos", conforme indicação feita por Verger (1981), que integram os seguintes grupos: Ana, Itsa, Dasa, Ketu, Ifonyin, Nago, Awori, Egba, Egbado, Ijebu, Oyo, Ife, Ijesa, Ondo, Owo, Ilaje, Ikiti, Igbomina, Yagba, Bunu, Aworo, Itasekiri, Owu e Ekiti (Lepine, 1978). Esses grupos utilizam substancialmente a mesma língua, não obstante suas variações regionais. Outra dimensão da unidade cultural a ser atribuída aos Ioruba é a sua filiação a Ifé, local que constitui seu ponto de origem. Não obstante a predominância do reino de Oyo nos estudos sobre os Ioruba, derivada provavelmente de seu expansionismo, originando práticas políticas extensas, Ifé exerce poderosa influência na explicação do mundo. Outro traço marcante é a importância atribuída aos *Orisa*, as divindades Ioruba, cujo panteão é fortemente estruturado. Essa importância, entretanto, manifesta-se diferencialmente segundo as regiões e grupos, mas de maneira geral as divindades integram a explicação da história.

Nos três capítulos dedicados aqui aos Ioruba, apresentaremos dados referentes aos *Orisa*, aos jogos divinatórios e à natureza ancestral do poder, sobretudo do rei (capítulos 7, 8 e 9). Quanto aos *Orisa*, pareceu-nos necessário indicar aqueles aspectos que os ligam às instâncias mais primordiais da natureza e à sua configuração enquanto divindades, sem deixar de aflorar também aqueles definindo-os como heróis civilizatórios. Para melhor indicar aquela primeira característica, servimo-nos das narrativas tradicionistas coletadas por Verger (1957), muitas de grande beleza, apontando aspectos importantes dos *Orisa*. Essas fórmulas aparecem diluídas no texto e trechos respectivos. Quanto aos jogos divinatórios, resolvemos elaborar um capítulo dedicado a eles com o intuito de enfatizar sua importância enquanto elemento dinâmico do conhecimento Ioruba e porque se ligam à questão da legitimação do poder. A temática da natureza ancestral do poder aparece em outro capítulo, onde apresentamos alguns aspectos ligados aos reinos de Ketu, Ifé e Oyo.

A dimensão ancestral mais evidenciada quanto aos Ioruba é de natureza divina, fortemente relacionada com os *Orisa*, cabendo no entanto realçar a existência de um importante entrelaçamento entre divindades e ancestrais históricos no reino de Ketu.

Consideramos nossas pesquisas de campo entre os Ioruba significativamente limitadas. No Togo e Benin pudemos obter alguns dados auxiliares para melhor compreender certas idéias. O mesmo ocorreu na Nigéria, onde pudemos visitar algumas localidades de interesse para o trabalho, conduzidos por Pierre Verger, com quem pudemos também trocar idéias e obter algumas informações valiosas. Mesmo assim, os dados referentes aos Ioruba, com certas exceções, foram conseguidos sobretudo na bibliografia.

Capítulo 7
Os deuses

O preexistente

O preexistente Ioruba, *Olodumare*, é o senhor do *Orun*,[1] espaço primordial cuja existência se configura concomitantemente com o espaço concreto dado pela Terra e seus seres, o *Aye*. Segundo parece, o preexistente seria um princípio universal doador da vitalidade que anima tudo o que existe, o portador por excelência do sopro vital,[2] massa infinita de ar a qual começando a respirar e, em se movendo, deu início aos primeiros processos engendradores da vida.[3]

Considerando as diversas opiniões existentes a respeito desse ser primordial emitidas por viajantes, negreiros, sacerdotes, administradores e pesquisadores, Verger acaba concluindo:

> É bem penoso tirar uma conclusão diante de tantas opiniões diferentes. As pesquisas de campo também não trouxeram certeza; alguns afirmavam que Olorum[4] era o Deus supremo e o criador de todas as coisas; outros diziam "Olorum é o deus dos missionários, Olodumare aquele dos maometanos"; às vezes também foi respondido: "Olorum não é o Deus todo-poderoso, mas tal Orisa, protetor desta aldeia" [...]. Bem observado o ritual das cerimônias aos Orisa e Vodun[5] pode-se constatar que os olhos não estão muito voltados para o céu, mas muito mais para a terra. A terra nutridora, a terra que contém os corpos dos antepassados. (Verger, 1957: 506)

Posteriormente Verger, indicando sempre as controvérsias existentes acerca da concepção dessa divindade primordial, enuncia:

> Acima dos orixás reina um deus supremo, Olódùmarè, cuja etimologia é duvidosa. É um deus distante, inacessível e indiferente às preces e ao destino dos homens. Está fora do alcance da compreensão humana. Ele paira acima de todas as contingências de justiça e de moral. Nenhum culto lhe é destinado. Ele criou os orixás para governarem e supervisionarem o mundo. É pois a eles que os homens devem dirigir suas preces e fazer oferendas. (Verger, 1981: 21)

O preexistente Ioruba aparece como um ente primeiro supremo, que constituindo-se na fonte principal da vida originária, não mantém entretanto relações privilegiadas com a sociedade. Esse papel é atribuído em grande parte às divindades, os *Orisa*.[6]

Sem prejuízo de considerar a existência de certos aspectos ligando os *Orisa* de maneira mais decisiva aos sistemas genéricos de explicação do mundo, inclusive àqueles relacionados com as práticas espirituais e iniciáticas referidas ao sagrado – universo geralmente privilegiado pelos autores, os quais entretanto não as confrontam com processos mais amplos –, interessa apreciar prioritariamente aquela dimensão onde essas divindades se associam de maneira evidente às práticas históricas, sobretudo aquelas de natureza política.

Vejamos em primeiro lugar as concepções mais genéricas de certas divindades Ioruba para, posteriormente, tentar situá-las em contextos diferenciais.

Obatala

Essa divindade, caracterizada fortemente por ser o titular por excelência da cor branca, deu origem a narrativas tradicionistas integrantes do corpo literário de *Ifa* – da maior beleza –, recolhidas por Verger (1957) entre os Ioruba, e que indicam alguns de seus aspectos das quais nos servimos neste capítulo com freqüência. *Obatala* é o proprietário do *Ala* (pano) branco, da coisa sagrada, de uma corrente da cor do céu, onde permanece como um enxame de abelhas. Faz todas as coisas serem brancas. É a cabeça coroada de contas *segui*, o proprietário de muito mel, a divindade dos olhos alegres e todos os seus dias são dias de festa. É tranqüilo e julga tranqüilamente, sustenta quem diz a verdade, mas destrói completamente o olho do malfeitor. É o senhor do corcunda e do albino, impede o mal de atingir o filho de qualquer um e se há o de comer ele dá a comer.[7]

Na obra contendo esses enunciados, Verger já considerava:

> difícil estabelecer uma distinção entre Obatala, Osala, Osalufon, Osagiyan, Osa Popo, todos chamados Orisa funfun, Orisa branco, em razão da cor que os simboliza. São todos formas de Obatala. Trata-se de nomes diversos para um mesmo Deus, ou de nomes diferentes de um panteão antigo, estabelecido no território antes da chegada de novos Orisa? É bem difícil responder. (Verger, 1957: 437)

Mas, de qualquer maneira, esse autor registrou as relações estabelecidas entre a divindade e a cor branca, assim como aquelas ligadas à problemática da criação.

Quanto à cor branca Verger, considerando ser *Obatala* o "mais elevado dos deuses Iorubá" (1981: 252), reafirma que ele pertence à família dos *Orisa* titulares dessa cor,[8] indicando prudentemente os fundamentos de tal característica: os membros dessa família "utilizam o efun (giz branco) para enfeitar o corpo. São-lhes feitas oferendas de alimentos brancos, como pasta de inhame, milho, caracóis e limo da costa" (Verger, 1981: 254). Já para Elbein dos Santos (1976), *Obatala* está ligado à manifestação da vitalidade universal do pré-existente, do qual adquire a qualidade de se constituir nas camadas atmosféricas representadas pelo branco, massa genérica indiferenciada.

Obatala liga-se ainda à água, elemento primordial da criação. Verger registra, no plano das práticas rituais, a existência de uma cerimônia onde tal elo aparece: "As pessoas, todas vestidas de branco, vão buscar água três vezes, sem falar. A última vez ocorre ao levantar o sol" (1957: 445). E, citando Frobenius:

> Todos os quatorze meses (portanto 1 vez por ano) ocorre a grande festa de Oschalla, que ocupa 5 dias e da qual participa alegremente toda a população. Cada manhã dessa semana de festa, o deus escolhe para si uma mulher, a qual considera isso uma distinção particular. Na manhã do dia em que o deus escolhe essas mulheres, é vedado a elas dizer o que quer que seja. É necessário que elas vão buscar água, caladas, que desçam ao riacho sem nada dizer. Então, pegam água em silêncio e é necessário que, sempre em silêncio, tomem o caminho de volta. Quando chegam ao templo, a água é então vertida na bilha do deus. A partir desse momento as mulheres são liberadas do dever ritual do silêncio. Podem falar e saudar a quem desejarem. (Frobenius, apud Verger, 1957: 459)[9]

Elbein dos Santos (1976) considera que a origem de *Obatala* está ligada a um processo criador onde o preexistente, ao mover-se sob a forma de massa respirante de ar, originou uma massa de água primordial, o próprio *Obatala*. As duas massas em movimento teriam gerado uma porção de lama da qual saiu uma primeira forma que ganhou vida pelo sopro de *Olodumare*, fazendo surgir a primeira existência individualizada, *Esu*.

Não parecendo necessário apreciar mais detalhadamente esse processo primordial indicado por Elbein dos Santos, convém reter que realmente *Obatala* está ligado às concepções existentes acerca da criação, por delegação do preexistente. Verger, fazendo referência a esse atributo da divindade – que recebeu do ente primeiro o "saco da criação", isto é, o poder de criar – apresenta relatos através dos quais uma limitação é estabelecida: devido ao caráter irredutível de *Obatala* e à sua teimosia (levando-o a não sujeitar-se a certas regras necessárias ao sucesso do empreendimento),[10] a divindade perdeu a oportunidade de criar o mundo terrestre, tarefa então realizada por outro ente sobrenatural, *Odudua*,[11] o qual arrebatou-lhe o "saco da criação". Devido, entretanto, ao seu grande poder, foi concedido a *Obatala* a faculdade de criar os homens, modelando "no barro o corpo dos seres humanos, aos quais ele, Olodumaré insuflaria a vida" (Verger, 1981: 253).[12] Para Elbein dos Santos a divindade, princípio masculino, é o criador dos seres da natureza, "árvores, plantas, ervas, animais, aves, pássaros, peixes e todos os tipos humanos" (1976: 63).

Mas, há uma outra dimensão de *Obatala* apontada por Verger. Essa divindade seria o "Orixá ou o Rei dos Igbôs" (Verger, 1981: 252). Aqui se coloca mais uma vez a oposição – e a relação – existente entre *Obatala* e *Odudua*, já manifestada nos processos de criação: o primeiro teria reinado entre os Igbos, sendo destronado pelo segundo. Para Verger, esses

> acontecimentos históricos corresponderiam à parte do mito onde Orixalá foi enviado para criar o mundo (enquanto, na realidade, ele tornou-se o rei dos igbôs) e foi no mito

que Odùduà tornou-se o rei do mundo, por ter roubado a Orixalá o "saco da criação" (enquanto, na realidade, ele destronou Òrìsànlá-Obà-Ìgbò, usurpando-lhe o reino). (Verger, 1981: 253)

Dessa forma, propõe-se existir duas grandes configurações de *Obatala*, a de divindade ligada aos processos de criação e a de rei ou herói civilizatório divinizado, síntese que se repete com relação a outros *Orisa*.

Odudua

Odudua é uma divindade ligada à problemática dos princípios genéricos da criação, incluindo a própria criação do mundo terrestre e, no plano das práticas históricas, ao aparecimento do poder monárquico entre os Ioruba.

Contradições e divergências marcam os relatos e estudos levados a efeito sobre essa divindade.

Com referência aos princípios genéricos da criação, existem relatos e interpretações segundo os quais *Odudua* aparece como divindade masculina, em outros como feminina. Verger (1957) apresenta uma série de citações evidenciadoras dessa contradição, ressaltando entretanto que *Odudua* geralmente se configura como herói divinizado, aspecto também realçado posteriormente (Verger, 1981). Elbein dos Santos (1976) adota definitivamente a posição de que *Odudua* é um princípio primordial feminino ligado aos processos da criação. Nesse sentido, a divindade está relacionada com outro princípio primordial, este masculino, e dessa união nasce o sistema instituidor da totalidade do mundo explicado por duas dimensões fundamentais. Trata-se de *Obatala* e *Odudua*, princípios masculino e feminino, correspondendo aos domínios dados, respectivamente, pelo *Orun* e pelo *Aiye*:[13]

> Esses conceitos e seres divinos são representados simbolicamente pela cabaça ritual – o igbá odù – que representa o universo, sendo a metade inferior Odùa e a parte superior, Obàtálá. Pareceria assim que o àiyé é o nível de existência ou o âmbito próprio controlado por Odùduwà, poder feminino, símbolo coletivo dos ancestrais femininos, enquanto o òrun é o nível de existência ou o âmbito próprio controlado por Obàtálá, símbolo coletivo do poder ancestral masculino. (Elbein dos Santos, 1976: 60)

Verger (1957) considera que essa característica de princípio feminino atribuído por mais de um autor a *Odudua* na configuração de um casal primordial básico não é suficientemente explicada: "É difícil assegurar-se atualmente se o mito Obatala-Odudua, casal criador, vem das tradições Yoruba ou se é o resultado de uma confusão" (1957: 455). Nesse sentido, o autor indaga se a concepção em causa não seria conseqüência de um sincretismo ocorrido na região do litoral, entre sistemas religiosos de origens diferentes mas possuindo certas características comuns? Um sincretismo entre os casais Obatala-Yeyemowo, representando uma oposição céu-água[14] de uma parte, e o casal Odudua-Olokun simbolizando a oposição terra-água de outra parte. O casal proveniente dessa assimilação Obatala-Odudua simbolizando a oposição céu-terra. O elemento água, que desaparece nessa nova combinação, passando ele mesmo a um escalão mais antigo, é representado por uma divindade mais velha (Yemoja, Nana Buruku, Yeye Mowo). Deve ser realçado que Odudua considerada como elemento feminino é indicado por R. P. Baudin e Ellis como anterior a Obatala e coexistindo com Olorum e, se considerarmos que a parte feminina de Odudua em Ile Ife é precisamente Olokun, encontramo-nos novamente em face do mesmo casal Olorum-Olokun do qual fala Frobenius e que simboliza a oposição céu-água da qual nasce a terra pelos cuidados de um herói que em Oyo é Oraniyan, ancestral da dinastia de Oyo, e que em Ile Ife é Odudua, ancestral da dinastia de Ife. Mas, o que não simplifica as coisas é que Olokun foi considerado como um Orisa masculino pelos autores que dele falaram. E isso decorre sem dúvida do fato de que Lagos é o local onde Olokun fora estudado e que essa região do litoral estava outrora submetida ao rei de Bénin e não àquele dos Yoruba e que Olokun é, no Bénin, um deus masculino. Os autores confundiram o deus Olokun do Bénin com a deusa Olokun dos Yoruba. (Verger, 1957: 449)

Em trabalho posterior, Verger indica:

Precisamos falar aqui das extravagantes teorias do Padre Baudin e dos seus compiladores, encabeçados pelo Tenente-Coronel A. E. Ellis, sobre as relações existentes entre Obàtálá e Odùduà. Mal informado e dotado de uma imaginação fértil, o reverendo padre expôs no seu livro sobre as religiões de Porto Novo (que não é país iorubá) informações erradas, às quais nos referimos nos capítulos sobre Xangô e Iemanjá. O Padre Baudin feminiliza Odùduà para fazer dele a companheira de Obàtálá (ignorando que este papel era desempenhado por Yemowo). Fechou este casal Obàtálá-Odùduà (formado por dois machos) numa cabaça e construiu, partindo desta afirmação inexata, um sistema dualista, recuperado com proveito por posteriores estruturalistas, onde "Obàtálá (macho) é tudo o que está em cima e Odùduà (pseudo-fêmea), tudo o que está embaixo; Obàtálá é o espírito, e Odùduà a matéria; Obàtálá é o firmamento e Odùduà é a terra". A obra de Baudin, copiada por Ellis, foi o ponto de partida de uma série de livros escritos por autores que se copiaram uns aos outros sem colocar em questão a plausibilidade do que fora escrito por seus predecessores. (Verger, 1981: 258-59)

E acrescenta:

Lembremos que há [...] um casal do qual faz parte Òrìsààlá, mas sua mulher é Yemowo [...] eles correspondem ao casal Òrìsààlá e Yemowo e não Òrìsààlá e Odùduà (1981: 259).

Mas, de qualquer maneira, no plano das práticas históricas dos reinos de Ifé e Oyo, *Odudua* é considerado um ente masculino e nos parece difícil afirmar o contrário nessas localidades onde foi o primeiro rei e fundador de dinastias.[15]

Quanto à criação do mundo terrestre, Verger (1957) cita a legenda apontada por Frobenius onde *Odudua* – então tomado como filho de *Olodumare* e irmão mais novo de *Obatala* – é encarregado pelo preexistente de cumprir esse ato fundamental em virtude do fracasso de seu irmão mais velho, como vimos um pouco antes. Essa legenda é retomada por Elbein dos Santos (1976), aparecendo *Odudua* entretanto como divindade feminina que acaba por receber o "saco da criação" do próprio preexistente e, com ele, cria o mundo.[16] Verger, em trabalho posterior, assim resume o mito:

> Òrìsànlá põe-se a caminho apoiado num grande cajado de estanho, seu òpá osorò ou paxorô, o cajado para fazer as cerimônias. No momento de ultrapassar a porta do Além, encontrou Exu, que, entre as suas múltiplas obrigações, tinha a de fiscalizar as comunicações entre os dois mundos. Exu, descontente com a recusa do Grande Orixá em fazer as oferendas prescritas, vingou-se fazendo-o sentir uma sede intensa. Òrìsànlá, para matar sua sede, não teve outro recurso senão o de furar, com o seu paxorô, a casca do tronco de um dendezeiro. Um líquido refrescante dele escorreu: era o vinho de palma. Ele bebeu-o ávida e abundantemente. Ficou bêbado, não sabia mais onde estava e caiu adormecido. Veio então Olófin-Odùduà criado por Olodumaré depois de Òrìsànlá e o maior rival deste. Vendo o Grande Orixá adormecido, roubou-lhe o "saco da criação", dirigiu-se à presença de Olodumaré para mostrar-lhe seu achado e lhe contar em que estado se encontrava Òrìsànlá. Olodumaré exclamou: "Se ele está nesse estado, vá você, Odùduà! Vá criar o mundo!" Odùduà saiu assim do Além e se encontrou diante de uma extensão ilimitada de água. Deixou cair a substância marrom contida no "saco da criação". Era terra. Formou-se, então, um montículo que ultrapassou a superfície das águas. Aí, ele colocou uma galinha cujos pés tinham cinco garras. Esta começou a arranhar e a espalhar a terra sobre a superfície das águas. Onde ciscava, cobria as águas, e a terra ia se alargando cada vez mais, o que em iorubá se diz ilènfè, expressão que deu origem ao nome da cidade de Ilê Ifé. Odùduà aí se estabeleceu, seguido pelos outros orixás, e tornou-se assim o rei da terra. (Verger, 1981: 252)[17]

Mas há ainda a dimensão de *Odudua* ligada à problemática da configuração do poder monárquico entre os Ioruba, ocupando significativo espaço em sua explicação do mundo.

Verger registra a oposição existente no plano histórico entre Ifé e Oyo. Neste reino teria sido *Oranmiyan* quem criou a terra e no de Ifé, *Odudua*, que "são os fundadores das linhagens respectivas" (Verger, 1957: 439). Em Ifé *Odudua* é considerado seu fundador e primeiro rei, e mesmo em Oyo essa divindade aparece como o primeiro soberano segundo a lista de Johnson (1976), fato considerado um título honorífico devido à sua condição de ancestral básico da humanidade para os Ioruba. Lembremo-nos ainda que *Odudua* destronou *Orisanla*, rei dos Igbos então reinando em Ifé, sendo a rivalidade existente entre as duas divindades, expressa nas legendas tradicionistas, assim interpretada por Verger:

> As relações tempestuosas entre divindades podem ser consideradas como transposição ao domínio religioso de atos históricos antigos. A rivalidade entre os deuses dessas lendas seria a fabulação de atos mais ou menos reais, concernentes à fundação da cidade de Ifé, tida como o "berço da civilização iorubá e do resto do mundo". (Verger, 1981: 253)

Também para *Odudua* existem duas grandes configurações, a da divindade e a do rei, herói divinizado: "Òdùduà é mais um personagem histórico que orixá; guerreiro temível, invasor e vencedor dos igbôs, fundador da cidade de Ifé e pai dos reis de diversas nações iorubás" (Verger, 1981: 258).

Oranmiyan

Embora *Oranmiyan* guarde uma dimensão ligada às instâncias do primordial-divino por estar relacionado com a criação do mundo terrestre, sua figura de herói divinizado parece ser a mais preponderante. De fato, ainda mesmo aparecendo como criador desse espaço, já nesse processo o início do mundo ocorre concomitantemente com a luta pelo poder e com a fundação de dinastias.

Uma legenda, citada por Verger (1957) é assim descrita por esse autor:

> No começo, a terra não existia [...]. No alto era o céu, embaixo era a água e nenhum ser animava nem o céu nem a água. Ora, o Todo-Poderoso Olodumaré, o senhor e o pai de todas as coisas [...] criou, inicialmente, sete príncipes coroados [...]. Em seguida [...] sete sacos nos quais havia búzios, pérolas, tecidos e outras riquezas. Criou uma galinha e vinte e uma barras de ferro. Criou, ainda, dentro de um pano preto, um pacote volumoso cujo conteúdo era desconhecido. E, finalmente, uma corrente de ferro muito comprida, na qual prendeu os tesouros e os sete príncipes. Depois, deixou cair tudo do alto do céu [...]. No limite do vazio, só havia água [...]. Olodumaré, do alto de sua morada divina, jogou uma semente que caiu na água. Logo, uma enorme palmeira cresceu até os príncipes, oferecendo-lhes um abrigo grande e seguro, entre as suas palmas. Os príncipes se refugiaram ali, e se instalaram com suas bagagens. Eram todos príncipes coroados e, conseqüentemente, todos queriam comandar. Resolveram separar-se. Os nomes desses sete príncipes eram: Olówu, que se tornou rei dos Egbá; Onisabe, que se tornou rei de Savé; Orangun, que reinou em Ila; Òòni, que foi soberano de Ifé; Ajero, que se tornou rei de Ijerô; Alákétu, que reinou em Kêto; e o último criado, o mais jovem, Òrànmíyàn, que se tornou rei de Oyó. Antes de se separarem, para seguirem seus destinos, os sete

príncipes decidiram repartir entre eles a soma dos tesouros e das provisões que o Todo-Poderoso lhes havia dado. Os seis mais velhos pegaram os búzios, as pérolas, os tecidos e tudo o que julgaram precioso ou bom para comer. Deixaram para o mais moço o pacote de pano preto, as vinte e uma barras de ferro e a galinha [...]. Os seis príncipes partiram "à descoberta" nas folhas de palmeira. Quando Oranian ficou sozinho, desejou ver o que continha o pacote envolto no pano preto. Abriu-o e viu uma porção de substância preta que ele desconhecia [...] sacudiu então o pano e a substância preta caiu na água e não desapareceu. Formou um montículo. A galinha voou para pousar em cima. Ali chegando, ela pôs-se a ciscar essa matéria preta, que se espalhou para longe. E o montículo se ampliou e ocupou o lugar da água. Eis aí como nasceu a terra. Oranian apressou-se em descer para o domínio, assim formado pela substância negra, e tomou posse da terra. Por sua vez, os outros seis príncipes desceram da palmeira. Quiseram tomar a terra de Oranian, como já lhe haviam tomado, na palmeira, sua parte dos búzios, das pérolas, dos tecidos e dos alimentos [...]. Mas Oranian tinha armas; suas vinte e uma barras de ferro haviam se transformado em lanças, dardos, flechas e machados. Com a mão direita, ele brandia uma longa espada, e lhes dizia: "Esta terra é só minha. Lá em cima, quando me roubaram, vocês me deixaram apenas esta terra e este ferro. A terra cresceu e o ferro também; com ele defenderei a minha terra. Vou matar todos vocês." Os seis príncipes pediram clemência, rastejaram aos pés de Oranian, suplicantes. Pediram-lhe que lhes cedesse uma parte de sua terra para que pudessem viver, e continuar príncipes [...]. Oranian poupou-lhes a vida e deu-lhes uma parte da terra. Exigiu apenas uma condição: esses príncipes e seus descendentes deveriam permanecer sempre seus súditos e de seus descendentes; deveriam, todo ano, vir prestar-lhe homenagem e pagar os impostos na sua cidade principal, para demonstrar e lembrar que eles tinham recebido, por condescendência, a vida e sua parte de terra. Eis aí como Oranian tornou-se rei de Oyó e soberano da nação iorubá, isto é, de toda a terra. (Verger, 1981: 130-131)

Nessa legenda – indicada também por Palau Marti (1964), com pequenas variações – *Oranmiyan* aparece portanto como o criador do mundo terrestre[18] e o primeiro rei, fundador do reino de Oyo e de suas linhagens reais, propondo a vassalagem dos demais soberanos. Isso se opõe à concepção existente em Ifé, onde seu fundador, primeiro rei e iniciador de linhagens, é *Odudua*, decanato que lhe teria valido, a título simbólico, o de primeiro rei de Oyo. De fato, a lista dos reis de Oyo apresentada por Johnson (1976) e adotada por Palau Marti (1964) é encabeçada por *Odudua*, aparecendo *Oranmiyan* – que seria filho daquele – em segundo lugar. Sobre essa disputa sempre estabelecida entre esses dois personagens (assim como entre *Obatala* e *Odudua*), Verger manifesta-se da seguinte maneira:

Oranian, como já dissemos, foi o fundador da dinastia dos reis de Oyó. O mito da criação do mundo tal como é contado em Oyó atribui-lhe esse ato e não a Odùduà. Estes dois personagens são os fundadores das respectivas linhagens reais de Oyó e de Ifé, o que bem demonstra que o mito da criação do mundo é, de um lado e outro, o reflexo da lenda histórica da origem das dinastias que dominam nesses dois reinos. (Verger, 1981: 130)[19]

Não obstante *Oranmiyan* ser considerado o primeiro rei de Oyo, está ligado à fundação de outros reinos e, principalmente, a Ifé.

Uma legenda, relatada por Verger (1957 e 1981), identifica esse herói como filho de *Ogun* e *Odudua* ao mesmo tempo. Segundo esse relato *Ogun*, primeiro filho de *Odudua*, volta de batalhas trazendo uma mulher de excepcional beleza, com a qual mantivera relações sexuais. Seu pai, também atraído pela mulher, com ela mantém relações amorosas. Como *Odudua* possuía a pele mais clara e *Ogun* era extremamente negro, o resultado "foi que a criança nasceu meio-branco, meio-negro, no sentido da altura" (Verger, 1957: 329).[20] Essa criança era *Oranmiyan* e o evento é recriado anualmente em Ifé, envolvendo os três personagens inclusive no âmbito da simbologia. Em outra legenda, o herói aparece como guerreiro e caçador de Ifé, tendo fundado Oyo em 916. Sobre a fundação de Oyo, há ainda o mito segundo o qual *Oranmiyan*, tendo saído de Ifé em missão de guerra, acabou encontrando um território onde fundou Oyo com a ajuda de um talismã fixado numa grande serpente que o guiou até esse local. Palau Marti (1964) aponta uma legenda onde o herói é irmão de *Ogun*, sucessor de seu pai *Odudua*. Morto *Ogun*, seus irmãos reinaram em Ifé, dentre eles *Obalufon* e *Oranmiyan*, tendo Verger (1957) registrado a propósito que nesse caso o primeiro, tendo sucedido ao pai, é destronado pelo segundo. Verger relata ainda o seguinte, a respeito do papel do herói em Oyo e de seu retorno a Ifé, onde o próprio autor recolheu os dados:

> Oraniyan é o pai de Ajaka (2º rei de Oyo), é o mais jovem filho de Odudua – muito jovem para ter um reino quando Odudua morreu. Ele foi o segundo rei de Bénin, abdicou, mais tarde voltou a Ifé deixando seu filho Eweka como rei de Bénin cujos descendentes ainda reinam. Oloyo[21] tinha dificuldades com seus vizinhos; Oraniyan ajuda Oloyo, após sua grande vitória ele teve um grande palácio em Oyo, ele era o "Mussolini" da cidade, praticamente o Chefe. Ele permaneceu ali e seu filho Ajaka teve poder. Ele deixou Sango e Tihimi para tomar conta de seu filho e voltou a Ifé onde tornou-se Oni, sucedendo a Obalufon, possuindo um filho rei de Oyo e um outro rei de Bini. (Verger, 1957: 329)

Palau Marti realça as ligações desse herói com Ifé:

> Oraniyan é um fundador de reinos, é sob esse aspecto que nós o encontramos em Oyo e no Bénin. A tradição de Oyo o faz o fundador da cidade e da dinastia atual. Mas o país não soube conquistar o coração do herói: retornando de uma expedição longínqua Oraniyan, que encontra seu filho Ajaka no trono de Oyo, volta a Ifé sem muito se lamentar. No Bénin ele não conseguiu se adaptar, não compreende a língua [...]. Desde

que sua sucessão é assegurada, Oraniyan deixa sua mulher e seu filho e volta a Ifé [...]. Existem duas atitudes opostas em Oraniyan: inconstância e apego, elas são opostas mas, ao mesmo tempo, complementares. Um espírito aventureiro o arrasta para longe, em direção ao desconhecido, à periferia; uma vez vencida a dificuldade e que o desconhecido foi explorado, a atração do distante não conta mais e o herói sente-se então irresistivelmente atraído para o centro e volta a Ifé, que representa, de maneira geral, o centro do mundo. (Palau Marti, 1974: 154)

Essa ligação irreversível de *Oranmiyan* com Ifé é simbolizada naquela localidade, dentre outros objetos e locais sagrados,[22] por um monumento observado e fotografado por nós e por Verger, o *Opa Oranmiyan* – "Bastão de *Oranmiyan*", uma coluna cilíndrica de cerca de quatro metros de altura que, segundo as legendas, teria sido seu bastão de comando e talvez marque o local onde, cansado das batalhas, desapareceu para sempre.[23]

Ogun

As narrativas tradicionistas dos Ioruba acerca das divindades e heróis divinizados, transcritos por Verger (1957), fazem referência a vários aspectos atribuídos a *Ogun*, desde sua dimensão divina, suas relações com o ferro e os ferreiros, até sua natureza violenta e combativa.

Ogun é uma divindade primordial, um grande *Orisa*, a grande montanha de Ire,[24] proprietário do mundo e da coroa que está na cabeça do rei de Ire, terceiro *Orisa* após *Odudua* e *Orunmila*,[25] sendo a sua força espiritual e física tão grande que faz ele mesmo o culto de sua própria cabeça[26] servindo-se de um elefante. *Ogun* é sobretudo a divindade do ferro, em estado bruto ou trabalhado. Nesse sentido, é chamado ferreiro do *Orun*, o mestre do ferro, faz suas saudações batendo o ferro na forja, na qual verte também o ouro, sendo considerado o pai da enxada, do machado e da bigorna. Dessa forma, *Ogun,* patrono da tecnologia, da arte de fabricar utensílios, levou Palau Marti (1964) a considerá-lo como o símbolo do domínio da natureza pelo homem, o fogo da forja sendo o fogo domesticado e colocado a serviço da sociedade. Ele é, nessa conformidade, mestre e protetor de todos aqueles que utilizam o metal para trabalhar e sobretudo dos ferreiros, os homens dominadores do fogo e do ferro. *Ogun* é assim considerado como capaz de fazer falar os ferreiros, cujos pescoços jamais conhecerão o fio da espada. Verger acrescenta que a divindade do ferro é o deus dos ferreiros:

> e de todos aqueles que utilizam esse metal: agricultores, caçadores, açougueiros, barbeiros, marceneiros, carpinteiros, escultores. Desde o início do século, os mecânicos, os condutores de automóveis ou de trens, os reparadores de velocípedes e de máquinas de costura vieram juntar-se ao grupo de seus fiéis. (Verger, 1981: 86-87)[27]

Uma característica marcante de *Ogun* é o seu caráter violento, guerreiro e sanguinário: corta as pessoas em pedaços, mata os maridos, mulheres e crianças. Matando e destruindo, faz tanto à direita como à esquerda e não poupa ninguém. É o passo pesado nos campos de batalha e seu divertimento predileto é a guerra. Mestre do mundo, grande espada negra e cortante, bate-se sobre o sangue, lava-se com ele e o bebe, trazendo à cabeça um chapéu coberto de sangue e comendo as entranhas de seus inimigos sem vomitar.

Ogun é uma divindade fálica, sendo grande sua preocupação com o pênis e a virilidade. Segundo uma legenda apontada por Verger, recolhida em Ilesa,[28] teria quatrocentas mulheres e 1.400 filhos, razão pela qual talvez de acordo com declamação existente em Ire "ele vai em profundidade, ele toca com a mão a base de seu pênis, talvez esteja ele inativo, ele constata que o pênis não está inativo, salvo os testículos, salvo os testículos que se esvaziam" (Verger, 1957: 177-178).

O relacionamento de *Ogun* com tudo o que corta liga-o à problemática das origens da excisão e da circuncisão. De acordo com uma legenda existente em Ketu e relatada por Verger (1957), a divindade veio ao mundo terrestre para livrar-se de uma grande árvore caída sobre o caminho de sua mulher *Olure*, com quem ainda não mantivera relações sexuais. Durante a remoção, uma lasca de madeira cravou-se acidentalmente na vagina de *Olure* e *Ogun* a retirou, restando a cicatriz do ferimento considerado a primeira excisão. Posteriormente, ao manter relações sexuais com essa mulher, *Ogun* considerou que o esperma não jorrava com a velocidade desejada e para resolver esse problema cortou a ponta do pênis, encontrando-se aí a origem da circuncisão. É possível que essa característica de *Ogun*, que o liga inclusive à excisão e à circuncisão – assim como também a sua dimensão fálica – tenha dado origem a certas práticas rituais, como os antigos sacrifícios feitos a essa divindade em Ire onde, segundo Verger, faziam-se oferendas de pênis de estrangeiros encontrados na região, e acrescenta que "se bem que esse costume esteja abolido, nenhum estrangeiro se arrisca em Ire, parece, durante as festas de Ogun" (1957: 143). De fato, uma legenda de Ire lembra que a divindade "olha fixamente o pênis das pessoas" e outra, de Ilesa, que os homens não desejam a castração, a qual faz "que o homem pareça ter uma vagina nas coxas" (Verger, 1957: 144).

A importância dos utensílios de ferro destinados a trabalhar a terra tornam *Ogun* uma divindade ligada significativamente à agricultura. Assim, é tido como quem cava a terra para os *Orisa* mas também o grande protetor dos agricultores, aos quais aconselha não morrer para evitar que sejam seus campos apoderados por outros. Ele é também aquele que trabalha a terra do doente ou daqueles que não a cultivam, fazendo crescer o inhame negligenciado. Abre os caminhos para quem vai trabalhar os campos e é o proprietário do inhame cortado, cozido ou assado. Assim, os homens podem comer graças a *Ogun*.

Ogun está também ligado à problemática da morte. Nas narrativas tradicionistas, aparece sempre sua dimensão violenta, sua natureza impulsiva levando-o a matar. Essa característica relaciona-se provavelmente com a profissão dos ferreiros os quais, dentre outros objetos, fabricam as armas. Essa capacidade transformadora dos ferreiros, também dominadores dos quatro elementos, assegura a eles uma dimensão mágica reconhecida e respeitada na comunidade, sendo incumbidos, não raro, de certos atos cruciais dos ritos funerários. Segundo Verger, por ocasião da morte de certos dignitários, o corpo é lavado com a água existente no local da forja e com a qual o ferreiro refresca os ferros, a fim de apagar assim, simbolicamente, "todas as tatuagens, escarificações diversas, cortes de cabelo e feridas sofridas na guerra. Todas essas marcas são devidas à ação de Ogún" (Verger, 1973: 64).[29]

As relações de *Ogun* com outras divindades, inclusive na instância dos processos de criação do mundo, assim como com as práticas históricas, são bastante significativas.

Segundo uma legenda de Ketu – aliás a mesma relacionando *Ogun* à excisão e circuncisão – essa divindade teria sido colocada no mundo pelo próprio preexistente. Elbein dos Santos (1976) afirma que é considerado, em alguns casos, filho de *Odudua* – nessa versão *Odudua* aparecendo como divindade do sexo feminino – e, em outros, de *Yemoja*,[30] porém tendo como pai, em ambas as circunstâncias, *Orisanla*. Legendas recolhidas por Verger (1957) dão *Ogun* como filho mais velho de *Odudua*, rei de Ifé e principal guerreiro do soberano. Como vimos anteriormente, *Ogun* é uma importante divindade, o terceiro após *Odudua* e *Orunmila*. Nesse sentido, Verger afirma que segundo essa legenda *Ifa*[31] "Orunmila é seu irmão, saído de um mesmo pai e de uma mesma mãe. Se Ogun vem à forja uma noite, Orunmila vem na noite seguinte fazer a adivinhação" (Verger, 1957: 143). Aliás, o próprio *Orunmila* aconselha aos homens, nessa legenda, a fazer sacrifícios a *Ogun* para mantê-lo junto a eles. E o próprio *Orunmila* pratica o culto de *Ogun*.

Quanto à problemática da criação do mundo, *Ogun* também exerce seu papel, embora de maneira menos abrangente que *Obatala*, *Odudua* e *Oranmiyan*. Elbein dos Santos, apresentando dados sobre essa questão, indica: na localização da área onde deveria ocorrer o ato primordial, foi *Ogun* quem guiou *Odudua*[32] e demais divindades a serem instaladas no espaço terrestre, pois conhecia a rota, tornando-se dessa forma "aquele que está na vanguarda e aquele que desbrava caminhos" (1976: 62). Na versão, já vista, onde a criação é elaborada por *Oranmiyan*, este vem do espaço primordial junto com outros seis príncipes, através de uma longa corrente de ferro, metal de *Ogun*, lançada pelo preexistente em direção ao local onde deveria ocorrer o evento. Ainda dentro dessa problemática, mas sendo então *Odudua* a divindade criadora, Elbein dos Santos também faz referência a uma corrente de ferro permitindo a chegada de *Odudua* ao local destinado ao aparecimento da terra. A importância do ferro aparece ainda nos processos aos quais a *Oranmiyan* toma posse do novo elemento criado. De fato, como vimos, nessa versão o preexistente cria vários elementos enviados juntamente com os sete príncipes, pela cadeia de ferro, até a grande palmeira de onde cairia a substância primordial formadora do mundo. Desses elementos repartidos entre os seis príncipes foi deixado a *Oranmiyan*, o mais novo, o pacote com aquela substância primordial – então escondida em um invólucro –, uma galinha de cinco garras e vinte e uma barras de ferro. Entretanto, foram esses três elementos que permitiram à divindade produzir o ato criador e, com a transformação das barras de ferro em armas, exercer a primeira soberania. Ora, *Ogun* é por excelência a divindade do ferro e detentor do poder de sua transformação, consubstanciado no ferreiro. Está assim relacionado não apenas ao aparecimento das divindades no momento da criação, através da grande corrente, mas à própria conquista do mundo e da emergência do poder – inclusive do poder monárquico introduzido pela soberania imposta por *Oranmiyan* na mesma ocasião – através do ferro transformado em armas.

Quanto às práticas históricas, Verger afirma:

> Ogun, como personagem histórico, teria sido o filho mais velho de Odùduà, o fundador de Ifé. Era um temível guerreiro que brigava sem cessar contra os reinos vizinhos. Dessas expedições, ele trazia sempre um rico espólio e numerosos escravos. Guerreou contra a cidade de Ará e a destruiu. Saqueou e devastou muitos outros Estados e apossou-se da cidade de Irê, matou o rei, aí instalou seu próprio filho no trono e regressou glorioso, usando ele mesmo o título de Oníìré, "Rei de Irê". Por razões que ignoramos, Ogun nunca teve direito a usar uma coroa (adé), feita com pequenas contas de vidro e ornada por franjas de missangas, dissimulando o rosto, emblema de realeza para os iorubás. Foi autorizado a usar apenas um simples diadema, chamado àkòró, e isso lhe valeu ser saudado, até hoje, sob os nomes de Ògún Oníìré e Ògún Aláàkòró [...]. (Verger, 1981: 86)

Ogun está também ligado ao poder político em Ifé, onde é o primeiro filho de *Odudua* e pai de *Oranmiyan*, principal guerreiro do reino e, mesmo, seu mandatário: "Ogun teria sido o mais enérgico dos filhos de Odùduà e foi ele que se tornou o regente do reino de Ifé quando Odùduà ficou temporariamente cego" (Verger, 1981: 86).[33] Quanto a Oyo e segundo Verger (1957), naquele reino, *Ogun* teria sido um servidor de *Oranmiyan*.

Embora, segundo parece, *Ogun* esteja mais ligado a Ifé do que a Oyo, a presença da divindade nos dois reinos relaciona-se com as práticas políticas e com a figura do rei, como se verá mais adiante.

Sango

As legendas originárias colhidas por Verger (1957) fornecem vários qualificativos da dimensão divina de *Sango*, conhecido como o senhor do raio e do trovão entre os Ioruba de Oyo, fato pelo qual Palau Marti (1964) o considera como o fogo não domesticado. Nesse sentido, *Sango* é a água ao lado do fogo no centro do céu (o sol), faz vir o fogo do céu e se a chuva não murmura e o trovão não ribomba, ele não pode matar as pessoas. É um deus imenso como *Olokun*[34] e esposo da deusa do rio Níger.[35] Seu poderio é grande, vai aos céus rapidamente sem precisar andar e é mesmo como o céu branco, símbolo da riqueza. É algo estranho no caminho, é nevoeiro, é o fogo destruidor da floresta mas é também uma nuvem de chuva sombreando um lado do céu, o qual atravessa com força. É número sete na corte celeste. Usando uma grande vestimenta vermelho-escarlate, carrega o fogo como quem carrega um fardo. Trabalha ao lado de um morteiro[36] e o carrega sem gemer, mas geme se precisar carregar uma formiga.

Sango é temido e arbitrário, porém também é justiceiro e, sobretudo, poderoso. Assim, fende o céu completamente, ataca com uma só grande pedra e com uma só pedra de raio mata seis pessoas. É um elefante que marcha com dignidade e um leopardo de olhos fulgurantes. Seu peito é brilhante, pode fazer queimar todas as coisas, cozinhando o inhame com o ar saído de suas narinas. Bate-se e, vendo o sangue, o bebe. É resistente como as raízes das árvores e é alto, muito alto, durante a noite. Ameaça o homem, a mulher, o importante e o rico. Pega e mata qualquer um, o primeiro e o vigésimo-quinto, o velho e o jovem, matando nas casas e nos campos. É o proprietário do machado, bate-se com a espada mas também com um talismã. Faz tombar quem é estúpido, mata o mentiroso e aquele que exagera, prendendo fogo nas casas de quem mente, preferindo o homem que diz a verdade. Ele é um leopardo que destrói com os olhos os tetos das casas, ali deixando o fogo. Antes mesmo de entrar na aldeia o chefe consulta *Ifa* e pede um carneiro para os sacrifícios destinados a ele. Abrindo bruscamente a boca, mata 4.400 pessoas. O Rei de Oyo, vindo pelos ares, montado em um morteiro, é um rei feiticeiro e pára o fogo com as mãos. Comanda a guerra, quebrando correntes no lugar onde desejar. Mata um rei e o come.[37] Quando penetra na corte celeste todos os *Orisa* têm medo. Ele é um valente rei-*Orisa*, é um rei grande e forte e todos se prosternam diante do rei. E ninguém pode ser rei sem o intermédio de *Sango*.

Verger aponta ainda a existência de alguns símbolos ligados a essa divindade no plano das práticas rituais, como as pedras de raio (*Edun Ara*), consideradas como lançadas à terra por *Sango* em seus acessos de fúria. Essas pedras constituem-se em preciosos objetos de culto, sendo guardadas nos templos da divindade, onde são depositadas sobre um morteiro de pilão, outro dos símbolos distintivos de *Sango*, assim como o machado duplo (*Ose*) utilizado em certas cerimônias pelos iniciados a seu culto.[38] O animal ritual por excelência de *Sango* é o carneiro.[39]

No plano das práticas históricas, *Sango* consta como o 4º rei de Oyo, segundo a lista de Johnson (1976), aparecendo após *Odudua*, *Oranmiyan* e *Ajaka*. Ao que parece essa primazia de *Odudua* é, como já nos referimos, devida à sua condição de primeiro ancestral básico dos Ioruba, sendo porém *Oranmiyan* o primeiro rei de Oyo. De acordo com Verger, *Sango* teria sido

> o terceiro Aláàfin Òyó, "Rei de Oyo", filho de Oranian e Torosi, a filha de Elempê, rei dos tapás,[40] aquele que havia firmado uma aliança com Oranian. Xangô cresceu no país de sua mãe, indo instalar-se, mais tarde, em Kòso (Kossô), onde os habitantes não o aceitaram por causa de seu caráter violento e imperioso; mas ele conseguiu, finalmente, impor-se pela força. Em seguida, acompanhado pelo seu povo, dirigiu-se para Oyó, onde estabeleceu um bairro que recebeu o nome de Kossô. Conservou, assim, seu título de Oba Kòso […]. Dadá-Ajaká, filho mais velho de Oranian, irmão consangüíneo de

Xangô, reinava então em Oyó [...] Xangô o destronou e Dadá-Ajaká exilou-se em Igboho, durante os sete anos de reinado de seu meio-irmão [...]. Depois que Xangô deixou Oyó, Dadá-Ajaká voltou a reinar. Em contraste com a primeira vez, ele mostrou-se agora valente e guerreiro, voltou-se contra os parentes da família materna de Xangô, atacando os tapás. (Verger, 1981: 134)

Não obstante esses dados, interessa entretanto reter que *Sango* é a principal divindade de Oyo e um importante herói divinizado, estando definitivamente relacionado ao pensamento político Ioruba. Naquele reino, *Sango* aparece ligado aos simbolismos da realeza e à legitimação do poder.

É lícito afirmar que os *Orisa* apresentam duas dimensões precisas: são divindades – algumas relacionadas com diversas dimensões da natureza[41] e ligadas mesmo ao aparecimento do mundo e dos primeiros homens – mas são também heróis civilizatórios. Nós veremos mais adiante como essas divindades e heróis – com a singular sacralização a eles conferida pela sociedade – estão internalizados nas práticas políticas, ultrapassando uma dimensão até certo ponto estanque para se constituírem em fatores dinâmicos da realidade.

Antes de abordar essa problemática, parece necessário entretanto acrescentar mais um elemento considerável, consubstanciado nos jogos divinatórios e propiciatórios dos Ioruba.

Notas

1 Verger (1981) assinala que *Orun* tem sido confundido com a noção de "céu". Seria em virtude dessa aproximação que o preexistente tem sido chamado de *Olorun* – "dono do céu" – aparecendo antes de *Olodumare*. Esse autor – que anteriormente utilizou essa terminologia (1957), indicando sempre as controvérsias – aponta a existência de duas versões de autores diferentes (Onadele Epega e Bolaji Idowu) nas quais, respectivamente: 1. a palavra *Olorun* jamais é empregada pelo autor; 2. *Olodumare* é considerado realmente como a principal divindade Ioruba, sendo *Olorun* o nome utilizado por cristãos e muçulmanos "para seus trabalhos de conversão dos infiéis" (Verger, 1981: 22). Considerando que esse espaço primordial e sagrado, consubstanciado na idéia de *Orun*, realmente existe no sistema de explicação Ioruba do mundo como um elemento gerador de forças universais, aqui chamadas de preexistente, e que Verger designa como o "deus su-

premo" dos Ioruba, nós entendemos que ele pode perfeitamente receber o qualificativo de "Senhor do Orun". Seguindo a orientação de Verger utilizamos entretanto o nome de *Olodumare* para indicá-lo. Mas consideramos a idéia de "céu" – ligada à existência de um espaço primordial entre as civilizações africanas em causa – bastante superada entre os pesquisadores.

2 No plano concreto da existência visível, os Ioruba concebem existir no homem o princípio vital conhecido por *Emi*, a que fizemos referência anteriormente. Uma manifestação desse princípio vital ou, pelo menos, de que ele está se manifestando no homem, é a respiração. A ausência de *Emi* caracteriza a morte do corpo do homem Ioruba.

3 Esse último aspecto do preexistente é apresentado por Elbein dos Santos (1976).

4 Como dissemos antes, Verger, em obra anterior, utilizou a expressão "Olóòrun" para designar o preexistente (1957).

5 *Orisa* e *Vodun*: divindades Ioruba e Adja-Fon, respectivamente.

6 Portanto, o preexistente Ioruba aparece distanciado da sociedade.

7 As ligações de *Obatala* com as pessoas portadoras de defeitos físicos ou sinais distintivos já foi realçada.

8 Verger (1981) cita várias dessas divindades, dentre as 154 que existiriam.

9 Abordando as cerimônias dedicadas a *Orisa Olufon* (ou *Osalufon*) no capítulo dedicado a *Obatala* e demais divindades *funfun*, Verger (1981) indica a existência de uma cerimônia de saudações ao rei de Ifon, na Nigéria, realizada no dia consagrado à divindade e celebrada por seus sacerdotes e dignitários. Nós pudemos observar essa cerimônia, aliás em companhia do próprio Verger, o qual nos introduzira dias antes na corte de rei de Ifon, J. Akinyooye II, a fim de solicitarmos autorização para comparecer ao evento. O palácio do rei, situado não longe do templo de *Osalufon* está edificado em um grande terreno totalmente cercado por muros, formando-se um pátio de proporções avantajadas. O acesso da rua ao pátio se faz por uma passagem existente na parte frontal do muro, a qual logo ultrapassada mostra um local coberto à esquerda onde o aviso da chegada de visitantes é anunciado por tambor. Atravessando-se toda a extensão do pátio, chega-se à residência do soberano, construída em plano um pouco mais elevado do que o terreno. O palácio é simples, amplo e confortável, com muitos aposentos e varandas, voltados para o pátio. Em frente à entrada principal da residência – introduzindo a um aposento onde não penetramos – há alguns degraus levando a uma plataforma cimentada onde depois

ocorreria a referida cerimônia. Fomos saudados e cumprimentados por várias pessoas, homens e mulheres; as crianças, como sempre, queriam se aproximar e o faziam, algumas esticando docemente as mãos para cumprimentar. Pouco depois fomos recebidos pelo rei em uma sala lateral. Estávamos aguardando o soberano e ele apareceu repentinamente, sem nenhum anúncio. Estava vestido inteiramente de branco, em sua condição de representante da grande divindade, titular dessa cor, principal *Orisa* do reino. O rei usava também um colar de uma única volta, feito com contas brancas mas contendo também algumas contas de cor vermelha – cor da realeza –, na proporção de 20 a 25 contas brancas para uma vermelha. Após as apresentações e saudações de praxe, Verger apresentou a solicitação e, tudo combinado, o rei nos autorizou a participar da cerimônia, que ocorreria alguns dias depois. Obtida também autorização formal para sairmos, retiramo-nos do palácio impressionados com a receptividade e cordialidade do rei – diante de quem deve-se permanecer sem sapatos –, o qual, sorridente e afável, não fazia exatamente a figura grave que o estrangeiro inexperiente talvez esperasse do representante de uma divindade tão poderosa e principal mandatário de um reino. Ao sairmos, pudemos ver e fotografar alguns dignitários dos cultos de *Osalufon*, todos vestidos de branco e portando cajados nas mãos. Fomos em seguida ao templo da divindade, uma construção bastante simples em alvenaria. Na frente, há uma varanda coberta com telhas de zinco, seu teto estando apoiado em pilares dos quais dois são em madeira esculpida, ofertados por Verger, na ocasião preocupado com a substituição de um pára-sol do rei. Localizamos uma única porta de entrada, fechada e parcialmente coberta com um pano branco como se fosse uma cortina. Ao ar livre havia um grande pote, coberto com uma bacia. Pudemos fotografar esse templo mas não penetrar em seu interior, tendo o rei explicado posteriormente que não era possível autorizar nosso ingresso no santuário sob pena de correr o risco de ver diminuído seu prazo de vida. No dia aprazado voltamos em companhia de Verger a Ifon para assistir à cerimônia, denominada *Ose Obatala*. Era um dia *Ojo Ose Obatala*, o dia da criação, um dos quatro que compõem a semana Ioruba (os outros dias são: *Ojo Awo*, dia do segredo, pertencente a *Ifa* e *Esu*; *Ojo Ogun*, dia da guerra; e *Ojo Djacuta*, pertencente a *Sango*, o dia do rei). Esse dia caiu numa quarta-feira, 16/8/1978, segundo nosso calendário. Desta feita, eram dois os homens com tambores na entrada do pátio. Fomos novamente saudados pelos presentes e, pouco depois, na mesma sala lateral, do mesmo modo – repentinamente, sem aviso – o rei apareceu, sempre vestido de branco, cumprimentando a todos com efusão, sorridente, conversando bastante. Após algum tempo, ouvimos algumas batidas de tambor e fomos à porta para observar o que estava acontecendo. Ao nos virarmos alguns segundos depois, o rei desaparecera. A cerimônia iria ter início. Pela entrada que dá acesso ao pátio e ao som dos tambores – que, para nossa profunda emoção, produziram o mesmo ritmo que conhecemos de longa data no Brasil, o *Igbi de Oxalá*, grave, hesitante, majestoso como o Oxalá velho cuja dança é assim – dignitários do culto começaram a chegar e a dirigir-se lentamente em direção à plataforma. Nós estávamos sentados na varanda, de lado, a poucos metros da plataforma. Pudemos então descobrir o rei. Não foi possível distingui-lo, nem perceber perfeitamente, nesse momento, sua figura: ele encontrava-se sentado em uma grande cadeira colocada no umbral do aposento principal, situado em frente à plataforma de maneira que seu corpo ficava dentro do aposento, totalmente escuro, confundindo-se com a sombra, formando um vulto branco. E assim permaneceu, em silêncio absoluto, durante toda a cerimônia. Foi nesses momentos que pudemos perceber, num relance, a dimensão divina atribuída ao rei Ioruba nessa cerimônia, manifestada em sua pessoa pela sua transfiguração, provocada pelo ato ambíguo de esconder o homem enquanto se mostra a cor da divindade. Na proposição que se colocava a nossos olhos, era realmente difícil distinguir se a sociedade propunha estar ali o rei ou a divindade, talvez ambos. Chegados os dignitários à plataforma, a cerimônia teve início. Verger faz uma descrição desse evento: "Òrìsà Olúfón, Òrìsà funfun, velho e sábio, cujo templo é em Ifón, pouco distante de Oxogbô. Seu culto permanece ainda relativamente bem preservado nessa cidade tranqüila, que se caracteriza pela presença de numerosos templos, igrejas católicas e protestantes e mesquitas que atraem, todas elas, aos domingos e sextas-feiras, grande número de fiéis de múltiplas formas de monoteísmo importados do estrangeiro. Em contraste, infelizmente, com essa afluência, o dia da semana iorubá consagrado a Òrìsànlá só interessa atualmente a pouca gente. Exatamente um pequeno núcleo de seis sacerdotes, os Ìwèfà méfà (Aájè, Aáw, Olúwin, Gbògbo, Aláta e Ajíbódù), ligados ao culto de Òrìsà Olúfón e uns vinte olóyè, os dignitários portadores de títulos, que fazem parte da corte do rei local, Obà Olúfón. A cerimônia de saudações ao rei de dezesseis em dezesseis dias pelos Ìwèfà e pelos Olóyè é impressionante pela calma, simplicidade e dignidade. O rei, Olúfón, espera sentado à porta do palácio reservada só para ele e que dá para o pátio. Ele está vestido com um pano e um gorro brancos. Os Olóyè avançam, vestidos de tecido branco amarrado no ombro esquerdo, e seguram um grande cajado. Aproximam-se do rei, param diante dele, colocam o cajado no chão, tiram o gorro, ficam descalços, desatam o cinto e amarram-no à cintura. Com o torso nu em sinal de respeito, ajoelham-se e prostram-se várias vezes, ritmando, com uma voz respeitosa, um pouco grave e abafada, uma série de votos de longa vida, de calma, felicidade, fecundidade para suas mulheres, de prosperidade e proteção contra os elementos adversos e contra as pessoas ruins. Tudo isso é expresso em uma linguagem enfeitada de provérbios e de fórmulas tradicionais. Em seguida, os Olóyè e os Ìwèfà vão sentar-se de cada lado do rei, trocando saudações, cumprimentos e comentários sobre acontecimentos recentes que interessam à comunidade. A seguir, o rei manda servir-lhes alimentos, dos quais uma parte foi colocada diante do altar de Òsàlùfón, para uma refeição comunitária com o deus" (Verger, 1981: 256-257). Nós consideramos oportuno apresentar a seguir dados anotados ao longo da cerimônia, pois nele há a presença de elementos não indicados por Verger, como é o caso da utilização de água. Para isso, transcreveremos essas anotações tais como registradas, ao sabor dos acontecimentos, por Helena, esposa do pesquisador, enquanto nós fotografávamos: "O rei recebeu-nos em sua casa antes da cerimônia. Saímos na varanda onde o rei receberá o cumprimento dos sacerdotes de Oxalufan. São cinco. Chegam com bastões que põem no chão. Amarram suas túnicas brancas diferente, em respeito ao rei, antes de cumprimentá-lo. Primeiro ajoelham-se. Depois deitam-se de bruços com as mãos embaixo do corpo. O sacerdote do meio canta o cumprimento. Ajoelham-se e uma mulher, também vestida de branco, traz uma cabaça com água e uma cabacinha, que entrega ao segundo deles. Jogam água. Ajoelhados e de cabeça abaixada nas mãos, cantam. O do meio puxa as canções de cumprimentos. As túnicas são amarradas debaixo dos braços ou na cintura: descobrem o ombro em respeito ao rei (informação de Verger). Chegam mais dois sacerdotes (um homem e uma mulher, albinos) e ajoelham-se atrás dos sacerdotes, na mesma posição, e também cantam cumprimentos. Bebem um gole da água. Os dois tambores na entrada tocam o Igbi de Oxalá. Depois de beberem a água cantam outro cumprimento, ajoelham-se e tomam *adobale* do rei (Nota do autor: *adobale* ou *adobá* são expressões utilizadas no Candomblé para indicar o cumprimento dos iniciados do culto a seus iniciadores, os Babalorixá ou Iálorixá e altos dignitários. O mesmo cumprimento é feito diante dos assentamentos dos Orixás). Chegam oito notáveis que também amarram suas túnicas brancas no peito antes de cumprimentar o rei. Todos, mesmo os sacerdotes, usam uma pulseira de marfim no pulso esquerdo. O cumprimento tem três fases. A primeira a uma distancia de uns 6 m. A segunda a uns 4 m e a terceira aos pés do rei. Mais três notáveis de branco junto com três homens e três mulheres, não vestidas de branco, vêm cumprimentá-lo. Todos sentam-se na varanda. Os tambores tocam o Igbi o tempo todo. Os bastões que trazem os sacerdotes e notáveis ficam encostados, fora da varanda". Em seguida há a seguinte nota, de autoria do pesquisador: "O uso da cabaça com água parece muito importante. É uma metade. Verger chamou-me a atenção para um pequeno buraco no chão onde parte da água é derramada. Ali também é vertido o sangue do sacrifício em determinadas cerimônias". Finalmente, terminada a cerimônia, o rei assumiu seu comportamento anterior e pudemos fotografá-lo, inclusive ao lado de uma de suas esposas. O soberano mandou buscar para a ocasião um *Opaxoro* – objeto ritual utilizado no Brasil pelos iniciados aos cultos de Oxalá e que foi reintroduzido no reino de Ifon pelo Prof. Dr. José Mariano Carneiro da Cunha, da USP – e um grande colar branco, de várias voltas, também utilizado no Candomblé, que colocou no pescoço. Sua esposa, crânio raspado, toda de branco, segurava uma cabaça, símbolo feminino, que utilizou para ser fotografada. Essa cerimônia é realmente de grande singeleza. Mas, em nosso entender, demonstra as relações estabelecidas entre a divindade e o rei, assim como o alto grau de sacralização da dimensão divina que é atribuída ao soberano. Evitaremos aqui outros comentários a respeito.

10 Essas características da divindade aparecem mais de uma vez nas legendas existentes acerca de *Obatala*, que sempre se vê em situações difíceis mas consegue superá-las.

11   Também *Oranmiyan*, outro herói-divindade, está ligado ao aparecimento do mundo terrestre.

12   Lembremo-nos que *Obatala* está ligado à elaboração de *Ori*, princípio vital individualizador do destino, integrante da composição do homem Ioruba.

13   *Aiye*, o mundo terrestre, que se configura concomitantemente com o *Orun*.

14   Note-se que Verger também utilizou a palavra "céu" para indicar o espaço primordial conhecido por *Orun*.

15   No reino de Ketu, *Odudua* aparece ligado à figura feminina, constando das narrações tradicionistas que uma das esposas de Sho Ipashan – rei Ioruba líder de um grupo na retirada de Ifé a fim de procurar território mais adequado – possuía esse nome. Por outro lado, Verger (1957) indica que em Ketu essa divindade é de natureza feminina.

16   Nessa versão, o "saco da criação" – que Elbein dos Santos (1976) chama de "saco da existência" – não é roubado de *Obatala*, como indicado antes, mas entregue a *Odudua* pelo preexistente, o qual se esquecera de dá-lo a *Obatala* quando o encarregou de criar o mundo.

17   Outras legendas dão a *Oranmiyan* e não a *Odudua* a primazia de ter criado o mundo.

18   Em lugar de *Odudua* que, em outra legenda, procede à criação devido aos fracassos de *Obatala*, como vimos antes.

19   O reino de Oyo – cuja capital, conhecida por velha Oyo, se achava mais ao norte da atual – que foi destruído pelos Peul entre 1825 e 1837, tem sido privilegiado pelos autores como modelo de estudo, inclusive quanto à organização política. Esse fato deve-se à influência exercida no território em virtude de seu poderio, o qual gerou um expansionismo sobretudo em direção sudoeste, atingindo o sul do atual Benin e mesmo do Togo. O grande número de dados existentes sobre Oyo – se comparados com outros reinos Ioruba – reflete essa hegemonia. Palau Marti (1964) considera, nesse sentido, que a história de Ifé, não obstante sua importância para a explicação do mundo proposta pelos Ioruba, ainda está praticamente por ser escrita. Já a obra de Parrinder (1967) acrescenta uma contribuição à história Ioruba na medida em que explora o reino de Ketu.

20   Em seu trabalho publicado em 1981, Verger, abordando essa legenda, afirma que a criança em questão era "preta" de um lado e de outro possuía a pele "parda", pois *Ogun* era muito escuro e *Odudua* tinha pele muito clara.

21 *Oloyo*, o "senhor de Oyo", o rei. O soberano de Oyo reina com o título de *Alafin*, o de Ifé é chamado *Ooni* e o de Ketu, *Alaketu*.

22 Como sua espada (*Ida Oranmiyan*), guardada em Ifé e a pedra que teria sido seu escudo (*Asa Oranmiyan*).

23 Esse é um dos mais belos monumentos por nós observado na Nigéria. Está localizado em Ifé num grande terreno permitindo livre circulação das pessoas. Trata-se de uma coluna cilíndrica de pedra, com cerca de 4 m de altura, segundo cálculo meramente visual (Verger fala em 3,60 m e Palau Marti em mais ou menos 5 m), possuindo diâmetro capaz de ser abraçado por uma pessoa. Está plantado verticalmente e afina na parte superior, onde se inclina ligeiramente. Possui pequenos buracos simétricos enfileirados, de baixo a alto, em uma de suas faces, nos quais estão incrustadas tachas de ferro, formando um desenho que lembra vagamente uma delgada forquilha. Esse monumento é muito conhecido dos pesquisadores e tem recebido várias interpretações. O todo lembra uma presa de elefante. Nesse sentido o próprio Verger nos disse, no local, que essa possibilidade de representação de presa de elefante é viável, pois na região de Benin na Nigéria (Benin City) as figuras dos ancestrais são ornadas, na cabeça, com representações dessas presas. Mas Verger declarou, na mesma ocasião, que na realidade ninguém sabe a verdade, pois segundo as legendas apenas se diz que *Oranmiyan* sumiu e que ficou o monumento. Para Johnson (1976), assinala a tumba do herói. As tachas de ferro são interpretadas como impressões feitas pelo próprio *Oranmiyan* para marcar os anos de seu reinado. Palau Marti (1964) vê nesses furos representações de pelos pubianos, e o monolito o próprio membro de *Oranmiyan*, manifestando-se assim a sua natureza viril. Essa coluna seria mesmo um objeto de uso pessoal de *Oranmiyan*, a levar em conta a legenda indicada por K. C. Murray, citado por Verger (1957), segundo a qual o herói, tendo se ausentado por cinquenta anos de Ifé, foi ali convocado magicamente para auxiliar o povo em guerra. *Oranmiyan* aparece e começa a matar indiscriminadamente até perceber que destruía também o seu próprio povo. Angustiado, suspende sua luta, deixa seu escudo – a pedra *Asa Oranmiyan* – e dirige-se à sua antiga casa onde pousa seu bastão: a coluna cilíndrica que está em Ifé.

24 Localidade conquistada por *Ogun*, que matou seu rei. Essa divindade é chamada "Rei de Irê".

25 *Orunmila*, divindade ligada à questão dos jogos divinatórios Ioruba.

26 A "cabeça interna", *Ori*, conceito já apresentado.

27 Em Porto Novo (Benin), Ifé (Nigéria) e Yohonou (Togo), pudemos, em 1978 e 1980, observar locais sacralizados e destinados à divindade dos ferreiros, inclusive, em uma delas, a prova desse caráter absorvente e dinâmico atribuído a *Ogun*, ligando-o a toda espécie de ferro e à tecnologia. A divindade, no Benin e no Togo, não é Ioruba, mas sim Fon, porém suas características são as mesmas. Um dos locais consagrados a essa divindade foi observado em Porto Novo (1978) na residência de um velho adivinho, um *Bokono*, especialista na arte dos jogos divinatórios e na cura pelos métodos da medicina africana tradicionista, com quem tivemos a oportunidade de conversar por duas vezes. O conjunto de elementos que configura esse local está situado de frente para a entrada da concessão – cercada de muros feitos com módulos de palha trançada –, em sua parte interna e a poucos metros dela. Ali se encontra um pequeno abrigo, apenas um teto de palha apoiado em estacas com menos de dois metros de altura. Sob esse abrigo, pousada na terra, há uma esfera de barro seco cravejada de pontaletes de ferro, incrustados com suas pontas agudas voltadas para fora. Um nicho preparado no chão, a céu aberto, perto da esfera e atrás dela, abriga várias pedras e objetos de ferro não identificados. Do centro desse nicho sai uma haste de madeira com cerca de 4 m de altura, na ponta da qual se encontra fixada uma pequena bandeira, que traz as cores branca, preta e vermelha, as cores de *Sakpata*, divindade das moléstias contagiosas. Esse dignitário nos explicou que o local descrito pertencia a *Gu* (ou *Gun*), embora a divindade principal da família – e sua própria – fosse outra, *Oya Gogo Non*, ligada à terra. Já a bandeira significa que esse é um local onde se pratica a cura. Outro local destinado a essa divindade foi observado (1978) no quarteirão dos ferreiros em Porto Novo, *Gu Kome*, o local onde se faz o ferro, entre os Fon. Nesse setor de Porto Novo, em lugar de destaque, formando uma pequena praça, existe uma área circular de cerca de 4 m de raio, rodeada por uma mureta baixa. Esse espaço está coberto por um telhado de palha apoiado por estacas. No centro da área, onde se penetra descalço, encontram-se vários objetos sagrados colocados no solo de terra batida, inclusive um grande motor de carro ou caminhão, revelando os desdobramentos da divindade cujo poder acompanha o aparecimento de novas técnicas. A poucos metros dessa área, existe uma pequena construção, com cerca de 1,5 m de altura, formada por três paredes de adobe, duas laterais e outra no fundo, coberta por um teto de palha. No interior pudemos observar um pote de barro coberto de palha, com vestígios de óleo em sua superfície. Foi-nos informado que no primeiro local são feitos sacrifícios regularmente, inclusive sacrifícios de sangue. Quanto à construção menor, esclareceram-nos que se tratava de "outro *Gu*", de "menor importância". A divindade foi apontada como a verdadeira proprietária do quarteirão. Não obstante tratar-se de uma ocasião nefasta – um ferreiro havia falecido –, pudemos manter um longo e caloroso contato com os ferreiros e muitas pessoas de suas famílias, com quem nos reunimos no terraço de uma casa próxima. Na Nigéria (1978) estivemos no *Oke Mogun* ("colina de *Ogun*") que é um ponto mais elevado existente em Ifé e dedicado à divindade. Nesse local situado perto de um mercado de cabras (Verger, que nos acompanhava, disse que

sempre existia um local dessa divindade perto de mercados) vimos, no topo, algumas árvores. Sob elas, estão erigidas três colunas cilíndricas de pedra, com alturas diferentes. Uma é arredondada na parte de cima, a mais alta. As outras duas têm as pontas chanfradas. Perto vimos também dois montículos formados com pedras. Sacrifícios a *Ogun* são realizados nesse local, onde também ocorre, anualmente, uma cerimônia de significativa importância, rememorando *Odudua*, *Ogun* e *Oranmiyan*. No Togo (1980), entre os Ewe, pudemos visitar Yohonou, uma aldeia de ferreiros não longe de Aneho. Logo à entrada da localidade, fomos recebidos por vários ferreiros que se encontravam sob a cobertura onde vimos a forja mais simples que pudemos observar na África, pois o fole está instalado diretamente no chão, sendo que o ar produzido é enviado por um conduto cavado na terra e atinge o buraco onde o fogo é alimentado. Após as apresentações e saudações de praxe, um dos ferreiros nos conduziu a outro local, no lado oposto da aldeia, o qual atravessamos. Todos cumprimentavam e saudavam alegremente, os meninos formavam um cortejo. Atingimos assim um dos limites da aldeia, uma área bastante grande, desprovida de habitações. Somente passaram desse limite as pessoas que nos levaram à localidade e o ferreiro, as demais se detiveram: havíamos chegado a um espaço muito especial, onde ocorrem as cerimônias para a divindade dos ferreiros. Três elementos se destacavam fortemente nesse local: uma folha de palmeira colocada no chão, uma pequena construção à esquerda dessa folha e, a poucos metros dela e mais adiante, à direita, um coberto de palha apoiado em estacas e ornado com franjas feitas com folhas de palmeira. Sob esse coberto alguns homens se encontravam sentados e após algumas palavras trocadas com eles pelo nosso ferreiro, todo o pequeno grupo avançou ultrapassando a folha de palmeira. Após as apresentações, fomos convidados a nos sentar, tendo sido explicado havermos chegado pouco após a realização de uma cerimônia dedicada a *Nygblen*, a divindade dos ferreiros e protetora da aldeia. A cerimônia é realizada nesse espaço diferenciado e a folha de palmeira colocada no chão serve para indicar que não é prudente ultrapassá-la, pois pertence à divindade e, assim colocada, significa interdição. Posteriormente, houve um convite para visitar a construção antes indicada desde que nos dispuséssemos a tirar os sapatos, pois ali é o santuário de *Nygblen*; trata-se de um pequeno edifício de adobe revestido de alvenaria, redondo e pintado de branco. Na parte externa há um pequeno patamar de cimento, no qual existem vários búzios incrustados, colocado em frente à única porta do templo. Muitas penas de aves e restos de sangue puderam ser vistos grudados na porta. Ao lado da construção, há uma pequena árvore e, suspenso num de seus galhos por uma corda, um grande pote ornado com uma franja feita de folhas de palmeira. O interior do templo – de proporções modestas, talvez 2 m de largura por 2,50 m de fundo – está quase vazio. Na pouca claridade existente, não pudemos observar o interior do templo em detalhes. A um canto, junto à parede, havia um considerável número de objetos de ferro, incluindo antigos instrumentos de trabalho nas forjas e muitos búzios. Em outros locais, pudemos ver alguns potes. Um ferreiro exibiu orgulhosamente os utensílios, dizendo que pertenciam a muitos antigos ferreiros do local e que um desses instrumentos tinha sido usado por *Nygblen*, ele mesmo, "no começo". Foi então realizada uma cerimônia. Em primeiro lugar, foram feitos os cumprimentos e saudações à divindade através de várias cantigas. A seguir, vieram as libações, para as quais se utilizou Gim vertido sobre os utensílios e em outros pontos do aposento, tudo acompanhado de declamações. Foi-nos explicado então por que o Gim passou a ser a bebida utilizada para as libações rituais, demonstrando o poder das divindades africanas sobre os europeus: elas simplesmente obrigaram os europeus a trazer suas bebidas à África para servir nas libações rituais. Após as libações, houve oferenda de óleo dendê, aspergido sobre os utensílios, ato acompanhado também de declamações. Finalmente, foi aberta uma noz de Kola, fruto utilizado nos jogos divinatórios, cujas partes foram reduzidas em pedaços e também oferecidas em sacrifício a *Nygblen*. Deixando o templo, fomos conduzidos a outro aposento, este já integrado no espaço onde se localizam as casas, a fim de sermos apresentados ao casal de ancestrais-fundadores da localidade, representado por duas estátuas de madeira figurando duas pessoas idosas, sentadas num banco, um homem e uma mulher. Esse local é chamado a "casa do papai e mamãe", mesmo pelo velho dignitário que nela nos introduziu e onde assistimos a uma pequena cerimônia de saudação na qual a bebida não faltou. Voltamos à forja, tendo-se formado novamente o cortejo de meninos, e lá ganhamos um pequeno disco de ferro, passado no fogo e martelado à nossa vista, lembrança de *Nygblen* e de seus velhos ferreiros, cabelos já brancos, que acenavam gravemente enquanto partíamos...

28 Ilesa, uma das localidades por onde passa o rio *Osun*, do mesmo nome da divindade do qual é a patrona. Nós pudemos visitar a floresta sagrada dedicada a essa divindade existente em Osogbo onde também passa esse rio e onde se encontra um grande templo de *Osun*. O fundador da localidade celebrou um pacto com a divindade, fato rememorado anualmente nesse local sob a presidência do rei (Verger [1981] faz uma descrição desse evento). Os santuários encontrados nesse local perderam sua configuração mais antiga depois de "adaptados" por Suzana Wengl, pintora e escultora austríaca, moradora de Osogbo decidida a "interpretar" o sentido "profundo" de *Osun*, exercitando-se nas artes plásticas. É assim, por exemplo, que o acesso à floresta se faz por um portão incrustado em uma construção cuja forma lembra um útero, de vez que a divindade está ligada à concepção de fertilidade e a ela recorrem as mulheres que desejam ter muitos filhos. A amargura de Verger, que nos levou a esse local, era evidente, pois o conheceu antes dessas "interpretações": não conseguindo mais conter sua decepção, exclamou, à margem do rio e diante da estátua que ali foi erguida pela artista, braços abertos, para representar *Osun*: "Eis aqui a deusa do amor e da beleza!..."

29 Nós não tivemos a oportunidade de ver trabalhar os ferreiros de Porto Novo quando ali estivemos em 1978. Nessa ocasião, como dissemos antes, um ferreiro havia falecido. No local reinava o silêncio. Em respeito ao deus-ferreiro todas as atividades de trabalho esta-

vam suspensas, o fogo apagado, os foles inativos e não se podia malhar o ferro. Pudemos registrar a presença, numa residência, de alguns homens que conferenciavam e entoavam certas cantigas. Foi explicado que se tratava de dignitários dos cultos a ancestrais *Egun* que estavam reunidos e se preparavam para certas cerimônias que deveriam ocorrer em razão do evento. Segundo informado, decidia-se se ocorreria ou não uma saída de *Egun*, o que estava na dependência da hierarquia da pessoa falecida. Todavia, fomos definitivamente dissuadidos da tentativa de obter autorização para penetrar no local à primeira e titubeante alusão feita para conseguir o convite. E nenhuma outra informação foi acrescentada.

30 Divindade aquática dos Egba, grupo Ioruba. É hoje divindade principalmente do rio *Ogun* e do rio Lakasa, ambos da região de Abeoukuta. Anteriormente a divindade possuía seu próprio rio, o rio *Yemoja*, localizado entre Ibadan e Ifé, como o indica Verger (1981), região de onde os Egba tiveram de se retirar por razões de guerra. A divindade é também relacionada com o mar, domínio de *Olokun*, para onde se retirou desgostosa com os reparos irônicos de seu marido (talvez *Odudua*) a respeito do grande volume de seus seios (Verger, 1981 – e em relato pessoal).

31 O conceito a respeito de *Ifa*, ligado aos jogos divinatórios Ioruba, será visto posteriormente.

32 Nessa versão, *Odudua* aparece em sua configuração feminina.

33 A cegueira de *Odudua* pode ser interpretada como incapacidade para exercer o poder que, devido à senilidade do rei, foi então assumido por *Ogun*.

34 Essa divindade é o senhor do mar, como indicado antes.

35 *Oya*, a deusa do rio Níger – de mesmo nome no Brasil –, considerada como uma das esposas de *Sango*. É também chamada por *Iyamesan* – expressão que se liga ao número nove (*Iya*: mãe, mulher; *mesan*: nove), ao qual a divindade está relacionada – de onde possivelmente teria se originado o nome *Iansã*, como é também conhecida no Candomblé.

36 Morteiro de pilão. A divindade é muito ligada a essa simbologia.

37 Talvez exista aí uma referência a antigo costume de Oyo, ligado ao rei.

38 Pudemos observar as pedras de raio e o morteiro num templo de *Sango* existente em Osogbo, ao qual tivemos acesso graças a Verger. Esse local é guardado por *Baba Sango*, um velho e conhecido dignitário responsável pelo culto a essa divindade. Ao tentarmos obter

maiores informações, *Baba Sango* disse que não poderia adiantar muito porque precisava informar-se antes "com seu iniciador"... Nesse templo, vimos *Baba Sango* utilizar também o *Sere*, espécie de chocalho feito com uma cabaça contendo certos grãos formando um instrumento musical que, segundo Verger (1981), é privativo dos iniciados ao culto da divindade. Quanto ao machado, realmente não podemos afirmar que o vimos nesse templo – as condições locais tornavam a observação difícil – mas o observamos em outro contexto, ligado também a *Oya*, sob várias formas. Quanto ao morteiro, pudemos perceber a importância de que se reveste: era sobre ele que se encontravam os objetos de *Sango*.

39 Verger (1981) descreve uma importante cerimônia dedicada a *Sango* onde o sacrifício de um carneiro adquire grande significação. Após o sacrifício, e quando uma mulher especificamente designada para fazê-lo traz a cabeça do animal ao local onde se concentram as pessoas, *Sango* se manifesta através do transe de um – e apenas um – de seus incontáveis adeptos ali presentes. Esse transe pode durar até dezessete dias.

40 O território Tapa (ou Nupe) é considerado aquele de onde veio *Sango*. Outras legendas e interpretações o dão como oriundo do território Bariba. Verger (1981) considera que se trata de um mal-entendido de Frobenius, que deu origem a essas interpretações, tratando-se na realidade de reis posteriores. A origem Bariba de *Sango* pode estar ainda ligada à influência de divindade semelhante que teria se deslocado com o tempo dessa região para o território Ioruba. Palau Marti (1964) indica que essa divindade tratar-se-ia de *Dongo*, senhor do trovão, do raio e das pedras de raio entre os Songhai. J. Rouch, que publicou excelente trabalho (1960) onde essa divindade aparece, considerou, em conversa que mantivemos, a grande semelhança existente entre *Dongo* e *Sango*, sendo que a cor do primeiro é preta, e a do segundo, vermelha. J. Rouch evitou entretanto procurar aproximações maiores, principalmente a dessa eventual transfiguração proposta por Palau Marti.

41 Para percepção mais abrangente desse relacionamento, seria necessário abordar de maneira mais aprofundada não apenas as divindades Ioruba aqui apresentadas como outras apenas mencionadas, ou aquelas sequer indicadas por não estarem referidas de maneira significativa com a problemática que nos preocupa. Essa abordagem não constitui alvo deste trabalho.

Capítulo 8
Jogos divinatórios

Embora o assunto a ser exposto agora envolva ainda o plano das divindades, julgamos conveniente apresentá-lo em capítulo separado do anterior devido às suas características mais fundamentais. De fato, a problemática está relacionada a uma explicação específica do mundo que abrange uma modalidade típica de conhecimento.[1] Por outro lado, esse conhecimento, em última análise, está fortemente impactado por fatores relacionados com as divindades, mas o acesso a ele só é possível através de certas técnicas – os jogos divinatórios – conhecidas somente por pessoas especialmente qualificadas para as manipular de maneira legítima. E, finalmente, esses jogos, de resto prática corrente entre os Ioruba na elucidação dos mais variados problemas, ligam-se aos processos de sucessão do rei, ganhando então a sua dimensão política.

Não é nossa intenção abordar aqui a complexa problemática manifestada nos jogos divinatórios, aliás já apresentada pelos autores, de vez que fugiria aos objetivos deste trabalho.[2] Optamos por apresentar, de maneira sumária e dentro de nossas limitações, apenas alguns dados a respeito com o único propósito de deixar registrada a existência dessas práticas entre os Ioruba para que, no contexto preciso das futuras remissões que fizermos ao assunto, sua natureza tenha sido já indicada.

A explicação do mundo contida nessa modalidade de conhecimento abrange, aproximadamente e simplificando, das divindades aos insetos. Sua manifestação empírica mais aparente configura-se nas declamações tradicionistas, que Abimbola (1976) denomina de "corpo literário", na verdade abstrações e sínteses que compõe um universo cognitivo altamente sofisticado forjado ao longo dos séculos. Entretanto, a dimensão que o torna sagrado remete à natureza mágica nele envolvida, pois existem aquelas divindades titulares de sua posse e dinâmica, sobretudo *Orunmila*, *Ifa* e *Esu*, que possibilitam o acesso a ele através de um sistema específico. Mas esse conhecimento é também eminentemente humano: ele envolve de maneira decisiva aqueles agentes da sociedade capazes de o manipular – os *Babalawo* (literalmente, "pais do segredo") – pelo domínio do sistema, acionando através dos jogos divinatórios os mecanismos que indicam quais instâncias precisas estão em relação com uma dada problemática. As explicações adquirem características de processo, pois cada situação apresentada é remetida aos discursos respectivos, os quais podem se combinar até fazer configurar a natureza mais íntima e verdadeira do assunto, apontando as soluções possíveis. Assim, longe de propor uma configuração estática do conhecimento, o sistema que permite o acesso a ele o define como um universo dinâmico cujos fatores podem ser desencadeados continuadamente pela sociedade de acordo com situações diferenciais.

Vejamos resumidamente alguns aspectos dos jogos divinatórios, começando pela sua natureza mágica. Abimbola, ele mesmo um *Babalawo*, fazendo menção às controvérsias existentes acerca das concepções definidoras de *Orunmila* e *Ifa*, considera

> enquanto o nome Òrúnmìlà refere-se exclusivamente à divindade ela mesma, o nome Ifá refere-se a ambos, à divindade e seu sistema divinatório. Muitos sacerdotes de Ifá interrogados por mim mantêm essa posição [...]. Um exame conciso do corpo literário de Ifá também mostra que dois nomes, Ifá e Òrúnmìlà, são utilizados para referência à divindade, enquanto o nome Ifá é usado também para o sistema de adivinhação. (Abimbola, 1976: 3)[3]

Dessa forma teríamos as divindades titulares do sistema – *Orunmila* e/ou *Ifa* – e o próprio sistema, conhecido genericamente pelo nome de *Ifa*. Verger considera que

> Ifa entre os Yoruba não é uma divindade propriamente dita (Orisa), é o porta-voz de Òrúnmìlà e de outros deuses [...]. Ifa é consultado, em caso de dúvida, pelas pessoas que precisam tomar uma decisão, que desejam conhecer da oportunidade de fazer uma viagem, contratar um casamento, concluir venda ou compra importante, ou então que procuram determinar as causas de uma doença ou saber se existem sacrifícios ou oferendas a fazer para uma divindade. (Verger, 1957: 56)

Posteriormente, esse autor (Verger, 1981) repete esse mesmo pensamento, porém utiliza o nome *Orunmila* no lugar do de *Ifa*. Para ele, *Orunmila* também não é considerado uma divindade – como o dissera anteriormente com relação a *Ifa*[4] – sendo seus porta-vozes os *Babalawo*. Verger adota assim a posição segundo a qual *Orunmila* é o titular do conhecimento, e *Ifa* o nome pelo qual é conhecido o sistema que dá acesso a esse conhecimento:

> Òrúnmìlà é na tradição de Ifé o primeiro companheiro e "Chefe Conselheiro" de Odùduà quando de sua chegada a Ifé. Outras fontes dizem que ele estava instalado em um lugar chamado Òkè Igèti antes de vir fixar-se em Òkè Itase, uma colina de Ifé onde mora Àràbà,[5] a mais alta autoridade em matéria de adivinhação, pelo sistema chamado Ifá. Orunmilá [...] é o testemunho do destino das pessoas[6] [...]. Apesar de suas altas posições, Orunmilá e Olodumaré, o deus supremo, consultam Ifá em certas cerimônias, para saberem o que lhes reserva o destino. (Verger, 1981: 126)

Esse sistema é, portanto, de extrema importância, pois até mesmo as divindades recorrem a ele.

Quanto a *Esu*, é divindade de "múltiplos e contraditórios aspectos, o que o torna difícil defini-lo de maneira coerente" (Verger, 1981: 76). Não obstante essa característica, *Esu* relaciona-se com os jogos divinatórios. Verger assinala que essa divindade "revelou a arte da adivinhação aos humanos" (Verger, 1957: 109), citando legendas que explicam por que ensinou a um homem essa arte, fazendo-o tornar-se o primeiro adivinho. Posteriormente, Verger indica: "Como personagem histórica, Exu teria sido um dos companheiros de Odùduà, quando de sua chegada a Ifé [...]. Tornou-se, mais tarde, um dos assistentes de Orunmilá, que preside a adivinhação pelo sistema de Ifá" (1981: 76). Esse autor relaciona *Esu* ainda com outras modalidades de jogos divinatórios: "Há outros sistemas de adivinhação derivados do sistema de Ifá, porém sem ligação com Orunmilá. Em um deles, utilizam-se dezesseis búzios e é Exu quem dá as respostas" (Verger, 1981: 127). Abimbola considera que *Esu* "é certamente a divindade mais próxima de Ifá" (1976: nota 10). Por isso, está presente nos jogos divinatórios, fato que é simbolizado por certos entalhes existentes na bandeja de madeira, elemento da parafernália dos *Babalawo*, que representam seus olhos. Elbein dos Santos, examinando longamente a configuração de *Esu* no pensamento Ioruba, indica sua dimensão de elemento comunicador

> não só porque simboliza a união entre o feminino e o masculino, mas porque, como elemento dinâmico e de individualização ele passa de um objeto a outro, de um ser a outro. Não é apenas o [...] encarregado, transportador de oferendas, é particularmente o [...] mensageiro no sentido mais amplo possível: que estabelece relações do àiyé com o òrun, dos òrìsà entre si, destes com os seres humanos e vice-versa. É o intérprete e o lingüista do sistema. (Elbein dos Santos, 1976: 165)

Esu seria aquele que fala por todas as divindades, pois estas "decidiram dar um pedaço de suas próprias bocas a Èsù, quando ele foi representá-los aos pés de Olórun. Èsù uniu os pedaços em sua própria boca e desde então fala por todos eles" (Elbein dos Santos, 1976: 165-166).[7] Essa autora considera ainda que o sistema de *Ifa* ganha sua dinâmica por força de *Esu*, encarregado de fazer produzir os efeitos dos sacrifícios ou oferendas ligados aos jogos divinatórios, sem os quais eles não se completam e as declamações aparecem então apenas como "jogo de palavras".[8]

Não obstante as controvérsias, o sistema de conhecimento em questão envolve, de uma forma ou de outra, certas divindades e é possível apreciar, de forma resumida, como a prática se configura e como é acionada.

Como dissemos, o conhecimento em causa manifesta-se empiricamente nas narrativas tradicionistas que abrangem as mais variadas instâncias da realidade e propõem explicações elucidativas. Elas podem combinar-se entre si, alargando dinamicamente a massa explicativa. O acesso às declamações que devem orientar a explicação de uma situação dada se faz pelos jogos divinatórios acionados pelos *Babalawo*, que utilizando certas técnicas precisas, a fim de obter determinados signos – *Odu* –, os quais identificam as recitações aplicáveis, permitindo-lhes chegar a uma interpretação coerente com a problemática. Um *Odu* é "o conjunto constituído por duas colunas verticais e paralelas de quatro índices cada uma. Cada índice compõe-se de um traço vertical ou de dois traços verticais paralelos"

(Maupoil, 1943: 410). Verger, nomeando os dezesseis *Odu* principais, a que Maupoil (1943) chama de "os dezesseis grandes signos",[9] indica que cada um "desses dezesseis nomes justapostos, com eles mesmos ou com algum dos quinze outros, forma o nome de um dos duzentos e cinqüenta e seis Odù ou signo de Ifá" (Verger, 1981: 127). Assim, em resumo, existem dezesseis *Odu* básicos de cujas combinações possíveis resultam 256 *Odu* possíveis (16 x 16), constituindo "uma quantidade enorme de histórias e de lendas antigas [...] cujo conjunto forma uma espécie de enciclopédia oral dos conhecimentos tradicionais do povo de língua ioruba" (Verger, 1981: 126).

Para efetuar os jogos e desencadear o sistema, o *Babalawo* utiliza-se ritualmente de certos objetos dos quais destacamos alguns, segundo as indicações de Abimbola (1976).

Os jogos podem ser feitos com dezesseis sementes de palmeira (*Ikin*) ou com o *Opele*, o colar dos adivinhos, havendo outras tipologias, como os jogos feitos com cauris (*Merindilogun*) e aqueles onde se utilizam nozes de Kola (*Obi*). As nozes de palmeira (*Ikin*) são utilizadas para os cultos a *Ifa* e também para os jogos. Esses são os elementos mais importantes do sistema de adivinhação, pois representam o próprio *Orunmila* que as deixou em seu lugar quando abandonou o mundo, e por essa razão são os principais meios para a comunicação com a divindade. No dia consagrado a *Ifa* (juntamente com *Esu*),[10] o *Babalawo* retira as dezesseis nozes de palmeira do relicário onde são guardadas – no qual às vezes existem entalhes simbolizando os olhos de *Esu* –, invoca a divindade e procede aos sacrifícios de estilo. Existe uma prancha (*Opon Ifa*) feita de madeira retangular, circular ou semi-circular sobre a qual o *Babalawo* espalha o *Iyerosun*, um pó obtido da árvore *Irosun*. Essa prancha possui as bordas entalhadas, um dos quais representa os olhos de *Esu*, considerado presente nos jogos. Nessa prancha e sobre esse pó, o *Babalawo* faz a série de traços com os quais obtém os signos relacionados com situação examinada. Utiliza-se ainda do *Iroke*, um pequeno bastão entalhado, feito de madeira ou marfim, com o qual bate delicadamente na prancha a fim de invocar *Ifa*.[11]

Vejamos como se processam os jogos com a utilização das nozes de palmeira:

> Para fins de adivinhação, o sacerdote de Ifá coloca as dezesseis nozes de palmeira em uma de suas mãos e tenta apanhá-las todas de uma vez com a outra mão. Se uma noz fica em sua mão, ele faz duas marcas no pó amarelo de adivinhação, mas se duas nozes permanecem, ele faz uma marca. Se não restar nenhuma das nozes ou se mais de duas permanecem, ele não faz nenhuma marca. Esse processo é repetido até que um signo Odù é obtido. (Abimbola, 1976: 11)

Palau Marti diz que "Após ter executado essa operação oito vezes, o adivinho terá traçado outro tanto de signos – simples ou duplos – sobre a prancha divinatória e esse desenho constituirá um Odu" (1964: 245). Abimbola (1976) afirma que os jogos divinatórios feitos com as nozes de palmeira são considerados como os métodos mais antigos do sistema divinatório Ioruba, mas são raramente utilizados pelos *Babalawo*, provavelmente pelo longo tempo exigido na sua execução. Mas esses sábios, segundo aquele autor, utilizam essa modalidade para consultas a membros de sua família ou para si mesmos, explicando a utilização mais freqüente do *Opele*.

O *Opele* é constituído de duas seqüências iguais de quatro metades de nozes da fruta do mesmo nome, ligadas umas às outras espaçadamente por um fio. Esse objeto é também feito com a utilização de metal no lugar das nozes.[12] Os jogos com o *Opele* também são baseados na lei das probabilidades:

> Cada uma das metades de noz ligadas ao fio tem uma face côncava e convexa. Quando o sacerdote de Ifá lança o colar ao solo, algumas das metades de noz devem apresentar naturalmente seu lado côncavo enquanto outras apresentam seu lado convexo. Cada combinação das quatro superfícies côncavas e convexas das metades de noz dá um signo Odù. (Abimbola, 1976: 11)

Nessa descrição, Abimbola faz referência a cada um dos lados do *Opele*, o qual é considerado como dividido em duas partes, cada uma contendo quatro metades de nozes, sendo uma parte masculina e a outra feminina.[13] Cada lado contém potencialmente, a todo lançamento do colar, quatro possibilidades de apresentação das faces convexas e quatro para as côncavas, ou seja, oito possibilidades para cada lado, dezesseis no total. Essas dezesseis possibilidades de apresentação das nozes correspondem aos dezesseis *Odu* básicos, de cujas combinações possíveis resultam os 256 *Odu* existentes (16 x 16) referidos às narrativas já mencionadas, capazes de indicar as explicações que desvendam uma dada situação.

Vistos assim, sumariamente, alguns aspectos da importância dos jogos divinatórios e a maneira pela qual o sistema dá acesso ao conhecimento, cuja natureza em última instância é de ordem divina,[14] resta enfatizar também a importância dos *Babalawo*. De fato, a dimensão divina desses jogos e desse conhecimento propõe a sacralização dos *Babalawo*, os quais ao longo de seu aprendizado submetem-se a processos iniciáticos específicos[15] e vastos ensinamentos, o todo constituindo formação necessária à manipulação correta do sistema. Essa formação os torna os únicos agentes sociais institucionalmente habilitados a realizar os jogos, obter os signos *Odu* e ter acesso às narrativas, cujo significado profundo podem decodificar a fim de colocá-los em relação com a realidade. Eles são, na verdade, os principais guardiões da explicação Ioruba do mundo contida no conhecimento manifestado através da palavra, conhecimento esse que se convencionou chamar apressadamente de "tradição oral".

Podemos agora apreciar em quais medidas e circunstâncias se configuram as relações existentes entre as divindades e a sociedade nos reinos de Ketu, Ifé e Oyo.

Notas

1 Trata-se da dimensão do conhecimento proposta pelos jogos divinatórios. Não obstante essa questão se configurar num quadro mais amplo, formulado com base em processos civilizatórios, o caráter sintético dos jogos divinatórios e sua importância social recomendam abordagem específica.

2 Quanto aos Ioruba, julgamos que o trabalho de Abimbola (1976) é da maior oportunidade para ajudar a objetivar inúmeros aspectos dos jogos divinatórios. Já a obra de Maupoil (1943) se impõe pela sua vastidão e riqueza de detalhes. Muito embora referindo-se a sociedade não-Ioruba, esse trabalho – em si indispensável para conhecer essa complexa manifestação de povos do Benin (ex-Daomé) – é do maior proveito para acesso ao estudo da geomancia tal como aparece em civilizações cuja semelhança é reconhecida. Para uma apreciação da problemática dos jogos divinatórios de origem africana existentes no Brasil ver Bastide e Verger (1953). Sobre o mesmo assunto, abordado com mais detalhes, o trabalho de Braga (1977) é muito útil.

3 Abimbola informa contudo, nesse seu trabalho, que *Ifa* é tomado como o sistema divinatório, nisso incluído o corpo literário (as narrações tradicionistas peculiares a ele).

4 Verger não informa mais longamente porque acredita que *Orunmila* não é uma divindade. Fundamenta essa afirmação no fato de que os *Babalawo* não entram em transe ao longo de sua iniciação – considerada apenas de ordem intelectual – como ocorre nos casos onde as pessoas são iniciadas no culto aos *Orisa*. Esse argumento não nos parece suficiente para fundamentar a idéia. Todavia, tanto Abimbola (1976) como Maupoil (1943), deixam estabelecido, implícita ou explicitamente, a essência divina do titular supremo dos jogos divinatórios. E a iniciação do adivinho, tal como descrita por Maupoil (1943), demonstra o alto grau de sacralização dos atos respectivos. Nós pudemos ter contato na África com certos dignitários, principalmente entre ferreiros, que não entram em transe, sendo entretanto iniciados ao culto específico da divindade que rege a profissão e mesmo a forja. Essa característica não permite, por si só, considerar não tratar-se de uma divindade. O mesmo ocorre no Candomblé, onde várias pessoas, embora iniciadas, não estão sujeitas ao transe.

5 Em Ifé, tivemos a oportunidade de visitar o templo de *Ifa*, situado na colina indicada por Verger, onde pudemos penetrar graças à sua interferência junto a *Araba* que nos acompanhou. O aposento de pequenas proporções, chão de terra batida, chama a atenção pela sua singeleza. Nele, um nicho abriga os principais elementos do santuário, inclusive uma representação da própria divindade. Não foi permitida a realização de fotos.

6   Como vimos antes, *Orunmila* é testemunha da escolha de *Ori*, o qual dentre outras características, estabelece o destino dos seres humanos.

7   *Esu* apresenta ainda um aspecto fundamental ligado à noção de contradição que Verger registra da seguinte forma: "De caráter irascível, ele gosta de suscitar dissensões e disputas, de provocar acidentes e calamidades públicas e privadas. É astucioso, grosseiro, vaidoso, indecente a tal ponto que os primeiros missionários, assustados com essas características, compararam-no ao Diabo, dele fazendo o símbolo de tudo o que é maldade, perversidade, abjeção, ódio, em oposição à bondade, à pureza, à elevação e ao amor de Deus [...]. Exu é o guardião dos templos, das casas, das cidades e das pessoas. É também ele que serve de intermediário entre os homens e os deuses. Por essa razão é que nada se faz sem ele e sem que oferendas lhe sejam feitas, antes de qualquer outro orixá, para neutralizar suas tendências a provocar mal-entendidos entre os seres humanos e em suas relações com os deuses e, até mesmo, dos deuses entre si" (Verger, 1981: 76). Nós não sabemos em quais circunstâncias práticas e particularizantes essa dimensão de *Esu* se manifesta nos jogos divinatórios e esse foi um dos motivos que nos levou a não aceitar totalmente uma idéia de Jean Rouch lançada em contato infomal. Nessa ocasião, estávamos em Korhogo, Costa do Marfim, participando do Seminário sobre a Civilização Senufo realizado em 1979. Rouch havia exibido um de seus filmes, o qual aborda certas cerimônias funerárias dos Dogon. Nele, Rouch registrou uma cena de adivinhação completando-se da seguinte forma: o adivinho dirige-se a um determinado local, longe das habitações, ao entardecer, e ali traça no solo os signos aplicáveis a uma dada situação, necessárias à sua interpretação. No dia seguinte, após o amanhecer, volta ao local para examinar os signos, sobre os quais foram impressas necessariamente, durante a noite, marcas de patas de raposa. A raposa é o animal no qual foi transformada uma das quatro criaturas primordiais elaboradas pelo preexistente Dogon no começo de tudo. Essa transformação ocorreu como penalidade imposta a essa criatura, responsável pela criação da Terra mas cometedora de faltas imperdoáveis. Como a raposa representa um dos ancestrais primordiais dos Dogon, sempre que um diagrama divinatório é traçado nesses locais, ela deve necessariamente passar por ele, imprimindo com seu andar marcas de suas patas, introduzindo um elemento aleatório na configuração formal do sistema. Somente assim se completa o quadro divinatório, o qual pode então ser finalmente analisado pelo adivinho. A partir dessa particularidade dos jogos divinatórios Dogon, discutimos brevemente a noção de desordem no pensamento africano em linhas gerais. Rouch considerou essa temática recorrente entre os Dogon, na concepção sintetizada na figura da raposa, e acrescentou que essa noção, para os Ioruba, é dada por *Esu*. Nós discordamos dessa idéia naquele momento, defendendo uma posição metodológica segundo a qual tal tipo de aproximação, não obstante o mérito, prejudicaria o exame de propostas emanadas de sociedades diferentes. Segundo parece, estávamos também já nos insurgindo contra o que chamamos de "dogonização", um tipo de análise onde os Dogon

se constituem, em certa medida, em espécie de referencial ou mesmo de centro difusor de valores e padrões civilizatórios negro-africanos. Atualmente, após conhecer melhor alguns escritos de Rouch, acreditamos que ele não estava pensando sob tais critérios, mas simplesmente formulando uma idéia onde dois elementos de duas sociedades diferentes apresentam traços similares em seus contornos. E nos penitenciamos pelo erro.

8   De fato, os sacrifícios geralmente acompanham os jogos divinatórios. Maupoil (1943) dedica todo um capítulo de seu trabalho a essa problemática. Nos jogos feitos para nós em três oportunidades (Togo, Benin e Nigéria), todos utilizando o colar divinatório chamado *Opele* (entre os Ioruba), sacrifícios e oferendas foram exigidos, conforme a análise do signo que se manifestou.

9   Maupoil aponta que esses dezesseis signos capitais, são chamados de "signos-mãe", não porque sejam "femininos, mas devido à sua propriedade de poder engendrar duzentas e quarenta combinações que possuem o nome de du-vi (signos-filhos) [...]. A palavra mãe não implica aqui a idéia de feminilidade do signo gestador" (Maupoil, 1943: 410).

10 O dia de *Ifa* (e *Esu*) é o *Ojo Awo*, o dia do mistério, do segredo. É um dos quatro dias componentes da semana Ioruba.

11 Nos jogos divinatórios por nós assitidos no Togo, foi utilizado um bastão de madeira. Nos demais, não houve utilização desse objeto. O adivinho que se utilizou desse bastão informou, após usá-lo tal como indicado por Abimbola, ter invocado os ancestrais da família.

12 Para os jogos assitidos na Nigéria, o *Babalawo* utilizou-se de um colar feito com metades de nozes em metal.

13 Maupoil (1943) afirma que o colar divinatório – que entre populações do Benin, e mesmo do Togo, é conhecido pelo nome de *Agumaga* – considera-se masculino por ser um mensageiro de *Fa* (*Ifa* entre os Ioruba), mas que um de seus lados é masculino e o outro feminino. Os adivinhos colocam certos elementos em suas extremidades para distinguir cada um dos lados.

14 Não só o sistema é de natureza divina. Nós já vimos serem as nozes de palmeira a representação do próprio *Orunmila*. Os signos *Odu* também são sagrados e comportam nome, sexo, divisas, legendas, sacrifícios, cantos, preces e interditos, conforme aponta Maupoil (1943). Segundo parece, todos os elementos integrantes da parafernália dos adivinhos, assim como a simbologia, são sacralizados, pois com eles e com a ajuda da sabedoria *Ifa* pode "falar".

15 Verger considera que a iniciação do *Babalawo* é "totalmente intelectual. Ele deve passar por um longo período de aprendizagem de conhecimentos precisos em que a memória, principalmente, entra em jogo" (Verger, 1981: 126). Esse autor estabelece, assim, uma tipologia iniciática diferente daquela referida à iniciação necessária ao culto das divindades caracterizada, dentre outros fatores, pelo transe. Por outro lado, a iniciação do *Babalawo* não se produz no quadro abrangente dos processos de socialização, assunto já abordado. Trata-se, portanto, de uma iniciação atípica, produzindo tipos sociais diferenciados. Já Maupoil (1943) detém-se longamente nos processos iniciáticos dos adivinhos das populações do Benin, onde aparece, ao lado do aprendizado, a sacralização dos indivíduos e da profissão, permitindo-lhes aproximar-se do segredo que envolve o sistema e, às vezes, penetrá-lo completamente, como é o caso dos dignitários conhecidos por *Araba* entre os Ioruba.

1 As celebrações de *Dipri* duram alguns dias e abrangem várias localidades. Ligam-se a funerais anuais do ancestral-fundador da localidade e da morte do ano agrícola com seu renascimento nas novas colheitas. É ocasião em que ocorre a demonstração coletiva da "força" maior herdada pela comunidade: o controle do "duplo" (elemento constitutivo da pessoa) pelos iniciados. A movimentação acelerada de pessoas e as varas representam união e força.

Sociedades: Abdjii (em Gomon) e Aboudé (em Ores-Krobou)
Localidade: Gomon e Ores-Krobou
País: Costa do Marfim, África do Oeste
Temática: Cap. 2 – O "duplo" e os comedores de alma

2 Uma família volta do ato purificador obrigatório realizado no riacho sagrado. A purificação é essencial para as manifestações de "força" e domínio do "duplo" que ocorrem posteriormente. Segundo consta, o caulim, destinado à purificação, somente é encontrado no riacho nessa ocasião, depois desaparece (Gomon).

3 Patriarca-Chefe e os símbolos do poder. Sua presença nas celebrações é indispensável por tratar-se do principal guardião da terra. Note-se o grande símbolo ostentado pela mulher (Ores-Krobou).

4 O grande tambor sacralizado *Odo* de Gomon...

5 ...somente pode ser acionado por ocasião de *Dipri* ou para aviso de ocorrência extremamente grave.

6 No transe provocado pela emergência do próprio "duplo", a utilização do ovo e da água...

7 …mas também do sangue, veículo privilegiado de transmissão de força vital.

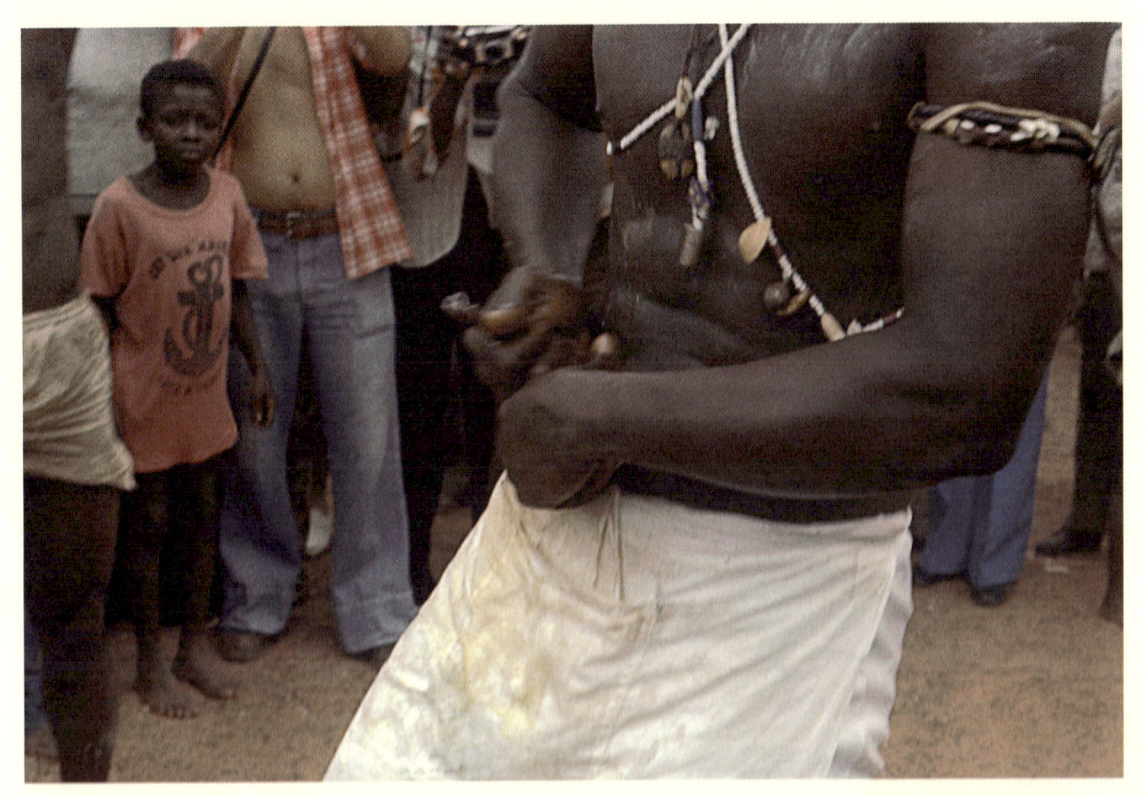

8 Os iniciados nos segredos de *Dipri* fazem emergir seus próprios "duplos", provocando o transe de si mesmos, o que lhes permite praticar a perfuração de seus ventres...

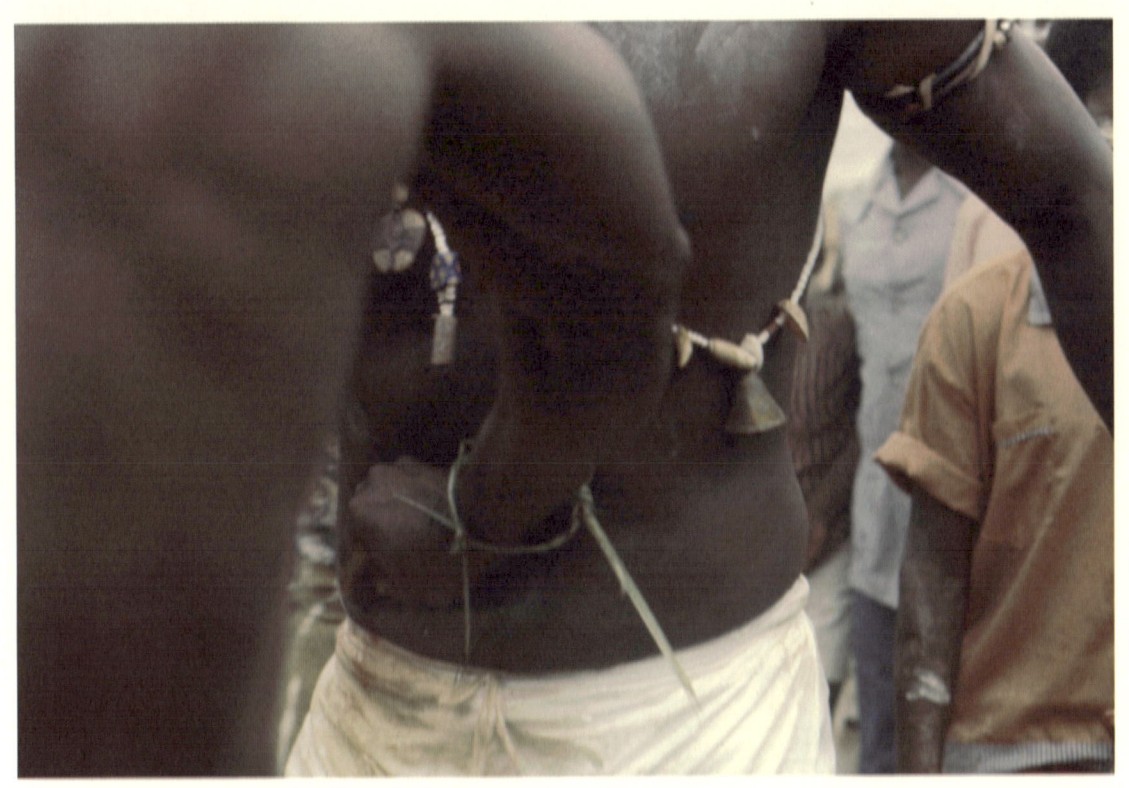

9 ...seguindo-se a cicatrização praticamente imediata do ferimento.

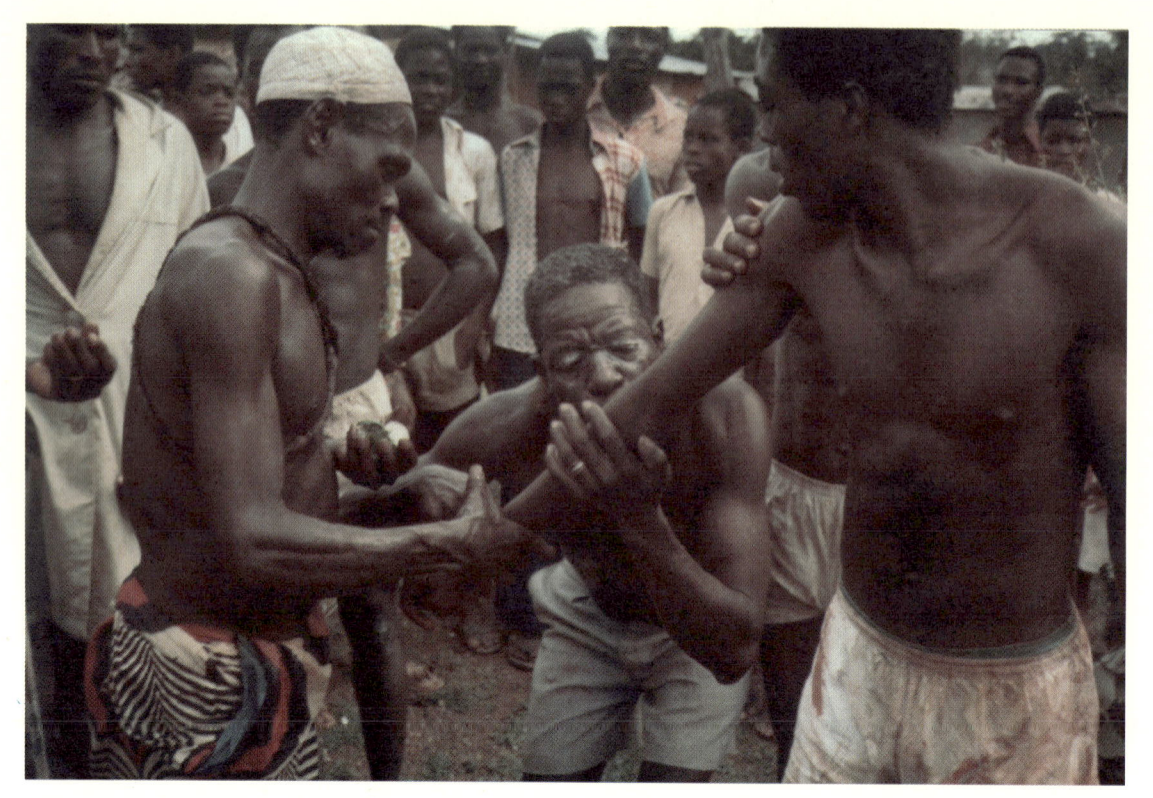

10 Processo de cicatrização de corte autoprovocado com facão durante as celebrações de *Dipri* em Ores–Krobou: ovos e folhas aplicados com a boca…

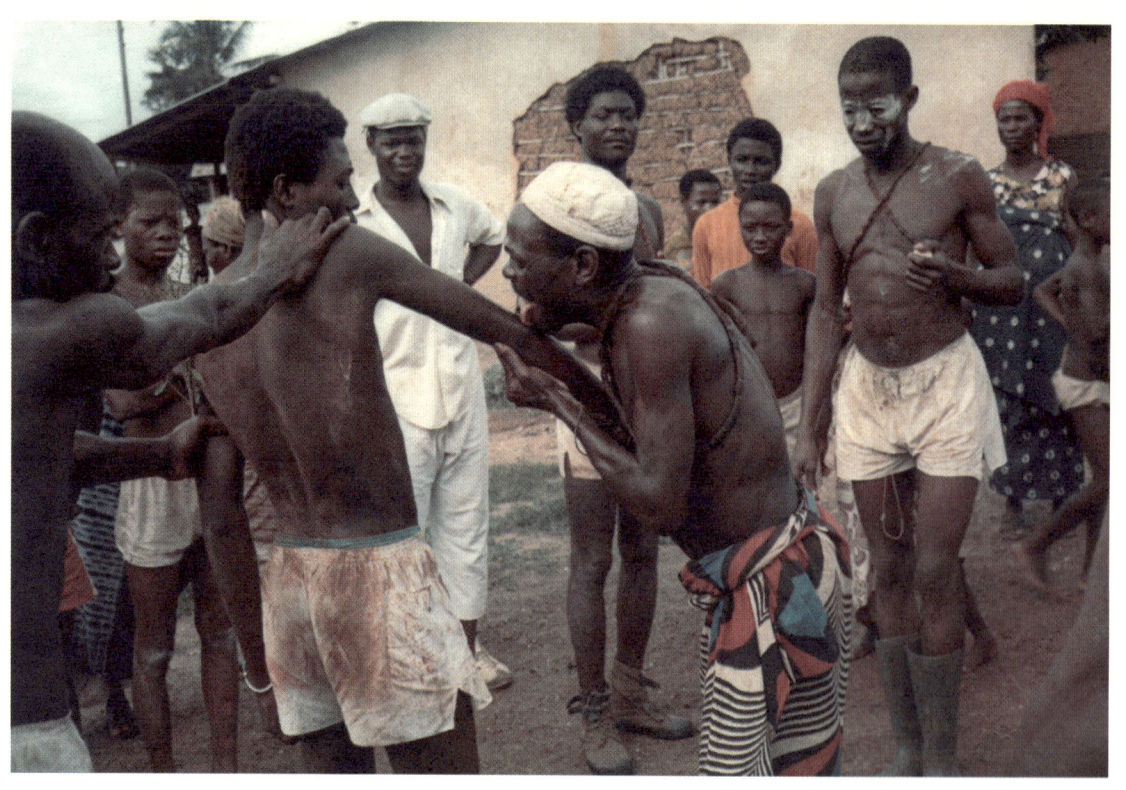

11 …imposição da língua pelo "homem mais forte" da localidade…

12 ...e da boca...

13 ...com o resultado final e a alegria do superior iniciado.

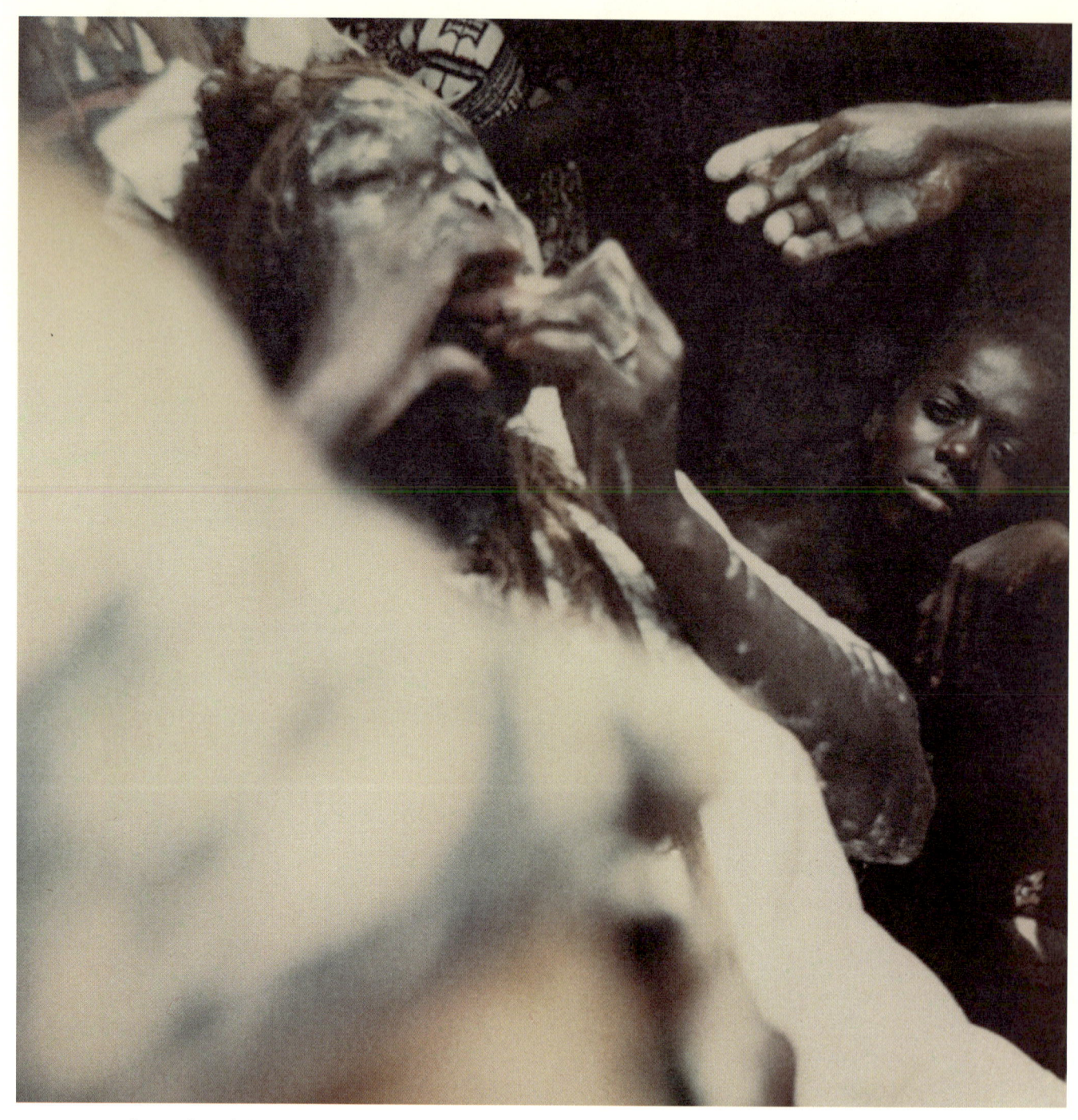

14 Segundo as leis que regem *Dipri* as mulheres não podem ferir-se no ventre devido às funções maternas. Aqui, uma iniciada costura a própria língua…

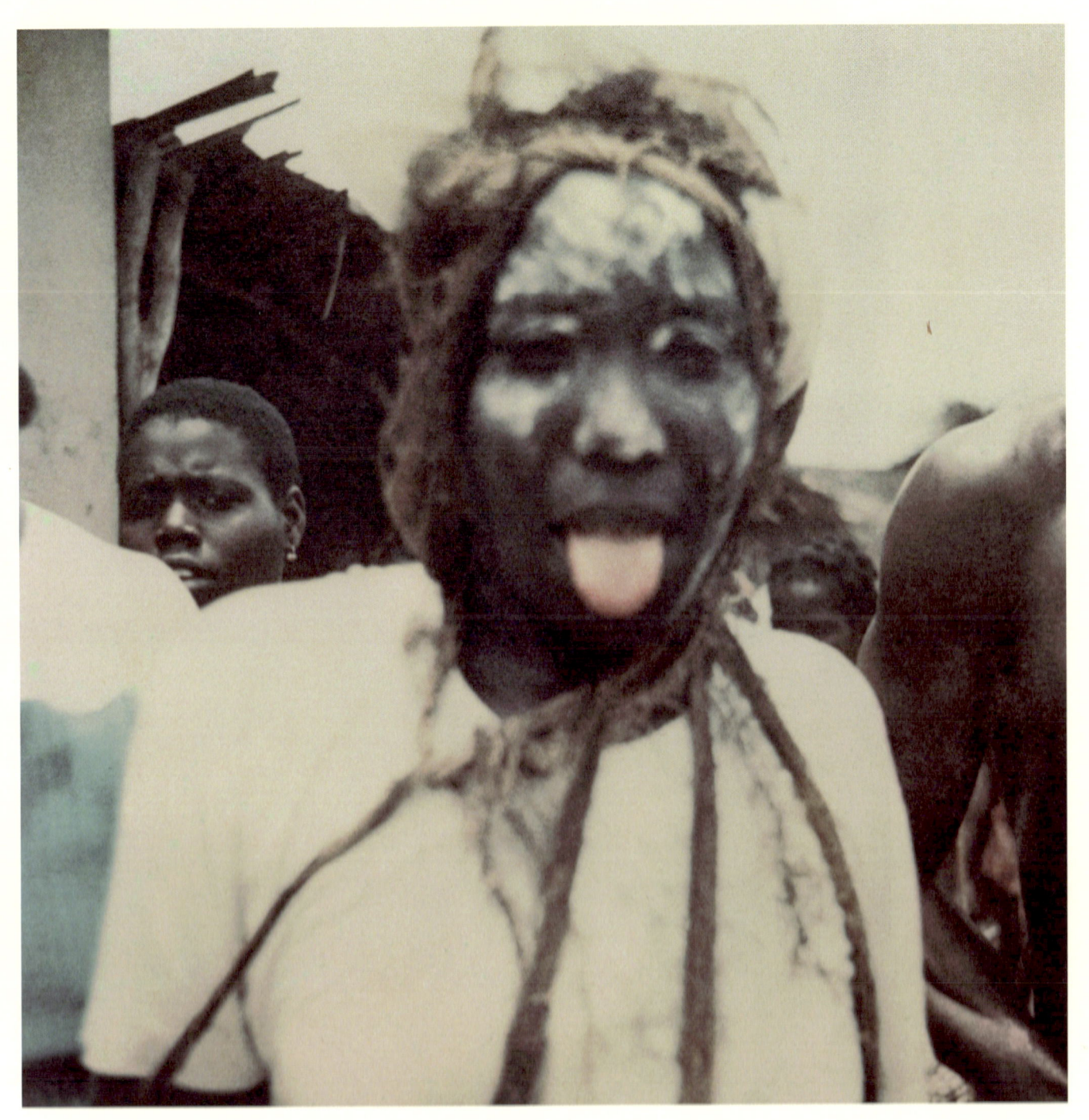

15 ...mostrando, em seguida, a absoluta ausência de ferimentos.

16 Nova manifestação do "homem mais forte" de Ores-Krobou, que se aproxima do pesquisador com as mãos sobre o ventre…

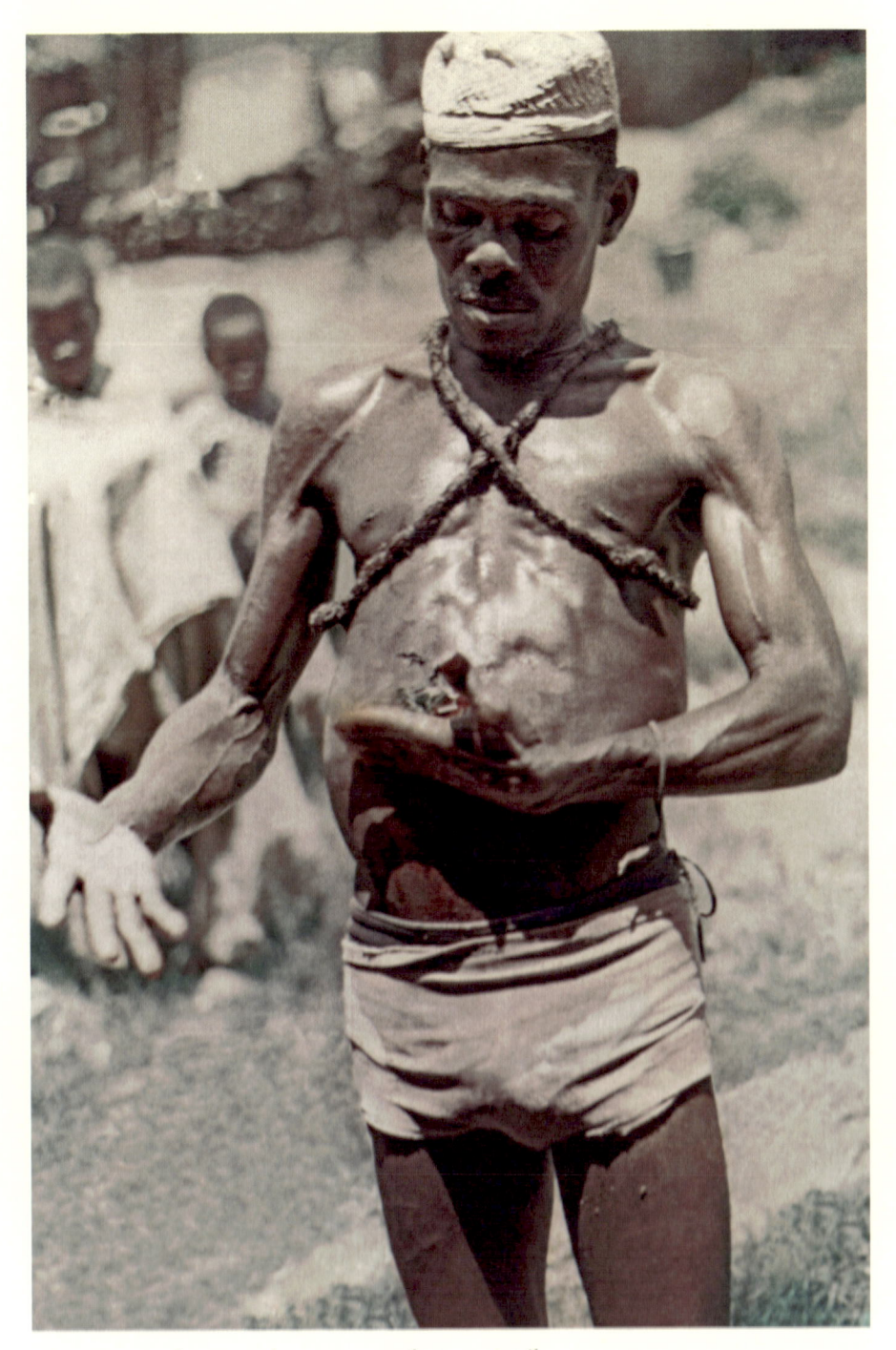

17 …segurando parte de suas entranhas, que exibe…

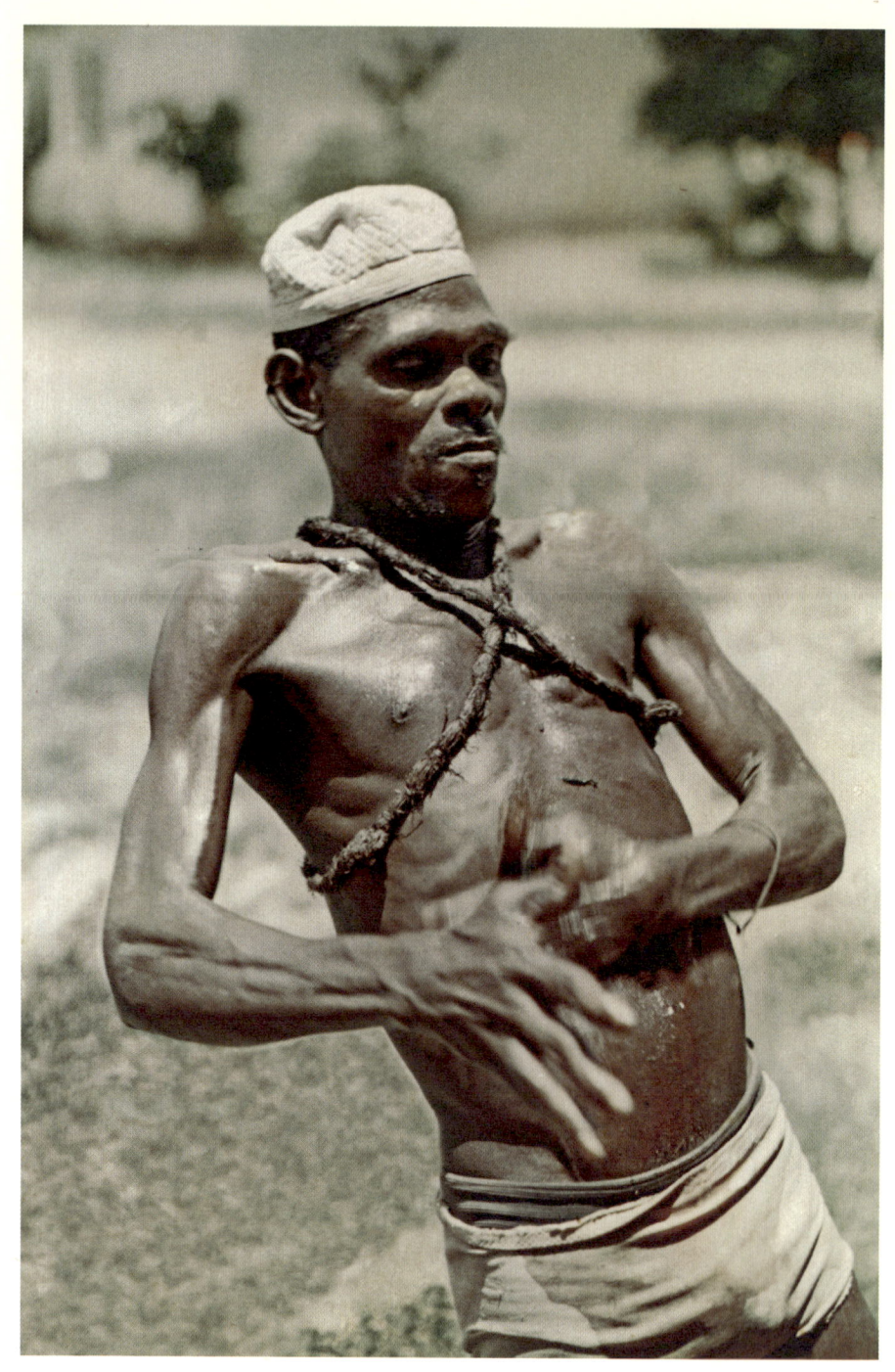

18 …e as reintroduz em si, aplicando no ferimento uma mistura de ovos e folhas.

19 A cicatrização imediata é exibida triunfalmente. (Foi afirmado ao pesquisador que essa pessoa é um "comedor de almas", extremamente temido).

20 Mercado de feiticeiros, com seus produtos destinados à bruxaria. Na entrada principal, o guardião Legba.

Sociedade: Fon
Localidade: Lomé
País: Togo, África do Oeste
Temática: Cap. 2 – O "duplo" e os comedores de alma

21 Os artigos misturam-se, cuidadosamente organizados…

22 ...enfrentando o leigo, não raro, sérias dificuldades para identificá-los...

23 ...e embora em alguns casos sejam mais fáceis de serem compreendidos, pode permanecer certa dúvida.

24 Certas pedras desta localidade (e de outras, que o pesquisador simplesmente não percebia) são dotadas de vitalidade humana ligadas à questão da imortalidade do homem nelas instilada pelos iniciadores, fazem parte da noção de pessoa proposta pela sociedade, sendo consideradas seres vivos.

Sociedade: Senufo
Localidade: Penyakaha
País: Costa do Marfim, África do Oeste
Temática: Cap. 2 – O princípio vital de imortalidade

25 Quando reunidas em um canteiro, essas pedras sacralizadas representam membros da comunidade que ainda se encontram na fase da existência visível. No canteiro do Chefe de família é plantada uma árvore ou arbusto, simbolizando vida individual e social organizada.

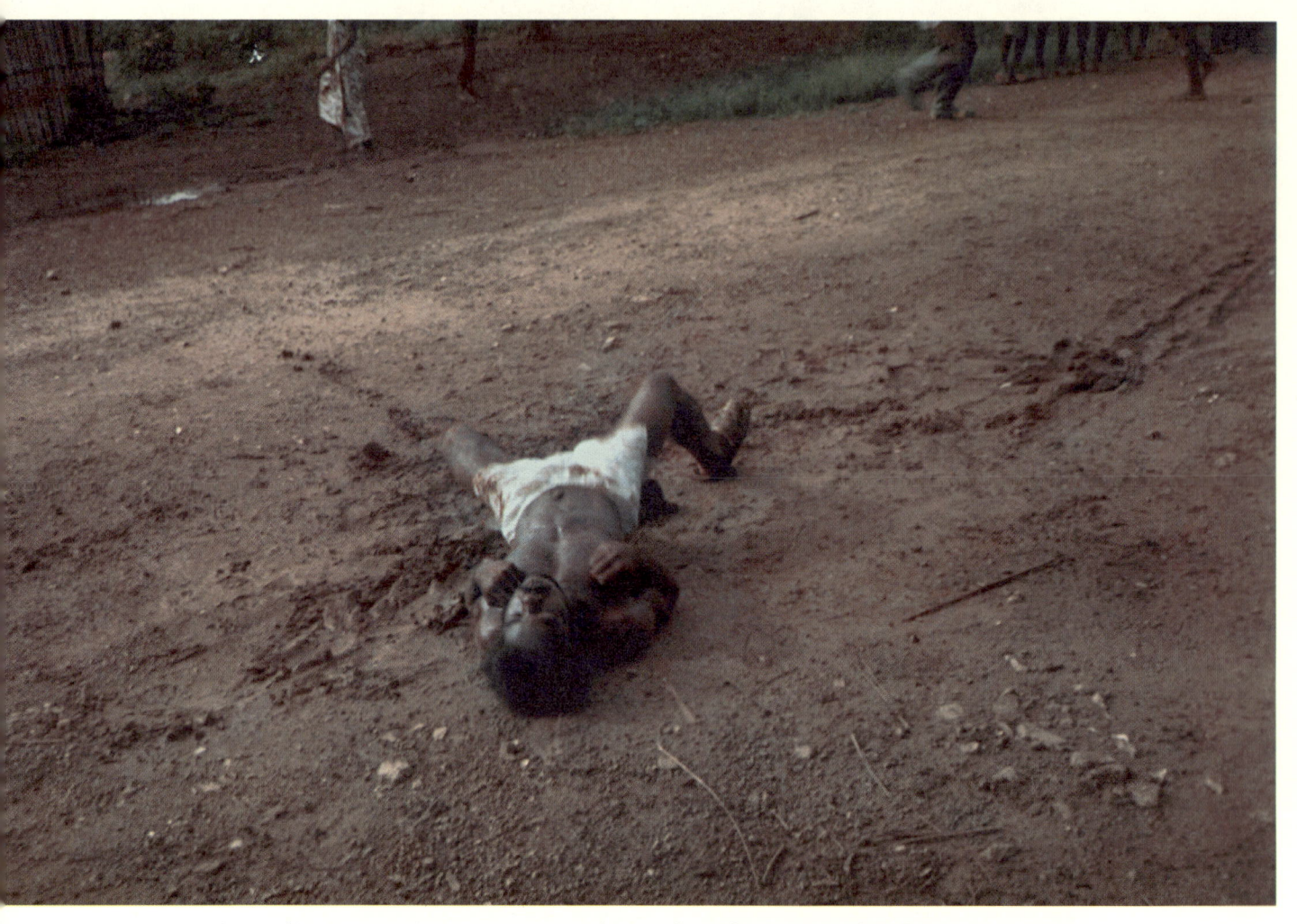

26 A socialização e a iniciação atingem todos os níveis da pessoa, incluindo o transe. Quando este não está socializado, a possessão pode ser violenta, ocorrendo a chamada "morte ritual"...

Sociedade: Aboudé
Localidade: Ores-Krobou
País: Costa do Marfim, África do Oeste
Temática: Cap. 4 – Socialização e iniciação

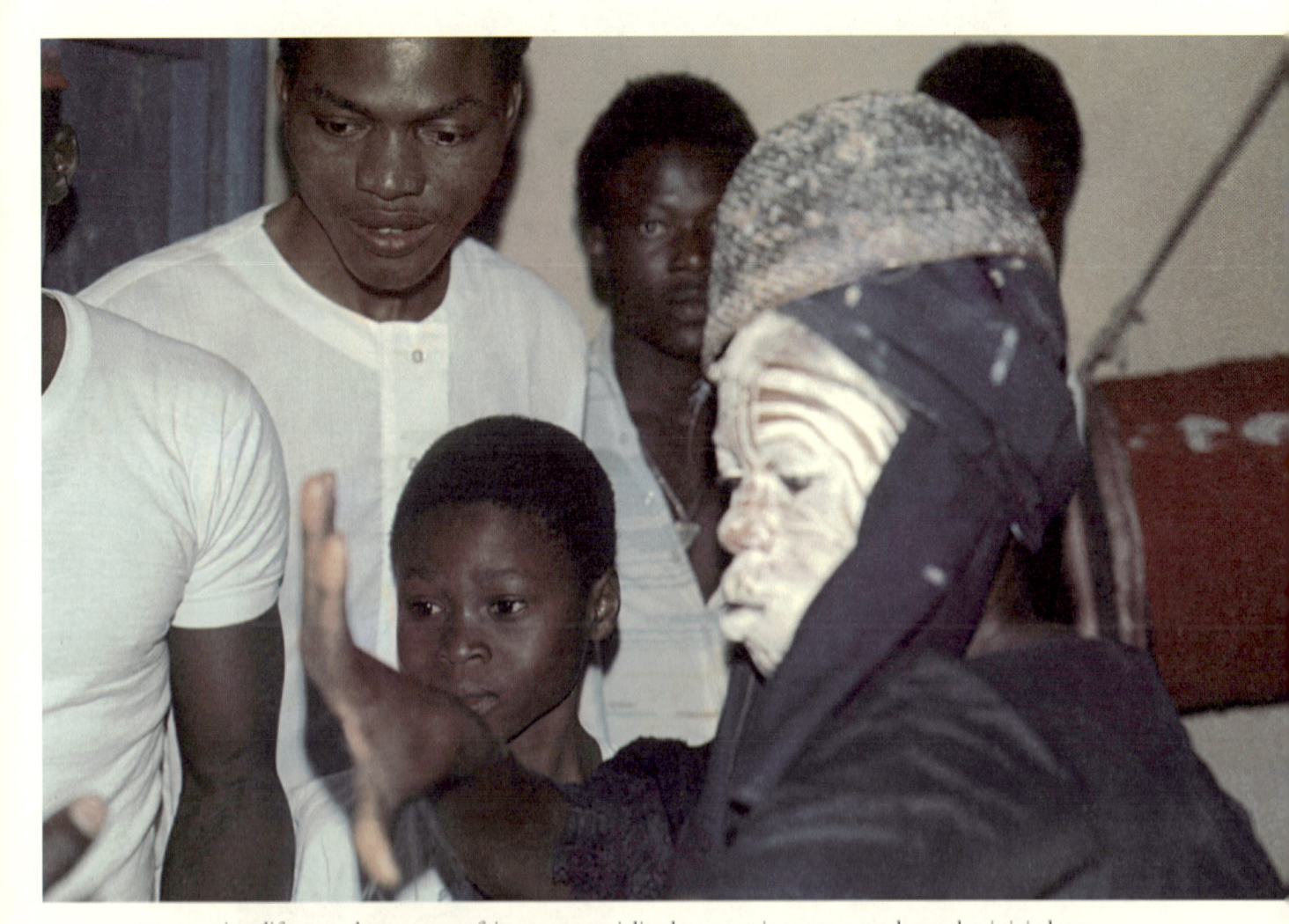

27 …muito diferente do transe perfeitamente socializado que exige atos complexos dos iniciadores, vários aparatos, vestimentas privativas. Aqui o Vodu *Banguele Kektsy* dança suavemente, leve e gracioso, em cerimônia a ele dedicada em uma casa de ritos ancestrais…

Sociedade: Fon
Localidade: Lomé
País: Togo, África do Oeste
Temática: Cap. 4 – Socialização e iniciação

28 …chefiada pelo dignitário Aika Akakpo, fotografado no interior do santuário do Vodu ainda ausente…

29 ...onde vários aparatos sacralizados ficam recolhidos...

30 ...o que demonstra o elevado grau iniciático...

31 ...sendo que muitos deles são indecifráveis para os leigos – não foi obtida qualquer informação mais ampla, apenas cordiais evasivas. Note-se que os dedos dos pés do Vodu são pintados com caulim em traços finos para imitar um esqueleto.

Foto permitida só até a cintura, por encontrar-se o Vodu já então presente no recinto.

32 Nas cerimônias públicas realizadas por ocasião da morte do rei Amon N'doufou III...

33 ...as delegações sucedem-se...

Sociedade: Agni-Akan
Localidade: Krinjabo
País: Costa do Marfim, África do Oeste
Temática: Cap. 6 – A elaboração social do ancestral

34 ...para os complexos atos diplomáticos relacionados com acontecimento de tamanha importância. Está, entretanto, vedado referir-se ao falecimento do soberano, cujo corpo fica escondido.

35 O evento funerário exige a presença significativa de notáveis. Na foto, de óculos, o rei dos Abron, sub-grupo Akan. Sentado no chão, um jovem porta-voz do soberano.

36 Em Krinjabo, na mesma ocasião: a solene atenção dedicada à palavra humana…

37 …estende-se à palavra dos tambores de fala, considerados seres vivos e que contêm seu próprio discurso.

38 Funeral cíclico de um chefe. Tambores ecoam diante da assembléia de notáveis...

39 ...e também os Balafons, instrumento musical típico dos Senufo...

Sociedade: Senufo
Localidade: Napieledougou
País: Costa do Marfim, África do Oeste
Temática: Cap. 6 – A elaboração social do ancestral

40 ...cujos sons, quando produzidos por orquestra composta por esse instrumento, dizem imitar a voz do próprio preexistente.

41 Templo de *Obatala*, regente da cor branca e criador dos seres do mundo, onde a cada quatro dias é realizada uma cerimônia específica, o *Ose Obatala*.

Sociedade: Ioruba
Localidade: Ifon
País: Nigéria, África do Oeste
Temática: Cap. 7 – Os deuses

42 *Opa Oranmiyan*, que seria o bastão de guerra, em seu tamanho real, utilizado por esse Orixá em suas batalhas (Ifé, Nigéria).

A foto com o pesquisador foi feita por Pierre Fatumbi Verger.

43 Na colina do Orixá *Ogun* em Ifé, Nigéria…

44 ...sua simbologia fálica representa também o instrumento de trabalho desse deus-ferreiro: o martelo originário, em pedra.

45 As colunas menores, com suas pontas chanfradas, provavelmente representam a circuncisão e a excisão, regidas por *Ogun*, senhor de tudo o que corta.

46 Representação de Vodu localizada à entrada do recinto sacralizado onde o *Bokono Awakpa* ("chefe dos feiticeiros") faz seus jogos divinatórios...

Sociedade: Fon
Localidade: Porto Novo
País: Benin, África do Oeste
Temática: Cap. 8 – Jogos divinatórios

47 ...protegido por outros Vodu também integrados ao ambiente.

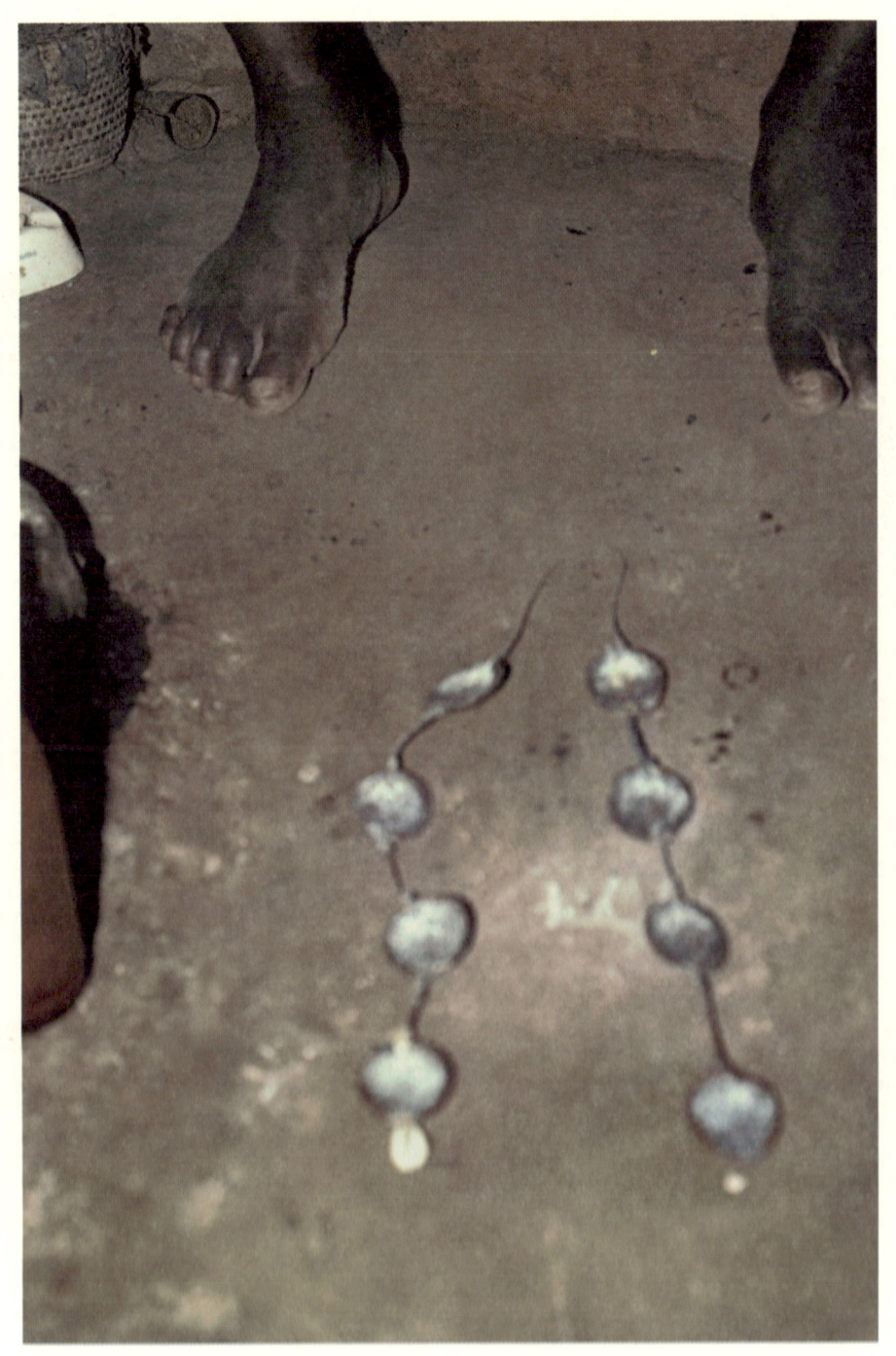

48 Lance de jogo divinatório feito pelo mestre com utilização do famoso colar de oito peças interligadas, dentro do recinto sacralizado.

49 Dignitários responsáveis pelos ritos ancestrais de *Obatalá* (Oxalá) dirigem-se ao palácio do rei para realizar cerimônia que se repete a cada quatro dias (número de dias da semana Ioruba), ocorrendo primeiro no templo da divindade e depois diante do soberano. O ato, denominado *Ose Obatala*, estabelece laços políticos entre o rito ancestral dedicado ao Orixá e ao Rei, que o representa no mundo visível.

De costas, Pierre Fatumbi Verger – raramente fotografável – dirige-se ao encontro dos notáveis para juntos chegarem ao Palácio.

Sociedade: Ioruba
Localidade: Ifon
País: Nigéria, África do Oeste
Temática: Cap. 9 – A dimensão divina do poder e do rei

50 Os dignitários sobem as escadas do Palácio para a cerimônia, portando bastões, símbolos de *Obatala*...

51 ...perfilam-se diante do rei e da Cadeira Real...

52 ...ajoelham-se...

53 ...espargem água sobre os degraus da escada que leva ao soberano (apesar das restrições do autor em fazer comparações, essa fase da cerimônia faz lembrar as "Águas de *Oxalá*" e a lavagem das escadas da Igreja do Bonfim em Salvador, Brasil, sabendo-se que *Oxalá* é um dos nomes de *Obatala*)...

54 ...e prostram-se em submissão definitiva e sacralizada ao soberano, que se confunde com o próprio *Obatala*...

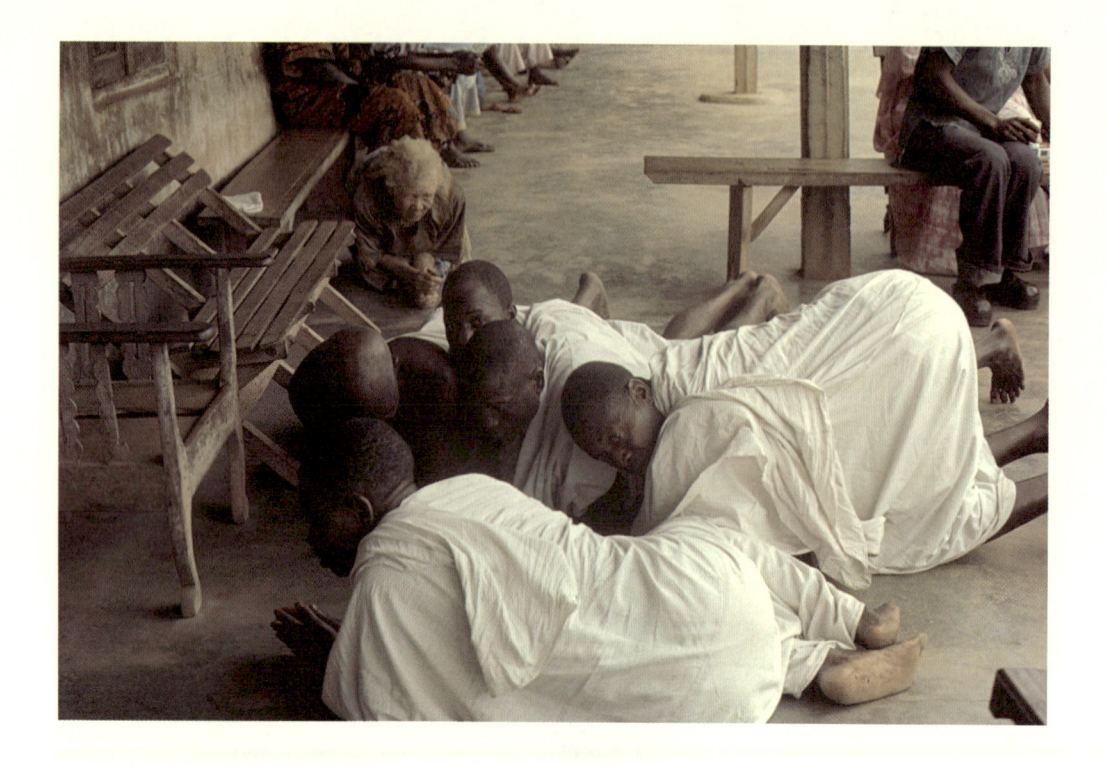

55 ...realizando os cumprimentos típicos finais diante da Cadeira Real e do rei (ao fundo, à esquerda, uma pessoa albina, ser tipicamente pertencente a *Obatala* e que participa da cerimônia)...

56 ...que assistiu ao rito ancestral ao lado da Cadeira simbólica do poder político e divino (o rei não pode ser fotografado durante esses acontecimentos).

57 O rei, Obá J. Akynyooye II, *Olufon* de Ifon, segura com a mão esquerda um Opaxorô, objeto ritual destinado aos cultos de Oxalá no Brasil, representando o bastão típico da divindade e as camadas celestes (*Obatala* é um Orixá do ar). Não é mais encontrado na Nigéria, foi presente do Dr. Mariano Carneiro da Cunha, da USP, já falecido, e está guardado no templo de *Obatala*, junto com o colar branco, também brasileiro, de onde foram retirados para a cerimônia por gentileza ao pesquisador. Em sua mão direita, o soberano segura uma foto Polaroid de si mesmo, ali obtida e a ele ofertada. A cabaça é o símbolo do poder e "força" da mulher, embora os Ioruba não adotem a organização matrilinear da família.

58 Na paisagem desolada da savana…

Sociedade: Senufo
Localidade: território Kiembará
País: Costa do Marfim, África do Oeste
Temática: Cap. 15 – *Sizanga*, o Bosque Sagrado

59 ...aparecem pequenas formações de árvores com porte inexpressivo...

60 …e às vezes uma ou outra gigantesca…

61 …mas os Bosques Sagrados (*Sizanga*) marcam definitivamente o espaço.

62 O Bosque Sagrado, em cujas orlas existem pequenas edificações destinadas à guarda de aparatos rituais utilizados nos atos que ocorrem secretamente em seu interior...
Localidade: Natiemboro

63 ...por vezes integra-se geograficamente na comunidade, de cuja explicação não pode ser dissociado...
Localidade: Sohakaha

64 ...dele emanando os motivos ligados à explicação Senufo do mundo, fixados nos tecidos nativos...
Localidade: Sorikaha

65 ...pelos descontraídos artistas que os pintam sem lugar para qualquer estrelismo.
Localidade: Sorikaha

66 Esses motivos aparecem entre os iniciados, às vezes publicamente. Esta orquestra de harpas de uma só corda, cabaça e sinetes, o todo produzindo efeitos sonoros de grande e mais antiga beleza, apresentou-se na residência de Gbon Coulibaly, um *Sizangafolo*, chefe de vários Bosques Sagrados, por ocasião de um Congresso Internacional realizado em Korhogo…

67 …e sob cujo ritmo jovens iniciados executaram a dança "Pantera", um dos personagens do *Sizanga*…

68 …devidamente paramentados com os trajes respectivos e portando galhos que simbolizam os ancestrais e o Bosque Sagrado.

69 Os habitantes desta localidade de ferreiros são detentores do sagrado poder de violar a terra...

Sociedade: Senufo
Localidade: Koni
País: Costa do Marfim, África do Oeste
Temática: Cap. 16 – A natureza mágica da terra

70 ...abrindo poços para penetrar fundo em seu interior...

71 ...de onde retiram a matéria-prima...

72 …que é processada nos fornos…

73 ...com a milenar tecnologia suficiente para a obtenção do ferro.

74 O metal é trabalhado e destinado à comunidade pelo ferreiro...

75 ...o mestre da transformação.

76 O ancestral-fundador desta aldeia, Penya, que foi para o país dos ancestrais (*Kubelekaha*), habita no mundo visível vários locais da comunidade. Aqui, foi erguida para ele após sua morte, ao lado da residência também preparada para sua esposa Unamatyê, uma casa sacralizada misturada com as demais da localidade. Assim foi feito para manter viva sua presença e para fins de ritos ancestrais.

Sociedade: Senufo
Localidade: Penyakaha
País: Costa do Marfim, África do Oeste
Temática: Cap. 17 – A dimensão ancestral da comunidade

77 No local são feitos sacrifícios regularmente. É importante notar o monumento em terra situado em frente da entrada.

78 Mas Penya, venerado ancestral, habita também neste santuário a ele dedicado, repleto de aparatos rituais.

O pesquisador foi autorizado a penetrar nesse recinto e nele fazer fotos com o compromisso solene de que as mesmas não seriam mostradas publicamente; permanecem guardadas até hoje.

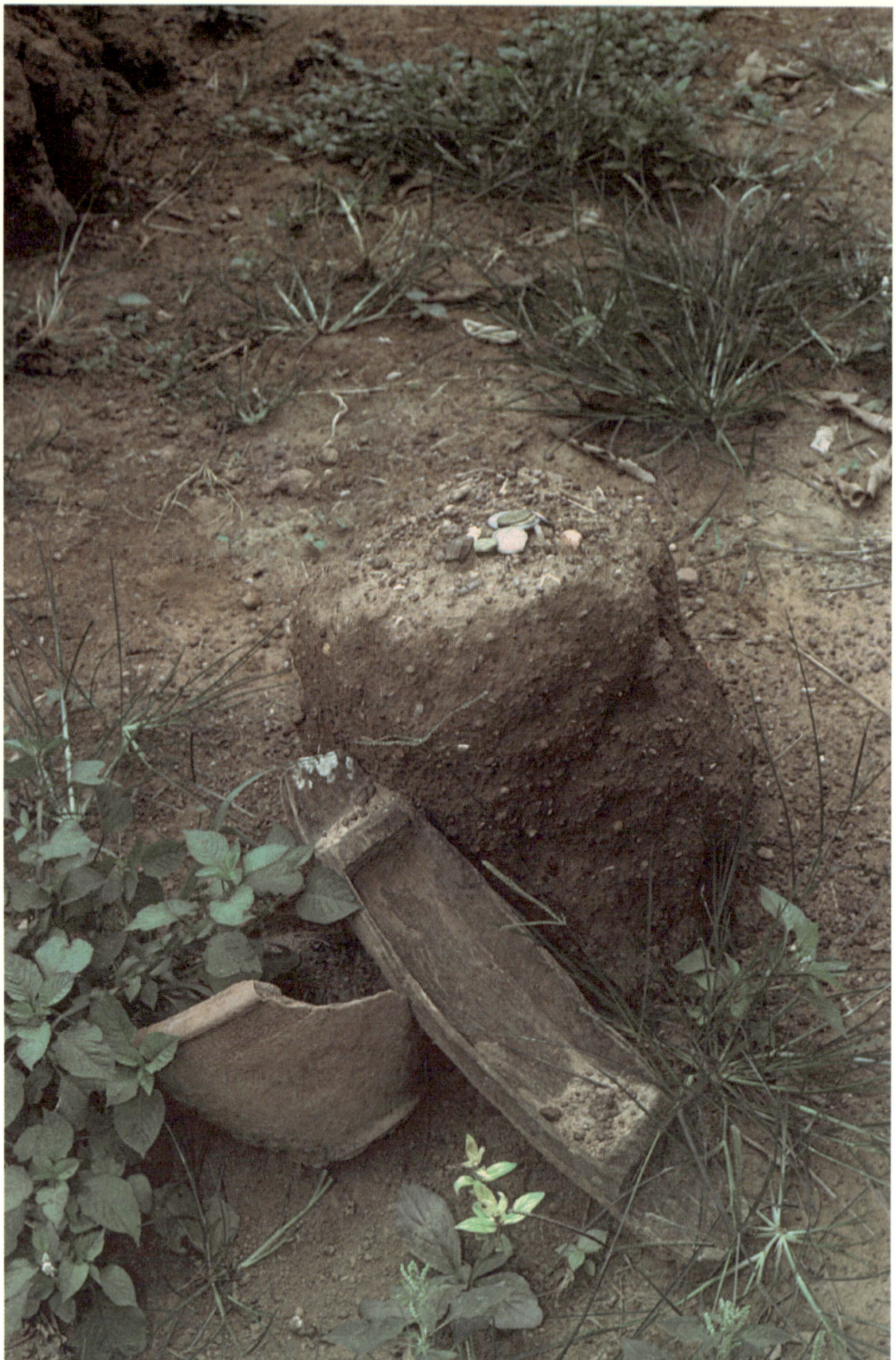

79 O monumento de terra antes referido, situado à entrada da casa sacralizada de Penya, contém em seu interior a pedra dotada de uma parcela do princípio vital de imortalidade do ancestral-fundador. O monumento, portanto, esconde e protege essa pedra, sendo restaurado sempre que necessário. A pequena canoa esculpida liga-se ao destino de Penya – navegar no país dos ancestrais onde as águas são abundantes ao contrário do que acontece nas savanas – e a vasilha serve para que nela fique depositada água de chuva, que não é utilizada. A pedra do ancestral-fundador, localizada ao ar livre, pertence aos habitantes e simboliza a sacralização de sua história e organização social, materializando a natureza ancestral da comunidade e fazendo parte indispensável de sua definição.

80 Sob determinados ângulos, a forma do monumento que contém a pedra ancestral lembra significativamente uma pessoa sentada, talvez simbolizando Penya em sua fase de existência visível... Monumentos dessa espécie foram observados e mesmo fotografados em outras localidades Senufo, com formas variadas, mas o pesquisador não conseguiu, entretanto, maiores informações sobre eles, ao contrário do que ocorreu em Penyakaha, que significa "a aldeia de Penya". Ao que parece, pois, trata-se de prática social generalizada.

81 Monumento ancestral. Os homens que vencem todas as etapas dos processos de socialização estabelecidos pelo *Poro* e as gerações a que pertencem são parte dos elementos estruturadores da realidade Senufo, simbolizados por monumentos como o da foto, encontrados nas aldeias, que vão sendo edificados progressivamente ao longo do tempo pela superposição de fileiras de bastões colocados lado a lado, cada bastão representando um iniciado e as fileiras, as gerações do *Poro*, recriando a trama social proposta pelos antepassados, na qual cada elemento sustenta o outro, os mais velhos e os mais novos, o homem e a comunidade, a sociedade e os ancestrais.

Sociedade: Senufo
Localidade: Tenindieri
País: Costa do Marfim, África do Oeste
Temática: Cap. 18 – O *Poro*

Capítulo 9
A dimensão divina do poder e do rei

O reino de Ketu

No reino de Ketu existem as linhagens das quais saem os soberanos, os *Alaketu*.[1] Dessa forma, um futuro *Alaketu* é pessoa conhecida dos dignitários que o elegem. Mas esse herdeiro é, formalmente e para fins de sucessão, um estranho, crescendo e sendo educado longe de sua família e do território abrangido pelo reino. Trata-se de uma fórmula destinada a simbolizar a natureza ambígua e mesmo semi-divina do *Alaketu* através da dúvida colocada, por um artifício, à sua origem humana.[2]

Esse artifício chega a ser aplicado, nos momentos da sucessão, por uma farsa institucional integrante dos atos culminados com a proclamação do novo *Alaketu*. De fato, 21 dias após a morte do soberano, um órgão colegiado reúne-se sob a presidência de *Esaba* – talvez o principal ministro da corte e notável que senta à direita do *Alaketu*, do qual é considerado protetor, sendo mesmo chamado de "pai do rei" – e escolhe, por unanimidade e segundo as regras de sucessão, o futuro mandatário. Não obstante, este deve ser "encontrado", "descoberto", pois, oficialmente, é desconhecido no reino. Para tanto, o herdeiro é levado incógnito à residência de sua família, em Ketu, onde aqueles dignitários o procuram com insistência sob a estupefação simulada de seus parentes. Finalmente encontrado, os ministros rendem-lhe as primeiras homenagens, anunciando logo após, publicamente, o nome de quem será o novo *Alaketu*. Segue-se um curto período, durante o qual as pessoas têm o direito – e o exercem – de injuriar a figura do *Alaketu*, representado na pessoa do mandatário escolhido.[3]

O novo *Alaketu*, entretanto, não assume o poder sem o cumprimento de várias cerimônias ligadas às divindades e aos ancestrais históricos que participaram da fundação do reino, devendo o soberano, ainda, submeter-se a certos atos que, segundo parece, estão relacionados com uma iniciação específica e privativa das funções a serem exercidas.[4]

Um dos primeiros atos ligados à legitimação da escolha do *Alaketu* é a consulta a *Ifa* através dos jogos divinatórios, para que sejam conhecidas a validade da indicação e as condições sob as quais ocorrerá o reinado. Nessa ocasião o *Alaketu* adquire também um novo nome, circunstância apontada por Parrinder (1967).[5]

Por outro lado, o soberano escolhido, antes de adquirir o direito de permanecer na sede do reino em sua nova qualidade de *Alaketu*, deve realizar uma peregrinação destinada a reviver os deslocamentos do grupo liderado pelo rei Ede, fundador de Ketu e seu primeiro soberano, recriando simbolicamente alguns eventos que marcaram momentos significativos da procura, descoberta e fixação desse grupo em um novo território.

A instituição sintetizada nessa peregrinação coloca a problemática do relacionamento existente entre ancestrais históricos e a legitimação das práticas políticas em uma situação diferencial. Vejamos alguns dados a respeito, conforme indicado por Parrinder (1967) e Palau Marti (1964).

Antes da fundação de Ketu, esses Ioruba viviam em Aro, onde então reinava Sho-Ipashan (ou Sopasan) o qual emigrara de Ifé acompanhado de um grande número de pessoas de sua família, filhos e esposas, uma das quais chamava-se Tolu Dagbaka Oduduwa, razão pela qual, possivelmente, *Odudua*, uma das principais divindades de Ifé e seu primeiro soberano, é considerado em Ketu uma divindade feminina. Antes de estabelecer-se em Aro, Sho-Ipashan permaneceu durante algum tempo em Oke-Oyan.[6] Um dos sucessores de Sho-Ipashan, denominado Ede,[7] é o fundador propriamente dito de Ketu, tendo saído de Aro com seu povo por razões práticas.[8] Assim, se foi um outro soberano o fundador de Ketu – o rei Ede –, a história do reino em relação à fixação de seu povo em um novo território começa com a separação de Ifé sob Sho-Ipashan,[9] considerado o primeiro *Alaketu*, sem nunca ter chegado a esse território. É por isso que nos processos de sucessão o seu nome é o primeiro a ser recitado na cerimônia onde o nome de um novo *Alaketu* é acrescentado à lista dos soberanos do reino.[10]

Para a reconstituição da epopéia, o novo *Alaketu* e sua comitiva deslocam-se às localidades de Idofa, Meko, Ilikimon, Idigny, Irokogny e Opo Meta, retornando em seguida a Ketu. A peregrinação dura alguns dias e nas localidades indicadas são realizados sacrifícios às divindades, cerimônias e atos privativos do processo de escolha do novo soberano. Em Idofa e Meko são realizados sacrifícios às divindades locais. Em Ilikimon, o soberano deve visitar o local onde uma das esposas do rei Ede deu à luz um filho, fato ocorrido em circunstâncias adversas. Devido a elas, o novo *Alaketu* não pode passar a noite em Ilikimon nem ali retornar, recriando a mágoa de Ede, que não podendo deter-se, viu-se na contingência de deixar sua esposa sob os cuidados dos habitantes locais e continuar a retirada.[11] Essa noite é passada em Idigny onde, no dia seguinte, são realizados sacrifícios às suas principais divindades. Em Irokogny é rememorado o repouso noturno dos retirantes, acomodados sob uma grande árvore Iroko[12] na qual encontraram mel para a alimentação. A comitiva deve ainda visitar Opo Meta, local onde os ancestrais de Ketu encontraram Iya Mepere, mulher dotada de poderes mágicos que indicou a eles onde encontrar água,[13] dispondo-se ainda a ajudar Ede, com o auxílio desses atributos, a procurar um local adequado para a instalação de seu povo. Segundo consta, após esse encontro com Iya Mepere os retirantes chegaram finalmente ao local onde foi fundada uma aldeia, a futura Ketu. Ali receberam de outra mulher, Iya Panku, habitante de uma pequena aldeia Fon, um tição em chamas, com o qual se fez o primeiro fogo de Ketu.[14] Após a peregrinação *Alaketu* e sua comitiva retornam a Ketu, mas o novo soberano ainda não está plenamente configurado: isso somente ocorrerá depois de novas cerimônias e atos.

Uma das cerimônias constitui-se em sacrifícios feitos no templo de *Odudua* existente fora de Ketu. A importância desse ato parece significativa, pois sem ele o novo soberano não pode penetrar na localidade. Outra cerimônia ocorre no exterior de Ketu, o sacrifício de carneiros a *Idena*, nome de uma das principais divindades de Ketu e também da porta de seu acesso. Esse ato está relacionado com a fundação de Ketu e os desdobramentos históricos do reino. Em primeiro lugar, é possível relacionar esses sacrifícios com aquele praticado pelos primeiros ocupantes a *Idena*. De fato, esses ancestrais sacrificaram à divindade um corcunda chamado *Akiniko*, o qual pertencia à população dos arredores da região escolhida quando os Ioruba chegaram. A importância desse antigo sacrifício deve ter sido significativa, pois tal nome foi perpetuado na organização do reino através do estabelecimento de uma linhagem a qual, embora estrangeira, existe em Ketu oficialmente, manifestando-se mesmo na corte, onde seu representante, *Akiniko*, é um dos ministros do *Alaketu*.[15] Por outro lado, antigamente Ketu era rodeada de muralhas, das quais hoje infelizmente quase ou nada mais resta. Essas muralhas foram construídas por necessidade de defesa – os Ioruba instalaram-se em região já ocupada por outros grupos, estabelecendo-se grande rivalidade com os Fon, que acabaram por tomar Ketu em 1886, depois de muitos séculos de inimizade – provavelmente sob os reinados de Sa e Epo, o qual Parrinder (1967) coloca como 14° e 15° soberanos de Ketu, respectivamente, e Verger como 8° e 9° (Verger, em lista fornecida a Parrinder). Vê-se portanto a antigüidade dessas muralhas, pois Sa e Epo antecedem de longe o primeiro *Alaketu* para o qual foi possível estabelecer o período de reinado segundo Parrinder (1967), tratando-se do 38° soberano a governar Ketu de 1748 a 1760. A porta *Idena*, de proporções significativas,[16] era o único acesso ao interior de Ketu. Segundo as legendas as muralhas e a própria porta teriam sido construídas por dois gigantes, Ajibodun e Oliwodu, que antes de desaparecerem, após terminar seu trabalho, deixaram suas marcas nas muralhas, riscadas com os dedos.[17] *Idena*, nome literalmente significando "sentinela", "obstáculo", é considerada como ente sobrenatural, tendo Parrinder (1967) constatado, como lhe foi dito em Ketu, tratar-se da principal divindade do reino e sua protetora por excelência. Dotada de poderes extraordinários, diz-se fechar-se por si mesma em caso de perigo, tendo voltado sozinha a Ketu, após ter sido roubada pelos Fon durante o cerco e pilhagem ocorridos em 1883, reinstalando-se no local onde a tiraram. Assim, desde há muito tempo é costume fazer sacrifícios à porta *Idena*; antigamente, de acordo com Palau Marti (1964), de seres humanos. Compreende-se, pois, a importância histórica e política dos sacrifícios a *Idena* por ocasião da escolha de um novo *Alaketu*, importância essa manifestada no fato de que sem a observância dessa cerimônia o soberano também não pode penetrar em Ketu.

Após a realização desses sacrifícios a *Idena*, o novo soberano pode penetrar em Ketu, mas não no *Aafin*, o palácio do *Alaketu*. Uma vez dentro da cidade o soberano deve participar da cerimônia na qual o dignitário *Baba Elegun Oyede* declama os nomes dos antigos reis de Ketu a partir de Sho-Ipashan, introduzindo no final o nome do novo *Alaketu*. Esse ato é público, realiza-se no mercado maior de Ketu e significa a proclamação oficial do rei.[18] Não obstante o cumprimento de todos esses atos e a proclamação oficial e pública do novo *Alaketu*, este não poderá ainda entrar no *Aafin*.

Não existem informações suficientes com base nas quais se possa afirmar, com absoluta confiança, que o *Alaketu*, antes de penetrar no *Aafin* – e portanto configurar-se efetivamente como soberano investido em seu cargo – seja submetido a processos iniciáticos específicos destinados a prepará-lo para exercer as funções de supremo mandatário do reino, isto é, a iniciação produtora de tipos sociais altamente diferenciados. Sabe-se, porém, que o acesso ao *Aafin* é precedido de estadas do soberano em quatro locais específicos:

> O novo Alakétu não chegará ao Afin a não ser por etapas sucessivas e após haver um retiro de três luas em quatro casas diferentes, chamadas Ilé Era, "a casa dos sortilégios" (o retiro ocorre sob a vigilância do ministro Ira, ou Era, que inicia o rei nos segredos da magia), Ijumo Kétu (a vigilância cabe ao ministro Ijumo), Alalumon (a vigilância é assegurada pelo ministro do mesmo nome), Ilé Éru, "a casa das cinzas" (onde o futuro rei deve permanecer sozinho). (Palau Marti, 1964: 54)

A esse propósito, Parrinder (1967) indica que o soberano deve esperar um ano após entrar em Ketu para chegar definitivamente ao *Aafin*, e durante esse período estagia efetivamente nos quatro locais indicados, três meses em cada um.

De qualquer maneira, importa realçar a existência de um tempo de espera durante o qual um novo soberano de Ketu não pode penetrar no *Aafin* para exercer o seu cargo. Esse tempo pode corresponder ao eventual processo de iniciação do *Alaketu*, sem o qual não é considerado preparado para ocupar o trono. Mas pode estar ligado também ao período necessário ao encaminhamento do rei morto ao país dos ancestrais. Trata-se de suposições, mas seja como for, esse tempo existe e a sua temática repete-se em Ifé e Oyo.

Configura-se no reino de Ketu um modelo de legitimação do poder e do rei que envolve decisivamente duas instâncias precisas, a das divindades e a dos ancestrais históricos. O *Alaketu* está profundamente ligado às divindades, tornando-se necessário que essas relações fiquem devidamente explicitadas para o acesso ao poder da realeza. Mas ele é também *o continuador do ancestral-rei*, símbolo e síntese da epopéia que promove a organização e o desenvolvimento da sociedade em um dado território.[19]

O reino de Ifé

No reino de Ifé a escolha de um novo rei (*Ooni*) é feita por um órgão colegiado, devendo ocorrer unanimidade nas decisões que culminam com a indicação do nome respectivo, o qual emerge dentre os membros das famílias habilitadas a fornecer soberanos.[20] A indicação, entretanto, deve ser confirmada pelos jogos divinatórios, e nesse processo não deve haver conflitos: a manifestação de *Ifa* tem de ser coincidente com a do órgão que elege o *Ooni*.[21] Assim, em Ifé, a escolha de seu supremo mandatário é legitimada pelas divindades ligadas ao conhecimento, à explicação das coisas e ao próprio destino.

Este não é o único ato revelador das relações existentes entre sociedade e divindades quanto à figura do *Ooni* e quanto à natureza do poder nele sintetizado.

De fato, ao *Ooni* são atribuídas certas qualidades, manifestadas real ou simbolicamente, tendentes a demonstrar a dimensão divina de sua pessoa e também de seu cargo. Deve possuir excelentes condições físicas e morais, indicadoras da idéia de perfeição. Seu nome nunca é pronunciado e as pessoas possuidoras do mesmo nome são chamadas, a partir da proclamação, de *Olorukoba*, o "possuidor do mesmo nome que o Oba".[22] Ele não mostra seu rosto publicamente e não deve sair de Ifé, e se por motivos de força maior for obrigado a fazê-lo, todos os chefes da cidade sagrada também devem sair, o mesmo ocorrendo com o soberano de Oyo, obrigado a permanecer ausente da sede daquele reino durante o mesmo tempo que *Ooni*.[23] O soberano também é materialmente múltiplo, ato conseguido pelo artifício de ser substituído institucionalmente por outra pessoa, *Eledishi*, o qual recebe as mesmas deferências devidas a *Ooni*, pelo menos durante uma fase dos processos de sucessão. Essa figura ambígua proposta por *Eledishi* parece representar um recurso engenhoso pelo qual se demonstra o não desaparecimento do rei quando ocorre a morte, ele está vivo e apresenta-se ao público no momento mesmo da consagração do verdadeiro *Ooni*. Com tais características, *Eledishi* pode simbolizar tanto o *Ooni* morto como o novo soberano. Cabe registrar que essa figura, por motivos por nós ignorados, é um escravo da corte. Após representar o rei nessa ocasião, deve deixar Ifé, onde somente pode entrar após o cair do sol, sendo-lhe também vedado, mesmo nessa circunstância, penetrar em qualquer local salvo na residência do *Obadyo*, "o principal dignitário do templo de Oduduwa" (Palau Marti, 1964: 21). Quando a existência visível de *Ooni* chega ao término – considera-se que ele não morre, utilizando-se de certas figuras de retórica para designar o evento[24] – o mercado de Ifé suspende suas atividades e somente as retoma sete dias após o enterro, simbolizando a ausência de vida social em decorrência da morte do soberano. E durante três meses não há designação de um novo *Ooni*.

Antes de assumir efetivamente seu cargo, um novo *Ooni* passa por uma fase intermediária durante a qual recebe o título de *Ishoko*, atribuído logo após a confirmação de sua escolha pelos jogos divinatórios. Essa fase pode estar ligada a um eventual processo iniciático diferencial ao qual deve submeter-se o futuro soberano, destinado a prepará-lo para o exercício do cargo. Durante esse período o soberano escolhido não é efetivamente *Ooni*, sendo-lhe vedado penetrar no *Aafin*.[25] Em sua condição de *Ishoko*, o futuro *Ooni* deve manifestar sua submissão às divindades do reino, participando de cerimônias realizadas nos templos existentes em Ifé, os quais, segundo Palau Marti (1964), são em número de 201, o que significa uma grande quantidade para os Ioruba.[26] É também nessa condição de *Ishoko* que o eleito deve se "prosternar diante de cada um dos chefes titulados de Ifé" (Palau Marti, 1964: 21). Dessa maneira, o futuro *Ooni* faz evidenciar sua aceitação à dimensão divina das funções que irá exercer, mas também à organização política do reino.

A condição do pré-rei, detida pelo sucessor durante a fase na qual recebe o título de *Ishoko*, submete-o institucionalmente às divindades de Ifé, legitimando a sua escolha para o cargo. Esse relacionamento entre as divindades e as práticas políticas, entretanto, desdobram-se para atingir os atos legitimadores da própria entronização de *Ooni*.

Como vimos anteriormente, *Obatala*, divindade ligada à criação dos seres da natureza, está também relacionado com as práticas históricas, tendo, nesse sentido, reinado entre os Igbos "uma população instalada perto do lugar que se tornou mais tarde a cidade de Ifé" (Verger, 1981: 253). Mas *Obatala* foi destronado por *Odudua* após a conquista do reino. Essas relações existentes entre as duas divindades, já manifestadas mesmo no plano dos processos de criação do mundo, evidenciam-se em momentos decisivos da legitimação de um novo *Ooni*, aqueles do verdadeiro acesso ao poder. Segundo Verger (1981: 253), a coroa – *Ade* – de *Obatala* "teria sido conservada até hoje no palácio do Oòni, rei de Ifé e descendente de Odùduà. Esta coroa [...] é elemento essencial na cerimônia de entronização de um novo Oòni". De fato, a investidura do rei ocorre nos templos de *Obatala* e *Odudua*: "Odudua foi o primeiro rei sobre a terra. O Oni de Ifé é proclamado rei no templo de Odudua, mas recebe sua coroa no dia seguinte, no templo de Orisala" (Verger, 1957: 439).[27] Palau Marti faz essa mesma referência de Verger, ao indicar "para a proclamação solene, Ishoko permanece sobre um montículo de terra chamado idi orisha ('o suporte do orisha'), coloca-se então sobre sua cabeça um pano branco (não uma coroa) e é proclamado Oni" (1964: 21). Verger acrescenta ainda, a propósito do relacionamento entre *Obatala* e a posse de *Ooni* que os dignitários daquela divindade "desempenham um papel importante nessas ocasiões. Eles participam de certos ritos, durante os quais eles próprios colocam a coroa na cabeça do novo soberano de Ifé" (Verger, 1981: 253). Dessa maneira, na consagração formal do *Ooni* existe um processo visando aflorar a dimensão divina do poder e do soberano, dimensão essa emanada de *Obatala* e *Odudua*. Tal característica do poder é realçada ainda pelo fato de na mesma ocasião da investidura de *Ooni*, as principais divindades de Ifé serem celebradas através de cerimônias específicas realizadas nos seus 201 templos. Essas celebrações são extensivas a *Esu*, princípio dinâmico e elemento de ligação, ocorrendo trinta dias após a proclamação de *Ooni*.

As ligações entre *Obatala* e Ifé numa configuração envolvendo a concepção de poder, manifestam-se também em outras ocasiões, como se infere da afirmação de Verger:

> Durante as festas anuais, celebradas em Ifé para Òrìsànlá, os sacerdotes desse deus fazem alusão à perda da coroa de Obà-Ìgbò, lembrando seu antigo poder sobre o país antes da chegada de Odùduà e da fundação de Ifé. Além disso, Óòni deve enviar todos os anos um de seus representantes a Ideta-Oko, onde residiu Òrìsànlá. O representante deve levar oferendas e receber instruções ou a benção de Òrìsànlá. (Verger, 1981: 253-54)

Outros eventos, que fazem exteriorizar as ligações existentes entre divindades e o reino de Ifé, podem ser lembrados.

Um deles constitui uma cerimônia realizada anualmente em Ifé, envolvendo *Odudua*, *Ogun* e *Oranmiyan* de um lado, e de outro o *Ooni* e certos dignitários.

Conforme visto anteriormente, *Oranmiyan* é considerado filho de *Odudua* e de *Ogun* ao mesmo tempo, os quais haviam mantido relações amorosas com a mesma mulher, daí resultando que a pele de *Oranmiyan* é metade clara e metade branca, no sentido da altura, pois *Ogun* era bastante escuro e *Odudua* sensivelmente claro. Essa legenda, devido talvez à importância que é atribuída a esses heróis em Ifé, é revivida anualmente na capital do reino, dela participando especialmente o *Ooni*, o principal sacerdote de *Ogun* em Ifé (*Osogun*) e pessoas a quem Verger (1981) chama de "servidores do rei", na ocasião representando *Oranmiyan*. A cerimônia tem lugar na colina dedicada em Ifé a *Ogun* (*Oke Mogun*), já referida, sendo assim descrita por Verger:

> Essa característica de Oranian é representada todos os anos em Ifé, por ocasião da festa de Olojó, quando o corpo dos servidores do Oòni é pintado de preto e branco. Eles acompanham Óòni de seu palácio até Òkè Mògún, a colina onde se ergue um monolito consagrado a Ogum [...]. Óòni chega vestido suntuosamente, tendo na cabeça a coroa de Odùduà. É uma das raras ocasiões, talvez mesmo a única do ano, em que ele a usa publicamente, fora do palácio. Chegando diante da pedra de Ogum, ele cruza por um instante sua espada com Osògún, chefe do culto de Ogum em Ifé, em sinal de aliança, apesar do desprazer experimentado por Odùduà quando descobriu que não era o único pai de Oranian. (Verger, 1981: 130)

A importância dessa cerimônia não é negligenciável, pois reúne em um mesmo momento divindades ligadas ao aparecimento do mundo, os fundadores de dinastias de Ifé (*Odudua*) e de Oyo (*Oranmiyan*), a concepção de continuidade do primeiro rei de Ifé – *Odudua*, representado por *Ooni* – e a participação de *Ogun*, também profundamente ligado a esse reino.

Torna-se possível ainda apontar dois fatos indicadores da importância das divindades em relação com *Ooni*, especificamente, no caso, *Oranmiyan* e *Ogun*.

Como já procuramos estabelecer, as cerimônias funerárias e principalmente alguns atos cruciais delas integrantes são momentos de extrema significação social. Essa importância é várias vezes multiplicada quando se trata da morte de um rei. No caso do falecimento de *Ooni*, existem algumas informações registradas por Palau Marti (1964) colocando em evidência tal proposição. Para os fins de nosso interesse, cabe apenas registrar que poucos são os dignitários incumbidos de levar a termo as cerimônias funerárias do rei e dentre as pessoas admitidas para participar da inumação encontram-se notáveis ligados aos cultos de *Oranmiyan*, fato cujo sentido real ignoramos. Por outro lado, essa autora informa, segundo depoimento obtido em Ifé, que é o próprio *Ooni*, em caso de ocorrer em seu reino falta considerada grave, quem delega a um de seus ministros a missão de apaziguar *Ogun* com oferendas e sacrifícios. E talvez seja devido a essa importância atribuída a *Ogun* em Ifé que Palau Marti (1964) se pergunta, considerando a existência no palácio de *Ooni* de um templo de *Ogun*, até onde o *Aafin* não seria o próprio palácio dessa divindade.

Não obstante as parcas informações disponíveis, torna-se possível considerar que em Ifé, centro do mundo Ioruba e sua pátria espiritual, a noção de poder e o seu exercício são fatores cuja legitimação está relacionada com as divindades, *daí emergindo a dimensão divino-ancestral das práticas políticas.*

O reino de Oyo

Os *Baba Oba* – literalmente "pais do rei"[28]– constituem um corpo de dignitários – *Omo Ala, Ona Aka* (ou *Omo Aka*) e *Ona Ishokun* – estreitamente ligados ao soberano de Oyo, o *Alafin*, e às práticas políticas do reino. Em primeiro lugar, os *Baba Oba* parecem relacionados com um princípio ancestral de fertilidade e duplicidade manifestada junto ao próprio *Alafin* de maneira institucional. De fato, esses notáveis são descendentes de Oluasho, oitavo soberano de Oyo de acordo com a lista de Johnson (1967), o qual teria engravidado sucessivamente três de suas mulheres, cada uma delas dando à luz meninos gêmeos, evento considerado de grande significado e perpetuado na corte através da descendência representada pelos *Baba Oba*, continuadores desses ancestrais. Existe uma hierarquia nesse corpo de dignitários, estabelecida pelo princípio segundo o qual o gêmeo nascido por último em um mesmo parto é considerado o mais velho dos irmãos. De acordo com essa hierarquia e com os relatos oficiais, *Ona Ishokun* é o principal dos *Baba Oba* detendo ainda a posição de ser um dos doze ministros da corte do *Alafin*, modelo que repete a organização que existiria na corte de *Sango*. É ainda em sua residência onde realizam-se certos sacrifícios destinados à escolha de um novo *Alafin*.[29] Mas parece que os *Baba Oba* estavam também relacionados com a ambigüidade atribuída ao *Alafin* para demonstrar a sua natureza semi-divina. De fato, para que um herdeiro saído das cinco linhagens que fornecem *Alafin* ao reino seja escolhido, seus pais não devem estar vivos e os *Baba Oba* representam esse papel. Nós não sabemos se os pais do futuro *Alafin* devem estar mortos para ter direito a ser escolhido, essa imposição tendendo a simbolizar, através do artifício, a ausência idealizada de uma origem humana do rei que, nesse caso, seria produto principalmente de uma trama ancestral desenrolando-se no interior da própria corte. É possível, portanto, em configuração reunindo o real e o simbólico para fins políticos de sucessão do *Alafin* que os *Baba Oba* representam, de certa maneira, a ambigüidade atrubuída à origem humana do soberano, reforçada pelo personagem da corte denominado *Iya Oba*,[30] a "mãe do rei", mulher zeladora do ataúde a ser utilizado no enterro do rei (não sendo entretanto a verdadeira progenitora do *Alafin*) figura essa que ao término da existência visível do soberano também deve desaparecer. Para uma finalidade que abrange as práticas políticas cabe acrescentar, entretanto, que a sucessão é patrilinear, existindo anteriormente uma prática tendente a anular a pretensão ao acesso hereditário ao poder, pelo menos em relação à primogenitura: o primeiro filho do *Alafin*, nascido depois de sua entronização – figura denominada *Aremo* – era, na morte de seu pai, sacrificado sobre a tumba do soberano. Com isso, garantia-se o princípio de rotação das linhagens fornecedoras de reis para Oyo.[31] Mas os *Baba Oba* representam também uma instituição política de envergadura: são eles quem, por unanimidade, devem escolher o *Alafin*.

O caráter institucionalmente dúbio atribuído à materialidade da pessoa do *Alafin* é ainda realçado pelos *Iwefa*, dignitários da corte,[32] dos quais três exercem funções conhecidas. *Ona Efa* é uma espécie de voz do *Alafin*, o qual não fala nem escuta diretamente, fazendo-o por intermédio desse notável. *Otun Efa* permanece sempre à direita do *Alafin* e encarrega-se dos cultos pessoais do soberano a *Sango*, a grande divindade de Oyo. *Otun Efa* detém ainda o privilégio de poder participar do enterro do *Alafin*. *Osi Efa* é o dignitário da esquerda, encarregando-se dos cuidados íntimos do *Alafin*, devendo até mesmo vigiar seu sono e acordá-lo. *Osi Efa* pode legalmente fazer-se passar pelo próprio *Alafin* em certas ocasiões, quando então recebe as mesmas deferências devidas ao soberano. Talvez seja devido a esses fatos, ligados tão intimamente ao *Alafin*, que *Osi Efa*, à morte do soberano, também deve desaparecer.[33]

Dessa maneira, mais uma vez nos deparamos com a proposição segundo a qual a materialidade do *Alafin* e sua dimensão propriamente humana devem desaparecer uma vez escolhido, para exteriorizar-se em outras instâncias: ele não tem pais terrenos, não fala, não ouve, pessoas representando sua ascendência humana devem desaparecer à sua morte. Através da simbologia e do artifício institucional, faz-se configurar a dimensão divina e ancestral do *Alafin* em um contexto político.

Essa dimensão atribuída ao *Alafin* pode estar também relacionada com os atos iniciáticos impostos a um novo soberano em Oyo antes de assumir a chefia do reino. De fato, mais do que para Ketu e Ifé, existem informações que permitem supor que cabe a um novo *Alafin* viver um processo de iniciação bastante específico, sem o qual não pode assumir o poder. Essa iniciação dura três meses e o seu caráter restritivo ao poder do soberano é evidenciado pelo fato de que, nesse período, o novo *Alafin* não tem acesso ao palácio real – *Aafin* – pela entrada principal que existe nos muros que o rodeiam. De fato, essa entrada é bloqueada tão logo ocorre o falecimento de um *Alafin*, abrindo-se uma outra passagem, que, por sua vez, é vedada quando o novo soberano pode finalmente penetrar nesse espaço pela porta principal. Repete-se em Oyo, como ocorre em Ketu e Ifé, o modelo segundo o qual o novo soberano não atinge a sede do poder de imediato, devendo submeter-se a certas restrições antes de ser legalmente autorizado a fazê-lo. Coloca-se mais uma vez a suposição anteriormente exposta, a de que esse período está relacionado com um processo de iniciação extremamente diferencial, a iniciação do rei, e também com a espera de que o *Alafin* falecido seja encaminhado ao país dos ancestrais do reino. Mas, de qualquer maneira, durante esses três meses o futuro *Alafin* permanece em uma casa de parentes paternos, situada no exterior da área dada pelo *Aafin*, da qual somente sai vestido de negro e com a cabeça coberta.[34] Entretanto, se em Oyo é certo que o *Alafin* passa por essa iniciação, pouco se sabe de quais atos ela se constitui.

Um desses atos é a cerimônia realizada na residência de *Ona Ishokun*, o principal *Baba Oba* e um dos doze ministros da corte do *Alafin*. Ao longo dessa cerimônia é realizado um sacrifício de sangue pelos *Omo Ni Nari*, auxiliares da corte que possuem o encargo hereditário de dar assistência nos rituais ligados à iniciação do *Alafin* e aos ocorridos por ocasião de seu falecimento. Feito o sacrifício, o sangue é levado em uma cabaça ao local onde se encontra o futuro soberano, que deve ter seu corpo tocado por essa cabaça. Na noite desse mesmo dia, o futuro *Alafin* é recolhido na residência de *Ona Ishokun*, onde acontecem novos sacrifícios e também atos de purificação. Durante esse trajeto o povo tem o direito de injuriar a figura do soberano.[35] Já a noite seguinte é passada na residência de *Otun Efa*, o *Baba Oba* que permanece à direita do *Alafin* e está encarregado de seus cultos a *Sango*. Após esses atos, o soberano volta a recolher-se na residência de seus parentes paternos, da qual somente sai para as cerimônias que levam à proclamação e ao trono.

Terminado o período de retiro e iniciação, o futuro *Alafin*, no dia aprazado, é conduzido a um local situado diante do *Aafin*, onde suas vestes negras são retiradas. Em outro local é vestido com outras roupas, sendo então proclamado *Alafin*, mas sem poder ainda penetrar no palácio, no qual somente entra após a realização de outras cerimônias envolvendo várias divindades.

Para tanto, o novo *Alafin* deve ir ao cemitério – *Bara* – onde se encontram sepultados outros soberanos, ato realizado uma só vez após a proclamação, nunca mais retornando a esse local enquanto perdure sua existência visível. Para essa cerimônia, o *Alafin* faz-se acompanhar de *Ona Onse Awo* (dignitário encarregado de preparar o cadáver do *Alafin* e enterrar os soberanos falecidos), por *Etun Efa* (encarregado dos cultos do soberano a *Sango*) e pelos *Omo Ni Nari* (encarregados dos sacrifícios de sangue sobre as tumbas reais, inclusive de cavalos, símbolos da realeza). Durante três semanas, são feitos sacrifícios nos templos de *Sango*, *Oranmiyan* e *Ogun*, divindades e heróis profundamente ligados à explicação Ioruba do mundo. Nessas ocasiões, algumas cerimônias marcam o relacionamento estabelecido entre a instância das divindades e a do poder, envolvendo o *Alafin*. Um dos atos cruciais ocorre no templo de *Sango*, onde o adorno que distingue os reis Ioruba – o *Ade* – é pousado na cabeça do *Alafin* por *Iya Kekere* – literalmente "mãe pequena" – personagem feminino da corte encarregada dos tesouros reais. A esse ato seguem-se sacrifícios destinados a *Sango*. Outra cerimônia de extrema importância para a legitimação do *Alafin* está relacionada com *Oranmiyan*, cuja espada, *Ida Oranmiyan*, é trazida de Ifé a fim de ser colocada nas mãos do soberano, que deve obrigatoriamente segurá-la durante algum tempo. Ainda mais, o *Alafin* deve ter entre suas mãos, por um momento, o *Igba Iwa*, conjunto formado por duas cabaças também trazidas de Ifé, as quais contêm certos elementos e objetos cuja visão é vedada ao soberano. O *Alafin* deve escolher qual dessas cabaças deve segurar. Segundo Johnson (1976) e Palau Marti (1964), uma delas contém certos elementos simbolizando prosperidade, e a outra sete pequenos objetos de ferro figurando miniaturas de armas e utensílios, estando dessa forma ligada a *Ogun*, a divindade do ferro que possui um templo dentro do próprio palácio de *Ooni* de Ifé. A escolha feita pelo

Alafin é definitiva e prenuncia um reinado problemático caso o soberano escolha a cabaça pertencente a *Ogun*. Finalmente, o próprio *Alafin* sacrifica a essa divindade, independentemente da cabaça escolhida. Somente após a realização dessas cerimônias pode o novo *Alafin* ir ao palácio e nele penetrar pela entrada principal, então desobstruída.

O acesso legítimo do *Alafin* ao poder está ligado institucionalmente ao estabelecimento de relações entre as divindades e o soberano, entre Ifé e Oyo, envolvendo *Oranmiyan*, *Ogun* e *Sango*. As relações existentes entre Ifé e Oyo em contextos políticos são ainda evidenciadas em outro contexto: quando o soberano de Ifé sai do *Aafin* e da cidade – ausência permitida somente em ocasiões de notável excepcionalidade –, o mesmo deve fazer o *Alafin*, demonstrando que embora Oyo seja considerado o grande modelo político, Ifé constitui a fonte mais primordial da qual emana a dimensão espiritual e divina do poder.

Outras práticas e instituições ligadas ao poder, configuradas em relação ao simbólico mas também ao da realidade material, contribuem para cogitar-se ainda uma vez o relacionamento existente entre as divindades e a organização política do reino de Oyo.

Dentre os personagens de destaque na corte do *Alafin* contam-se os *Oyo Mesi*, sete dignitários sobre cujas atribuições não existem dados mais satisfatórios, sendo elas entretanto relevantes. Esse corpo de notáveis é formado por *Bashorum, Abagkin, Samu, Alapini, Laguna, Akiniko* e *Ashipa*.[36] Podemos apontar quais instâncias ancestrais relacionam-se com alguns desses personagens e em qual medida ligam-se às práticas espirituais e históricas envolvendo o *Alafin* e o reino.

Comecemos por *Abagkin*, responsável, nesse colegiado, pelos cultos destinados a *Oranmiyan*. Como vimos, *Oranmiyan* está profundamente ligado a Ifé, mas foi o primeiro rei de Oyo e fundador de suas dinastias, segundo relatos que colocam esse herói como o próprio criador do mundo.[37] Essa importância atribuída a *Oranmiyan* manifesta-se, como vimos, nos próprios processos de sucessão do *Alafin* quem, para ver legitimada sua proclamação, deve segurar a espada já referida, pertencente ao herói. *Oranmiyan* liga-se, portanto, à dimensão divina e sagrada da realeza em Oyo e, nesse sentido, a presença entre os *Oyo Mesi* de *Abagkin*, sacerdote responsável por seus cultos, não é negligenciável. *Alapini* é representante da família do mesmo nome. Esse personagem propõe uma temática diversa na configuração dos *Oyo Mesi*, pois é o encarregado dos cultos destinados a *Egun*, os ancestrais históricos das famílias. A deferência atribuída aos ancestrais em um contexto político pode ser percebida através do ato a ser cumprido por um novo *Alafin*, que antes de ter o direito de penetrar no *Aafin* deve realizar uma visita ao cemitério (*Bara*). Registre-se a propósito, conforme indicado por Palau Marti (1964), que era nesse local que antigamente o novo *Alafin* recebia das mãos de *Iya Kekere* o adorno de cabeça privativo dos soberanos, o *Ade*. Visto a significativa importância atribuída a *Egun*, mesmo em relação às práticas políticas, *Alapini* é figura de destaque no reino.[38] *Bashorun* parece ser um dos mais importantes notáveis da corte, constituindo-se no principal *Oyo Mesi* devido às atribuições a ele conferidas face à condição histórica de sua família. De fato, esse dignitário é o chefe da família do mesmo nome, a qual segundo consta reinou muito antigamente em Oyo, razão de vários de seus privilégios, dentre os quais o de gozar de relativa independência do poder central, representado pelo *Alafin*. Ainda mais, *Bashorun* é o único personagem com direito a vetar o nome de um novo *Alafin* durante os processos de escolha do soberano, embora essa atribuição pertença institucionalmente aos *Baba Oba*. *Bashorun* também assume o governo do reino, interinamente e até provimento formal, quando o trono fica vago. Em *Bashorun* manifesta-se um outro relacionamento entre *Ogun* e as práticas políticas, pois a divindade do ferro é aquela tutelar dessa família.[39] Nessas condições, *Ogun* está fortemente representado na corte de Oyo, e talvez seja devido a esse fato que *Bashorun* participa, juntamente com o *Alafin*, de uma significativa cerimônia ocorrida anualmente em Oyo, o *Odun Bere*, uma celebração agrária onde o próprio soberano procede a um sacrifício destinado a essa divindade a qual, sendo o patrono do ferro, o é também dos agricultores, pois utilizam em seu trabalho objetos feitos com esse metal.[40] A importância de *Bashorun* em seu relacionamento com as divindades de Oyo envolvendo o *Alafin* é demonstrada ainda pela sua participação, juntamente com o soberano, no *Odun Orun* – literalmente "celebrações do *Orun*", *Orun* sendo o espaço primordial – cerimônia ligada a *Ori*, princípio individualizador da existência e do destino, a "cabeça interna". Já fizemos referência a essa cerimônia na Parte I. Ela envolve várias divindades – o próprio *Ori*, *Orunmila* e *Obatala* –[41] e nela o *Alafin* faz o culto de seu *Ori*, juntamente com o *Bashorun*. Considerando que o *Ori* do *Alafin* é tido como a principal "cabeça interna" de Oyo, e seu destino liga-se ao destino do reino como um todo, percebe-se a importância de *Bashorun*, que, nesse contexto, liga-se também a esse duplo destino, o do *Alafin* e o do reino. Os *Oyo Mesi*, liderados por *Bashorun* constituem-se em instância da organização política de Oyo, cujo significado parece ser dos mais consideráveis. De fato, esse corpo de dignitários relaciona-se com expressivas dimensões das práticas históricas de Oyo – espirituais e políticas – exercendo funções ligadas às divindades e aos ancestrais históricos sintetizados principalmente na figura de *Bashorun*.

Essa proposição de fusão, nos *Oyo Mesi*, entre a ordem divina e sagrada e a ordem propriamente humana, manifestada em um momento atípico mas crucial, chamou a atenção de Palau Marti (1964) que considera, partindo de um exemplo concreto, estar esse corpo de dignitários bastante relacionado com *Obatala*, a divindade que criou os seres da natureza. Embora essa temática envolva um só exemplo registrado, parece oportuno abordá-la.

Palau Marti considera que os *Oyo Mesi* figuram "o deus Obatala pois que são colocados em relação com as más-formações físicas pelas quais esse deus é responsável" (1964: 28). Como vimos anteriormente, *Obatala*, também denominado *Orisanla*, criador dos seres da natureza e participante da elaboração de *Ori*, é o patrono dos albinos, corcundas e de todos os portadores de imperfeições físicas, podendo ser lembrado ainda que costume fracassar em suas missões.[42] Segundo parece, essas características de *Obatala* sintetizam as limitações comuns a todas as criaturas. Essas limitações bem podem estar simbolizadas nos *Oyo Mesi* em contraposição à perfeição atribuída ao *Alafin*. Aceitando-se essa idéia, e havendo, como se viu, uma tendência em exteriorizar a dimensão humana do *Alafin* em outras pessoas e instituições, os *Oyo Mesi* são, na corte e na expressão de Palau Marti (1964), o "estropiado perfeito". Mas essa simbologia parece ir além da referência à dimensão física para abarcar a imperfeição como um todo, material e imaterial. Se essas hipóteses forem consideradas, os *Oyo Mesi* são, de certa maneira, a exteriorização de todas as imperfeições humanas, nisso incluídas as do próprio *Alafin*. Aquela autora apresenta essa problemática da seguinte forma: "Ora, se os Oyo Mesi são o estropiado perfeito, eles são exatamente o oposto do rei, que é perfeito do ponto de vista físico, e perfeito aliás sob todos os pontos de vista" (Palau Marti, 1964: 191). Essa imagem do soberano é mantida nos mínimos detalhes, desde a perfeição física exigida do herdeiro[43] até a dimensão semidivina a ele atribuída, sendo considerado justo e infalível, além de poderoso como ninguém. A maior discrição cerca seus atos pessoais em público e na intimidade, como falar, ouvir, comer, dormir, deixar-se ser visto, ficar doente e até mesmo morrer; fatos idealmente tidos como inexistentes na pessoa do *Alafin* são superados por uma série de artifícios destinados a propositadamente criar a ambigüidade característica da figura do rei. Mas as imperfeições do *Alafin* e sua natureza humana, se bem possam estar simbolizadas nos *Oyo Mesi*, estão muito próximas do soberano, são levadas em conta e podem eventualmente reduzir-se à sua verdadeira dimensão, isto é, podem simplesmente tornar-se atributo reconhecido do *Alafin*, e mais, voltar-se contra ele. O exemplo apontado por Palau Marti (1964) parece inscrever-se nessa possibilidade de manifestação institucional das imperfeições do *Alafin*, supondo em princípio a ação dos *Oyo Mesi*. Embora o fato não permita generalizações, demonstra a existência da possibilidade de interferência dos *Oyo Mesi* através do sagrado e de um fim político de moderação do poder do *Alafin*. O evento ocorreu sob Abipa, 14º soberano de Oyo, quem, por motivos ignorados, sofreu a oposição desses dignitários. Nessa ocasião os *Oyo Mesi*, para demonstrar sua oposição a Abipa, sacrificaram cada um uma pessoa portadora de má-formação, a saber: um corcunda, um prognata, um albino, um anão, um estropiado, um leproso e uma outra pessoa cujas condições físicas não se conhece. Ou seja, seres pertencentes a *Obatala*.[44]

Nós consideramos que esse ato dos *Oyo Mesi*, manifestando a ruptura política através do sagrado, pode guardar várias significações. Pode representar um momento crucial da oposição entre o que é idealmente perfeito, sintetizado em *Alafin*, e o imperfeito e humano, as vítimas defeituosas. Sendo o *Alafin* perfeito, elimina-se em um momento de crise a imperfeição, ou seja, faz-se desaparecer simbolicamente a sociedade. Sem esta, o rei não tem mais a quem governar e perde sua razão de ser. Mas pode ter ocorrido também a proposição de sacrifício da condição humana do próprio *Alafin*, o que representaria, em última análise, a necessidade de ele ser perfeito. Não o sendo – fato declarado pela necessidade do sacrifício – haveria aí, então, a sugestão de obrigatoriedade de sua substituição, implicando em seu desaparecimento.[45] Mas o ato pode significar também o auto-sacrifício dos *Oyo Mesi*, representantes das imperfeições, inclusive aquelas do próprio *Alafin*, retirando-se assim o apoio do colegiado ao soberano. Indo mais longe, teríamos o sacrifício simbólico do próprio *Obatala*, sintetizado nas pessoas defeituosas. Isso significaria o desaparecimento da própria divindade enquanto instância integrante do sistema de explicação do mundo envolvendo o *Alafin* e, por conseguinte, a anulação de significativa porção da natureza divina atribuída ao poder e ao soberano, provocando conseqüências imprevisíveis. Outra possibilidade a ser considerada é aquela de os *Oyo Mesi* despertar a cólera da poderosa divindade contra o *Alafin*, fonte que originou a necessidade de sacrificar as criaturas das quais *Obatala* é o patrono. Finalmente, esse ato pode significar o estabelecimento de uma aliança selada pelos *Oyo Mesi* com *Obatala*: a divindade aceitaria prazerosamente o sacrifício de suas criaturas enquanto oferenda ritual aliando-se aos *Oyo Mesi* contra o *Alafin*.[46] Essas são hipóteses emergidas da dimensão estabelecida entre *Obatala* e os *Oyo Mesi* enquanto eventuais símbolos das imperfeições do *Alafin*, ligação essa também demonstrada pelo *Odun Orun*, quando o líder desses dignitários, o *Bashorun*, faz o culto de *Ori* juntamente com o soberano. Nós desconhecemos as conseqüências dessa atitude dos *Oyo Mesi*, mas pareceu razoável registrá-la porque demonstra como a ação política pode ser desencadeada, em um momento diferencial, através do sagrado e guardando um conteúdo significativamente relacionado com as divindades para colocar em crise a própria natureza do poder.

A importância dos *Oyo Mesi* afigura-se significativa no reino de Oyo, cabendo-lhes atribuições de ordem espiritual mas também políticas, as duas dimensões fazendo configurar um único universo cuja legitimidade se fundamenta, em grande parte, no poder ancestral proposto pelas divindades.

Nós já vimos que *Oranmiyan*, *Ogun*, *Sango* e *Obatala* são divindades relacionadas com certas práticas ligadas ao poder em Oyo e à própria figura do *Alafin*. Sendo *Sango* talvez a divindade-rei por excelência de Oyo, por tratar-se do *Orisa* do soberano, parece oportuno indicar outros aspectos desse relacionamento, referidos prioritariamente ao senhor dos raios e dos trovões, suficientemente manifestado na simbologia.

O carneiro é o animal por excelência de *Sango*, os golpes súbitos de sua cabeça sendo assemelhados à rapidez dos raios, um dos elementos da divindade. Em Oyo, o *Alafin* possui um carneiro que se desloca livremente, até mesmo no mercado, permanecendo sob a guarda e cuidados de uma mulher, personagem da corte, ligada aos cultos oficiais de *Sango*. Pode-se ainda lembrar que esse animal é objeto de sacrifícios preferenciais a *Sango*, no contexto ritual de extremo significado apontado por Verger (1981), manifestando-se entre seus adeptos quando, após o sacrifício de um carneiro, sua cabeça, separada do corpo, é exibida em público. O cavalo é um dos símbolos do poder e da realeza, existindo em Oshogbo um relato, indicado por Verger (1957), no qual *Sango* aparece montado em um cavalo. Isso significa que *Sango* é o proprietário do cavalo, o mesmo ocorrendo com o *Alafin*, também possuidor de um cavalo. A importância atribuída à simbologia sintetizada no cavalo e relacionada com o poder e com o *Alafin* parece ser grande em Oyo, havendo mesmo um dignitário da corte – *Ona Olokun Eshin*, o "mestre do cavalo" – encarregado de zelar pelo animal. Esse notável está bastante ligado ao *Alafin*, pois é um dos dignitários da comitiva do rei quando, ao longo dos processos de sucessão, ele faz uma visita oficial ao cemitério (*Bara*), local onde anteriormente os soberanos de Oyo recebiam o adorno de cabeça distintivo do rei (o *Ade*), visita essa obrigatória para a legitimação da proclamação de um novo soberano. Essa importância é ainda realçada pelo fato de que *Ona Olokun Eshin* é um dos personagens da corte e que deve desaparecer à morte do *Alafin*, juntamente com o cavalo do rei, sacrificado sobre a tumba do soberano.[47] *Sango* aparece nas legendas tradicionistas como leopardo, que constitui um dos símbolos da realeza em Oyo, em cuja região não se mata esse animal. Quando isso ocorre, diversos rituais devem ser cumpridos, entregando-se uma das patas ao *Alafin*. Por outro lado, um dos artifícios destinados a evitar a configuração formal da morte do soberano é a sua transformação em pantera (ou leopardo), símbolo de vitalidade e força. *Sango* também é um elefante que marcha com dignidade. Essa simbologia colocada em relação ao reino de Oyo não é desprezível. Ela designa a concepção de força e majestade atribuídas à figura do *Alafin*, mas relaciona-se também com o morteiro de pilão, um dos principais símbolos de *Sango* – que vem até mesmo pelos ares montado nele –, assemelhando-se os morteiros às patas dos elefantes. Ainda mais: segundo indicado por Palau Marti teria sido antigamente um animal sagrado dos *Alafin* "sendo interditado a eles comer carne de elefante" (1964: 171-172). Este animal está também relacionado com *Bashorun*, um dos sete *Oyo Mesi* e representante da família do mesmo nome. A importância dessa família e desse dignitário no reino de Oyo já foi ressaltada, sendo portanto desnecessário insistir no fato de que tudo o que se relacionar com *Bashorun* não pode ser negligenciado para melhor compreensão desse personagem. Ora, Palau Marti entende o elefante como "uma metamorfose animal, substituindo a morte do rei" (1964: 172). Caso considerarmos que de um lado o elefante e o morteiro chegam a se confundir enquanto símbolos e que, de outro, o *Alafin* exterioriza sua dimensão humana nos *Oyo Mesi*, confundindo-se portanto, até certo ponto, a figura do soberano e a dos dignitários, podemos ver aí uma trama simbólica realmente tendente a mitificar a morte do rei. Segundo as legendas de Oyo, *Bashorun* tem a capacidade de transformar-se em elefante, bastando para isso subir em quatro morteiros emborcados. Através de *Bashorun*, portanto, o *Alafin* detém a condição de transformar-se em elefante e, por extensão, aproximar-se de uma caracterização de *Sango*, um elefante que marcha com dignidade. Dessa forma o elefante e o morteiro, símbolos distintivos de *Sango*, são de certa maneira também símbolos da realeza assimilados pela figura de *Bashorun*, elemento complementar do *Alafin*, que dessa forma confunde-se com o próprio *Sango*.

Sango é o proprietário de um grande manto vermelho-escarlate, atributo que parece simbolizar o fogo. Sango é o fogo celeste, manifestado pelos raios, os quais não raro atingem os homens. Esse fato levou Palau Marti (1964) a considerar *Sango* o fogo indomesticado, em contraposição a *Ogun*, representante do fogo colocado a serviço da sociedade, que o domina através da forja. De fato, *Sango* costuma incendiar com seus raios os tetos das casas, facilmente inflamáveis devido à palha utilizada para fazê-los. Essa temática encontra-se presente em Oyo onde é celebrada anualmente uma festa agrária na qual tal simbologia se manifesta. Essa celebração não é de importância menor, pois trata-se de instituição mantida pela própria corte, exigindo a participação pessoal do *Alafin* e do *Bashorun*. Trata-se do *Odun Bere*, literalmente "cerimônia do *Bere*", já referida, sendo *Bere* exatamente o vegetal utilizado na elaboração da cobertura dos tetos das casas. Ao longo dessa cerimônia, o próprio *Alafin*, *Bashorun* e *Ona Olokun Eshin* ("o zelador do cavalo do soberano") fazem gestos como se estivessem cortando o *Bere*, e para tal fim o rei utiliza uma lâmina de cobre, o metal de *Sango*.[48] Finalmente, *Bashorun* sacrifica a *Sango* uma determinada área de plantação de *Bere*, nela ateando fogo. Essa cerimônia está diretamente ligada a *Sango* e às suas relações com o fogo, manifestado entre os homens através dos raios, para demonstrar a força mas também a cólera da divindade. É de se registrar, entretanto, que uma parte dessa cerimônia é dedicada a *Ogun*, pois sendo o patrono do ferro, é o grande protetor dos agricultores, que utilizam objetos fabricados com esse metal para trabalhar a terra: para esse fim, o próprio soberano realiza um sacrifício destinado a *Ogun*.

Também a numerologia referida a *Sango*, de acordo com os relatos tradicionistas, aparece de maneira não negligenciável no reino de Oyo, estabelecendo relações simbólicas entre a divindade e a proposta de explicação do mundo. Embora vários números pudessem ser citados como elementos simbólicos do universo histórico dos Ioruba, vamos nos deter no número sete, relacionado significativamente a *Sango*. Como se viu, *Sango* é chamado de "rei sete na corte celestial". Vejamos como essa temática se configura na corte de Oyo. Em primeiro lugar, o número sete está ligado ao aparecimento do mundo e do próprio poder monárquico, segundo a versão acerca da criação do mundo na qual Oyo emerge já como instância centralizadora do poder.[49] Nessa versão, que coloca *Oranmiyan* no início de tudo, inclusive na posição de fundador das linhagens de Oyo, o número sete aparece mais de uma vez. De fato, nesse processo, o preexistente criou sete príncipes coroados – sendo um deles *Oranmiyan* – e sete sacos contendo elementos variados. Entretanto, *Oranmiyan*, aparentemente injustiçado na distribuição desses bens, recebera ainda a substância da qual surgiu a terra e mais 21 barras de ferro – múltiplo de sete –, transformadas em armas com as quais o herói se impôs aos outros seis príncipes, a quem concedeu o direito de reinar em determinados territórios mas na condição de vassalos de Oyo. A simbologia dada pelo número sete manifesta-se mais concretamente – sem esses nuances míticos propostos pela visão de Oyo – na organização política do reino. Vejamos em quais contextos isso ocorre. Como vimos, um dos atos de legitimação do *Alafin* consiste na cerimônia durante a qual o novo soberano deve escolher, sem conhecer seus conteúdos, uma dentre duas cabaças a ele apresentadas, vindas de Ifé, que deve obrigatoriamente ter entre suas mãos para previsão de como ocorrerá seu reinado. Uma dessas contém sete pequenos objetos de ferro simbolizando *Ogun* e significa período problemático. Dessa forma, o número sete está ligado à própria legitimação dos atos condutores do *Alafin* ao poder. Parece haver aí uma relação entre *Oranmiyan* – cuja espada também deve ser segurada pelo novo *Alafin* nos processos de sucessão – e *Ogun*, envolvendo a figura de um soberano de Oyo. *Oranmiyan* é o fundador de Oyo e de linhagens do reino, sendo portanto figura inseparável da explicação da natureza do poder. Ora, *Ogun* está associado à própria descida de *Oranmiyan* vindo do *Orun*, utilizando-se de uma longa corrente de ferro, o metal de *Ogun*. Ainda mais, a transformação das vinte e uma barras de ferro de *Oranmiyan* em armas também parece devida a *Ogun*, divindade transformadora por excelência, que assim proporcionou a *Oranmiyan* a possibilidade de impor-se a seus rivais e tornar-se o primeiro soberano de Oyo. Dessa forma, *Oranmiyan* e *Ogun*, associados ao número sete, à criação do mundo e à fundação de Oyo, relacionam-se com a imagem da realeza, e parece ser devido a isso que se encontram na base de parte dos atos que legitimam a escolha do *Alafin*. Mas é possível abordar ainda outros aspectos relacionados com o número sete presentes na organização política daquele reino. Por mais de uma vez nos detivemos na figura dos *Oyo Mesi*, órgão colegiado de significativo poder em Oyo, parecendo confundir-se com o próprio *Alafin*. Podemos então lembrar que os *Oyo Mesi* são exatamente sete, e sete foram as vítimas sacrificadas a *Obatala* quando desejaram se opor a Abipa através do sagrado. Também, segundo os relatos tradicionistas referentes a *Sango*, o número doze é o número de um homem poderoso. Ao que consta, *Sango* possuía doze ministros, colocados à sua direita e à sua esquerda, seis de cada lado. Na corte do *Alafin* existem doze notáveis que constituem um corpo institucional de ministros do soberano, ocupando postos de importância no reino.[50] Dessa forma, o número doze em Oyo liga-se a um homem importante, o *Alafin*, mas também a *Sango*. Entretanto, Palau Marti indica como o número doze está relacionado com o número sete e esses ministros:

> Do ponto de vista dos números, Shango às vezes é sete, às vezes é doze. Ele tem seis ministros à sua direita e seis ministros à sua esquerda, dizem os mitos. Na Oyo atual, os seis ministros da direita e os seis ministros da esquerda de Shango recebem uma representação real [...] mas não parece haver um valor funcional enquanto grupo: vários "ministros" são ao mesmo tempo detentores de importantes títulos, que os mantêm obrigatoriamente distantes de Oyo. A presença de Kakanfo entre os "ministros" (lembre-se que esse personagem não pode deparar-se com o rei nem habitar na mesma localidade)[51] parece confirmar que tratamos com "ministros" simbólicos. O que nos interessa aqui é a situação dos ministros em relação ao rei: Shango está no meio e tem seis ministros de cada lado. Pode-se dizer que existe aí uma representação quase material do caráter fundamental de Shango: ele está à direita quando se volta para seus ministros da direita, está à esquerda quando se volta para seus ministros da esquerda. Quando está com os ministros da direita o rei é sete: (meio + direita) = (1 + 6), fórmula que se repete quando o rei se volta para a esquerda. Pelo jogo dos ministros da direita e dos ministros da esquerda, o rei oscila constantemente entre a esquerda e a direita, ele é sete de um lado ou de outro. Shango está à direita, está à esquerda? A verdadeira resposta é aparentemente

absurda: Shango está à direita e à esquerda, mas não há nenhum absurdo nessa dupla proposição, trata-se de uma maneira de exprimir o caráter fundamental do personagem, que é a ambigüidade. (Palau Marti, 1964: 166)

A simbologia proposta pelo número sete liga-se significativamente à explicação da natureza mágica do poder em Oyo, onde a representação e o simbolismo se manifestam através das instâncias das divindades e das práticas históricas: *Sango*, divindade-rei e ancestral do *Alafin*, é o rei sete na corte celestial, mas o *Alafin* é, de certa maneira, com seus ministros, o rei sete no reino de Oyo, revestindo-se da mesma ambigüidade característica de *Sango*.

Sango, divindade-rei, ancestral dos reis de Oyo, ambíguo, temido e arbitrário, conforme certos relatos tradicionistas, acaba enforcando-se diante do descontentamento geral provocado por seus caprichos,[52] porém a opinião do povo se divide, não se sabe onde está a verdade, para uns morreu, para outros tornou-se um *Orisa*. Tentando tomar o poder quando ainda era apenas um menino, encontra-se em vários locais ao mesmo tempo, desaparece após ser lançado às águas por ordem do rei que queria destronar, aparece enforcado ato-contínuo mas revive instantaneamente, some e de novo aparece, desta feita já sentado no trono do rei. Proprietário de um talismã com o qual domina o fogo e o coloca a seu serviço, podendo lançá-lo pela boca e assim tornar-se um ser de poderes estupendos, acaba entretanto destruindo seu próprio palácio.

É dessa forma, deliberadamente contraditória, que a sociedade procura evidenciar não apenas a natureza divina da figura do rei e do poder a ele atribuído, mas também as suas limitações. Essas proposições, sintetizadas em *Sango*, são na verdade extensivas ao *Alafin*. Sutilmente, a sociedade deixa à reflexão e ao imaginário a tarefa de procurar localizar, se for realmente possível, os tênues limites onde, segundo a idealização proposta pela visão de mundo dessa sociedade, na divindade e no rei, se encontram – ou se separam – um e outro. Em Oyo, o *Alafin* é concretamente o continuador do *Alafin* morto, do qual o novo soberano ingere ritualmente o coração[53] para simbolizar essa continuidade. Mas por ser também o representante por excelência das divindades-rei – ancestrais do reino e do *Alafin* –, ele é de certa maneira portador de essência divina, e os atos e instituições que o cercam, necessários para evidenciá-la, o tornam uma espécie de réplica dos deuses e, em muitos casos, uma réplica do próprio *Sango*. Em Oyo, o provérbio acerca de sua principal divindade reflete uma realidade: *sem Sango ninguém pode ser rei*.

Apresentaremos a seguir dados referentes aos Agni-Akan, abordando ainda a questão do poder político e de Estado em sua dimensão ancestral.

Notas

1 As linhagens que fornecem reis para Ketu são: *Alapini*, *Magbo*, *Aro*, *Mesha* e *Mefu* (Parrinder, 1967).

2 Essa proposição ocorre também no reino de Oyo.

3 A injúria institucional ao soberano, na fase de transição do poder, existe também em Oyo.

4 Trataríamos no caso com a modalidade iniciática a que denominamos atípica, que produz tipos sociais diferenciados.

5 A atribuição de um novo nome indica também, conforme vimos, uma alteração da personalidade. No caso do rei, essa alteração está ligada às práticas políticas.

6 Oke Oyan, aldeia – *Oke* – situada perto do rio Oyan.

7 O rei Ede figura na lista de Parrinder (1967) como o 7º soberano de Ketu. Na mesma obra, Parrinder transcreve a lista que lhe foi fornecida por Verger, na qual Ede aparece como o 6º soberano desse reino.

8 Parrinder (1967) considera que nessa época *Aro* teria já se tornado pequena para abrigar toda sua população. Já Palau Marti (1964) interpreta a saída de *Aro* como decorrência da necessidade de encontrar um novo local para a comunidade devido à carência de alimentos.

9 Note-se a propósito, entretanto, que numa das legendas existentes a respeito da criação do mundo – aquela que coloca *Oranmiyan* como o principal herói desse feito – um dos príncipes que veio do *Orun* nessa ocasião tornou-se o rei de Ketu, já com o título de *Alaketu*.

10 Na lista fornecida por Verger a Parrinder, e transcrita por esse autor (1967), o primeiro soberano de Ketu aparece com o nome de Owe, filho de Asebi. Nessa lista não consta o nome de Sho-Ipashan. Já na lista do próprio Parrinder, Owe é indicado como o segundo rei de Ketu, após Sho-Ipashan. Cabe registrar ser Owe também o nome de um dos príncipes que guiou Sho-Ipashan e seu povo na saída de Oke Oyan para estabelecimento em *Aro*. Já a retirada de *Aro* até o local onde Ketu foi fundada teve como guia Alalumon, um caçador filho do rei Ede.

11 O nome Ilikimon seria uma contração ou deformação da expressão *Ilu Ke Omo*, que significaria "a aldeia que cuida do filho", frase que teria sido pronunciada por Ede quando soube do nascimento, sem maiores problemas, de seu herdeiro (Cf. Parrinder, 1967).

12 *Chlorophora Excelsa*.

13 Na região de Ketu existe pouca água, daí a expressão *Omin Oyin ni Ketu*, existente nesse reino e que, segundo Parrinder (1967), significa "a água torna-se mel em Ketu".

14 A importância ritual do fogo em Ketu parece significativa. Quando o *Alaketu* morre, todas as chamas devem ser apagadas. Ao longo das cerimônias funerárias, um dignitário deve ir ao local onde o primeiro fogo para Ketu foi fornecido e trazer uma acha acesa para fins rituais. Nesse local vive ainda, segundo as legendas, Iya Panku, a mulher que forneceu o primeiro fogo para Ketu. Ainda mais, quando da entronização do rei dos Egba de Abeoukuta – localidade cuja fundação está ligada à retirada de Ede e seu povo, dividido em grupos, um deles tendo se estabelecido perto de Abeoukuta – a primeira refeição que o soberano consome em sua nova condição é preparada com fogo trazido de Ketu para essa solenidade.

15 *Akiniko* é figura que existe também em Oyo, onde é um dos dignitários estreitamente ligados ao soberano daquele reino.

16 Parrinder (1967) faz uma descrição o quanto possível minuciosa da porta *Idena* que considera o exemplo mais expressivo de construção militar existente no Daomé (atual Benin). Palau Marti (1964) afirma possuir cerca de 8 m de lado.

17 Segundo Palau Marti (1964), essas impressões podem ainda ser vistas no que sobrou das muralhas.

18 Segundo consta, esse mercado, quando as muralhas existiam, situava-se no exterior de Ketu, condições em que a proclamação do novo *Alaketu* ocorria antes de atravessar a porta *Idena*. Já o mercado do rei, chamado *Oja Kekere* ("mercado pequeno") é situado na área interior de Ketu.

19 O envolvimento dos ancestrais históricos na legitimação do *Alaketu* lembra as práticas existentes entre os Agni, como se verá oportunamente.

20 Existem quatro linhagens fornecedoras de *Ooni* no reino de Ifé (Palau Marti, 1964).

21 Segundo consta, não são estabelecidas negociações prévias entre os membros do colegiado que escolhe o *Ooni* e os *Babalawo* que procedem aos jogos divinatórios.

22 A palavra *Oba*, dentre outras, designa o rei Ioruba.

23 Vê-se que embora Oyo seja considerado o modelo político Ioruba por excelência, a supremacia de Ifé, de um ponto de vista histórico e espiritual, é mantida.

24 Assistimos essas fórmulas serem utilizadas, entre os Agni, para referir-se à morte do rei. Isso ocorreu em 1979 quando estivemos em Krinjabo a fim de assistir a uma cerimônia ligada à morte de Amon Ndoufou III, soberano dos Samwy, que viera a falecer. As pessoas utilizaram expressões como "Ele foi visitar os ancestrais", "Ele partiu", "Ele está dormindo", "Um ramo do baobá quebrou".

25 Sobre a penetração de um novo *Ooni* no *Aafin*, Verger (1957) indica que o soberano deve permanecer afastado do palácio por um período de três meses. Nós não temos elementos para concluir se esse período corresponderia àquele em que o soberano detém o título de *Ishoko* – durante o qual não penetra no palácio – ou a uma possível fase de retiro obedecida após a sua proclamação como *Ooni*. Mas sabemos que essa última possibilidade ocorre em Ketu. Em Oyo, o novo rei também não chega ao palácio antes de escoado um determinado período. De qualquer maneira, em Ifé – como em Ketu e Oyo – existe um tempo durante o qual o novo soberano não tem acesso ao palácio. Isso pode estar relacionado com um período, destinado à iniciação do soberano, mas também com o tempo necessário ao encaminhamento do rei falecido ao país dos ancestrais.

26 201 significa para os Ioruba uma grande quantidade. Já o número quatrocentos significa uma "grandíssima" quantidade, como o indica Verger (1981). Note-se, a propósito, que um dos relatos referidos a *Ogun* diz, conforme vimos, ter essa divindade quatrocentas mulheres e 1.400 filhos. Trata-se de "grandíssima" quantidade de mulheres. Já o número um, antecedendo o número quatrocentos, no caso dos filhos de *Ogun*, simboliza o início de tudo que é procriado. É referência, portanto, a uma e "grandíssima" quantidade de filhos. A respeito da dinâmica proposta pelo número um entre os Ioruba, ver Elbein dos Santos (1976). Palau Marti (1964) também aborda a questão da numerologia e seu simbolismo entre os Ioruba e povos vizinhos.

27 *Orisanla*, a mesma divindade que *Obatala*. A coroa a que se refere Verger no trecho transcrito é o *Ade*, ornamento de cabeça que distingue os reis Ioruba.

28 *Baba* significa pai, e *Oba* indica o rei, o soberano Ioruba.

29 A propósito da hierarquia existente entre os *Baba Oba*, Palau Marti (1964) indica que, simbolicamente e segundo consta, *Ona Ishokun* é o "pai" do *Alafin* e *Ona Aka* o "pai" de *Ona Isokun*.

30 *Iya Oba* consta, dentre os personagens femininos da corte de Oyo, como uma das pessoas que se envenenava à morte do soberano.

31 *Aremo* gozava de grandes privilégios na corte enquanto seu pai estava vivo. A instituição sintetizada no sacrifício de *Aremo* à morte do *Alafin* foi abolida no século XIX, durante o reinado de Atiba, 37° soberano de Oyo, cujo primogênito, após sua posse, Adelu, veio posteriormente a tornar-se *Alafin*. Dessa forma, estabeleceu-se o direito de primogenitura.

32 Esses dignitários eram eunucos.

33 *Osi Efa* também se envenenava quando da morte do *Alafin*.

34 Palau Marti (1964) faz referência a tal fato relacionando-o com uma expressão em língua Ioruba – *Ori Ko Gbo Ofo*, que literalmente significaria "a cabeça não deve ficar descoberta" –, que designa o próprio objeto ou tecido com o qual *Ishoko* cobre a cabeça nessas ocasiões. Isso indicaria a importância do *Ori* do soberano.

35 O ato de injuriar o rei é instituição que também existe em Ketu, como vimos.

36 Lembremo-nos que *Alapini* e *Akiniko* são personagens também do reino de Ketu, o primeiro representa uma das linhagens reais e o segundo uma linhagem estrangeira mantida naquele reino por motivos históricos.

37 Na lista de Johnson (1976) *Odudua* consta como primeiro rei de Oyo. Mas, como já indicado, isso seria uma deferência a *Odudua* devido à sua condição de primeiro ancestral dos Ioruba e primeiro rei de Ifé, sua pátria espiritual. Dessa forma, *Oranmiyan* teria sido, de fato, o primeiro soberano de Oyo.

38 Palau Marti indica que frações dos *Alapini* são encontradas "em diferentes regiões do país Yoruba […]. O culto Egugu é sua atribuição em toda parte. Os Alapini de Oyo são originários do Nupe, de onde trouxeram o culto Egugu" (1964: 29, nota 1). Essa autora diz ainda que em Ketu os *Alapini* não detêm nenhuma dignidade ministerial, diferentemente do que ocorre em Oyo, mas no entanto constituem uma das cinco linhagens reais de Ketu.

39 *Ogun* é considerado o "totem" dos *Bashorun*, conforme indicação de Palau Marti (1964).

40 O *Odun Bere* é cerimônia dedicada a *Sango*, mas nela *Ogun* também é reverenciado.

41 Conforme visto, *Ori* é considerado também uma divindade.

42 Como, por exemplo, nos processos primordiais da criação, onde essa divindade perdeu a chance de criar a Terra, cabendo-lhe então a atribuição de criar todos os seres da natureza.

43 Essa imposição abrange os três reinos, nos quais o futuro soberano deve possuir condições físicas e psicológicas excepcionais. Há um exemplo em Ketu ilustrativo da importância dessas características necessárias do *Alaketu*, atingindo até mesmo certas particularidades extremamente pessoais: o 18º soberano daquele reino, já escolhido, não assumiu o cargo porque descobriu-se que era canhoto, sendo então substituído por um escravo que o representava.

44 Parece interessante lembrar que em Ketu um sacrifício histórico, cuja lembrança é mantida institucionalmente, teve como vítima um corcunda chamado Akiniko.

45 O desaparecimento do rei implica em morte do soberano. No entanto, o sangue do rei não pode ser derramado, razão pela qual suas esposas tinham o dever de estrangulá-lo caso seu desaparecimento fosse exigido por seus governados. Outro método era o do auto-envenenamento.

46 Ao que parece, as divindades, em contexto ritual, aceitam o sacrifício das criaturas das quais são regentes. No caso de *Obatala*, o camaleão, um de seus símbolos, é sacrificado a essa divindade, o mesmo ocorrendo com o inhame. O carneiro e o cavalo, símbolos de *Sango* também são aceitos por ele em sacrifício.

47 *Ona Olokun Eshin* consta da lista de Palau Marti (1964) como personagem da corte que devia morrer por ocasião do falecimento do *Alafin*.

48 Segundo as legendas, *Sango* seria proprietário de um palácio de cobre localizado no espaço dos *Orisa*.

49 Trata-se de versão sobre a criação do mundo em que *Oranmiyan* aparece como o principal herói, refletindo o ponto de vista de Oyo, em oposição ao de Ifé, onde esse papel cabe a *Odudua*.

50 Esses notáveis, entretanto, nem sempre estão junto ao *Alafin*. São dignitários que exercem outros cargos no reino, e simbolicamente estão à direita ou à esquerda do soberano em razão dessas atividades.

51 *Kakanfo*, um dos ministros de esquerda, é chefe de guerra e dos guerreiros do *Alafin*, não podendo encontrar-se com o soberano, pois jamais um deve inclinar-se para o outro. *Kakanfo* reside fora de Oyo.

52 Verger (1981: 141, nota 3) não concorda com os fundamentos da legenda segundo a qual *Sango* teria se enforcado, provocando o aparecimento da expressão *Oba So* ("o rei se enforcou"), lançada pelos opositores do herói, e à qual se opôs imediatamente a expressão *Oba Ko So* ("o rei não se enforcou"), proclamada pelos seus seguidores. Para Verger, a expressão verdadeira é *Oba Koso* ("Rei de Kosso"), um dos títulos de *Sango*.

53 Ainda entre os Ioruba, o rei dos Egba de Abeoukuta costumava ingerir a língua de seu antecessor

O exemplo Agni (introdução)

Os Agni pertencem ao complexo civilizatório Akan, constituído de vários grupos que falam a língua *Twi*. A maior parte desses grupos encontra-se no Gana atual, como os Aowin, Akwapin, Adansi, Ashanti, Buem, Brong, Danquira, Fanti, Kwahu, Nzima, Sewfi, totalizando aproximadamente 3 milhões de pessoas. Os Akan que residem atualmente na Costa do Marfim e totalizam cerca de 2 milhões de pessoas, ocupando áreas localizadas perto ou junto da fronteira leste, que divide esse país e Gana. São eles, segundo os autores: Abron (sub-grupos Ahenfie, Akidon, Foumassa e Pinango), Agni (sub-grupos Bini, Bona, Ndenie, Morofoe e Samwy), Juabem (sub-grupo Diaba), Essouma e Nzima (sub-grupos Evalue, Ajomoro, Guira, Ahanta). Os chamados Akan do centro constituem-se essencialmente dos Baule (sub-grupos Ouarebo, Agba, Ngban, Faafoue, Nzikpri, Aitou, Nanafoue, Saafoue, Akoue, Ndranoua, Satikran, Goli, Ayaou, Anno, Annoabe). Os Akan do sul encontram-se em região de lagunas e são constituídos dos Abe (sub-grupos Morie, Tchofou, Abeve, Khos), Akye (sub-grupos Lepin, Bodin, Ketin), Adiokrou, Avikan, Alladian, Ebrie (sub-grupos Bidjan, Kwe, Songon, Niangon, Yopougon, Bya, Nonkwa, Bobo, Adiapo), Ewotire e Ega. (Able, 1978; D'Aby, 1960; Lafargue, 1976; Niangoran-Bouah, 1964).

Nós examinamos certas instituições dos Agni Ndenie, Samwy e Morofoe, das áreas de Abengourou, Krinjabo e Abongua, respectivamente. Nos capítulos que se seguem serão apreciados aspectos relacionados com o preexistente (capítulo 10), com a saga dos Samwy em sua retirada do país originário que os trouxe até o território ocupado atualmente (capítulo 11), com a influência do inhame nesse êxodo e na reorganização da sociedade (capítulo 12) e, finalmente, certas figuras jurídico-políticas, incluindo a natureza do poder e do rei (capítulo 13).

Em todos os casos, buscamos aflorar a dimensão ancestral desses temas e a concretude dessa dimensão, tendo emergido o papel fundamental atribuído aos ancestrais históricos. No conjunto da problemática, deve ser realçada a importância de que se revestem as Cadeiras patriarcais e a Cadeira Real, símbolos decisivos da sociedade Agni, organizada sob a forma de Estado monárquico. Tal importância é, aliás, comum a todos os grupos Akan.

Capítulo 10
O preexistente e divindades

Os Agni propõem haver um preexistente, criador de todas as coisas da natureza. D'Aby (1960) indica alguns dos nomes pelos quais é conhecido. Entre os sub-grupos Ndenie, Sanwy e Morofoe, é chamado *Alluko Nyama Kadyo*. Em sua versão de divindade-gêmeo, é denominado *Aflahui Nyamia Nda* ("deus gêmeo único"). Sua força inigualável é contida na expressão *Okyo Ase Mulale*, aquele que atrai todos os metais da terra. Como mestre do universo, é chamado *Aflahui Nyanomea*, o produtor do arco-íris. É também *Nyamia Kolafoe*, deus todo-poderoso a quem nada ou ninguém resiste.

O preexistente Agni ocupa um espaço originário, no qual engendrou os processos primordiais da criação. Esse espaço, chamado *Abolee* é localizado "no alto", "atrás das nuvens". *Abolee* é pois o lugar da criação. Não possuímos dados seguros sobre como a vida primordial foi elaborada por esse preexistente. Sabemos entretanto que é o responsável pela existência de um princípio vital, caracterizador da energia e da vida, que anima os seres da natureza. No homem, essa dimensão divina se manifesta no *Woa Woe* e no princípio imperecível que configura as qualidades morais e espirituais das pessoas, a cujos destinos está ligado o *Ekala*. Pode-se assim considerar que o preexistente Agni é tomado como a fonte primeira da energia criadora universal.

Além da criação o preexistente Agni é responsável pelo aparecimento do homem no mundo terrestre e, de certa maneira, por uma organização daquele e da sociedade, no princípio.

Quanto ao aparecimento do homem, o preexistente elaborou sete grupos originários básicos, os quais desceram à Terra "em imensas vasilhas de bronze [...] ligadas ao céu por cabos" (D'Aby, 1960: 127).[1] Os primeiros homens vieram, assim, do espaço, remetendo o aparecimento dos Agni a um passado extremamente longínquo.[2]

Nos relatos ligados à descida do homem à Terra, consta que esses primeiros ancestrais encontraram um mundo contendo já certos recursos. Ao chegarem, acharam fogo, arroz, inhame, nozes de palmeira, cabaça, milho, ouro e outros elementos.[3]

Dizem ainda os relatos que o preexistente, após a criação, desceu à Terra, escondeu o que deveria ser secreto e revelou aquilo a ser revelado, estabelecendo dessa maneira uma primeira proposta fundamental de conhecimento, ligada possivelmente ao saber esotérico e à explicação comum das coisas, no primeiro caso prevendo o aprendizado e a iniciação específicos. Com essa descida à Terra, a divindade primordial dos Agni estabeleceu também uma concepção de tempo: seu aparecimento ocorreu em um dia *Fwe*, um dos sete dias das duas semanas Agni. Esse é, até hoje, um dia bastante especial para esses Akan, marcando atos e instituições de significativa importância. Em sua peregrinação entre os homens, o preexistente criou uma primeira proposta de divisão do trabalho, tendo aparecido daí médicos herboristas, agricultores e pescadores. Estabeleceu também alguns princípios básicos para as relações entre os homens, repugnando o trabalho negligente, a inveja, o rancor, o roubo, advertindo de sua cólera pelas infrações a esse código divino através das tempestades e punindo diretamente com os raios lançados dos espaços ou ainda fazendo uma divindade intermediária, como o próprio *Ekala*, punir os indivíduos, levando-os a perecer em acidentes ou perder-se nas florestas, lagunas e rios.

O preexistente manifesta-se também entre os homens através de um grande número de divindades e seres extraordinários por ele criados, para os quais os Agni distinguem duas modalidades, os *Amoa* e os *Boso*. Na primeira, encontram-se divindades ou forças primordiais, individuais ou coletivas, representadas simbolicamente por objetos, estatuetas ou máscaras, e suas ações são exercidas dentro dos limites estabelecidos segundo as conveniências sociais como, por exemplo, uma determinada área de plantação ou uma comunidade. Já os *Boso* não são representados materialmente por elementos elaborados pelo homem, pertencendo a certos domínios da natureza, como rios, riachos, lagunas, mar, montanhas, rochedos, árvores etc., estando assim ligados às dimensões mais abrangentes e totalizadoras da explicação do mundo. Os *Boso* são considerados os guardiões e proprietários naturais da terra, razão pela qual a ocupação de uma de suas partes é precedida de um pacto, conforme o indica D'Aby (1960).[4] As alianças duradouras que os homens estabelecem entre si são simbolizadas por *Aby Boso* e *Eholie*, como o indica o relato segundo o qual suas canoas foram talhadas do mesmo tronco.[5] *Ebwe Ekala* pune ladrões e caluniadores, *Asom* está ligado à problemática das hemorragias e moléstias em geral; *Amanzi*, à força do mar e à pesca; *Asemala*, à proteção da fauna aquática; *Tano*, ao exercício do poder e também à resistência ao europeu.

O preexistente, divindades e seres por ele criados, ligam-se ao aparecimento e organização da sociedade Agni, revelando uma concepção de humanização da divindade primordial ao colocá-la, de certa maneira, em relação ao ancestral mais fundamental, embora de natureza divina. Esse preexistente e os primeiros ancestrais integram um grande modelo explicativo da história básica da sociedade. Mas com a emergência de processos históricos mais recentes, outras proposições nasceram e se integraram na concepção Agni do mundo.

Notas

1 Essa indicação é muito semelhante a uma das concepções existentes entre os Ioruba acerca do aparecimento do homem na Terra, salvo que naquele caso os primeiros homens desceram do espaço através de correntes de ferro, como vimos. Um de nossos informantes de Krinjabo asseverou, entretanto, existirem referências entre os Agni quanto à utilização de correntes de ferro para a descida. Esse dado não foi confirmado.

2 De fato, o aparecimento dos ancestrais primordiais vindos do espaço ou emergindo da terra ou das águas, relaciona-se com a ocupação extremamente antiga de um território. Já os relatos referentes aos ancestrais itinerantes, muitas vezes aliados aos ancestrais-caçadores, relacionam-se a períodos de coleta e/ou processos de sedentarização e movimentos migratórios mais recentes.

3 É interessante reter que o fato de os homens encontrarem certos recursos materiais em momentos nos quais a sociedade não se encontra organizada parece uma constante entre os Agni. Esse modelo, citado em suas ligações com as origens da organização social, repete-se de certa maneira em época mais próxima e em momento de crise para os Agni.

4 Trata-se de pacto celebrado entre as divindades da terra e os primeiros ocupantes de uma de suas partes, gerando uma série de direitos e deveres. D'Aby (1960) afirma que até mesmo o nome de uma localidade criada em decorrência de aliança dessa espécie pode ser imposto pela divindade pactuante. Nós encontramos esse pacto também entre os Senufo.

5 *Eholie*, juntamente com *Bia* e *Tano* são três rios que integram as legendas dos Agni, sendo considerados irmãos e divindades. *Eholie* e *Bia* fizeram um pacto em virtude da usurpação do poder por *Tano*, de quem são inimigos. Por isso, o nome de *Tano* jamais deve ser pronunciado quando as pessoas se encontram nos rios *Eholie* e *Bia*. E vice-versa.

Capítulo 11
Os fundamentos ancestrais da nova história dos Agni

Os Agni possuem uma rica concepção acerca de sua história primordial e daquela mais antiga, envolvendo inclusive o preexistente na organização inicial do mundo e da sociedade, concepção essa mantida, em suas linhas gerais, até o presente. Essa concepção não explica entretanto, de maneira diferencial, certas transformações da sociedade, nem a dinâmica dessa problemática. Os que se impõem atualmente como elementos explicadores de várias instâncias da realidade são os fatos nascidos de uma ruptura crucial das estruturas sociais e suas posteriores recomposições. Na realidade, pensamos que a sociedade Agni atual somente pode ser compreendida diferencialmente se for pensada como o resultado dessa reestruturação. Tal problemática situa-se em um passado bem mais recente e resume o que chamamos de *os fundamentos ancestrais da nova história dos Agni*, sobretudo a formidável epopéia que viveram, constituída de sua partida, em estado de guerra e de fuga à servidão, dos territórios anteriormente ocupados, de seus deslocamentos infindáveis em condições as mais difíceis, onde não faltaram batalhas, fome, epidemias e morte, buscando áreas mais adequadas a uma nova ocupação, e da descoberta e ocupação dessas novas áreas, permitindo a reorganização e a expansão da sociedade. Essa epopéia é conhecida entre os Agni sob a denominação genérica de *êxodo* e dela nasceu uma nova fonte ancestral de explicação e legitimação da história.

Todos os fatores ligados a essa problemática – inclusive o singular estatuto atribuído pela sociedade aos ancestrais que dela participaram – nos foram apontados de maneira enfática e em ocasiões diversas, como dados indispensáveis para a explicação de um significativo número de práticas sociais dos Agni a partir do ponto de vista da sociedade.[1] Parece-nos conveniente, portanto, apresentar um breve resumo desses fatos,[2] passados no período que vai do início do êxodo,[3] sob Amalaman Ano, até a fundação de Krinjabo por Aka Esoin, por volta de 1725, e à morte de Amon Ndoufou, falecido no curso de 1885, cujo mandato assinalou definitivamente uma profunda alteração nas relações dos Agni com os colonizadores, estabelecendo um marco do início da dominação francesa nessa área.

Segundo versões aceitas existentes nos relatos tradicionistas, os Agni parecem ter como território do qual partiram em razão do êxodo, os domínios situados ao longo do rio Efe, afluente do rio Prah, localizados na região configurada entre os rios Volta Branco e Volta Negro da atual Gana. Esses domínios são conhecidos pelo nome de *Agnua Agnua*, derivado da palavra *Anyuan*, que significa "areia".

O êxodo nasceu de comoções internas e guerras. Os dados das legendas dão como motivo imediato da guerra que provocou a retirada o adultério envolvendo um dos filhos de Amalaman Ano, soberano dos Agni Brafe[4] – família Auokofwe – e uma esposa do rei dos

Danquira. Não tendo as negociações produzido efeito, e por tratar-se de incidente de grandes proporções, houve recurso às armas.[5] Após várias batalhas, entremeadas de tréguas e tentativas de reconciliação, os Brafe foram finalmente vencidos, principalmente porque tendo comprado pólvora em Kumasi, capital dos Ashanti, verificaram que os recipientes enviados continham apenas areia, *Agnua*, origem do atual nome do antigo território dos Agni.[6]

A perda da guerra levava ao cativeiro, destino inaceitável para os Brafe, que lideraram então outros grupos Agni iniciando a retirada. Se bem seja extremamente difícil, senão impossível, identificar todos os sub-grupos retirantes, o êxodo envolveu um grande número de pessoas.[7]

De fato, os retirantes formavam dezessete regimentos – *Fokwe*, do mesmo nome de uma dança de guerra de significativa importância – deslocando-se sob as ordens do novo soberano dos Brafe, Aka, chamado também Esoin, o "matador de elefantes", o qual assumira o poder com a morte de Amalaman Ano em batalha. Amalaman Ano não acompanhou, assim, a longa retirada de seu povo. Mas sua Cadeira patriarcal chegou a Krinjabo,[8] sendo ele considerado o primeiro dos ancestrais-reis da nova história dos Agni e fonte de legitimação do poder. Aka Esoin liderou a retirada até o local onde atualmente se encontra Krinjabo, capital do reino Brafe, na atual Costa do Marfim, e ali reinou. Esse grande feito tornou Aka Esoin outro dos principais heróis e ancestrais-reis dos Agni nascidos do êxodo. Foi inclusive por ocasião de sua morte que os Agni retomaram a tradição de realizar funerais completos – evidência da estabilização da sociedade no novo território. Como Amalaman Ano, também Aka Esoin está intrinsecamente ligado à legitimação do poder.

Cada *Fokwe* estava organizado em três grupos: a frente (*Atin Mbuele*), a ala direita (*Famaso*) e a ala esquerda (*Beso*). As frentes, integradas pelos *Dyasefoe* ou *Gyasefoe* ("servidores do rei") encarregavam-se dos choques com os inimigos e as alas esquerdas constituíam reforços. Quanto às alas direitas, as informações são extremamente vagas. Mouezy (1954), sem mais especificar, as considera "as mais importantes". Entretanto, sabe-se que os nobres das famílias se concentravam, encarregando-se de transportar as respectivas Cadeiras patriarcais de seus chefes.

Essa estratégia militar também passou à história. Nesse sentido, interessa desde já reter: tal disposição espacial dos retirantes e o fato de as Cadeiras patriarcais dos comandantes das alas também terem chegado a Krinjabo, são fatores internalizados na legitimação ancestral do poder entre os Agni.

Descendo em direção sudoeste, os retirantes, ainda em território da atual Gana, fundaram um núcleo na região de Dyema, ali permanecendo os Bouressa sob o comando de seu soberano Ano Asseman. Aka Esoin continuou a retirada e chegou à região de Yakasse, onde permaneceu durante algum tempo. Nesse período, ocorreram novos desmembramentos. Enquanto Aka Esoin, seus guerreiros e caçadores exploravam a região, os Assomoro, cujo soberano era Ehui Komwo, continuaram a procurar locais mais estratégicos e, por sua vez, também se separaram. Um grupo permaneceu sob a liderança de Ehui Komwo e outro sob a de Dyebri, seu irmão e comandante de guerra. Um desses grupos conseguiu atingir o rio Tano – um dos rios-divindade dos Agni – e, através dele, o litoral. Explorada a região, fundou-se um primeiro núcleo na área da atual Assinie, na Costa do Marfim, sob o nome de Dyebrigwaso. Entretanto, após dissensões internas ligadas a direitos da guerra vitoriosa travada com os Messa, ocupantes mais antigos dos territórios por onde se avançava, os retirantes deslocaram-se em direção ao leste, instalando-se em Kigali, na área de Beyin, atual Gana.

Voltemos a Aka Esoin, o qual permanecera na região Yakasse, onde seus caçadores detectaram os habitantes locais, a quem os Agni denominaram *Agwa*.[9] Os contatos com os Agwa transformaram-se em outro dos fatos memoráveis do êxodo. Realmente, descendo sempre em direção ao sul, Aka Esoin chegou à região de Dibi, área estratégica para a futura fixação dos Agni. Para tanto, tiveram de vencer a feroz resistência dos Agwa, infligindo finalmente uma grande derrota a seu chefe Ko Kora a quem Aka Esoin, não vendo aceitas suas condições durante os atos parlamentares, prometera "saudar" pessoalmente em um dia *Fwe*. E assim o fez. A conquista da região permitiu aos Agni, guiados pelos Agwa submetidos, atingir aos poucos as margens do rio Bia – outro dos rios-divindade dos Agni –, transformando-o em uma via de acesso às lagunas e ao litoral. A importância desse fato para a história atual dos Agni é perpetuada pela insígnia do trono de Dibi, o remo.

Partindo de Dibi à procura do rio Bia, os Agni atingiram a região situada entre as áreas de Bafia e Aboisso, esta última já não longe do local onde seria fundado o reino Samwy, cuja capital, Krinjabo, situa-se perto da laguna Aby. Essa região vai de Bafia a Aboisso, é conhecida pelo nome de Siman e tornou-se por sua vez um território de grande importância histórica, transformando-se em espaço diferenciado devido a alguns motivos significativos. Em primeiro lugar, tornou-se área de grande valor estratégico para a ocupação. Aka Esoin, percebendo ser capaz de tirar vantagens com a submissão dos Agwa e a retirada destes para o oeste, criou um dispositivo militar de segurança, colocando parte de seus guerreiros para vigiar e defender essa zona intermediária, diminuindo assim a possibilidade de acesso ao rio Bia por essa rota.[10] Não sabemos qual o período provável de permanência de Aka Esoin na região de Siman antes de chegar a Aboisso, mas parece que sua estratégia permitiu a delimitação de um território a partir do qual os Agni puderam atingir Aboisso e, depois, Krinjabo. Por outro lado, durante a estada nessa região de Siman, ocorreram sérias dissensões entre os Agni. Até mesmo Ano Asseman, instalado na região de Dyema, foi chamado a intervir, na tentativa de resolverem-se as questões sem produzir uma cisão de grandes proporções. O soberano Bouressa recusou-se entretanto a atender ao apelo, pois a divindade *Eholie* – outro dos rios-divindade dos Agni – desaconselhou sua viagem. De qualquer maneira, outros desmembramentos se produziram e vários grupos partiram, sobretudo em direção noroeste, fundando-se novos núcleos Agni, ocupando provavelmente as regiões de Agnibilekrou, Abengourou, Abongua, Bonguanou, Arrah, Zaranou e outras. Já os que permaneceram na região de Siman chegaram finalmente ao local da atual Aboisso, às margens do rio Bia. Submetendo novamente os Agwa da região, os Agni atingiram, a seguir, os locais denominados de Akraou ("estamos aqui"),

Ekoubebo ("o lugar da comida", atualmente Arienkroo) e, finalmente, Krinjabo (de "Krengia Abo", literalmente "aos pés da árvore Krengia"), sede do reino então fundado por Aka Esoin sob o nome de Samwy.

A fundação de Krinjabo situa-se em torno de 1725, segundo as suposições mais aceitas, a partir da ordem cronológica dos reinados de seus primeiros soberanos, marcando o fim de uma grande etapa da nova história dos Agni: a epopéia do êxodo e o encontro de um território viável para a instalação e início da recomposição da sociedade.

A ocupação do território foi difícil, a guerra tendo sido recurso freqüente devido à resistência oferecida pelos ocupantes mais antigos: os Agni impuseram-se pela força aos Eotile, aos Aboure, aos Makpato e aos Ebrie.

Aka Esoin reinava no interior, não longe do mar e com a retaguarda protegida pelos guerreiros estacionados na região de Siman. A necessidade de solidificar a ocupação na área litorânea levou à guerra contra os Eotile, habitantes das estreitas mas estratégicas faixas de terra situadas entre mar e lagunas, os quais não aceitaram as condições de soberania impostas pelo rei de Krinjabo. Este prometeu "saudar" os Eotile e, após submetê-los, atacou sucessivamente os Aboure de Bouna, os Makpato e os Ebrie.

A expansão do reino de Krinjabo continuou sob Amon Ndoufou Kpain após a morte de Aka Esoin no fim do século XVIII[11] e por seu sucessor Assemyn Dishye, cujo mandato foi marcado por guerras particularmente intensas.[12] Esse soberano conquistou áreas pertencentes aos Essouma na região de Assinie, submetendo-os a Krinjabo. Esse fato valeu aos Agni a possibilidade de obtenção de armas de fogo, comércio mantidos pelos Assouma com navegadores europeus. Também as regiões de Monobaha e Asuenou Kpolan, domínios Eotile, foram submetidas, assim como a população de Bouna, cujo soberano Kissi teve a cabeça amputada, tornando-se seu crânio parte dos tesouros reais de Krinjabo.

Assemyn Dishye faleceu por volta de 1827, sendo sucedido por Assomelan Katian, chamado Attokpora Kassi. O nome Attokpora foi-lhe atribuído em memória de um antigo soberano Brafe, anterior ao êxodo. Já Kassi é o nome correspondente ao do dia de seu nascimento.[13] Esse soberano foi um guerreiro ardiloso e temido. Aliou-se aos Eotile, obtendo assim uma adesão mais efetiva daquela imposta pelas armas. Com sua ajuda, Attokpora estabeleceu uma rede de vigilância nas lagunas, perigosas vias de acesso, diminuindo a possibilidade de ataques de surpresa a Krinjabo. E lançou-se a novas empresas de guerra. Atacou as populações de Bouna, os Ebrie e os Makpato, guerreiros muito respeitados.[14] Uma importante batalha foi vencida por esses guerreiros, que Attokpora não esqueceu: ele voltaria a atacar os Makpato mais tarde, sofrendo então a grande derrota que marcaria o fim de sua carreira. Entrementes, Attokpora lutou contra os Nzema e os Sohie. Essas batalhas envolvem o rio Bia, na embocadura do qual os Nzema atacaram os Agni, ocorrendo perdas significativas de ambos os lados, com vitória final dos Brafe. A propósito dessa batalha, Mouezy (1954) indica que um famoso comandante de guerra Nzema, Akosse, teve sua cabeça amputada, o crânio passando a servir de recipiente nas cerimônias feitas nos dias *Fwe* à Cadeira Real de Krinjabo. As batalhas contra os Sohie envolvem outro rio-divindade dos Agni, o rio Tano, em cuja margem direita estavam instalados os Sohie em relativa segurança e independência. Atacados por Attokpora, tiveram de deslocar-se, impedindo que fossem realizados, na ocasião devida, os funerais de seu soberano, o que acarretou grande inimizade com os Agni. Mais tarde Attokpora voltou a atacar os Makpato, sendo por eles vencido em uma batalha histórica. Adotando uma estratégia de surpresa ao inimigo, os Makpato dizimaram os Agni. Suas cabeças foram decepadas e depositadas na aldeia, num local que passou a ser denominado *Agnasian Nohou Go* ("o lugar das cabeças cortadas dos Agni"). Mesmo o calendário Makpato foi alterado para perpetuar a vitória, tendo o dia da semana no qual ocorreu a batalha, antes denominado *Opi*, passado a chamar-se *Attokporapi* ("o dia de Attokpora"). Foram os próprios chefes Makpato que salvaram a vida de Attokpora, escondendo-o dos guerreiros e libertando-o. Devido a essa derrota, Attokpora não voltou a Krinjabo e não reassumiu o trono, passando a viver isolado nas florestas – onde foi uma vez surpreendido roubando víveres de uma plantação – às margens da laguna Aby e depois na localidade de Adaou, onde faleceu na década de 1840 a 1850.[15]

Durante as guerras de Attokpora, o trono de Krinjabo foi regido interinamente por Kassi Amon, seu sobrinho, denominado Amon Ndoufou pelos Agni, e Amatifou pelos europeus. Essa interinidade é registrada em um primeiro tratado celebrado com os franceses em 4 de janeiro de 1843 por Amon Ndoufou, onde este assina pelo Rei Attokpora, que se encontrava distante de Krinjabo. Já a alteração desse tratado, datada de 16 de março de 1844 leva a marca de Amon Ndoufou na qualidade de sucessor daquele soberano.

A queda de Attokpora não marcou apenas o fim de sua carreira política, mas também o estabelecimento definitivo de relações privilegiadas com os franceses que, depois da retirada de 1704, não se estabeleceram mais no território.[16] Amon Ndoufou foi o soberano que celebrou uma aliança duradoura com o colonizador – o tratado de 4 de julho de 1843 –, quem em troca de alguns presentes, renováveis parcialmente a cada ano, proporcionou aos franceses garantias de não-agressão por parte dos Agni, certas parcelas de terra, direitos de livre circulação, exclusividade de exploração do território e, sobretudo, o "protetorado" do reino de Krinjabo.

Attokpora, o guerreiro, não reassumiu o trono por motivos pessoais ou foi impedido? De qualquer maneira, o reinado de Amon Ndoufou marcou uma alteração profunda no trono de Krinjabo. Além da abertura às atividades vergonhosas do colonizador, o soberano Agni procurou a paz com os grupos vizinhos e a conciliação interna. Dissensões originadas por questões de funerais, raptos de mulheres, adultérios, desrespeito à jurisprudência ancestral etc., que provocavam disputas, muitas vezes sangrentas, começaram a ser resolvidas através de multas. Os sacrifícios humanos, celebrados por ocasião de certos ritos funerários, passaram progressivamente a ser efetuados de maneira reservada, alterando parte do sentido social a eles anteriormente atribuído. Amon Ndoufou faleceu no curso de 1885.

Dissemos anteriormente que essa ruptura crucial da organização da sociedade, e sua posterior recomposição – fatores sintetizados na epopéia do êxodo e na fixação em novos territórios –, provocou a emergência de novas propostas de explicação da história entre os Agni. É, pode-se dizer, um alargamento histórico da concepção da realidade derivado da ocorrência de fatores concretos decisivos. Essas propostas mantiveram certos fundamentos básicos característicos dos valores civilizatórios desses Akan, como a concepção do pre-existente e das divindades, a origem divina do homem e do mundo, as legendas sobre os primeiros ancestrais, o papel privilegiado atribuído aos ancestrais nas relações e instituições sociais, a organização política da sociedade sob a forma de Estado monárquico. Mas essas novas concepções apresentam uma alteração vital quanto à problemática alvo de nossa preocupação, os ancestrais e a sociedade Agni. De fato, estes não esqueceram seus ancestrais básicos, aqueles dos primeiros períodos, onde é difícil distinguir os contornos das instâncias míticas ligadas à história primordial, nem os ancestrais anteriores ao êxodo. Entretanto, os agentes principais encontrados na base da explicação da história, ao originar novas legitimações de certas instâncias do social, são como a própria nova história dos Agni, os seus novos ancestrais, aqueles homens participantes da imensa problemática enfrentada em período mais recente. Eles se compõem da massa indiferenciada dos retirantes como um todo, assim como de alguns tipos diferenciados que exerceram papéis notáveis na epopéia, como guerreiros e caçadores. Mas, sob um aspecto extremamente importante, referente às relações e instituições sociais, eles se compõem sobretudo dos reis e patriarcas condutores da retirada a seu termo, conquistando territórios e estabelecendo seu povo neles, reorganizando a sociedade e o Estado. Esse realce do soberano-ancestral não é gratuito, é uma proposta material da sociedade em questão: o ancestral-rei representando o Estado e sua possível continuidade em momento de crise e ruptura. Não obstante a desorganização absoluta da economia durante o êxodo, a integração política sintetizada na figura do soberano foi bastante intensa durante a retirada, pois simbolizava ele o próprio Estado em marcha na tentativa de sua recomposição, e solidificou-se ainda mais durante o período de expansão no novo território.[17] *Parece ter sido assim que a noção de Estado, entre os Agni, resistiu à desintegração da economia.*[18]

Esses ancestrais constituem pois as novas fontes de explicação e legitimação das práticas históricas, situando-se aí a alteração vital referida: sem prejuízo das concepções generalizantes acerca da concretude do papel dos ancestrais no interior da sociedade – conquista definitiva do pensamento negro-africano até nossos dias –, esses novos ancestrais representam uma síntese das transformações históricas. Em outros termos, a explicação e a legitimação ancestral da realidade constituem, na dependência dos fatos, um processo histórico e uma ação diferencial e dinâmica da sociedade. E parece lícito indagar desde quando isso vem acontecendo. De fato, essa problemática parece configurar uma dinâmica que não se manifesta apenas como processo linear das práticas históricas. Tal dinâmica transparece como diferencial, perfeitamente localizada no espaço e em períodos específicos da história. Nessa concepção, os ancestrais não constituem uma corrente contínua, um elo ligando-se a outro, dimensão também existente, mas que não define seus múltiplos aspectos. À possibilidade de ruptura nas estruturas sociais, corresponde a possibilidade de ruptura da corrente ancestral, refazendo-se e recompondo-se diferencialmente. Pensamos que as respostas mais legítimas a essa questão e mais próximas da realidade – respostas que necessitariam de maiores registros e análises para melhor conhecimento das sociedades negro-africanas devido à enorme importância por elas atribuídas aos seus ancestrais – somente podem ser ainda encontradas na palavra das fontes tradicionistas, em vias de desaparecimento rápido.

Notas

1 A importância desses fatores constitui um valor global da sociedade Agni manifestado em várias instâncias das práticas históricas. Isso foi particularmente realçado nos depoimentos que obtivemos de Bonzou II, rei dos Agni Ndenie da região de Abengourou, notáveis e informantes daquele reino. Encontramos a mesma concepção entre os Agni Samwy do reino de Krinjabo nas palavras de Ehonou Bilie, notável residente em Aboisso, e de notáveis e informantes daquele reino. Isso ocorreu também entre os Morofoe, através de Nanã Boni, chefe superior de Abongoua, notáveis e informantes. Balandier (1976: 212-213) aborda a problemática da consciência histórica dos Agni Ndenie através de conclusões de terceiros, e estabelece, desde logo, uma distinção entre o que chama de "gente comum" e "competentes". Os primeiros são aquelas pessoas com acesso ao "conhecimento geral", ou seja, possuidoras da consciência apenas dos fatos "que instituíram a ordem social". Quanto aos "competentes", são eles os poucos "gestores do saber extenso pormenorizado": trata-se dos "tradicionistas" que o autor considera "ligados ao poder" e transmissores da "história oficial". Com isso, há uma "manipulação da história" e sua colocação "a serviço do jogo político". É assim que a "supervisão da história anyi é delegada aos competentes", mas ela é "uma espécie de capital retido pelos chefes" e seu manejamento fica "reservado à aristocracia dominante". Para ilustrar idéias, Balandier serve-se do exemplo dado pelas "celebrações do inhame" que "rememora a situação do tempo do êxodo fundador e destaca, através de historio-drama ritualizado, o papel das diversas personagens históricas. Desse modo, a essência da organização política anyi é 'exposta' e sacralizada. Na verdade, a manipulação da história permite utilizar o passado como santificador da ordem social e justificador dos tratos políticos". É por isso que a interpretação da história, feita pelos "competentes" deve ser "uma epopéia narrativa que esconde os acidentes, os fracassos e as fraquezas dos atores". Não pretendemos discutir aqui essas idéias de Balandier. Limitamo-nos a deixar registrado: 1. o autor não apresenta nenhum dado de realidade para fundamentar suas proposições; 2. serve-se tão somente

de generalizações e conclusões de terceiros para elaborar em duas paginas a síntese que coloca em jogo valores milenares de uma civilização; 3. serve-se de apenas um exemplo para suas conclusões, expondo tão somente um dos inúmeros aspectos das "celebrações do inhame" e não as situa historicamente; 4. ignora a existência de todos os processos capazes de produzir consciência histórica; 5. não distingue a natureza da sacralização a que se refere: 6. não objetiva o que entende por "saber extenso e pormenorizado" e "conhecimento geral" do ponto de vista dos Agni; 7. não analisa o caráter da "dominação", como se apenas uma eventual "manipulação" da história fosse suficiente para tanto, diminuindo assim a própria envergadura dessa "dominação"; 8. em nenhum momento cogita que os Agni deveriam ser ouvidos; 9. finalmente, há que se fazer uma referência à citada narrativa heróica que "esconde os acidentes, os fracassos e as fraquezas dos atores". Nós não compreendemos essa afirmativa de Balandier. De fato, ao contrário do que diz, as narrativas referentes ao êxodo dos Agni, as quais não podem ser separadas de suas conseqüências – a reorganização da sociedade – fazem referência explícita a esses fatores. É possível enumerá-los: dissensões internas; impossibilidade de reconciliação; perda de batalhas da guerra que precipitou o êxodo; compra de areia por pólvora, fato somente percebido no momento de início da batalha decisiva; perda de parte de uma arma de natureza divina, vinda do espaço no momento mesmo da batalha decisiva; morte do primeiro e principal herói do êxodo, que dele não participou; desmembramentos sucessivos dos grupos em retirada devido a dissensões internas; recusa de mediação por parte de um rei Agni nas dissensões internas; massacre dos Agni por grupos pertencentes a outras civilizações; comportamento inaceitável de um rei o qual, devido a seus fracassos na guerra, chegou mesmo à prática do roubo de alimentos. Poderíamos acrescentar ainda alguns dados ligados a conspirações, traições, envenenamentos, dilapidação do tesouro e deposição de reis, envolvendo a "aristocracia dominante" que, no entanto, são do conhecimento da "gente comum". Assim, no que se refere aos Agni, consideramos que as generalizações de Balandier, tal como expostas, são, pela ausência de dados, significativamente destituídas de concretude, limitando-se ao seu enunciado.

2 Ressalvamos desde logo que o objetivo desse resumo não é uma tentativa de reconstruir a história, mas apenas o de indicar a existência de alguns fatores que, conservados cuidadosamente na memória social através de certos mecanismos e nas propostas de legitimação de algumas instâncias da realidade, integram as atuais concepções de realidade nascidas do êxodo e estabelecem relações prioritárias com os ancestrais, alvo de nossa preocupação. Os dados sumários que se seguirão foram obtidos nas fontes bibliográficas, de suas indicações específicas sobre o êxodo (bibliografia particularmente escassa para dados diferenciais dessa problemática), e dos informantes citados na nota anterior a quem devemos, aliás, informações que transcendem o âmbito deste capítulo. Os dados referentes ao êxodo fazem menção, com prioridade, aos eventos culminados com a fundação do reino de Krinjabo, também conhecido por Samwy, e os Agni que pertencem

a ele são chamados ainda por Brafe. Essa prioridade para as questões que levam à fundação desse reino, é devida ao número maior de dados obtidos, e não traz, a nosso ver, nenhum prejuízo a nossos propósitos: indicar de onde nasceram as atuais concepções sobre a explicação ancestral da história entre os Agni. Por outro lado, tais eventos constituem uma síntese da problemática envolvendo a sociedade Agni como um todo, trazendo-a às áreas atualmente ocupadas na Costa do Marfim.

3 Não possuímos informações de segurança absoluta sobre o período preciso do início do êxodo e de sua duração. Os dados bibliográficos e os relatos tradicionistas o situam no século XVIII, se bem existam referências a um vocabulário possivelmente Agni coletado pelos franceses no século XVII, o que leva à suposição de os deslocamentos terem se produzido por "vagas". Entretanto, o modelo internalizado nos meios tradicionistas é derivado das migrações ocorridas no século XVIII, confirmado pela lista dos reis de Krinjabo – a partir do primeiro soberano fundador desse reino – elaborada por Mouezy (1954). Essa lista, com pequenas diferenças, sobretudo nos detalhes da nomenclatura, é a mesma que obtivemos. Por outro lado, os franceses haviam se instalado precariamente na região de Assinie da Costa do Marfim ocupada por outros grupos que não os Agni, estabeleceram aí uma feitoria em 1637, onde posteriormente seria o forte São Luiz. Em 1687, iniciou-se a construção desse forte. Em 1704, os franceses foram obrigados a abandonar o território em virtude da resistência nativa. Os relatos indicam que entre 1704 e 1725 os Agni ainda não ocupavam a região. Dessa maneira, o êxodo situa-se no mínimo nesse período. Ano Nguessan considera, em seu trabalho (publicado sem data), que a reconstituição da história das migrações dos Agni permite localizar o início do êxodo em 1715.

4 Conforme já apontamos, os Agni Samwy são também conhecidos pelo nome de Brafe.

5 Já por ocasião desses fatos, aparece um dos símbolos ancestrais da realeza Agni pós-êxodo. Trata-se do sabre *Ehoto* ou *Kwe*, que antes do início dessa primeira batalha desceu do espaço em meio aos estrondos dos raios. Segundo Mouezy (1954), a luta pela posse da arma mágica provocou que ela fosse finalmente partida, ficando a lâmina com Amalaman Ano e o resto com o soberano Danquira. Pudemos observar, em mais de uma ocasião, o sabre Agni ligado a contextos político-sagrados. É de se notar também que a origem divina de certos elementos integrantes da concepção Agni do mundo – representada pela sua descida diretamente do espaço celeste – é freqüente, como no caso dos recipientes que trouxeram os primeiros homens ao mundo terrestre e no desses próprios primeiros ancestrais. Note-se ainda a importância, para os Agni, da perda de parte de tal arma, vinda diretamente do espaço.

6 Já aqui aparecem reveses sofridos pelos Agni: impossibilidade de negociações culminando com reconciliação, perdas de batalhas, perda de parte do sabre mágico descido do

espaço e compra de areia em lugar de pólvora. Assim, os relatos tradicionistas não escondem "os acidentes, os fracassos e as fraquezas dos atores", alguns até cômicos, como o afirma taxativamente Balandier (1976: 213). Mas consideramos oportuno fazer uma observação, de acordo com as fundamentadas indicações de Niangoran-Bouah existentes no Atlas da Costa do Marfim (um trabalho exemplar elaborado em 1979 pelo Instituto de Geografia Tropical da Universidade daquele país), a palavra *Agnua*, derivada de *Anyuan*, significa realmente "areia", assim, segundo as formas africanas de expressão relacionadas com a idéia de expansão e movimento, *Agnua-Agnua* significa o dobro em sentido dinâmico, ou seja, uma grande quantidade de areia. Essa expressão é importante para o estudo da história dos Agni, pois pode se revestir de vários significados. Um deles está relacionado com o episódio da compra de pólvora. Outro, com o de que quando um local é abandonado, dizem os Akan ser *Agnua*, areia, isto é, não tem mais nada. Pode referir-se assim ao território abandonado com a perda da guerra com os Danquira, suposição reforçada pelo fato de existirem várias aldeias abandonadas indicadas por esse nome. A expressão pode referir-se ainda aos deslocamentos dos Agni quando atingiram certas regiões litorâneas – onde não houve possibilidade de fixação num primeiro momento –, utilizando-se *Agnua-Agnua* para designar as grandes extensões de areia das praias. Mas Niangoran-Bouah remete-se ainda à problemática para êxodos anteriores e muito mais antigos, com base em dados de ordem social e racial que, infelizmente, não cabe apresentar aqui. Segundo esses dados, os Akan parecem ter vivido muito antigamente na região do Saara, de onde saíram com a desertificação progressiva, ocupando sucessivamente áreas de savana e depois de floresta. Essa região desértica seria assim o mais antigo *Agnua-Agnua*, a enorme extensão de areia conhecida pelos antepassados. Não se sabe quando esse primeiro êxodo teria acontecido, mas há provas materiais de que muito antes de Cristo os Akan ocuparam regiões da atual Costa do Marfim, pois há vestígios materiais analisados pelos processos de Carbono 14 remetendo a idade desses restos para 1200 a.C. Dessas regiões teriam se retirado para aquelas onde permaneceram até o êxodo do século XVIII, quando voltaram.

7 Mouezy (1954) cita, dentre os sub-grupos que acompanharam os Brafe, os nomes dos Bouressa, Anofwe, Morenou (Moronou, Morofoe), Afema, Hangana. D'Aby (1960), sem fazer referência explícita ao êxodo, indica em seu trabalho os nomes dos Brafe, Camoenou, Ndenie, Moronou, Diabe, Bona, Bini e Abron. Nguessan (trabalho sem data) aponta os nomes dos Abrade, Bettie, Alongoua, Ahua e Ndeneen (Ndenie).

8 Como dissemos, as Cadeiras patriarcais dos Agni constituem elementos inseparáveis da explicação de significativas instituições sociais. Isso inclui relações com o poder político.

9 Agwa: contração de *Be Gwa Bre*, literalmente "eles estavam lá", segundo Mouezy (1954). Nguessan indica a importância desse dado referente aos Agwa, considerando que tal

denominação comprova a existência de habitantes mais antigos nas regiões ocupadas pelos Agni.

10   A palavra *Bafia* sintetiza, segundo Mouezy (1954), uma expressão que significa "eles estão escondidos", celebrando dessa forma a estratégia adotada por Aka Esoin na região intermediária conhecida por Siman.

11   Segundo Mouezy (1954), o sucessor imediato de Aka Esoin não foi Amon Ndoufou Kpain, mas um outro soberano cujo nome não conseguiu obter e que reinou por um período muito curto. Esse autor indica que o nome desse soberano não poderia ser pronunciado por seus informantes por ter morrido prematuramente. Nós obtivemos em Krinjabo o nome de Amon Ndoufou II como sucessor de Aka Esoin. Esse Amon Ndoufou II talvez tenha sido o mesmo Amon Ndoufou Kpain de Mouezy. Mas, nesse caso, a hipótese é a de ter havido um Amon Ndoufou I, talvez o sucessor imediato de Aka Esoin, a menos que esse hipotético soberano tenha reinado entre os Brafe antes do êxodo. Nós tampouco conseguimos o nome do sucessor imediato de Aka Esoin da versão de Mouezy e, por questão de ética, evitamos perguntar se Amon Ndoufou I teria existido como rei de Krinjabo, para não pronunciar seu nome, pois em nossa lista ele também não apareceu. Finalmente, cabe indicar a existência de Amon Ndoufou III, que faleceu em 1979. Registramos aqui nossos agradecimentos ao jovem Eby Benjamin Justin Stanislas, de Ehouessebo, quem nos conseguiu uma lista dos reis de Krinjabo pela palavra de seu bisavô.

12   O temperamento guerreiro de Assemyn Dishye é lembrado pelos Agni em suas legendas, que atribuem a esse soberano coragem incomparável ao enfrentar a fúria das tempestades e as águas turbulentas das lagunas – manifestação da cólera divina – a tiros de fuzil.

13   Ou seja, Kassi é o nome do *Ekala* desse soberano, de acordo com as proposições Agni acerca dos princípios vitais que constituem o homem.

14   Para Mouezy (1954), a palavra *Makpato* vem, segundo o costume, de uma composição sonora formada pelos termos *Kpa* e *Eto*. *Kpa* designaria o ruído produzido por uma lâmina acionada por um Makpato e cortando, de um só golpe, homem, animal ou galho de árvore; *Eto* significaria o ruído da parte que cai. Os Makpato eram, portanto, homens extremamente fortes.

15   Os relatos sobre essa batalha de Attokpora, com suas derrotas, massacre dos Agni e afastamento do trono, passando até mesmo pelo roubo – prática inconcebível nas sociedades africanas pré-coloniais e vista até hoje com repulsa –, demonstram mais uma vez que os

relatos tradicionistas não escondem "os acidentes, os fracassos e as fraquezas dos atores" (Balandier, 1976: 213).

16 A retirada de 1704, indicada na nota 3 deste capítulo, é registrada por Mouezy (1954) em linguagem que atribui aos franceses uma dimensão temerária em seus reveses colonialistas. Registre-se aliás que a obra de Mouezy – não obstante o valor de seus dados, indicando os usos e costumes dos Agni – é fundamentalmente dedicada à ação "civilizatória", "administrativa" e "salvadora" da colonização. No prefácio desse livro, um militar que assina General Gouraud, não poupa elogios ao colonizador e a seu espírito temerário no "país selvagem", com cujos mandatários a França estabelecera tratados "em boa e devida forma", trazendo enfim, após a interferência de alguns de seus heróis-administradores, exploradores e catequistas, a "paz a esse país" com a ação de padres missionários. Isso ocorreu após 1704 com a celebração de certos tratados. Apesar dos termos pomposos, os franceses instalados no Forte São Luiz foram escorraçados em 1704 pelos africanos, saindo em canoas e até mesmo a nado na tentativa de atingir alguns navios que se encontravam na costa e não podiam aportar. Nesse episódio, onde muitas pessoas se afogaram, o padre local, conhecido por Villard, apressou-se a liderar a retirada heróica: desvestiu a batina para maior agilidade, colocou seu rosário no pescoço e conseguiu atingir um dos navios, onde foi necessário "dissuadí-lo" de voltar ao continente a fim de buscar o sacrário da capela, apesar de que os africanos o esperavam na praia dançando ao som dos tambores de guerra. Esse episódio é relatado pelo próprio Mouezy, quem, não obstante, realça o caráter "heróico" do acontecimento...

17 Como o indica Stavenhagen (1970) em seu lúcido trabalho sobre a problemática das classes sociais entre os Agni.

18 A tentação de explorar esse tema é realmente grande. Entretanto, não constituiu alvo de nosso trabalho e, considerando sua complexidade e desdobramentos possíveis, limitamo-nos a deixar registrada essa suposição, que emergiu de um assunto que merece maior aprofundamento para a averiguação de seus limites.

Capítulo 12
O inhame

Antes de nos determos sobre a questão das relações existentes entre ancestrais e certas instituições sociais dos Agni que envolvem a problemática do poder, parece conveniente apresentar como uma das principais propostas explicativas de tais relações, fortemente relacionadas com o êxodo, transmite-se à sociedade em um momento bem definido, determinado e extremamente caro a esses Akan – o *Elwe Lie* ou "Celebrações do Inhame" –, reproduzindo sinteticamente os fundamentos ancestrais de sua nova história. Uma das características do *Elwe Lie*, julgada das mais significativas, é a sua abrangência, pois atinge o conjunto da sociedade. Tal como a epopéia do êxodo, essa recriação generalizante é altamente dramática e legendária. Através de alguns de seus aspectos é possível também perceber que a problemática envolve a questão da simbologia do inhame, nascida da história, bem como as diferentes modalidades de ancestrais propostas pelos Agni.

A importância do inhame na organização da economia das sociedades agrárias africanas é bastante significativa e nelas foi provavelmente uma das culturas dominantes, pelo menos até o século XV. Mesmo hoje, seu peso social não é dos menores.[1] Essa importância é menos notável em nossos dias de um ponto de vista qualitativo, devido à emergência de produtos concorrentes impostos pelos modelos econômicos, sobrepujando aquela da produção de alimentos mais apropriados às populações. Assim, o inhame enfrentou a concorrência de produtos como o milho, batata, cacau, algodão, mandioca e café, talvez mais rentáveis, porém menos úteis à comunidade como um todo, mas pelos quais os agricultores acabaram optando, o que provocou um sensível desvirtuamento daqueles objetivos intrinsecamente sociais da produção.

As razões dessa importância do inhame nas sociedades agrárias africanas pré-coloniais são variadas. Como o demonstra Igue (1975), a produção do inhame apresenta um número expressivo de vantagens sociais. Esse tubérculo pode ser obtido em seu estado natural ou produzido com relativa facilidade. Quando a coleta em estado natural não é suficiente, as técnicas agrícolas para produzi-lo não exigem nenhuma sofisticação, os processos simples e rudimentares são suficientes. É obtido mais facilmente nas savanas, devido à maior possibilidade de exposição ao sol.[2] Mas pode ser perfeitamente cultivado em regiões de floresta mediante a abertura de espaços apropriados para a penetração do sol, escolha de solo adequado e orientação do curso da água visando sua concentração ou dispersão segundo as necessidades do tubérculo. Dessa forma, as exigências naturais para o cultivo do inhame podem ser atendidas nessas duas grandes paisagens, savana e floresta, bastando que se evitem nesta última, segundo Igue (1975), as áreas argilosas. O inhame e os tubérculos em geral são mais resistentes e adaptáveis às condições climáticas do que os cereais, razão pela qual as áreas de "vocação cerealista" sofrem mais agudamente os reveses da natureza e, por conseqüência, da carência alimentar, já que seu rendimento é menor e o poder nutritivo dos cereais inferior ao dos tubérculos.[3] Em relação à produção obtida por área plantada, o inhame possibilita alimentar mais pessoas do que qualquer outro produto, proporcionando rendimento social mais expressivo[4], pois é possível obter até duas colheitas por ano, de acordo com a espécie cultivada.[5]

Esses poucos fatores, apontados de maneira sucinta, indicam entretanto a natureza da importância do inhame na organização das sociedades agrárias negro-africanas de economia comunitária: o tubérculo reúne certas características especialmente favoráveis à produção de alimento e ao abastecimento. Antes do aparecimento da produção de concorrência, aquelas sociedades que adotaram o inhame como elemento fundamental da produção e do consumo comunitários, ficaram conhecidas como as "civilizações do inhame", devido à inegável importância social adquirida por esse tubérculo. Igue considera que "O valor de um estudo sobre os tubérculos não pode, pois, permanecer ao nível do domínio da paisagem agrária. Os tubérculos [...] encontram sua razão de ser sobretudo enquanto suporte de fortes densidades (demográficas) e geradores de civilizações" (Igue, 1975: 2). Esse autor pensa que as localidades onde o inhame se constitui no principal produto da estrutura econômica tenderam a uma estabilização maior e sua sobrevivência social foi mais expressiva, ao contrário daqueles núcleos impactados pelo comércio sudano-saheliano.

A facilidade de adaptação do inhame à paisagem agrária e sua resistência às mais duras condições climáticas, sua possibilidade maior de produção e sua capacidade alimentar mais abrangente, transformaram esse tubérculo em fator decisivo da economia comunitária de várias sociedades agrárias africanas, algumas das quais atingiram um esplendor significativo. Esse conjunto de qualidades, em outras palavras, deu ao inhame uma dimensão histórica de certa maneira existente até hoje.[6]

Nós pudemos observar entre os Agni a expressiva importância atribuída ao inhame pela sociedade, que o transformou em símbolo ancestral por excelência devido ao papel histórico desempenhado durante o êxodo e na fixação em novos territórios.

A simbologia ancestral do inhame

Os Agni pertencem àqueles complexos civilizatórios intrinsecamente ligados às condições estruturais estabelecidas pelo inhame. Note-se, a propósito, que mesmo nos relatos tradicionistas relativos ao aparecimento dos homens na Terra, os primeiros ancestrais encontraram certos recursos materiais que facilitaram a organização inicial da sociedade, sendo um deles o inhame. Esse tubérculo encontra-se, pois, interiorizado nas explicações mais antigas da história dessa sociedade. Interessa entretanto indicar como o inhame, dentro de uma situação histórica diferencial, adquiriu uma nova importância para os Agni – ou como sua importância veio a fortalecer-se – tornando-se um símbolo excepcional e mesmo um veículo das relações existentes entre ancestrais e sociedade.

Como veremos mais adiante, a configuração ritual do inhame em contextos sagrados é uma constante entre os Agni, devido exatamente ao papel histórico assumido durante o êxodo e mesmo após esse evento. A propósito do êxodo, o rei Bonzou II, atual soberano dos Agni Ndenie, sintetizou a dimensão da interferência do inhame na epopéia em uma das entrevistas a nós concedida, da qual transcrevemos um trecho:

> No momento mesmo da migração, do êxodo, os Agni, que viviam em plena floresta [...] perseguidos pelos inimigos, não podiam encontrar a banana [...]. Mas quando eles foram acampar em um lugar qualquer, encontraram um tubérculo [...] fizeram fogo com sílex e pedra, colocaram dentro e viram que após comer ninguém ficou doente, eles ficaram fortes em seguida e continuaram o êxodo [...] perceberam que o inhame era coisa que dava condições de poder continuar sua migração. O inhame é um tubérculo muito venerado que deu força às pessoas para continuar sua migração [...]. Os ancestrais que assistiram a isso poderiam ser esquecidos? Para cada vez do ano é preciso lhes oferecer em lembrança de sua migração, de seus êxodos. É por isso que se utiliza, seja a banana [...], seja o arroz [...], mas o inhame está antes de tudo isso [...]. Então, nós temos a banana, nós temos o arroz, nós temos tudo [...]. Mas o inhame é melhor conhecido por essas pessoas que viveram talvez em séculos terríveis e no curso disso em suas refeições é o inhame que veio [...].[7]

Durante o êxodo, portanto, os retirantes nem sempre encontraram condições ideais de coleta ou caça, daí a descoberta do inhame em estado natural ter sido de grande importância devido às suas características alimentares abrangentes. Como existem na África inúmeras espécies de inhame, a descoberta daquele apropriado à alimentação contribuiu para aumentar a significação do fato, como o assinala o soberano Agni. A propósito, é cabível e mesmo importante assinalar que as celebrações do inhame entre os Agni – verdadeira instituição social – envolvem basicamente um só tipo desse tubérculo, chamado *Elwe-Kpa*. Essa espécie teria sido a que foi descoberta pelos ancestrais do êxodo, ou eleita como a representação dessa descoberta, pois é considerada como o "verdadeiro inhame" nos ritos anuais de dessacralização das colheitas, não podendo ser consumido antes das primícias às divindades e ancestrais, e "sem ser o melhor dos inhames, é visto como coisa sagrada" (D'Aby, 1960: 28).

Consideramos que uma das configurações sagradas do inhame entre os Agni é de natureza genérica, por se constituir no alimento básico que permitiu a continuidade do êxodo. Nesse sentido, foi dádiva da natureza, divindades e ancestrais, tornando-se símbolo abrangente dos princípios de fertilidade da terra e de sua descoberta em um momento crucial onde a economia se encontrava desorganizada.

Mas o inhame relaciona-se também com uma outra etapa da nova história dos Agni:

Como lhe dizia, o inhame é um tubérculo selvagem, foi utilizado e as pessoas, uma vez que elas se instalaram, pensaram que seria preciso ao menos organizar isso. As pessoas primeiro se lançaram a um trabalho intenso e utilizaram isso como a título de comércio [...]. É preciso que haja aí uma relação constante.[8]

Assim, uma outra grande configuração fundamental do inhame entre os Agni enquanto símbolo ancestral é menos genérica e mais diferencial, correspondendo às fases de estabilização que se seguiram ao término do êxodo e à expansão da sociedade: o tubérculo constituiu-se em fator estrutural da reorganização da economia.

O inhame é também um símbolo ancestral sacralizado pelos Agni por se constituir em manifestação excepcional da fertilidade da terra e do trabalho e por se encontrar em estreita relação com os ancestrais participantes dos desdobramentos históricos da sociedade.

Essas duas facetas da simbologia ancestral do inhame entre os Agni parece ser percebida em sua utilização ritual tal como ela é proposta nas celebrações do inhame. A dimensão genérica seria representada, nos contextos rituais – e isso é mera hipótese –, fundamentalmente pela massa de inhame puro, preparada sem qualquer mistura, servindo de oferenda no conjunto de atos constitutivos das celebrações do inhame. Essa massa pode corresponder a um princípio geral de vitalidade e fertilidade, à própria matéria originária – o inhame em "estado selvagem" –, tal como foi introduzida na sociedade durante o êxodo. Colocada em relação com os ancestrais, representaria, no quadro ritual, a própria massa ancestral constituida pelo conjunto da população em êxodo, a sociedade sem economia organizada.

Já a dimensão mais diferencial do inhame em sua simbologia ancestral, parece representada – outra hipótese – pela massa de inhame que também aparece nos contextos rituais, mas na qual se introduz um outro elemento, o óleo dendê. A introdução desse elemento na massa genérica corresponderia à etapa de reorganização e expansão da economia e da sociedade, a possibilidade de obtenção do óleo dendê correspondendo à diversificação de culturas agrárias, somente possível após a fixação em novos territórios. Nessas condições, o inhame misturado com óleo dendê e oferecido ritualmente aos ancestrais poderia configurar uma simbologia diversa, provavelmente ligada aos ancestrais da fase pós-êxodo. Essa composição também representaria, de certa maneira, um princípio genérico referido ao conjunto da sociedade – a sociedade reorganizada – mas voltada para uma dimensão mais particularizante da simbologia do inhame, aquela onde os ancestrais são colocados em relação com as novas realidades.

Lembremos, para realçar esse possível dualismo da simbologia ancestral do inhame entre os Agni, que os espaços e locais onde as oferendas desse tubérculo são praticadas se configuram como, ou extremamente genéricos, ou extremamente diferenciados. Realmente, os sacrifícios de inhame são feitos em espaços genéricos, como em certos limites geográficos das localidades, floresta, riacho, revertendo de maneira geral a um espaço abrangente por excelência, a terra. Mas são também sacrificados em espaços, locais e objetos altamente diferenciados e impactados pela ação humana, como em altares dos ancestrais da família, templos privativos dos ancestrais, tambores sagrados e Cadeiras patriarcais dos Agni.

É importante lembrar ainda que as duas formas de preparação geralmente aparecem juntas no contexto ritual das celebrações do inhame, evidenciando fundamentalmente existir apenas uma explicação legítima e mais abrangente para o papel do inhame na nova história dos Agni: sua importância para a sobrevivência e reorganização da sociedade e suas relações com os ancestrais.

Não obstante a existência dessas duas apresentações, nós não acreditamos conveniente atribuir-lhes, por mais que se fique tentado a fazê-lo – de fato, por que dois tipos de massas de inhame? Por que espaços tão diferentes? –, importância mais dilatada do que a própria sociedade lhes confere, a fim de não correr maiores riscos de elaborar interpretações destituídas de fundamento.[9] Embora proponham significado profundo, essas modalidades simbólicas apenas integram um conjunto mais amplo de fatores que possibilitam a penetração em um terreno mais rico, que se percebe nas celebrações anuais do inhame.

As celebrações do inhame

Os Agni da Costa do Marfim promovem anualmente[10] suntuosas cerimônias nas quais o inhame ocupa posição de extrema importância por ligar-se à problemática da produção e por constituir-se em símbolo referido à explicação da história. Trata-se das celebrações do inhame (*Elwe Lie*), prática cujas origens devem estar ligadas aos ritos agrários mais antigos desse complexo civilizatório.

Para D'Aby (1960), essas cerimônias, por ele chamada de "Festa dos Inhames", constituem

> a mais importante manifestação coletiva do ano. Respondendo a uma tríplice finalidade, ela é antes de tudo uma ação de graças aos espíritos benfazejos aos quais a terra deve a paz e a fecundidade. É em seguida a comemoração dos mortos que não cessam de velar sobre os homens e de lhes proporcionar tudo o que é necessário para viver feliz. Ela é, enfim, para estes últimos, uma ocasião de purificação e de regozijo na paz e na abundância reencontradas. (D'Aby, 1960: 28)

Isso é bem verdade, e quanta razão assiste a esse autor, ele mesmo um Agni, que viveu e tentou exprimir os valores e a alegria de seu povo! Mas, o *Elwe Lie*, além dessas proposições, constitui, em nosso entender, um momento de síntese onde várias instituições sociais são explicadas e legitimadas em relação ao conjunto da sociedade, propondo uma verdadeira reciclagem diferencial da memória histórica coletiva através do sagrado. Na verdade as celebrações do inhame, um dos mais significativos eventos da sociedade Agni, permitem perceber como elas se constituem em um complexo conjunto de relações estabelecidas entre a sociedade e os ancestrais num momento determinado, ligado à problemática da produção – representada na dessacralização do novo inhame, ato que marca o fim de um ano agrícola e o início de outro –, e como no interior dessas práticas evidenciam-se certas categorias políticas. Com efeito, as celebrações do inhame são destinadas aos ancestrais como um todo, incluindo certas divindades, mas uma de suas configurações mais contundentes envolve exclusivamente os ancestrais ligados ao exercício do poder e ao poder de Estado, sintetizado no rei. É nessa dimensão que se situam os ritos públicos e privados propiciados, em configuração diferencial, às Cadeiras patriarcais dos Agni, símbolos do poder.

Vejamos em primeiro lugar alguns atos e significações marcantes dessas cerimônias conforme as indicações de D'Aby (1960).

Como as cerimônias marcam o fim de um ano agrícola e o começo de outro, não existe uma data fixa para elas. Assim, por exemplo, ocorrem no reino de Krijanbo, ao final da 12ª lua (novembro) ou no início da 13ª (dezembro), sempre dentro de uma semana *Anaa*, uma das duas semanas dos Agni considerada como período positivo, favorável. Em Krinjabo, um outro fator intervém, as cerimônias começam após o primeiro trovão registrado ao fim da pequena estação seca, que vai de julho a setembro.[11] Entre os Agni Ndenie e Morenou (Morofoe), as celebrações ocorrem normalmente em janeiro ou fevereiro.[12]

As celebrações do inhame comportam certas fases bem definidas.

A primeira delas, *Moso So Gwa* (ou *Boso So Gwa*), é dedicada essencialmente às divindades ligadas à fertilidade da terra e à proteção da comunidade. Constitui-se na oferenda das primícias dos novos inhames, do tipo *Elwe Kpa*, em espaços e lugares sacralizados.[13] Essa cerimônia tem lugar sempre em um dia *Ya* de uma semana *Anaa*[14], alguns dias antes das cerimônias públicas.

Uma segunda fase, chamada por D'Aby de fase de purificação e da história do povo, inicia-se também em um dia *Ya* de uma semana do mesmo tipo. Nessa fase, os membros da comunidade liderados pelo seu chefe – patriarca-chefe ou rei, segundo o caso – devem purificar-se ritualmente através de banhos tomados nos riachos consagrados para esse fim, seguidos de aspersões de água lustral.[15] Essas purificações são obrigatoriamente extensivas às Cadeiras dos patriarcas-chefes falecidos e à Cadeira Real. Dois momentos são fundamentais nas cerimônias de purificação. Um deles se constitui na declamação – antes da purificação – da história do povo e de seus principais chefes e reis do êxodo. Tal ato, denominado *Sasa* no reino de Krinjabo, é de responsabilidade de um detentor de Cadeira patriarcal e guardião da história da realeza. Essa narrativa não pode conter erros ou omissões, pois se cometidos o dignitário fica em uma posição bastante difícil.[16] Outro ponto culminante dessa cerimônia é a purificação do rei e da Cadeira Real. De fato, é somente após a consumação desse último ato que os ritos purificatórios chegam a seu término, possibilitando o início dos preparativos para as cerimônias das primícias do inhame aos ancestrais, dessacralizando-se assim os novos tubérculos. A importância do fato é realçada pela presença da Cadeira Real e do rei, além das Cadeiras patriarcais dos chefes falecidos, uma das raras ocasiões nas quais elas saem de seus santuários. De fato, a purificação das Cadeiras é ato obrigatório para a produção surtir efeitos sociais, pois antes disso a nova safra não pode ser utilizada. Essas Cadeiras e o rei sintetizam, portanto, todo o Estado e o poder de Estado purificados e renascidos juntamente com os novos inhames. Ao término das cerimônias de purificação, ocorre a dança *Fokwe*, dança de guerra dos Agni, do mesmo nome dos destacamentos sob os quais se organizou a retirada do êxodo.[17] É sob essa dança produzida ao som dos tambores que a Cadeira Real volta a seu santuário, recriando a epopéia da retirada e celebrando a figura do Ancestral-rei.

A terceira grande fase das celebrações do inhame – D'Aby considera ser a das invocações e regozijos – tem início à zero hora do dia seguinte às cerimônias de purificação. Nessa hora os tambores de fala são acionados pelos dignitários conhecedores de sua linguagem, transmitindo mensagens às divindades, aos ancestrais e aos membros visíveis da comunidade.[18]

Para ilustrar o conteúdo dessas mensagens, parece oportuno apresentar algumas de suas versões aproximadas, levadas a efeito por D'Aby.

Uma forma é dirigida ao preexistente, às forças da natureza e à fertilidade da terra: "Deus grande e infinitamente potente que nos dá a vida, o ano chegou a seu fim. Nós lhe glorificamos" – "Boa terra que nos alimenta, o ano chegou a seu fim. Nós lhe glorificamos" – "Brilhante Sol que dá vida ao mundo, dê-nos forças para o cantarmos todos os anos" – "Kotokolo, bela estrela cujo desaparecimento traz o dia dê-nos forças para a cantarmos todos os dias" (D'Aby, 1960: 30). Outras mensagens são dirigidas aos que chegaram ao fim da existência visível: "Pássaro mensageiro dos mortos, nós o saudamos" – "Você, o valente que com teu irmão mais novo fundou esta bela aldeia, seja glorificado. Aqui está sua bebida predileta.[19] Vele sempre por nós. Aceite minha compaixão e durma em paz"[20] – "Você que decepou os pescoços de dois guerreiros inimigos em um só combate, aceite minha compaixão e durma em paz" (D'Aby, 1960: 30). Ocorrem ainda as invocações dos nomes dos membros da comunidade que faleceram após a fundação da aldeia e, posteriormente, são enviadas mensagens dirigidas aos vivos: "A vocês todos, bravas pessoas que aquecem os lares dos ausentes, apresento minhas felicitações" – "A vocês, mulheres que fazem frutificar a terra, apresento minhas felicitações. Estejam prontas para o novo ano" (D'Aby, 1960: 31).

Essa cerimônia propõe demonstrar a união existente entre os membros vivos da comunidade, divindades, ancestrais e natureza, manifestada no contexto de um evento social abrangente ligado à produção.

Na manhã desse mesmo dia ocorre a dessacralização dos novos tubérculos. Isso é feito através de oferendas de inhame, preparado até tornar-se uma massa, às Cadeiras patriarcais e à Cadeira Real. Tal cerimônia, denominada *Biaso Gwa*, é de responsabilidade de dignitários específicos, os guardiões desses pequenos monumentos sagrados. A ela seguem-se sacrifícios de bebida alcoólica[21] e declamações dirigidas aos ancestrais, onde a solicitação básica é o bem-estar da comunidade. Após essas cerimônias os novos inhames – sobretudo os da qualidade *Elwe Kpa* – podem ser consumidos.

Existe ainda uma derradeira cerimônia, que marca o encerramento dessa terceira fase. Trata-se da que D'Aby (1960) chama de "o ato de acompanhar os inhames", *Elwe-Soma* em língua Agni, ocorrida ao cair do sol e no mesmo dia. Trata-se de um cortejo formado por vários grupos, reconstituindo os mesmos *Fokwe* já citados, dos quais participam os patriarcas-chefes e o rei. As pessoas levam porções de inhame para depositá-las em lugares determinados das bordas da floresta.[22] A propósito dessa cerimônia, D'Aby indica, a partir de dados obtidos entre os Agni Samwy: antes de colocar os inhames nesses locais, ocorre nas bordas da floresta a invocação de todos os reis falecidos e, em seguida, a declamação da história secreta dos Agni, feita pelo sacrificador da Cadeira Real. Dessa cerimônia são excluídos os estrangeiros, os escravos e seus descendentes.

Até aqui apresentamos alguns aspectos do *Elwe Lie* com base em informações indicadas por D'Aby (1960). Nossas pesquisas entre os Agni, relacionadas com as celebrações do inhame, nos permitiram obter entretanto outros dados, não relatados por aquele autor, envolvendo a família, a comunidade, os detentores do poder, os ancestrais e divindades, bem como as Cadeiras patriarcais. Esses dados permitem, em nosso entender, alargar o campo das explicações contidas no *Elwe Lie* e caracterizar as formas diferenciais sob as quais os ancestrais se configuram no contexto geral da problemática.

Um dos aspectos fundamentais para a percepção da temática evidenciada nas celebrações do inhame entre os Agni é que as cerimônias se manifestam de maneiras diversas, embora ocorram na mesma ocasião. Na verdade, nós pudemos detectar a existência de atos mais restritos e reservados, abrangendo um número relativamente reduzido e diferenciado de participantes. Mas observamos também as grandes cerimônias públicas, nem restritas nem reservadas, abrangendo o conjunto da comunidade. Em ambos os casos, observa-se a sacralização do ancestral, evidenciando-se uma dimensão onde a mesma liga-se à esfera do político e do exercício do poder. Essa diversidade propõe a existência de mais de uma modalidade de ancestrais relacionados com contextos históricos e instâncias sociais bem precisos. Vejamos quais dados de realidade podem eventualmente justificar essas proposições. Na tentativa de facilitar a exposição, não seguiremos a ordem dos fatos observados, preferindo agrupá-los segundo suas características mais relacionáveis.

Uma das cerimônias observadas no conjunto das celebrações do inhame ocorreu em Abongoua, entre os Agni Morofoe.[23] Tratava-se de um dia *Uhuwe*[24] e a cerimônia começou na própria concessão de Nana Boni, chefe superior da localidade. Este já se encontrava paramentado de acordo com a importância dos fatos e de sua pessoa, inteiramente vestido de branco, portando sandálias especiais,[25] anéis e outros adereços de ouro, assim como um adorno dourado sobre a cabeça. Instalado no pátio da concessão, especialmente preparado para os eventos, com cobertura de folhas e muitas cadeiras, Nana Boni presidia os atos protocolares que marcam a complexa diplomacia Agni, repetindo-os à chegada de delegações e visitantes ilustres. Um de seus porta-vozes declamava constantemente, utilizando em alguns casos um apito para realçar certos momentos de seus discursos ou exigir silêncio. Uma mulher fazia saudações e cantava à chegada de determinadas pessoas. As crianças eram afastadas alegremente, e por pouco tempo, por um personagem paramentado com vestes de estopa, com o rosto pintado de várias cores, que brandia um longo facão, e cujo aparecimento provocava gritos, exclamações e correrias. Na localidade, totalmente tomada por um clima excepcional de alegria, um grupo numeroso percorria as ruas dançando ao som de pequenos tambores, agogôs e grandes tamborins quadrados, acompanhado por ruidosas manifestações da população. No pátio, já observáramos dois grandes tachos colocados no chão contendo inhame pilado. Um continha massa de inhame puro e o outro massa de inhame misturado com óleo dendê. Estávamos justamente obtendo um depoimento sobre essa diferença na preparação do inhame para fins rituais quando vários agogôs começaram a soar,[26] e continuaram ininterruptamente durante os atos seguintes. Alguns homens levantaram os tachos e saudaram longamente Nana Boni, apresentando-lhe os recipientes. Depois, retiraram-se da concessão e deslocaram-se a vários lugares de Abongoua, inclusive a seus limites mais próximos, acompanhados de um grande número de pessoas, atirando ao solo os dois tipos de massa de inhame. Às nossas indagações, responderam que tal cerimônia era destinada a homenagear todas as pessoas falecidas de Abongoua por ocasião das celebrações do inhame.

Pudemos assim perceber que uma modalidade de ancestrais liga-se à sua sacralização enquanto referência à massa ancestral total de uma comunidade, historicamente configurada no plano concreto de um espaço social.[27]

Outra das cerimônias observadas nas celebrações do inhame em Abongoua, parece remeter os cultos a ancestrais a um passado bastante longínquo e envolve a instância das divindades ligadas às forças da natureza, relacionadas com a comunidade, propondo a existência de uma outra modalidade ancestral.

Essa cerimônia, realizada em um dia *Ya*,[28] ocorreu fora do espaço urbano e teve caráter muito "fechado",[29] antecedendo necessariamente, segundo nos foi informado, os grandes ritos públicos. Constituiu-se essencialmente de oferendas de inhames, de bebida alcoólica, do sacrifício de uma ave e de um ato de purificação. No contexto extremamente sagrado em que se desenrolou, a palavra pareceu ganhar importância das mais expressivas.

Antes da madrugada desse dia, os tambores de fala já haviam soado.[30] Durante todo o dia, procuramos obter dados na localidade e na ocasião dessa cerimônia específica, encontrávamo-nos em uma grande área cercada de árvores, situada logo nos limites de Abongoua, onde ocorrem os sacrifícios de sangue animal com a presença de toda a população. Uma estreita estrada de terra sai dessa área e conduz ao local onde se encontra a nascente sacralizada de um riacho onde, de acordo com os informantes, habita a divindade protetora da comunidade, "a força de Abougoua". Trata-se de uma zona de floresta onde grandes árvores margeiam o lado direito da estrada, no sentido de quem vai em direção à nascente. Pouco antes dos atos ocorridos nesse local diferenciado, formou-se um cortejo no início da estrada, pouco numeroso se comparado com a grande concentração de pessoas existente no espaço destinado aos sacrifícios públicos. Alguns ex-combatentes faziam evoluções marciais na frente do cortejo, disparando tiros para cima com velhos fuzis. Nana Boni chegou acompanhado de seu séquito de notáveis e parentes, compondo o núcleo principal do grupo, que então começou a se movimentar em direção à nascente. A partir de um determinado trecho, várias mulheres foram impedidas de continuar acompanhando o cortejo.[31] A estrada ficou então interditada, mas nós fomos convidados a continuar. Alguns metros antes da nascente o grupo se deteve e organizou-se à borda da floresta, a nascente encontrava-se mais adiante, à esquerda. Fez-se silêncio absoluto. Dois recipientes, contendo massas de inhame puro e de inhame misturado com óleo dendê, foram depositados no chão perto das árvores. A partir desse momento, a cerimônia passou a ser dirigida por um dignitário sacrificador, o qual fez uma primeira oferta de inhame, utilizando a massa misturada com óleo dendê, atirada à terra e em várias direções. Durante todo o tempo, esse dignitário declamava. Posteriormente, escolheu algumas folhas de arbustos e de árvores; arrancando-as, depositou-as no chão, próximas às árvores e colocou sobre elas os recipientes com inhame. Suas declamações não cessavam. O ato seguinte constituiu-se no sacrifício de bebida[32] vertida na terra em pequenas porções e com o maior cuidado, tudo acompanhado da palavra. A tensão era evidente, realçada pelo silêncio absoluto das demais pessoas e pelo caráter dramático dos atos. A seguir, o mesmo dignitário exibiu respeitosamente ao grupo e à floresta um frango ou galinha nova de cor branca, sempre declamando, e sacrificou-o em seguida, abrindo-lhe o pescoço com um movimento rápido e eficiente, no qual não foi possível perceber se houve ou não utilização de lâmina. Segurando a ave, o sacrificador deixou um pouco de sangue verter à terra, sob as árvores, após o que atirou o animal na estrada, onde ficou se esvaindo, com a ferida à vista. As declamações cessaram e, no silêncio absoluto, as pessoas tinham os olhares fixados na ave agonizante, aparentando atitude de expectativa. Alguém sussurrou-nos então que o sacrifício não havia terminado, faltava ainda a prova de sua aceitação, que seria dada caso o animal acabasse por esconder a ferida aberta em sua garganta, colocando-a em contato com a terra. Era isso o esperado e não apenas o término da agonia. Pouco depois, a ave elevou-se repentinamente a considerável altura, não menos de 1 m, emitiu um som de estertor e tombou ao solo, sem nenhum movimento, sem vida, com o ferimento escondido, voltado para a terra. Quebrou-se a tensão e um grande grito de júbilo elevou-se em uníssono: o sacrifício fora aceito, houvera apropriação indiscutível das energias vitais do animal. Todos dirigiram-se então à nascente sagrada e lavaram as mãos, Nana Boni em primeiro lugar. O cortejo voltou a formar-se, novos tiros foram disparados e o chefe superior foi sendo triunfalmente conduzido de volta, sob grandes manifestações de alegria, para então participar das cerimônias públicas, as quais poderiam ter início.

Essa cerimônia foi portanto dedicada a uma instância ancestral diversa, visivelmente a divindade protetora de Abongoua, da qual é a "força" e cujo domínio principal é a nascente e o riacho, onde ocorre um ato de purificação.[33] Por outro lado, nós sabemos que as divindades também "comem" por ocasião das celebrações do inhame, daí os sacrifícios de tubérculos, de bebida e de sangue.

De qualquer maneira, essa cerimônia faz evidenciar a existência de uma modalidade de ancestrais, aqueles de essência divina. Seu caráter abrangente é dado pelas ligações com as forças primordiais da natureza – representadas pela floresta, terra e água –, espaços generalizantes onde são cultuados. Trataríamos nesse caso com massa ancestral menos vinculada ao poder, enquanto fonte de legitimação ostensiva. As grandes cerimônias públicas, muito mais políticas, não podem ter início antes desse ritual quase secreto, do qual toda a comunidade tem conhecimento.[34]

Demais cerimônias e símbolos observados em Abongoua na mesma ocasião, evidenciam ainda a existência de outra modalidade de ancestrais, aqueles ligados à família.

Ao longo das celebrações do inhame em Abongoua, pudemos observar vestígios de sacrifícios ocorridos na manhã do mesmo dia *Ya*. Foram destinados aos ancestrais das famílias, caracterizados e individualizados, portanto, no interior de um grupo restrito. Havíamos sido convidados a visitar uma concessão – conjunto de habitações, delimitadas por um pátio – onde habitam os membros de uma família. Depois das apresentações, pudemos obter um depoimento acerca das celebrações do inhame mais restritas. Segundo esse depoimento, e dos vestígios mais evidentes, vários sacrifícios de sangue animal haviam sido feitos aos ancestrais dessa família. Nosso informante, indicando o sacrifício de aves,[35] foi reticente quanto à natureza do sacrifício de um carneiro, que estava sendo limpo, e não confirmou nem negou que tivesse havido também oferendas de inhame, acrescentando porém que "era o dia do inhame para os Agni".

Outra evidência desse caráter privado e não-extensivo dedicado a certos ancestrais, são os monumentos dos ancestrais da família, localizados em espaços específicos e também não-extensivos. O monumento observado em Abongoua está localizado na própria residência de Nana Boni. Constitui-se de um grande pote de barro, com cerca de 80 cm de altura, contendo, segundo nos foi informado, vários elementos. Pudemos identificar alguns mais visíveis, como folhas, conchas e grandes cauris. O recipiente encontrava-se cheio de água manchada e em suas bordas havia vestígios de sacrifícios de sangue – mais recentes e menos recentes – e penas de ave. Foi-nos negada, gentil mas firmemente, qualquer informação específica sobre o conteúdo material desse monumento,[36] mas nosso informante explicou-nos porém que tratava-se "de um lugar dos antepassados da família", onde estava contido também o último chefe falecido dessa família, cujo sobrinho, Nana Boni, assumiu também a chefia de Abongoua.

Essas duas observações feitas em Abongoua permitem perceber a proposição da existência de uma outra modalidade de ancestrais, aquela referida à sacralização do antepassado enquanto memória sanguínea de um grupo restrito. Os espaços a eles dedicados e os objetos atinentes a seus cultos são fortemente individualizados e impactados pela elaboração humana, configurando-se como instâncias ancestrais mais restritas e não-extensivas, no sentido de não abranger o conjunto da sociedade. Entretanto, é necessário acrescentar que um mesmo ancestral, configurado em uma massa particularizante de antepassados ligada à concepção de família, pode participar de modalidades ancestrais diversas, variando a natureza de seu estatuto social e, em conseqüência, a natureza da sacralização.

Tomemos o exemplo de um patriarca. Quando sua autoridade não transcende o grupo familiar, suas representações e cultos são menos abrangentes no sentido atingir um nível mais reduzido de pessoas. Isso não diminui o significado espiritual e sagrado desses cultos, assim como a própria sacralização. Pensamos mesmo que esses fatores talvez até se caracterizem mais fundamentalmente nessa modalidade, preponderando sobre outros evidenciados em relação a formas socialmente mais totalizantes. Esse caráter mais sagrado dos cultos e da sacralização, no sentido espiritual, decorre do fato de esses ancestrais familiares estarem intimamente ligados à memória sanguínea e à legitimação da organização de um grupo mais ou menos restrito, ou seja, à ordem ancestral existente no interior dessas unidades sociais menores. Nesse caso, estão desvinculados, em relação à sacralização e aos cultos, das instâncias históricas referidas ao conjunto da sociedade. Mas quando o mesmo patriarca, em sua condição de ancestral, ocupa também um lugar histórico mais abarcante – como no caso de um chefe superior ou de um rei, por exemplo – isto é, quando é colocado em relação ao conjunto da sociedade, a natureza da sacralização é diversa e suas representações e cultos são mais abrangentes, manifestando-se eivados de fundamentos políticos. Dessa maneira certos ancestrais são cultuados nos monumentos familiares em cerimônias mais restritas, mas também em outra representação, na qual as Cadeiras patriarcais desempenham papel da maior importância. Nesse caso, os cultos são extensivos e tornam-se até mesmo públicos – como ocorre em algumas das celebrações do inhame –, não perdendo seu caráter sagrado, porém impactado por fortes categorias políticas deles integrantes, ligando-os à legitimação da organização social e da memória histórica do conjunto da sociedade.

Podemos agora nos deter brevemente nas grandes cerimônias públicas das celebrações do inhame entre os Agni, infelizmente não registradas por D'Aby (1960). Elas envolvem de maneira decisiva as Cadeiras patriarcais e os ancestrais ligados ao poder. Seus atos constitutivos, inclusive aqueles sintetizando seu clímax – os sacrifícios públicos de sangue –, são dirigidos a esses ancestrais e apenas a eles, razão pela qual suas Cadeiras são retiradas de seus santuários nesse dia especial. Pode-se afirmar que essas cerimônias públicas são destinadas, em certo sentido, ao culto coletivo dos ancestrais ligados ao poder e ao poder de Estado, o que permite obter uma via minimamente segura para melhor objetivação da própria concepção do poder entre os Agni, fornecendo outra modalidade de ancestrais, daqueles ligados à sociedade como um todo e dentro de configuração diversa.

Pudemos observar essa problemática por duas vezes no momento mesmo de sua manifestação empírica, a primeira entre os Agni de Abengourou do reino Ndenie e a segunda entre os Morofoe de Abongoua.

Comecemos por Abengourou. As cerimônias públicas das celebrações do inhame nessa localidade ocorreram em um dia *Ya*, à tarde. Depois da zero hora desse dia e até adormecermos, escutamos ao longe os tambores de fala.[37] Pela manhã, tentamos inutilmente manter contato com o rei Bonzou II, soberano Ndenie, que, segundo informado, encontrava-se isolado a fim de reunir todas as condições necessárias de "força" para comunicar-se com os ancestrais e obter um melhor resultado nas comemorações.[38] No início da tarde, as pessoas começaram a concentrar-se no pátio da concessão real. Nesse espaço existe um local coberto onde, no alto de seis degraus, encontrava-se o assento dourado no qual se instalaria posteriormente o soberano, rodeado de seus vassalos, chefes, notáveis, dignitários convidados e membros de sua família. Num outro local do pátio estavam instalados quatro grandes tambores, que os encarregados de percuti-los estavam "esquentando", como nos disseram. A orquestra se completava por um grande agogô, percutido com vareta de ferro. Posteriormente, pudemos observar o nível de sacralização atribuído a esses instrumentos. Um significativo espaço livre formava-se entre esses dois pontos distintivos e nele se desenrolariam os sacrifícios. Mais tarde, os tambores começaram a soar sem interrupção e algumas cantigas foram entoadas pelos tamborileiros, acompanhadas de estribilhos. Nessa ocasião alguns notáveis dançaram. A essa altura já havia um número considerável de pessoas no pátio. Algumas mulheres, vestidas de branco, rostos e braços pintados de caulim, apareceram e iniciaram uma dança. Tratava-se de pessoas iniciadas ao sagrado dentro dos ritos e cultos privativos das mulheres. Uma delas trazia na mão um bastão de ferro, o qual, de acordo com informação obtida no momento, simboliza o poder de comunicação com os mortos e outras "forças". Essa sacerdotisa cumprimentou ritualmente os tambores e, diante destes, caiu em transe. Após ela, outras dessas mulheres também entraram em transe para grande alegria, entusiasmo e a aclamação dos presentes, pois, conforme a explicação obtida, tratava-se das manifestações dos ancestrais ali reunidos que tinham pressa de se apresentar ao povo.[39] Até esse momento, o rei não se encontrava presente, porém vários dignitários, usando ricas vestimentas e símbolos de sua posição social e de "força", como bastões de chefia (símbolos de poder) e adornos de cabeça bordados a ouro e com chifres (símbolos da "força"), estavam sentados perto do assento real. Um grande pára-sol colorido foi colocado no centro do pátio. Uma mulher, também vestida de branco e igualmente pintada com caulim, apareceu na multidão aspergindo água lustral tirada de um vasilhame contendo, pelo visto, água e folhas; as pessoas faziam o possível para serem atingidas. Em certo momento, os tambores silenciaram, os músicos e as mulheres iniciadas se retiraram: o transporte triunfal do rei teria então início.

Durante esses acontecimentos, o resto da comunidade estava absorvido em seus afazeres, inclusive no mercado, aparentemente indiferente aos fatos que se passariam no pátio real. Na verdade, aguardavam o aparecimento do soberano. Este saiu de sua residência, acompanhado de um séquito, incluindo membros da família real, paramentado com as vestes exigidas pela solenidade da ocasião, portando símbolos da realeza, do poder e da "força", como sandálias especiais, sabre, o adorno dourado na cabeça. Recebido entusiasticamente, o soberano foi colocado em uma grande liteira carregada aos ombros por vários homens, sendo protegido do sol por vários pára-sóis multicoloridos. O cortejo formado começou então a deslocar-se ao som de uma orquestra formada por vários tambores, agogôs, instrumentos de sopro – privativos do rei dos patriarcas mais influentes – e ... um trombone! Esse cortejo dirigiu-se a vários locais externos e o povo manifestou ruidosamente sua alegria por ver seu soberano em ocasião tão importante e festiva, abandonando tudo e integrando-se ao séquito. Quando este deu entrada no pátio já havia uma grande multidão e o rei, colocando-se de pé na liteira, fez a sua saudação,[40] ao que responderam com formidáveis aclamações. Vários dignitários dedicavam-se quase em vão à árdua tarefa de reorganizar o espaço, já totalmente invadido. O rei foi colocado carinhosamente no assento dourado a fim de presidir a cerimônia, seguiu-se um silêncio absoluto. Então os grandes tambores voltaram a soar produzindo, conforme nos foi explicado no momento, um discurso específico dirigido aos ancestrais reverenciados, aqueles que detiveram um dia as Cadeiras patriarcais, que receberiam os sacrifícios de sangue e cujos nomes principais eram emitidos pelos tambores. Imediatamente novos transes se produziram entre as mulheres, desta feita em grande número.[41] Iniciada a invocação dos ancestrais pelos tambores, as Cadeiras patriarcais, em numero de onze,[42] começaram então a chegar, retiradas de seu santuário, envoltas em tecido branco e trazidas cada uma por um rapaz. Sob o grande pára-sol já instalado no pátio, sentou-se o dignitário sacrificador, trazendo nas mãos o sabre que caracteriza sua função. Outros pára-sóis foram colocados ao lado daquele e sob eles, enfileiradas as Cadeiras. Depois de algum tempo, os tecidos brancos foram retirados. Dentro do maior silêncio, quebrado tão somente pelo som dos tambores nomeando os ancestrais e produzindo um ritmo marcado, às vezes lento e sincopado, hesitante mas solene, às vezes de uma rapidez quase angustiante, seguiram-se então os sacrifícios. Foram imolados aos ancestrais, ligados às Cadeiras, um boi e um carneiro, e a maior parte do sangue foi recolhido em um recipiente de ágata. As Cadeiras foram aspergidas com sangue, assim como os tambores, principalmente os couros. Depois foram oferecidos às Cadeiras certos órgãos vitais dos animais sacrificados, como coração, fígado e pâncreas.[43] Terminados os sacrifícios, quebrou-se o silêncio, voltou a reinar o clima de festa.

Esse tipo de cerimônia pública destinada a ancestrais ligados ao poder, foi também observado em Abongoua. Voltemos a essa localidade, domínio dos Morofoe, no mesmo dia *Ya*, antes referido.

Como vimos, Nana Boni, após as cerimônias ocorridas na nascente sagrada, iria dirigir-se, acompanhado de seu séquito, ao local destinado aos sacrifícios públicos às Cadeiras patriarcais. Esse local é configurado por uma grande área semi-arborizada situada num dos limites da localidade mas em interação com o espaço urbano, diferentemente do local onde está a nascente sagrada, perfeitamente isolado. Nessa grande área estava concentrado um número considerável de pessoas, talvez mais de 3 mil, formando um enorme círculo. Vários grupos de dança se organizavam e se exibiam ao som de seus próprios instrumentos. Palanques e coberturas haviam sido previamente instalados a fim de receber os chefes, patriarcas, notáveis e convidados, inclusive autoridades governamentais. Um boi e vários carneiros encontravam-se no local, amarrados, destinados aos sacrifícios. Sob uma árvore de porte, encontravam-se os grandes tambores de Abongoua, já soando, acompanhados de agogôs. Mais tarde, começaram a chegar as Cadeiras patriarcais pertencentes aos ancestrais cultuados na cerimônia. Conforme explicado, tratava-se das Cadeiras dos patriarcas-chefes falecidos das cinco famílias, unidas no passado por motivos políticos, detentoras do poder em Abongoua, cabendo a Nana Boni a liderança atual. Cada família trazia as suas Cadeiras, colocando-as no solo, sobre peles de animais. Alguns objetos, símbolos do poder entre os Agni, como sabres, alguns dourados, e espanta-moscas, pertencentes a esses ancestrais no passado, foram também trazidos e colocados sobre Cadeiras ou peles. Diante das Cadeiras foram colocados pratos contendo massa de inhame puro e de inhame misturado com óleo dendê, além de garrafas contendo líquidos não identificados. Os dignitários imoladores, sentados ao lado das Cadeiras, exibiam cerimoniosamente suas lâminas sacrificiais. Uma longa espera ocorria então – certamente abrandada pelos grupos de dança, que freqüentemente penetravam no espaço interior do círculo, e por uma orquestra de instrumentos de sopro, juntada às demais – durante a qual se produziam os atos realizados perto da nascente sagrada. Não pudemos observar o que se passou no local dos sacrifícios públicos durante esse espaço de tempo pois estávamos acompanhando o cortejo de Nana Boni. À nossa volta, porém, nenhum sacrifício de sangue tinha ocorrido, mas os palanques estavam já totalmente tomados e o número de pessoas crescera, muitas tendo se instalado nas árvores. Todos aguardavam Nana Boni, sem cuja presença os sacrifícios não poderiam começar. Finalmente, o chefe superior de Abongoua chegou ao local e foi aclamado entusiasticamente. Após as saudações de praxe, destinadas aos ancestrais e feitas pelos tambores, a cerimônia teve início sob a presidência de Nana Boni, repetindo-se em linhas gerais os acontecimentos observados em Abengourou.

Essas cerimônias públicas e extensivas das celebrações do inhame, embora guardando seu caráter sagrado, não fogem a uma dimensão precisa: *elas são destinadas exclusivamente aos ancestrais ligados ao poder e ao poder de Estado – patriarcas-chefes e reis falecidos – detentores das Cadeiras patriarcais.* Veremos mais adiante como se produzem essas relações cruciais entre os ancestrais, Cadeiras patriarcais e sociedade, bem como a configuração das Cadeiras na organização social, inclusive na concepção e legitimação do poder, explicando a notável importância dedicada pela sociedade a esses pequenos monumentos e o alto nível de sua sacralização. A sacralização dessa modalidade de ancestrais aparece em dois níveis. Um deles é proposto pelos cultos privados e periódicos celebrados por certos dignitários e pelo rei às Cadeiras patriarcais e à Cadeira Real no interior dos templos onde são guardadas.[44] Trata-se, neste caso, da sacralização de uma instância ancestral onde as Cadeiras e respectivos ancestrais constituem-se na memória da organização do poder com relação às práticas espirituais. O outro nível de sacralização é proposto pelos cultos públicos envolvendo o conjunto da comunidade. De fato, esses pequenos monumentos somente saem de seus santuários em ocasiões de extrema importância para a sociedade, seja nas celebrações do inhame – cerimônia coletiva ligada à história da sociedade e à problemática da produção –, seja na consagração de um novo rei. Aqui a sacralização aparece dirigida à mesma instância ancestral, configurando-se as Cadeiras e respectivos ancestrais como fontes sagradas ostensivas do poder, permitindo, pela demonstração pública dessa sacralização, a reciclagem da memória histórica da sociedade quanto à própria natureza do Estado e do poder. *Evidencia-se então a existência de categorias políticas nos cultos a ancestrais.* A sacralização dessa modalidade ocorre na dimensão política e seu caráter parece ser tão abrangente que os cultos destinados aos ancestrais com utilização das Cadeiras patriarcais e da Cadeira Real fazem supor, devido às formas diferenciais e históricas neles caracterizados, que os mesmos são, em última instância, *destinados ao próprio Estado Agni.*

A grande importância atribuída aos ancestrais entre os Agni transcende as práticas espirituais, para os constituir elementos integrantes de valores civilizatórios:

> – Majestade, em sua opinião, se o culto dos ancestrais desaparecesse entre os Agni, o que se tornaria esse povo?
> – O culto é uma civilização. Diz-se que se é católico, diz-se que se é muçulmano [...] mas no fundo do coração há sempre o sangue dessa crença [...]. O Agni será sempre animista [...]. Você vê, é porque é ancestral, ficou agarrado em nós, é difícil [...]. O dia em que isso desapareça [...] o nome Agni mesmo desaparecerá. Se essa armadura se abalar, o Agni não tem mais sua razão de ser. [45]

Notas

1 Mais de 19 milhões de toneladas produzidas na África em 1970, das quais 10% na Costa do Marfim (Igue, 1975). Entretanto, o valor que se deve atribuir a esse dado é de natureza qualitativa, referida à problemática da alimentação.

2 A boa produção de inhame exige cerca de doze horas de sol por dia a uma temperatura variando entre 26° e 36°. Outros fatores permitem a melhor produção do tubérculo em áreas de savana, como as condições naturais do solo e a maior facilidade de repartição da água das chuvas.

3 Igue (1975) apresenta uma tabela comparativa referida ao valor das calorias e riqueza em proteínas, sais minerais e vitaminas, na qual se constata que o inhame possui índices mais elevados que a mandioca, a batata doce, o milho (exceto nas calorias), o sorgo e o arroz.

4 É o que se verifica pelos dados apresentados por Igue (1975), nos quais a produção de inhame por hectare plantado aparece como significativamente superior à de mandioca, milho, sorgo e arroz.

5 Existem cerca de cinqüenta espécies conhecidas de inhame na África e cerca de seiscentos no mundo. Segundo parece, os mais utilizados, pelo menos na África, são aqueles considerados "machos", que podem produzir duas vezes por ano.

6 Essa importância é revelada, no âmbito dos cultos agrários, pelos rituais ocorridos nas passagens de ano agrícola, onde o inhame é elemento essencial. Nós pudemos observar esse fato, para fins de pesquisa, essencialmente entre os Agni da Costa do Marfim. Por outro lado, do ponto de vista alimentar, o inhame é um dos principais produtos que encontramos em várias regiões da África do Oeste, compondo ou integrando vários tipos de refeições.

7 Bonzou II, rei dos Agni Ndenie. Entrevista concedida em Abengourou, Costa do Marfim, dezembro de 1978. Desejamos deixar registrado aqui a admiração e respeito que dedicamos ao soberano Ndenie, que nos distinguiu com sua palavra, a qual utilizou também, ao término do encontro, para invocar seus ancestrais, pedindo-lhes que bem conduzissem o estrangeiro em sua viagem de volta.

8 Bonzou II, dezembro de 1978.

9 Por exemplo: o rei dos Agni Ndenie, à nossa pergunta sobre o significado desses dois tipos de oferendas, esclareceu que simplesmente há quem prefira o inhame misturado com óleo dendê. Não estabeleceu assim diferença entre vivos e mortos.

10 Salvo exceções extremamente graves, como por exemplo a do falecimento de um rei que ainda não recebeu os funerais. Registramos esse fato no reino de Krinjabo por ocasião do falecimento do rei Amon Ndoufou III, ocorrido em 1979.

11 Intervém ou intervinha, o dado não foi confirmado. A responsabilidade de comunicar ao rei o evento anunciado por esse trovão é, ou era, de responsabilidade de um dignitário específico, detentor de uma das Cadeiras patriarcais de Aboisso e sacrificador da divindade *Boso-Ndye*.

12 Porém, as celebrações do inhame por nós assitidas em Abengourou (sub-grupo Ndenie) e Abongoua (sub-grupo Morofoe) ocorreram em março de 1978 e dezembro de 1978, respectivamente.

13 D'Aby (1960) registra que, antigamente, havia em território Samwy a oferenda das primícias do inhame também no campo das estatuetas *Mma*, consideradas como contendo os *Ekala* dos membros falecidos da comunidade. Como vimos, esse espaço – o *Mmaso* – desapareceu por força das ações harristas.

14 O dia *Ya* corresponde à sexta-feira de nosso calendário, aproximação possível devido à semana Agni comportar sete dias.

15 Nós observamos a aspersão de água lustral também em outros contextos das celebrações do inhame entre os Agni.

16 D'Aby (1960), à sua época, registrou que anteriormente os eventuais erros cometidos nesses discursos eram punidos com a decapitação, posteriormente substituída pelo envenenamento.

17 Fizemos referência aos destacamentos *Fokwe* no capítulo dedicado ao êxodo dos Agni.

18 Por duas vezes (março e dezembro de 1978), pudemos ouvir os tambores Agni soarem à noite e em período das celebrações do inhame. Isso ocorreu depois da zero hora dos respectivos dias *Ya*, isto é, um dia antes do que aquele indicado por D'Aby. Ouvimos esses tambores à distância, pois estávamos em outros locais, longe do acontecimento. Não pudemos confirmar se tratava-se das mesmas cerimônias a que D'Aby faz referência. Nessas ocasiões, estávamos porém entre os Ndenie e Morofoe. As mensagens captadas por aquele autor o foram entre os Samwy.

19 Durante as invocações, inclusive citando os nomes secretos dos falecidos, ocorrem sacrifícios de bebida alcoólica. Esses ancestrais são considerados como estando presentes, participando da cerimônia. Esta é liderada pelos patriarcas, e os membros da comunidade esperam, recolhidos em suas casas, dormindo ou fingindo dormir, os toques dos tambores que invocarão os seus mortos. Por outro lado, o sacrifício de bebida alcoólica aos mortos da comunidade é uma constante entre os grupos africanos que conhecemos.

20 Note-se que os mortos estão "dormindo", são tirados de seu sono para receber as homenagens. Evita-se assim a alusão à morte.

21 Para essas libações geralmente utiliza-se Gin, que os deuses da África fizeram os europeus lhes trazer, como indicamos antes. Registre-se entretanto que nem sempre é assim. Isso foi observado em Atissoupe-Zebe, pequena localidade situada não longe de Aneho, no Togo, em 26 de abril de 1980, entre os Fon. Nesse local, pudemos participar de uma cerimônia dedicada a *Loko*, o *Vodun* da árvore Iroko, da qual o grande exemplar existen-

te em Atissoupe-Zebe, logo na sua entrada, é guardado por Iya Ameble, venerável zeladora dos cultos a *Loko* e também de *Dangble*, a serpente sagrada, possuidora de um monumento de terra perto desse Iroko. Reunidas várias pessoas, Iya Ameble deu seqüência à cerimônia aos pés da grande árvore, utilizando-se de vários elementos guardados em uma enorme concavidade do Iroko. Depois de algum tempo, pediu limonada e a utilizou para oferendas a *Loko*, determinando depois que fosse o líquido restante aspergido pelos locais por onde passara o estrangeiro a fim de "queimar" as más influências. E explicou que naquele local *Loko* só bebe limonada. Posteriormente, um *Babalorixa* de São Paulo, extremamente interessado em reproduzir os valores africanos, quis saber por carta maiores informações sobre a maneira de preparar a limonada, quantos limões haviam sido utilizados, a maneira de cortá-los etc., porque, após a carta onde fizemos menção ao ritual, quis comparar seus conhecimentos a respeito do assunto com aqueles da África, já que sabia que o limão era oferenda aceita por *Loko*. Embora constrangidos, informamos que a bebida utilizada por Iya Ameble era limonada mesmo, industrial, de garrafa, com rótulo e preço. Não recebemos outra carta desse *Babalorixa* sobre o assunto.

22 Pudemos observar cerimônia semelhante entre os Agni Morofoe.

23 Nessa localidade, diferentemente do que ocorreu em Abengourou (sub-grupo Ndenie), pudemos travar contato com o chefe superior, Nana Boni, um dia antes das cerimônias públicas. Desejamos agradecer aqui a hospitalidade que nos foi reservada em Abongoua assim como a autorização obtida para participar de uma cerimônia particularmente "fechada", descrita no texto.

24 Ou *We*. Trata-se de um dia que corresponde à nossa quinta-feira. Isso ocorreu a 21 de dezembro de 1978.

25 As sandálias são um dos símbolos da realeza e da magnificência do rei e dos patriarcas entre os Agni. Entre os Ioruba constatamos, nas cortes de Ifon e Ejigbo, que somente o rei permanece calçado nos aposentos onde recebe as pessoas.

26 Conseguimos um depoimento imediatamente, segundo o qual esse é um instrumento de invocação das pessoas falecidas.

27 Entretanto, cabe acrescentar que a proposição da existência de uma massa ancestral ligada à comunidade aparecia ainda entre os Agni Samwy sob outra configuração, também eminentemente sagrada mas altamente diferenciada quer quanto ao espaço que lhe correspondia, quer quanto à forte individualização dos ancestrais. Estamos nos referindo ao *Mmaso*, campo das estatuetas *Mma*, que contém os *Ekala* dos mortos, ao qual já nos referimos mais de uma vez.

28 Uma sexta-feira, dia 22 de dezembro de 1978.

29 Tivemos acesso a essa cerimônia devido à compreensão de Nana Boni quanto a nossos propósitos. Nós já agradecemos a rara oportunidade deferida pelo chefe de Abongoua. Entretanto, *todas* as fotos então tiradas saíram veladas e as gravações que realizamos, inclusive a sucessão dos atos e as declamações, ficaram perfeitamente incompreensíveis. O mesmo ocorreu em Abengourou.

30 Na noite do dia anterior estávamos alojados em um acampamento localizado a alguns quilômetros de Abongoua. Os tambores começaram a "falar" por volta das 2 hs do dia seguinte, o dia *Ya*, 22 de dezembro de 1978. Nós os ouvimos nesse contexto, à distância.

31 Foi-nos explicado que somente poderiam continuar acompanhando o cortejo as mulheres pertencentes às famílias das quais saem os chefes da comunidade.

32 Ignoramos qual tipo de bebida foi utilizada. Normalmente, utiliza-se bebida alcoólica em sacrifícios, embora existam exceções, como indicamos antes.

33 Certos atos complexos dos ritos africanos exigem purificação, como no caso de algumas cerimônias funerárias, sacrifícios, tratamentos de moléstias, partos e mesmo em cerimônias ligadas aos cultos a ancestrais. Essas purificações parecem sempre ligar-se à idéia de morte e renascimento que se expressa, de certa maneira, na dessacralização dos novos inhames entre os Agni. Os novos tubérculos correspondem ao novo ano agrícola – a vida – e os antigos, já consumidos e tendo desaparecido, ao ano que se finda – a morte –; o todo relaciona-se com os ancestrais e os membros vivos da comunidade.

34 Todas as pessoas aguardavam a chegada de Nana Boni, purificado na nascente sagrada, cientes de que essa cerimônia devia ocorrer e que sem ela os sacrifícios públicos não poderiam ser efetuados.

35 Um criador de galinhas da região afirmou-nos ter vendido, somente ele, mais de duzentas aves no dia anterior, destinadas a sacrifícios.

36 O rei dos Agni Ndenie, indagado posteriormente sobre o eventual conteúdo desses monumentos consagrados aos ancestrais das famílias, informou que ali são guardados certos objetos pertencentes aos antepassados e até ouro. Confirmou o soberano, ainda, a existência de sacrifícios regulares feitos a esses ancestrais nesses monumentos, inclusive de sangue, inhame e bebida alcoólica.

37 O dia *Ya* em questão caiu em uma sexta-feira, dia 3 de março de 1978, segundo nosso calendário. Na noite do dia anterior estávamos na missão católica La Providence, dirigida por freiras brasileiras, onde ficamos alojados alguns dias por duas vezes. Os tambores iniciaram sua "fala" por volta da 1 h desse dia *Ya*, e nós os ouvimos à distância.

38 Para se falar com um rei africano, é necessário que alguém de prestígio solicite audiência, preservando a importância de ambas as partes. Desejamos agradecer aqui irmã Júlia, chefe superiora da missão católica La Providence de Abengourou, território dos Agni Ndenie, quem, na falta momentânea de alguém para nos solicitar uma audiência com o rei Bonzou II, fez ela mesma esse papel. Ela o conseguiu pois goza de prestígio, era considerada "forte" por estar ligada à magia dos brancos, e a chamavam "irmã-padre". Essa fórmula vem do fato de as religiosas serem chamadas de "irmã", segundo a terminologia católica, mas usarem saias, assemelhadas às batinas dos padres. Por outro lado, atualmente essas religiosas exercem funções antes privativas dos padres. Temos de agradecer ainda à irmã-padre Júlia, assim como às freirinhas Aparecida e Terezinha, do La Providence, pelo incentivo à nossa pesquisa – sem trair os cânones de sua religião, pois que estão certas de que um dia todos os Agni serão católicos – e pela acolhida que sempre nos reservaram, e à esposa do pesquisador, oferecendo hospedagem em nossas viagens ao território Ndenie.

39 Deparamo-nos, assim, com o transe altamente socializado, isto é, manifestado em pessoas iniciadas e ocorrido em um contexto ritual preciso, dentro da expectativa da maioria de um grupo.

40 Nessa saudação o rei fez gestos específicos com as mãos e os dedos. O povo respondeu com aclamações e levantando os braços, mãos fechadas, com os dedos polegar e médio esticados. Não conseguimos informações precisas a respeito.

41 O próprio rei Bonzou II nos confirmou, no dia seguinte, serem os transes produzidos pelos ancestrais invocados, acrescentando que todos eles estavam ligados às Cadeiras cultuadas, pois essa era uma rara ocasião para manter um contato direto e coletivo com esses ancestrais.

42 Segundo nos foi informado na ocasião, tratava-se de onze Cadeiras pertencentes às famílias de onze reis falecidos.

43 Pudemos fotografar essa cerimônia, inclusive a disposição dos órgãos vitais dos animais sacrificados em relação às Cadeiras. Mas infelizmente, como em Abongoua, todas as fotos saíram veladas. No total, perdemos mais de 150 poses.

44 Uma das obrigações do rei é procurar manter a mais estreita comunicação com os ancestrais. Além dos sacrifícios semanais feitos à Cadeira Real, deve o soberano permanecer várias horas por semana em meditação no aposento onde é guardada, solicitando os benefícios desses ancestrais para seu povo.

45 Resposta de Bonzou II, rei dos Agni Ndenie, à pergunta do pesquisador (dez. 1978).

Capítulo 13
Os ancestrais e o poder

Afirmamos anteriormente, em resumo, que existem relações concretas entre ancestrais e certas instituições sociais dos Agni, que esses antepassados diferenciados se constituem em fontes legitimadoras dessas instituições e que os ancestrais saídos do êxodo integram definitivamente tal legitimação em alguns aspectos altamente significativos. Vimos também que um dos principais eventos coletivos dos Agni, ligado à problemática da produção e manifestado na síntese proposta pelas celebrações do inhame, se bem permite afirmar que vários tipos de ancestrais sejam então configurados, ao revelar a existência de modalidades diferenciais, possibilita também considerar que uma delas destaca-se pelo caráter abrangente que lhe é atribuído pela sociedade, envolvendo a dimensão histórica mais fundamental da explicação sintetizada nessas celebrações. Ou seja, tratamos nesse caso com os ancestrais ligados à estrutura do poder, representados nas Cadeiras patriarcais e na Cadeira Real, levando-nos a propor a existência de categorias políticas nos cultos a ancestrais.

A problemática das relações existentes entre ancestrais e sociedade quanto às instituições sociais desses Akan, não pode ser entretanto apreendida sem o exame da configuração jurídico-política das Cadeiras e a sua natureza constitutiva mais fundamental, fatores que as tornam o principal símbolo da sociedade Agni, juntamente com o rei, legitimando essas instituições e sintetizando a dimensão ancestral do poder e a dimensão ancestral do próprio Estado.

Vejamos brevemente, em primeiro lugar, a configuração jurídico-política das cadeiras Agni.

As Cadeiras patriarcais e as figuras jurídico-políticas

Indicaremos aqui, sucintamente, a problemática da configuração da comunidade Agni e a das sucessões, com a dualidade delas emanada – colocada pelo poder patriarcal aparentemente em oposição à organização matrilinear da sociedade – a fim de verificar como, efetivamente, os ancestrais e as Cadeiras patriarcais se constituem em elementos historicamente legitimadores dessas instâncias.

Na configuração da comunidade, uma família extensa Agni, cuja constituição será apreciada mais adiante, tem por origem a linhagem dada pela mulher, no sentido de o núcleo básico do qual saem as descendências existentes no interior dessa unidade social definir-se pelos laços uterinos de sangue ligando-as a uma ancestral comum. Essa é a ancestral-mulher originadora de sua descendência e faz configurar o parentesco. Ela se encontra na própria origem do núcleo básico inicial da família. Cada filha dessa ancestral dá origem a um ramo da família extensa. Assim, por exemplo, se essa ancestral deu origem a quatro ramos da família extensa, é porque teve pelo menos quatro filhas que sobreviveram e geraram descendentes cuja hierarquia em relação à mãe é estabelecida pela ordem de nascimento. Ou seja, na configuração da família há uma remissão constante à sua origem ancestral uterina,[1] gerando os processos de sucessão a partir da trama hierárquica estabelecida com o advento das gerações. Essas ancestrais-mulheres estão sempre ligadas às respectivas Cadeiras patriarcais, aquelas de suas famílias. A configuração da família ocorre, portanto, pelos laços uterinos de sangue dados por uma ancestral-mulher básica ligada a uma Cadeira patriarcal básica. Daí aparecerem as linhagens relacionadas com as Cadeiras correspondentes.

Estabelecido esse primeiro aspecto dos fundamentos ancestrais da organização matrilinear dos Agni, podemos apreciar como se estrutura a família extensa e como ela se define juridicamente através da Cadeira patriarcal.

Essa grande célula social Agni é composta de várias categorias de indivíduos.

Em primeiro lugar, aparecem as pessoas *Dehewa*, categoria formada pelos indivíduos que têm na origem uma ancestral-mulher comum. É o parentesco de sangue referido antes, a paternidade não conta: "é dehewa todo indivíduo descendente de uma mulher dehewa, tivesse ele um pai cativo" (D'Aby, 1960: 129). De vez que a ancestral-mulher é referida à Cadeira da família, nessa modalidade também o é, consubstanciando a ascendência uterina e a linhagem, estabelecendo-se os herdeiros naturais e legítimos das Cadeiras respectivas. Outro tipo é formado pelas pessoas incorporadas à família por compra ou pela força, que ficam assim ligadas à Cadeira juridicamente. São os *Abluwa*, conhecidos ainda por *Aoulo Ménian* ("pessoas da casa", em sentido aproximativo). Aqui também a paternidade, para fins de configuração das descendências, não conta: "É abluwa [...] todo indivíduo descendente de uma cativa, fosse ele filho de rei" (D'Aby, 1960: 129). Dessa maneira, uma outra categoria integrante da comunidade refere-se à ascendência dada pelos laços uterinos de sangue saídos da ligação, imposta, a uma Cadeira. Em terceiro lugar, vêm as pessoas *Dehewa* de uma determinada família incorporadas a uma família receptora, com suas Cadeiras e demais bens lhes pertencendo de direito. A incorporação se faz a pedido e após os juramentos de ruptura com o núcleo original. Mouezy aponta a existência de uma quarta categoria de pessoas, aquelas "colocadas em garantia de uma dívida, que podem ser nobres ou não [...]. Seu trabalho representa os juros de somas emprestadas" (Mouezy, 1954: 221). O autor nada mais informa. Já D'Aby (1960), indicando a existência dos indivíduos *Aoba*, afirma que são dissidentes de uma família filiados a outra mediante pagamento de indenização.

Assim, a pessoa não ligada, de uma forma ou outra, a uma Cadeira patriarcal detém, entre os Agni, a posição social "de estrangeiro ou escravo" (D'Aby, 1960: 24).

A família extensa e a comunidade definem-se, portanto, fundamentalmente por duas grandes instâncias: pelo parentesco matrilinear, edificado por via uterina, saído de ancestrais-mulheres; e pela ligação natural, imposta ou requerida a uma Cadeira, representação da legitimação jurídica do grupo básico e de seus desdobramentos. Deparamo-nos, pois, com um primeiro grande princípio ancestral eminentemente histórico saído das Cadeiras patriarcais e regendo uma considerável dimensão das instituições sociais dos Agni.

Essa temática ancestral e a hierarquia dela decorrente envolvendo as Cadeiras patriarcais, aparece objetivamente nos processos de sucessão, inclusive na sucessão do rei.

Nesses processos, os indivíduos *Dehewa* (ou *Afilie Tein Tein*) constituem-se nos herdeiros legítimos, respeitadas as regras de sucessão. Eles são os nobres, os detentores da primazia de se tornarem os guardiões das Cadeiras, pois são os descendentes da ancestral-mulher geradora, ligados de maneira mais decisiva à Cadeira a ela relacionada. As outras categorias podem, eventual e excepcionalmente, ascender às Cadeiras, na dependência extinção ou impossibilidade dos herdeiros legítimos.[2] Mas nos processos normais de sucessão, para sua legitimação, é necessário proceder à reconstituição genealógica da família e das linhagens, sempre feita pela referência à descendência uterina saída da ancestral-mulher básica e à Cadeira a que se ligava, levando-se em conta, indispensavelmente, a antiguidade maior dos ramos saídos dessa matriz e, consequentemente, a das respectivas gerações. Dessa maneira, somente os descendentes nascidos das mulheres ligadas uterinamente à matriz ancestral e à Cadeira respectiva têm, potencialmente, o direito à sucessão.

Os princípios que estabelecem a noção histórica de família e, por extensão, a de sociedade, composta de constelações de famílias com suas categorias diferenciais e seus ramos reinantes, assim como a dos processos de sucessão – caracterizando a possibilidade de acesso ao poder e seu exercício –, estão baseados nas ligações vitais estabelecidas pela organização matrilinear configurada segundo a hierarquia ancestral estabelecida pelas ancestrais-mulheres e pelas Cadeiras patriarcais.

Dessa trama emerge o papel fundamental exercido pelas mulheres na instância do político pois, devido ao caráter uterino das linhagens, interferem decisivamente nos processos de sucessão, mesmo no do rei. Como a sociedade é dirigida por homens, parece existir aí, em princípio, uma contradição. Mas, ao contrário, trata-se de instâncias complementares sintetizadas nas Cadeiras patriarcais.

As Cadeiras patriarcais dos Agni – *Adya Bia* – estão indissoluvelmente ligadas aos ancestrais que exerceram a chefia de uma família extensa ou de uma constelação destas, dirigindo e chefiando comunidades menos ou mais extensas. Cada patriarca que exerce o cargo de chefe de família extensa – *Afilie Kpangni* – possui sua Cadeira patriarcal e a ele estão submetidos todos os chefes de famílias conjugais[3] dela integrantes. Existe ainda a Cadeira patriarcal principal de um conjunto de famílias extensas, correspondente à chefia superior dessa constelação, podendo ainda abarcar, pela vassalagem, outros conjuntos de famílias extensas. Essa é a Cadeira Real, a qual chamamos de *Cadeira-Estado*.

Nos processos de sucessão das chefias de família, cada patriarca-chefe detém a sua própria Cadeira, a qual passa a ser uma espécie de síntese de todas as demais de sua família, anteriormente ocupadas pelos chefes falecidos. Ele é o representante legítimo de todos os ancestrais que o antecederam nesse cargo. Essa representatividade gera o direito ancestral de ser o principal sacrificador nos cultos dos antepassados da família e das respectivas Cadeiras, transformando-o no intermediário por excelência entre os membros da família e os ancestrais correspondentes. Essa possibilidade de trazer à família a "força" e os benefícios dos ancestrais em todos os domínios o faz, segundo D'Aby (1960), patriarca, sacerdote, juiz, conservador do patrimônio familiar e chefe político, presidindo o Conselho dos homens da família, que, juntamente com o Conselho das mulheres, decide sobre questões internas e externas, respondendo pelos atos pessoais e coletivos do grupo.

Quanto aos processos de sucessão do rei, este detém a Cadeira Real, única e representação da síntese de todos os soberanos dela ocupantes no passado. O rei – *Blenbi* (rei), *Nyamele* (senhor), *Aoula* (mestre) – soberano do país e de todos os patriarcas, ocasionalmente de reis vassalos,[4] é o chefe supremo, representando de pleno direito todos os ancestrais-reis de seu povo.

Dessa maneira, o poder dos patriarcas-chefes e do rei, de tão extenso, pode indicar a sociedade Agni como composta de famílias patriarcais.[5] Realmente, em sua condição de guardiões das Cadeiras – símbolos do poder detido pelos patriarcas-ancestrais –, os chefes e o rei representam esse poder patriarcal, cercado da dimensão sagrada atribuída a esses ancestrais. Entretanto, tal configuração patriarcal do poder somente é válida para o direito de ascender a ele, o qual, uma vez obtido, é exercido em todos os termos e limites aceitos pela jurisprudência ancestral. Mas não é a organização patriarcal do poder em si mesma a geradora desse direito. Ele é proposto pela configuração uterina das linhagens, fonte do direito ancestral entre os Agni. Essa fonte de direito, nós já vimos, está consubstanciada na legitimidade das sucessões dada pelos laços uterinos do parentesco estabelecido por ancestrais-mulheres, às quais se ligam pelo sangue as descendências respectivas relacionadas com as Cadeiras correspondentes. Essa condição estrutural atribui às mulheres a verdadeira eleição dos sucessores, patriarcas-chefes e reis, conferindo a elas forte carga de poder político.

Vejamos como isso ocorre. As mulheres de cada ramo da família extensa são chefiadas pela mulher mais velha que o integra, descendente de uma ancestral-mulher ligada à Cadeira originária. A mulher mais velha do ramo mais antigo é a rainha (*Afilie Tile Balassoua*), e chefia todos os demais ramos dessa grande célula social. Esse conjunto de mulheres, descendentes de uma ancestral-mulher comum e chefiado pela rainha é denominado *Malata* – linhagem uterina, descendência uterina – e guarda o mesmo nome quando, formando um órgão colegiado, delibera sobre as questões de sucessão. Fora dessa circunstância, é o Conselho feminino da família extensa, que participa das decisões juntamente com o Conselho dos homens formado pelo patriarca-chefe e pelos demais responsáveis de cada ramo.

É sob a forma de *Malata*, isto é, em sua configuração eminentemente ancestral, que o Conselho de mulheres delibera sobre a indicação de um novo patriarca-chefe ou de um rei. Com efeito, nos processos de sucessão, a rainha é consultada. Esta, após ouvir o *Malata*, reunido então para fins políticos, indica um nome. O Conselho examina a genealogia completa da família e descobre, a partir das hierarquias estabelecidas por via uterina e pelos princípios de antigüidade, os nomes de todos os herdeiros possíveis, e após analisados todos os aspectos, escolhe-se finalmente o sucessor, indicando-o ao Conselho dos homens. O mesmo processo é obedecido na sucessão do rei.

Nesse processo de divisão do poder, os patriarcas-chefes e o rei são os seus detentores por excelência, compreendendo o poder de Estado, em sua condição de representantes legítimos das linhagens e hierarquias e conseqüentemente dos ancestrais respectivos. O todo está sintetizado nas normativas ancestrais dadas pelas Cadeiras. Mas essa condição dos homens é legitimada, no plano jurídico das sucessões, pela mulher – fonte geradora e mantenedora dessas mesmas hierarquias e linhagens, detentora dos princípios ancestrais que as originam –, e somente ela, segundo a organização matrilinear que caracteriza a sociedade, pode transmitir.

Assim se configuram, lado a lado, o poder patriarcal de mando e o poder matriarcal jurídico-histórico. Ambos os aspectos emergem das Cadeiras e ao mesmo tempo convergem para elas, as quais sintetizam. As Cadeiras transparecem, pois, concretamente, como símbolos históricos e sínteses de instituições, constituindo, nos termos da sociedade, em fontes do direito e da jurisprudência ancestrais.

Entretanto, o caráter sagrado atribuído às Cadeiras não advém somente dessa dimensão histórico-ancestral. Para melhor compreender a notável importância conferida a elas pela sociedade, é necessário, com efeito, examinar a sua própria natureza, fator explicativo dessa sacralização.

A natureza mágica das Cadeiras patriarcais e da Cadeira-Estado

As Cadeiras patriarcais dos Agni constituem-se, como vimos, símbolos históricos, sintetizando e legitimando várias instituições sociais de essência ancestral. Mas seu caráter sagrado é proposto e legitimado, mais do que pela simbologia e pelo direito, pela sua natureza. Na verdade as Cadeiras, segundo as proposições da sociedade, são monumentos dotados de uma energia vital muito particular, aquela mesma dos próprios ancestrais que a possuíram,[6] fator que amplia o campo explicativo de sua importância. As Cadeiras também se transformaram em objeto de cultos diferenciais, alguns extremamente abrangentes, celebrando, no aspecto sagrado, as instituições nelas representadas, mas também o poder dos ancestrais ligados a elas. Esses aspectos, evidenciados ao nível do imediato, observável nas celebrações do inhame, levou-nos a afirmar que os cultos dedicados a esses ancestrais se revestem de dimensão específica integrada por categorias políticas, sendo em última instância dirigidos ao próprio Estado. Nós acrescentaríamos agora, devido à natureza das Cadeiras, que elas são elementos desse culto por se confundirem com os ancestrais respectivos. Em outras palavras, para os Agni, as Cadeiras patriarcais e a Cadeira-Estado são *seres vivos*.

Vejamos como essa proposição é explicada pela sociedade.

Já dissemos que existem as Cadeiras patriarcais, ligadas à configuração das famílias e às chefias dessas unidades sociais. Elas são fortemente individualizadas, cada uma refere-se a um ancestral determinado, e encontram-se sob a guarda dos chefes de família. Existe ainda a Cadeira-Estado, a qual é única e representa *todos os ancestrais-reis*. Ela é colocada sob a guarda principal de *Blenbi*, o rei. Como também já se viu, os antepassados de um grupo, transformados em ancestrais pela sociedade, estão, ou podem estar, em vários locais e espaços simultaneamente. No caso ora em foco, um dos locais importantes onde se encontram os ancestrais ligados ao poder é justamente nessas Cadeiras. Convém realçar: essa presença não é considerada simbólica, as Cadeiras *contêm* esses ancestrais, como estabelecem os Agni.

A morte de um patriarca exige a sacralização da Cadeira correspondente, a fim de legitimá-la para a posteridade e permitir o acesso de um novo chefe. Essa sacralização é feita através de certos rituais por força dos quais o ancestral respectivo integra-se vitalmente à Cadeira através de seu *Ekala*, justamente a dimensão mais histórica dos princípios vitais constitutivos do homem. Esse ato é cumprido para cada Cadeira correspondente à morte de cada patriarca, passando a ser também monumentos vitais, sedes privilegiadas dos ancestrais ligados ao poder menos abrangente e dotadas dessa carga ancestral sacralizadora. A Cadeira patriarcal transforma-se em um monumento mágico-histórico, dotado de vitalidade ancestral e, nessa condição, é então cuidadosamente guardada no santuário a ela destinada, recebendo cultos regularmente. A cada patriarca falecido corresponde a Cadeira que o contém, e o conjunto de Cadeiras forma a comunidade ancestral ligada ao poder, presente na sociedade. Como as Cadeiras representam as linhagens e o poder patriarcal de chefia das famílias, é de todo direito a reivindicação de sua posse enquanto bens sacralizados privativos de acordo com a carga ancestral configurada.

Já a Cadeira-Estado é considerada como depositária de *todos* os ancestrais que foram reis. À morte de um soberano, ela é ressacralizada para também nela integrá-lo vitalmente, juntando-se aos demais reis cujas vitalidades ali se encontram; a Cadeira-Estado torna-se cada vez mais sagrada devido ao acréscimo da carga vital de realeza. Após a ressacralização, a Cadeira Real é guardada no seu santuário próprio, o *Adya Bia Swa*, e continua recebendo regularmente os cultos devidos aos ancestrais-reis. A Cadeira-Estado constitui, portanto, um monumento mágico-histórico coletivo, dotado de vitalidade ancestral de realeza. É síntese viva do Estado e do poder de Estado, legitimando através do sagrado a natureza ancestral da sociedade e de suas instituições como um todo. Por tais razões, à morte do rei a Cadeira-Estado não pode ser reivindicada por uma família, a não ser para fins de sucessão, sendo-lhe negado, ao contrário dos demais casos, o direito de reivindicá-la enquanto bem privativo: *a carga vital de realeza ancestral acumulada na Cadeira-Estado pertence à sociedade*.

Sabemos muito pouco sobre os ritos que promovem essa transfiguração das Cadeiras patriarcais e da Cadeira Real e que permitem que se constituam, de certa maneira, nos próprios ancestrais. Um desses ritos consiste, segundo D'Aby (1960), na deposição sobre a Cadeira de ervas específicas, com as quais o cadáver foi tocado pelo encarregado da cerimônia.[7] Quanto à Cadeira Real, o mesmo autor indica que sua sacralização se passa de maneira diferente:

> O trono não tem valor a não ser que encarne a alma dos antigos patriarcas. Para que ele tenha essa virtude, deve ser consagrado nas formas rituais. Para esse efeito, sacrificavam-se ali, sucessivamente: 1. um frango branco, que era também um meio de interrogar os ancestrais.[8] Importava, com efeito, saber primeiramente se estes estavam dispostos a aceitar por altar a cadeira que lhes era proposta. Na negativa, recorria-se à ciência de um adivinho para conhecer as razões da recusa, após o que se imolava um novo frango branco e assim sucessivamente até que se tivesse certeza de que a cadeira seria aceita. 2. um ou vários cativos, com cujo sangue untava-se a cadeira, instalada sobre a pele de um carneiro branco. Procedia-se em seguida às litanias dos ancestrais da tribo, rogando-se a cada um desses espíritos vir se fixar definitivamente no trono consagrado [...]. (D'Aby, 1960: 25)

O caráter mágico e sagrado das cadeiras patriarcais e da Cadeira-Estado é revelado também pelos cultos a elas dedicados regularmente.

Esses monumentos sagrados são guardados e cultuados no santuário denominado *Adya Bia Swa*, expressão traduzida por D'Aby (1960) como a "casa das cadeiras herdadas". Nesse aposento encontram-se também objetos ligados à vida dos patriarcas e reis falecidos e à história de seus feitos.[9] Os cultos são celebrados regularmente, sendo suas principais autoridades os dignitários sacrificadores, os chefes de família e o rei. De fato, este participa das cerimônias e preside os atos regulares destinados à Cadeira-Estado instituídos pelo costume, ocorridos nos dias *Fwe*. Permanece ainda uma parte de seu tempo perto da Cadeira de seus antecessores a fim de receber força e inspiração para melhor exercer seu cargo.[10] O *Adya Bia Swa* configura-se, pois, como espaço sagrado bastante diferenciado e como templo privilegiado dos mortos ligados à estrutura do poder. Em certo sentido, ele é uma espécie de elemento sintetizador da própria vitalidade histórica e ancestral da sociedade. As Cadeiras somente saem desse recinto em condições muito especiais. Uma delas é por ocasião das celebrações do inhame, quando esses ancestrais são cultuados em contextos eminentemente históricos e abrangentes – cerimônias de purificação, declamações da história do povo, dessacralização do inhame, grandes sacrifícios públicos. Outra ocasião excepcional, na qual a Cadeira-Estado sai de seu santuário, ocorre quando há a consagração e entronização de um novo rei, oportunidade na qual os monarcas desaparecidos também são nomeados e chamados a legitimar os atos dessa cerimônia, promovendo a continuidade da noção ancestral de Estado e do poder de Estado. O alto nível de sacralização das Cadeiras patriarcais e da Cadeira Real é proposto na instância das celebrações a ancestrais pelos atos reservados, que se passam regularmente no *Adya Bia Swa*. Mas essa sacralização é também demonstrável à sociedade – em última análise a detentora dessa condição sagrada excepcional – quando os fatores históricos o exigem. Nessas condições, elas saem de seu santuário e os ancestrais nelas contidas participam diretamente e juntamente com a sociedade desses momentos diferenciais.

As Cadeiras patriarcais e a Cadeira-Estado dos Agni sintetizam pois um significativo número de instituições sociais. São monumentos históricos que individualizam as famílias extensas, definem linhagens e legitimam sucessões. A Cadeira Real, síntese das instituições, é instrumento definidor da natureza ancestral do Estado e do poder de Estado, que é o poder consubstanciado no rei. Dessa maneira, elas são os símbolos históricos que definem a própria sociedade. Mas a explicação da realidade que propõem emana de sua natureza mágica, onde a dinâmica histórica se confunde com a vitalidade dos ancestrais através de parte de seus *Ekala*, internalizados nas cadeiras patriarcais e na Cadeira-Estado.

Podemos agora apreciar como o problema da legitimação do poder do rei liga-se crucialmente à configuração mágico-histórica das Cadeiras patriarcais e da Cadeira Real, propondo toda uma temática ancestral onde, mais uma vez, as sínteses explicativas nascidas do êxodo aparecem de maneira decisiva.

O rei

Examinamos anteriormente algumas instituições sociais dos Agni relacionadas com as figuras jurídico-políticas sintetizadas nas Cadeiras patriarcais e na Cadeira Real, isto é, a dimensão eminentemente histórica e ancestral dessas instituições e das Cadeiras. Vimos também que esse caráter unificador e legitimador das Cadeiras é dado pela sua condição de portadoras de energia vital ancestral, transformando-as em monumentos sagrados.

Essa dialética entre o mágico e o histórico, sintetizada nas Cadeiras, aparece de maneira decisiva nos processos de entronização do rei e do conseqüente acesso ao poder mais abrangente, último assunto a ser abordado aqui na tentativa de demonstrar que o poder, entre os Agni, encontra-se ligado não apenas aos fundamentos jurídicos ancestrais, mas aos próprios ancestrais. Isto é, além da legitimação jurídica enunciada pelo costume e pela jurisprudência ancestral, são os ancestrais, eles mesmos, as fontes excepcionais dessa legitimação.

Vejamos alguns aspectos da problemática.

Sabemos da importância atribuída às cerimônias funerárias no sistema de elaboração social do ancestral, como procuramos expor anteriormente. Essa importância coloca-se de maneira contundente nos processos de sucessão entre os Agni, demonstrando a existência de um primeiro nível decisivo de relações entre ancestrais e instituições ligadas ao poder. De fato, entre os Agni, os herdeiros presuntivos das chefias devem participar dos funerais das pessoas que serão sucedidas – inclusive em termos de despesas –, sob pena de perder os direitos de sucessão. A sentença dessa perda de direitos é pronunciada pela família interessada, detentora da Cadeira a ser provida, posse que a torna a única instância legítima para anular o direito em caso de transgressão à jurisprudência ancestral. Dessa maneira, as sucessões são necessariamente precedidas dos respectivos funerais, pois torna-se necessário, em primeiro lugar, caracterizar o ancestral a ser representado, juntamente com os demais ancestrais da família, pelo sucessor.

Essa proposição estabelece uma hierarquia ancestral nos processos de sucessão, acrescentando uma forte carga ao poder dos patriarcas: eles detêm primazia na realização de seus próprios funerais. Segundo constatado por D'Aby (1960), em certos sub-grupos Agni as pessoas falecidas ficavam sem funerais enquanto estivessem vivos os patriarcas detentores das Cadeiras respectivas, cabendo a estes abrir mão do privilégio em benefício dessas pessoas, a fim de, excepcionalmente, permitir-lhes a entrada no país dos ancestrais. Situação bastante aflitiva para essas pessoas que dependiam totalmente da vontade patriarcal.

Sempre dentro dessa instância restritiva dos processos de sucessão, há ainda a problemática da sucessão do rei, que exige os mesmos requisitos. O grande exemplo histórico é dado pelos Agni Samwy, os quais somente voltaram a celebrar funerais completos após o término do êxodo e instalação no território ocupado, em virtude da necessidade de levar a termo a sucessão de Aka Esoin, fundador do reino de Krinjabo. Assim, para consagrar e entronizar um rei entre os Agni torna-se necessário primeiro realizar os funerais do rei falecido, isto é, transformá-lo no ancestral-rei que integrará totalmente a Cadeira-Estado a ser provida.[11] Essa primazia ancestral é imperativa para a configuração legítima do novo soberano e a administração do Estado durante o período de vacância, *não tem a carga de realeza ancestral*.[12]

Além dessa questão ligada à necessidade de primeiro configurar o ancestral para depois realizar a sucessão, interessa reter alguns aspectos que envolvem as Cadeiras patriarcais e a Cadeira Real, conseqüentemente os ancestrais, em relação à consagração do rei e ao acesso ao poder de Estado. Para tanto, utilizaremos dados referentes aos Agni Samwy, os Brafe, do reino de Krinjabo.

Escolhido o sucessor do rei falecido, segundo as regras ancestrais, na ocasião propícia e cumpridos os atos funerários respectivos, tem lugar a consagração e entronização do novo soberano, que ocorre sempre em um dia *Fwe*. O primeiro passo decisivo é a saída da Cadeira Real do *Adya Bia Swa*, sem o que a cerimônia não pode ter lugar. Para isso, os tambores *Fokwe* (do mesmo nome dos destacamentos formados durante o êxodo, assim como da dança de guerra já referida), *Attoungblan* (os tambores de fala), *Koukoua* e *Ngibile*, principalmente, são trazidos em praça pública ao crepúsculo desse dia. Ao som desses tambores deve se produzir a dança *Fokwe*, que precede a saída da Cadeira Real do *Adya Bia Swa* e sem a qual isso não ocorre. Essa dança envolve praticamente toda a comunidade e está, como já realçamos, geralmente ligada ao aparecimento da Cadeira Real. A dança *Fokwe* é uma dança cíclica, repete-se várias vezes em uma cerimônia, e narra o essencial dos feitos guerreiros dos Agni durante o êxodo, reproduzindo, na simbologia de seus movimentos e gestualística, os principais momentos vividos pelos ancestrais da epopéia. É dirigida pelos comandantes de guerra do rei, os *Sahinlan*, sua organização cabe aos dignitários *Adoumoufwe* de Adaou, e desenrola-se onde os antigos reis falecidos eram preparados para as cerimônias funerárias e onde ocorriam os grandes sacrifícios humanos exigidos pela ocasião.[13] Por tais sacrifícios esses dignitários e seus comandados são conhecidos pela designação de carrascos ou executores a serviço do rei. Caso eles não se apresentem para participar da dança e conduzi-la, esta não se produz e, com isso, a Cadeira Real não pode sair, impedindo a entronização do rei.[14] Ao término da dança *Fokwe*, rememorado assim o êxodo através de sua reconstituição sintética, a Cadeira Real pode então sair e ser depositada em um local publico adequado: ela irá presidir as cerimônias na qualidade de depositária de todos os ancestrais-reis. Nesse momento ocorre a primeira invocação do primeiro rei do êxodo, Amalaman Ano, feita pelo povo, que canta: "Amalaman Ano, que comanda o país, eu estou levantado" (Mouezy, 1954: 234).[15]

Após as primeiras invocações de Amalaman Ano, o futuro rei é trazido ao lugar onde se encontra a Cadeira Real e senta-se perto dela. As cerimônias de consagração têm início, sob a presidência do patriarca-chefe dos *Adoumoufwe*, zelador da Cadeira Real, assistido por outros dignitários.[16] Os ancestrais-reis são então invocados diante da Cadeira Real e do herdeiro, pela palavra desse notável e dos tambores de fala, a fim de presidir no mais alto grau as cerimônias de consagração e entronização. Essas invocações ocorrem em três momentos precisos: quando o chefe dos *Adoumoufwe* simula amarrar uma tira de folha de palmeira à cabeça do herdeiro, acabando por fixá-la em seu tornozelo esquerdo; durante as aspersões de água lustral feitas na pessoa do futuro soberano, pelo mesmo dignitário; e, finalmente, quando este sacrifica à Cadeira Real porções de bebida alcoólica, a título de oferenda aos ancestrais-reis. Essa é uma cerimônia de extrema importância para a legitimação do ato:

Amalaman Ano, Aka Esoin[17] [...], aceitem sua parte de bebida. Hoje mesmo, aquele que se chama[18] [...] seu descendente, nós o colocamos no trono, que ele aja segundo a sua lei, sejam seu sustentáculo em tudo que ele empreenderá, afastem dele todo mal. Que ele viva muito tempo e dirija o país como vocês o fizeram. (Mouezy, 1954: 234-35)[19]

Segue-se o sacrifício de um carneiro, cujo sangue é aspergido sobre a Cadeira Real. O rei está consagrado.

Após essa cerimônia, ocorre o ato de entronização, o qual é praticado por três patriarcas específicos representantes de ancestrais específicos: o rei de Assouba, da família Auokofwe, o rei de Ayame, da mesma família, e o patriarca-chefe da família Anouomou – três dos principais vassalos do rei de Krinjabo.[20] Esse ato é aparentemente simples: o rei de Ayame coloca-se à direita do novo soberano, o chefe da família Anouomou, à sua esquerda, e o rei de Assouba, atrás. Esses três patriarcas, colocados nessas posições, levantam ao mesmo tempo o soberano e simulam sentá-lo na Cadeira Real por três vezes. A terceira vez ele é considerado entronizado e torna-se efetivamente *Blenbi*.

Entronizado o rei, o chefe dos *Adoumoufwe* entrega-lhe dois símbolos da realeza. Um deles é o sabre *Ehoto Gyabia*, expressão que Mouezy (1954) decompõe em *Ehoto* (faca, sabre), *Gya* (herança) e *Bia* (Cadeira). Esse instrumento representa o sabre sagrado que desceu do espaço na batalha que antecedeu o êxodo, e só pode ser tocado pelo soberano. O outro símbolo da realeza é um machete preparado especialmente para essa ocasião, denominado *Kwe*.[21] Após receber esses símbolos do poder, *Blenbi* deve evidenciar publicamente sua obediência aos princípios ancestrais do Estado, à Cadeira Real e aos ancestrais-reis, o que faz através de um juramento:

> Juro pelo espírito da Cadeira Real de nossos antepassados, de nossos chefes, que julgaram ser eu que deveria ocupar este lugar, que todo interesse de Estado que sobrevenha, seja entre os Agni, seja entre os brancos, seja entre os negros, se eu não o julgar, se eu não o escutar (sub-entendido que eu me retiro), eu o juro pelo sábado, eu o juro pelos três ataúdes, eu o juro por Adaou. (Mouezy, 1954: 235)[22]

Um juramento de obediência ao rei é então prestado pelo chefe dos *Adoumoufwe* à Cadeira Real e ao rei, repetindo-se em linhas gerais o juramento do soberano:

> Eu o juro pelo espírito da Cadeira, nossos antigos reis estão mortos, nós procuramos, nós escolhemos[23] [...], nós queremos que ele nos comande a partir de hoje, sábado,[24] toda questão que sobrevenha de dia ou de noite, se ele chamar-me e eu não responder (sub-entendido que eu me retiro), eu o juro pelo sábado, eu o juro pelos três ataúdes, eu o juro por Adaou. (Mouezy, 1954: 236)[25]

Após o término da consagração e entronização de *Blenbi* produz-se novamente a dança *Fokwe* ao som dos tambores, e a Cadeira Real volta triunfalmente ao seu santuário. O rei, vestido de branco e acompanhado de seus vassalos e notáveis, passa a noite em vigília diante do *Adya Bia Swa*, sendo-lhe vedado comer e abandonar, sob qualquer pretexto, o sabre *Ehoto Gyabia*. Finalmente, seu crânio é raspado, talvez para simbolizar o nascimento de um novo soberano, talvez para simbolizar estado de luto pelos reis desaparecidos, iniciando-se então as manifestações de regozijo em todas as comunidades do reino.

Os atos ocorridos nas cerimônias de consagração e entronização de *Blenbi* demonstram que o acesso do soberano ao poder, além de sua dimensão jurídico-ancestral proposta pela legitimação uterina estabelecida por ancestrais-mulheres, que permite surgir o nome mais legítimo para ocupar o cargo, envolve decisivamente a Cadeira Real e os ancestrais-reis. Essas últimas instâncias, por sua vez, estão referidas ao êxodo e à nova história dos Agni, com suas novas explicações da realidade e seus novos ancestrais.

Podemos abordar alguns aspectos dessa problemática, manifestados real ou simbolicamente nas referidas cerimônias.

Vimos que a Cadeira Real deve sair do *Adya Bia Swa* para que o rei seja entronizado. Para que a Cadeira saia, deve produzir-se a dança *Fokwe*, a qual rememora e reconstitui sinteticamente o êxodo. Por sua vez, a dança *Fokwe* só ocorre com a presença de determinados agentes sociais, os guerreiros e os "carrascos" do rei, estes são os dignitários encarregados de preparar os soberanos falecidos para as cerimônias funerárias e realizar os sacrifícios de sangue exigidos. A importância desses agentes sociais é fundamental, pois constituem respectivamente o suporte militar, com tantos resultados produzidos durante o êxodo, e a instância eminentemente ligada à elaboração do ancestral-rei através dos funerais, medida obrigatória e antecessora do acesso ao trono de um novo soberano. Dessa forma, quanto aos *Adoumoufwe*, categoria fortemente destacada no processo de ascensão ao poder do novo rei, eles se encontram ligados à legitimação da própria Cadeira Real por força da natureza vital desta: ela contém esses ancestrais-reis que os *Adoumoufwe* são, até certo ponto, encarregados de elaborar. Essa é a razão de o patriarca-chefe dessa categoria ser o dignitário promovedor da legitimação da posse do rei em momentos decisivos. De fato, nesses momentos, ele preside a invocação desses ancestrais, realiza atos de purificação do novo soberano, sacrifica bebida alcoólica à Cadeira Real,[26] apresenta formalmente o novo rei aos ancestrais-reis, dos quais pronuncia o nome, enunciando também o nome do soberano a ser empossado, entrega a este os símbolos da realeza e, finalmente, presta juramento de obediência à Cadeira Real e ao *Blenbi*. Dessa forma, a legitimação do rei está vitalmente ligada à Cadeira Real, pois chega à proposição de que os ancestrais-reis promovem a escolha do novo soberano, como se vê pelo juramento de *Blenbi* à Cadeira Real, que contém um "espírito", portanto aos *Adoumoufwe*. Fica demonstrado o caráter eminentemente ancestral dessa legitimação. Essa trama liga-se ainda à rememoração do êxodo, consubstanciada na dança *Fokwe*, que permite a saída e o retorno da Cadeira Real, reproduzindo a epopéia, quando o rei guiou seu povo na marcha interminável, sustentado pelos seus destacamentos.

Os fatores ancestrais integrados na nova história dos Agni aparecem ainda em outras instâncias dos atos de acesso do rei ao poder. É o que ocorre, por exemplo, na invocação dos ancestrais-reis da Cadeira Real, citados nominalmente pela palavra do chefe dos *Adoumoufwe* e pelos tambores a fim de participar das cerimônias. Amalaman Ano é citado em primeiro lugar. Com efeito, nesse processo, são os ancestrais-reis saídos do êxodo que participam institucionalmente dos atos. Amalaman Ano, entretanto, jamais chegou a Krinjabo. Por que então é ele invocado em primeiro lugar e é considerado o primeiro ancestral-rei da nova história dos Agni? Essa condição atribuída pela sociedade ao soberano Brafe é devida ao fato de a Cadeira da qual era o guardião ter resistido ao êxodo e *ter chegado ao novo território*, razão pela qual ele é considerado o primeiro chefe dos Samwy em sua nova história. Seus funerais, que foram os primeiros celebrados após a reorganização da sociedade, e da conseqüente retomada das práticas ancestrais, o sacralizaram, possibilitando a ressacralização da Cadeira Real segundo o costume e a continuidade institucional da existência do poder e Estado através de Aka Esoin, o matador de elefantes, seu sucessor e fundador do novo reino. O significado dessa Cadeira, que viveu ela mesma a epopéia do êxodo, é portanto de extrema importância para a sociedade,[27] pois sintetiza a legitimação do poder de Estado e a do próprio Estado, resistindo às mais sérias adversidades históricas, inclusive à desorganização total da economia. Ainda mais: ela representa e simboliza um processo ancestral manifestado diferencialmente em relação aos ancestrais de antes do êxodo. Com efeito, o fato de Amalaman Ano ser o primeiro ancestral-rei dos Samwy em sua nova história, demonstra a existência de uma dinâmica ancestral que explica as práticas sociais: embora se possa considerar que os ancestrais integram valores civilizatórios globais, as condições históricas fazem com que esses valores se manifestem diferencialmente no tempo e no espaço. Se, de certa maneira, não existe uma ruptura no sistema total proposto pela explicação ancestral, isso ocorre nos processos diferenciais nascidos da história. Amalaman Ano é o exemplo sintético dessa dinâmica: ele é o último elo da corrente ancestral de antes do êxodo, mas também é, prioritariamente, o primeiro elo da nova corrente ancestral da nova história dos Agni.

Essa dinâmica ancestral, envolvendo o êxodo, a nova história dos Agni e as Cadeiras patriarcais, aparece ainda nas cerimônias de entronização do soberano.

Dissemos antes que durante a retirada os Agni se organizaram em grupos distintos por questões estratégicas. Eram os *Fokwe*, do mesmo nome da dança que autoriza a saída da Cadeira Real para a posse do rei, cada um organizado em três alas: a frente (*Atin Mbuele*), a ala direita (*Famaso*) e a ala esquerda (*Beso*). O conjunto de cada uma dessas alas possuía o seu chefe e comandante, com seus subordinados diretos, todos sob as ordens de Aka Esoin. Na retirada, portanto, existiam três comandantes encarregados de dar seqüência à procura do novo território, liderados pelo rei. Terminado o êxodo e ocupado o território onde se estabeleceram, os Agni organizaram o espaço coberto pelo reino de Krinjabo dessa mesma maneira. De fato, esse reino está dividido em três grandes áreas, que guardam a mesma disposição das divisões de guerra *Fokwe* e os seus nomes, exercendo funções políticas bem definidas. Essa disposição do espaço social envolve inúmeras localidades e outros reis, vassalos de Krinjabo; como o rei de Assouba (chefe da frente, *Atin Mbuele*), da família Auokofwe, e o Rei de Ayame (chefe da ala direita, *Famaso*), patriarca da mesma família, principal mandatário do reino após o soberano de Krinjabo. A ala esquerda (*Beso*) é comandada pelo patriarca-chefe da família Anouomou. Dessa maneira, os Agni reproduziram, na organização do espaço social e político, a estratégia ancestral adotada durante o êxodo, e a mantiveram viva, demonstrando nessa instância, que a epopéia está na origem de novas proposições de explicação da realidade e de sua legitimação. Mas, ainda aqui essas proposições estão ligadas às Cadeiras patriarcais. Com efeito, segundo os dados contidos nos relatos tradicionistas, os comandantes de duas dessas alas formadas durante o êxodo (o da ala direita e o da ala esquerda), e depois reproduzidas na configuração do reino, não chegaram a Krinjabo, assim como também Amalaman Ano não chegou. Porém, como suas Cadeiras patriarcais puderam ser conservadas e trazidas até o novo território, também eles são considerados ancestrais legítimos da sociedade, assim como aquele comandante que sobreviveu à retirada. Devido a esse fato seus descendentes são os chefes das três alas integrantes do reino Samwy, e a legitimação de seus poderes emana das Cadeiras de seus ancestrais. São exatamente esses patriarcas quem entronizam *Blenbi*, exercendo um direito nascido das Cadeiras e mantido pela história. Vê-se assim que o grande modelo ancestral da nova história dos Agni é aplicado mais uma vez, em contexto político decisivo, definindo a natureza ancestral do Estado e do poder do rei, em presença dos ancestrais-reis contidos na Cadeira Real e dos descendentes de ancestrais que sustentaram o Estado em retirada.

De fato, a disposição desses dignitários em torno do soberano durante a cerimônia de entronização e o ato de posse sintetizam, em um só grande momento, a nova história dos Agni como um todo. Esse ato simboliza a recriação do êxodo, a marcha do rei dirigindo seu povo sob a proteção de seus guerreiros e comandantes, que adquiriram o direito de continuar, pelos seus descendentes, exercendo a zeladoria de suas Cadeiras, guardando e protegendo o rei e o reino, com seus valores e proposições históricas, através da organização do espaço físico e social segundo a estratégia da retirada. Esses ancestrais geraram, através das Cadeiras, o direito de legitimar a escolha do rei, pois legitimam os dignitários encarregados de sua posse no cargo. Eles são a ala direita, a ala esquerda e a frente, isto é, o próprio reino, e no ato de entronização, representam o Estado em união monolítica com o poder monárquico. Parecem representar, de certa maneira, aspectos complementares do rei, o próprio monarca nas múltiplas instâncias abarcadas pelo seu poder. O rei e esses patriarcas formam, no ato de posse, um só conjunto, uma só figura política, o Estado da nova história dos Agni, cuja natureza ancestral, nesse instante, se evidencia em toda sua concretude.

Mas o rei não toca o trono. Ele pertence de fato, em sua configuração política, ao Estado, ao povo e aos ancestrais. A Cadeira Real representa uma proposta de contenção do poder do rei, por outro lado já evidenciada nas fórmulas que atribui a certas instâncias a capacidade de empossá-lo de maneira legítima e até mesmo a de impedir a sua posse. Assim o rei submete-se totalmente à Cadeira Real e aos ancestrais-reis nela encarnada, sendo o seu primeiro ato, após a entronização, aquele de acompanhá-la a seu santuário e proceder à sua vigília, obrigação inerente ao cargo, devendo exercê-la durante toda sua vida, assim como deve fazê-lo pelo povo de seu reino, verdadeiro possuidor da carga de realeza internalizada na Cadeira Real, na verdade, a *Cadeira-Estado*.

A posse do rei, produzida por processos formais de sucessão e possibilitada pelos patriarcas detentores da primazia de efetivá-la, somente se completa pela sujeição à Cadeira-Estado, isto é, pela aceitação do poder ancestral. Os ancestrais e sobretudo os ancestrais-reis da nova história dos Agni, cuja vitalidade está contida na Cadeira-Estado, símbolo vivo da natureza ancestral do Estado, presidem em última instância a entronização do rei e a sacralizam, constituindo um elo vital entre sociedade e Estado. E, sem o estabelecimento de relações fundamentais entre *Blenbi* e os ancestrais, para esses Akan não há legitimação possível do poder: *Blenbi é o continuador do ancestral-rei*.

Continuaremos nosso trabalho abordando desta vez os Senufo.

Notas

1 Os Agni colocam em dúvida a origem da paternidade. Consideram que na formação da pessoa a mãe doa o sangue e o pai os ossos.

2 D'Aby indica: "Os ablouwa não ascendem à cadeira e ao comando da tribo a não ser na extinção total dos tile-won nnan (o mesmo que 'Dehewa') [...]. Às vezes há confusão de cadeiras, isto é, os integrados (os 'Dehewa' de outra família) aceitam guardar sua cadeira na mesma casa que aquela da tribo que os recebe. Mas na maioria dos casos, as casas das cadeiras são distintas. Em caso de confusão de cadeiras, a prioridade de exercer o comando da tribo recai no grupo que recebe. Na falta de homens válidos nesse grupo, o comando recai nos integrados. Os ablouwa alinham-se após estes. Entretanto, desde que exista separação de cadeiras, os ablouwa do primeiro grupo entram em competição com os integrados, e o exercício do comando não é confiado a nenhuma das categorias senão após uma deliberação especial do primeiro grupo, que fixa também as condições dessa transferência de poder" (1960: 130).

3 A família conjugal é constituída, em sua estrutura mínima, de esposo, esposa, ou esposas, e respectivos filhos.

4 Como é o caso do reino de Krinjabo, no qual seu soberano possui sete vassalos principais, dos quais pelo menos três são reis.

5 Como o aventa Kipré discutindo a questão entre os Akan, mas sem referir-se explicitamente aos Agni. Esse autor adota a "família patriarcal" como modelo, referindo-se à figura do pai e de sua condição de fundador de localidades. Mas essa é uma das dimensões da organização ancestral da família e não parece suficiente para fundamentar tamanha generalização. (O trabalho de Kipré foi preparado para um dos volumes da *História geral da África*. Recebemos uma cópia em xerox, aprovada pelo diretor do referido volume, que nos foi enviada pelo Prof. Dr. Fernando A. A. Mourão. Essa cópia não está datada).

6 Arthur Ramos em *As culturas negras* (sem data) faz referência ao culto da "alma da Cadeira", ligando esse culto ao aparecimento do trono dos Ashanti, descido do espaço. Quanto à descrição que faz dos cultos rendidos às Cadeiras, em poucas linhas, é totalmente destituída de fundamentos de realidade, repassando dados eivados de influência estrangeira que tendem a minimizar a envergadura das civilizações africanas. Essa obra é apenas um dos apanhados bibliográficos mais completos que conhecemos. Entretanto, mencionamos aqui a existência desse dado registrado por A. Ramos.

7   Esse autor não faz referência a outros rituais na consagração da Cadeira, nem mesmo aos sacrifícios de sangue, mas tudo faz pensar que a sacralização não ocorre apenas pela manipulação dessas ervas, do cadáver e da Cadeira. De fato, em contexto diverso, mas talvez menos crucial no sentido da manipulação de forças num momento dado, como nas celebrações do inhame, nós testemunhamos a existência de grandes sacrifícios de sangue totalmente dirigidos às Cadeiras patriarcais.

8   Pela posição assumida pelo animal após o sacrifício ou pela consulta às suas entranhas. Esse método é bastante utilizado nos processos de adivinhação que constatamos existir entre os Senufo e Agni.

9   Como é, por exemplo, o caso do crânio de Kissi, soberano de Bouna, cuja cabeça foi amputada em batalha com os Agni e passou a fazer parte dos tesouros de Krinjabo. E o do crânio de Akosse, guerreiro Nzema, que passou a servir de recipiente utilizado nos cultos à Cadeira Real do mesmo reino.

10 Como vimos antes, uma das ocasiões em que não pudemos entrevistar o rei dos Agni Ndenie, Bonzou II, foi devida a esse fato. O próprio soberano nos explicou depois que quando solicitamos audiência ele se encontrava recolhido no "Adya Bia Swa" para solicitar aos ancestrais as celebrações do inhame, particularmente brilhantes e benfazejas.

11 A esse respeito, D'Aby registra uma particularidade: entre os Samwy o nome do herdeiro a ser empossado como rei permanece em segredo oficial até praticamente o final das cerimônias funerárias do soberano falecido, enquanto que entre os Ndenie "era oficiosamente proclamado antes da abertura dos grandes funerais" (D'Aby, 1960: 26), pois nesse reino o novo soberano, ainda que não empossado, deve dirigir ele mesmo as celebrações. Não nos foi possível confirmar esse dado.

12 Nós pudemos observar pessoalmente essa problemática por ocasião do falecimento de Amon Ndoufou III, rei dos Agni Samwy de Krinjabo. Depoimentos obtidos junto a Ehonou Bilie, notável de Krinjabo, levaram a crer que os processos de sucessão do soberano seriam retardados, como realmente aconteceu. Em resumo, os motivos desse retardamento eram os seguintes: 1. em primeiro lugar, os funerais completos do soberano falecido ainda não haviam sido realizados e um rei não pode ser consagrado sem que isso seja feito; 2. várias pessoas, mesmo mandatários, vieram a falecer após a morte de Amon Ndoufou III, provocando assim um grande luto e a necessidade de realizar vários funerais; 3. os dignitários do reino estavam impondo sérias condições para o desenrolar dos processos de sucessão, a fim de procurar manter o quanto possível os padrões ancestrais regentes da escolha de um novo rei; 4. tornava-se necessário construir uma nova residência para os reis; 5. havia perigo de que as celebrações do inhame não pudes-

sem ter lugar devido a todos esses acontecimentos, colocando a população em situação difícil perante os ancestrais; 6. o reino estava sem soberano, a interinidade garantida pelo notável que a exercia não era suficiente para configurar a plenitude da natureza ancestral do cargo.

13 Em Adaou os reis falecidos são preparados para o enterro e para as cerimônias funerárias. Ali habitam os dignitários encarregados dos sacrifícios destinados aos funerais dos soberanos. Por ocasião da morte de Amon Ndoufou III, rei dos Agni Samwy, em 1979, os notáveis de Adaou demonstraram seu desespero diante do desaparecimento do soberano, cobrindo seus corpos com poeira, dançando e percorrendo as ruas com suas armas e suas vestes rasgadas.

14 Os *Adoumoufwe* de Adaou são os guardiões da Cadeira Real e do rei dos Samwy na dimensão ligada à sua configuração sagrada. Seu chefe é sacrificador da Cadeira Real e eles estão intimamente ligados à problemática dos funerais do rei. Segundo um depoimento obtido, à morte do rei seu cadáver é entregue aos *Adoumoufwe* para que se encarreguem dos ritos funerários necessários, inclusive dos sacrifícios. O fato de serem os dignitários encarregados desses ritos, podendo ainda sacrificar à Cadeira Real, os constituem em elementos moderadores do poder do rei. Daí sua singular importância política em relação ao soberano, manifestada ainda, institucionalmente, nos atos de consagração do rei.

15 Versão aproximativa de expressões em língua Agni. O povo está de pé, já há um novo rei. Amalaman Ano é quem comanda.

16 Especificamente os reis de Assouba e de Ayame, assim como o patriarca-chefe da família Anouomou, vassalos do rei de Krinjabo. Ficam também perto do rei, nessa ocasião, patriarcas ligados a determinadas Cadeiras, chefes de localidades do reino e notáveis habilitados a fazê-lo.

17 Seguem-se os nomes dos demais ancestrais-reis de após o êxodo.

18 Segue-se o nome do novo soberano.

19 Versão aproximativa do discurso, que é feito em língua Agni.

20 Os principais vassalos do rei de Krinjabo são, de acordo com Mouezy (1954): os reis de Ayame, de Kwakroo e de Assouba, da família Aoukofwe, os chefes de Eshyan, de Aby (Cadeira dos Bossoman), de Aboisso (Cadeira dos Agwa) e um chefe da própria Krinjabo, da família Anouomou.

21 O rei possui outros símbolos da realeza, como adornos, bastões, divisas, árvores, pára-sóis, sandálias e orquestras que o acompanham quando sai etc. Entretanto, seus símbolos mais distintivos são a Cadeira Real (*Adya Bia*), o sabre *Ehoto Gyabia* e a coleção de pesos destinados a pesar ouro (*Dja*). Representam, respectivamente o Estado, a força e a riqueza do Estado.

22 Versão aproximativa do discurso, que é feito em língua Agni. Esse juramento é, segundo Mouezy (1954), uma fórmula introduzida por Amon Ndoufou, que reinou da década de 1830 a 1885, por ocasião da morte, durante sua gestão, de três membros importantes de sua família em uma mesma semana, os quais foram enterrados em um dia *Fwe* (que Mouezy cita como sábado). Daí a citação dos três ataúdes e ao dia *Fwe* nesse juramento. Quanto à citação de Adaou, é devida às suas ligações com os funerais dos reis, conforme já indicado.

23 Segue-se o nome do novo soberano.

24 *Fwe* no discurso original em língua Agni indicado por Mouezy. Como a semana Agni possui sete dias e o dia *Fwe* cai no sábado de nosso calendário, esse autor acabou utilizando essa palavra para indicar o dia *Fwe*.

25 Versão aproximativa do juramento, feito em língua Agni.

26 Vê-se que o sacrifício de bebida alcoólica aparece nas mais importantes ocasiões ligadas aos ancestrais, e também às divindades. Por outro lado, ignoramos o sentido que nesse contexto e entre os Agni possa ser atribuído à tira de palmeira e à sua colocação na pessoa do rei.

27 A importância da Cadeira de Amalaman Ano ultrapassa mesmo os limites do reino de Krinjabo. Segundo Ablé (1978), sua antigüidade no território fez que os Aboure instituissem Krinjabo como foro para sua corte de apelação, uma das duas instâncias judiciárias Aboure, a outra se constituindo nos conselhos de aldeia, de cujas decisões somente se podia recorrer àquela segunda e superior instância. Esse costume perdurou por cerca de setenta anos, tendo desaparecido por imposição dos colonizadores.

O exemplo Senufo (introdução)

A civilização Senufo estende-se sobre um território que cobre áreas da Costa do Marfim, do Mali e do Alto-Volta,* sendo registrada também sua presença, de maneira menos significativa, até mesmo no Gana. Os limites geográficos dessa ocupação, com exceção do Gana, são dados ao norte pela localidade de Koutiala, abrangendo o Mali e o Alto Volta, ao sul por Katiola, a leste por Bondoukou e a oeste por Odienne, localidades situadas na Costa do Marfim. *Senari*, a língua Senufo, é elemento fundamental dessa civilização, constituindo mecanismo de união de seus vários grupos, que a utilizam com variações regionais. Esses grupos são numerosos: Dyamala, Falafolo, Folo (Folonbele), Gbato, Gimini, Gonzoro, Kadie, Kaine, Kafinbele, Koroboro, Kasse, Kofolo, Kulele, Nanergue, Minyanka, Nafana (Nafara ou Nafanbele), Nohwu, Nyarhofolo, Palanka, Pomporo, Sankem, Sye, Tafire, Tagba, Tagponi e Tagwana, Teneure, Tudugu, Tyembara (Kiembara, Kiemgbara, também chamados por Tyebabele), Tyefo e Yoli, devendo ainda haver outros (Coulibaly, 1973; Holas, 1957 | 1969 | 1978; Ouattara, 1979; Sylla, 1980). Quanto ao número de indivíduos, podemos indicar que somente no Departamento de Korhogo, Costa do Marfim, – área localizada nas savanas – onde realizamos nossas pesquisas, eles são quase 300 mil. Mas não temos condições de indicar o número aproximado de pessoas que constituem seu conjunto.

Os capítulos referentes a esses voltáicos abordam questões ligadas ao preexistente e à criação do mundo (capítulo 14), ao Bosque Sagrado (capítulo 15), à natureza da terra (capítulo 16), à noção de comunidade (capítulo 17) e ao *Poro*, instituição social abrangente (capítulo 18).

A dimensão ancestral que mais se evidenciou entre os Senufo está essencialmente relacionada com os ancestrais históricos, embora o papel exercido pelas divindades também não seja negligenciável.

*NE: atual Burkina Faso.

Capítulo 14
O preexistente e a criação do mundo

Segundo Holas (1957), o preexistente Senufo às vezes aparece como princípio primordial masculino, sob o nome de *Koulo Tyolo*, ou então feminino, quando é denominado *Ka Tyeleo*. Aparece também como uma dupla constituída de duas divindades primordiais, uma masculina e outra feminina, recebendo os mesmos nomes, e, não raro, estão em estado de animosidade quanto à supremacia nos processos de criação do mundo. O preexistente aparece, ainda, sob a forma andrógina, síntese de todas as potencialidades divinas, quando recebe o nome composto de *Koulo Tyeleo*.

Esse autor considera a versão mais aceitável a de que os Senufo concebem a existência de um casal de preexistentes, princípios masculino e feminino, denominados respectivamente *Koulo Tyolo* e *Ka Tyeleo*. Ao primeiro deve ser atribuída a criação originária mas, embora se encontre no cimo do panteão, sua importância não se teria mantido ao longo do tempo, por tratar-se de "vago demiurgo, anteriormente todo poderoso [...] não parece gozar, a par de algumas alusões simbólicas no interior dos bosques iniciáticos, de nenhum culto direto" (Holas, 1957: 145). Já *Ka Tyeleo*, nome traduzido pelo autor por "mãe da aldeia", estaria ligada à "presidência real das cerimônias de iniciação que, segundo a experiência universal, são chamadas a 'refazer o mundo' no presente" (Holas, 1957: 137). Holas acrescenta ainda que ese ente sobrenatural é o elemento básico da liturgia, revelando, a partir dos relatos mitológicos, a manifestação da supremacia feminina.[1] E indica: "Ka Tyéléo, situando-se ao lado de Koulo Tyolo, é uma grande deusa de aspecto essencialmente telúrico, mas desempenhando igualmente o papel de uma sublimação da coletividade [...]. Ela constitui-se igualmente em entidade mediadora nos cultos agrários" (Holas, 1957: 145).

Nessa versão, a criação teria sido elaborada por *Kulotyolo*, princípio masculino, encontrando-se *Katyeleo*,[2] princípio feminino, ligada às conseqüências desse ato, isto é, à problemática histórica.

Coulibaly, ele mesmo um Senufo, considera que no âmbito da aldeia "Koulo Tyolo, princípio supremo do universo, é representado por Ka Tyéléhou ou a Grande Mãe da aldeia, que tem por templo o bosque sagrado. Seu culto torna-se então o poro" (Coulibaly, 1978: 97–98).[3] Mas esse autor nada mais acrescenta sobre essa questão de representatividade, a qual, se confirmada, seria de importância para a explicação da espiritualidade Senufo.[4]

Já Ouattara, ele mesmo também um Senufo, coloca uma nova perspectiva:

A literatura sobre o Poro comunitário insiste no fato de que a deusa desse Poro é Katyéléo, que os autores traduzem por "Mãe da Aldeia". Trata-se de má tradução. O personagem Katyéléo do bosque sagrado não é uma deusa, ainda menos a deusa da aldeia. A expressão "Mãe da Aldeia" se traduz por "Kaha Katyéléo". A palavra Katyéléo não é uma palavra composta e não resulta de qualquer contração [...]. Em língua Senoufo, Katyéléo significa "Tia", "mulher idosa" [...]. De resto, os Senoufo têm sua religião referida a Koulotyolo, cujos ritos são diferentes e independentes do Poro. (Ouattara, 1979)[5]

Esse autor (Ouattara, 1981) acrescenta, em primeiro lugar, que há um preexistente, *Kulotyolo*,[6] considerado a principal divindade Senufo, objeto de cultos diferenciados, a quem, traduzindo, interpretando e adaptando o nome, atribui a condição de "elemento que deu nascimento ao universo". Por outro lado, após definir mais detalhadamente a *Katyeleo* da aldeia, Ouattara apresenta algumas características de *Katyeleo* do Bosque Sagrado, considerando que a noção proposta por essa divindade somente pode ser compreendida quando ligada à de *Yalamiolyogo*,[7] parceiro masculino daquela. Esses personagens seriam a representação simbólica, no Bosque Sagrado, de dois personagens de expressiva importância existentes na aldeia, *Katyeleo* ("mulher idosa", "tia") e *Sienleo* ou *Oleo* ("homem idoso", "tio"), sobre os quais apresentaremos alguns dados posteriormente. Na versão de Ouattara, isso significaria a incorporação, no Bosque Sagrado, de certas instâncias do social, como a organização familiar e a administração da comunidade, elementos básicos para compreensão da organização social dos Senufo. Em relação ao Bosque Sagrado haveria, assim, uma abstração desses elementos, os quais, como outros integrantes do universo proposto por esse espaço altamente diferenciado, significam a sacralização e a recriação da realidade em uma dimensão mágico-histórica idealmente imperecível. Daí Ouattara negar que *Katyeleo* se restrinja ao Bosque Sagrado.

Em nossas pesquisas, as referências obtidas, diretamente relacionadas com o preexistente Senufo, recaem sobre a divindade apresentada sob o nome de *Klotieleou*, princípio primordial feminino, detentor de um fluido vital do qual é fonte universal e com o qual engendrou a criação de tudo.[8] Nós consideramos que essa versão refere-se ao preexistente em sua idealização de princípio feminino, tratando-se porém da mesma divindade *Kolotyolo*, citada por Holas, Coulibaly e Ouattara. Quanto a *Katyeleo*, esta apareceu, no âmbito do Bosque Sagrado e da aldeia, com o mesmo nome; assim como *Oleo*, em relação à aldeia, e sua transfiguração em *Kouto*, manifestada no Bosque Sagrado.

Não obstante as limitações que restringem a objetivação de uma problemática de tal envergadura, é certo que os Senufo concebem que há um preexistente ligado aos processos primordiais da criação, incluindo a ação de forças vitais totalizantes, o aparecimento do homem e o estabelecimento de relações significativas entre as instâncias divinas e a sociedade.

Apontando as contradições naturais e inerentes à abordagem do problema relativo à criação, Holas, atribuindo a *Koulo Tyolo* o papel de engendrador desse processo, considera que, para as frações Senufo da região de Korhogo, o mesmo ocorreu em duas grandes etapas, mas "o primeiro período da gênese parece limitado, o mais seguidamente, a dez dias consecutivos" (Holas, 1957: 137). Consideramos oportuno apresentar essa versão.

No primeiro dia, o preexistente construiu sua morada no espaço primordial, iluminada pelo sol e pelas estrelas. Essa criação se fez pela palavra.[9] O segundo dia foi dedicado à criação da Terra, também pela palavra. No terceiro dia apareceram na Terra os cursos de água, devido às grandes chuvas havidas. No quarto dia, a umidade fez a vegetação começar a aparecer e crescer. O quinto dia foi o da criação de um homem, branco, nu, que não falava, não possuía nenhum utensílio, não comia e apenas bebia água. Esse homem foi chamado *Woulo To*, possuidor de um corpo perecível e de um princípio imperecível de espiritualidade e inteligência. No sexto dia, a Terra povoou-se de animais e os peixes apareceram nas águas, etapa considerada por Holas como a da fase paradisíaca, o homem vivendo em interação harmônica com a natureza. No sétimo dia, apareceram as árvores e os primeiros frutos. É nessa fase que *Woulo To* é subjugado pela fome. No oitavo dia, *Woulo To*, de coletor passa a agricultor, correspondendo ao aparecimento das plantas cultivadas e dos primeiros utensílios agrícolas, feitos em madeira ou pedra. Nesse dia, *Woulo To* passou também a usar vestimentas, feitas de vegetais. O nono dia foi o do aparecimento do instinto sexual e o da primeira mulher na Terra, *Woulo No*, elaborada pelo preexistente a pedido de *Woulo To*. *Woulo No* era também branca[10] e não usava vestimentas. O homem começou a falar para comunicar-se com sua companheira. Depois de usada a palavra, a mulher sentiu vergonha de sua nudez, também cobriu-se com vegetais e passou a ajudar *Woulo To* no trabalho. O décimo e último dia foi dedicado à invenção de alguns instrumentos. Nesse dia, a mulher misturou água e terra, inventando o pote, que utilizou para transportar água, aparecendo assim as técnicas de construção. *Woulo To* construiu, então, a primeira casa com a ajuda de sua mulher; porém o teto foi colocado somente por ele.[11] Foi também *Woulo To* quem produziu o primeiro fogo.

Assim, segundo Holas, esses dez primeiros dias da criação são de responsabilidade de *Koulo Tyolo*. Para esse autor, é na segunda etapa do processo que *Ka Tyeleo* aparece, embora não indique referência explícita a essa divindade nos relatos apresentados. *Ka Tyeleo* teria desempenhado o papel principal de "conduzir o primeiro casal no caminho da evolução, deixando-lhe em boa parte o cuidado de aperfeiçoar a organização do mundo, a invenção de diferentes técnicas [...]" (Holas, 1957: 139). Vejamos como isso teria ocorrido.

Holas declara, também para essa segunda etapa do processo global da criação, ter encontrado freqüentemente informações que propunham a existência de dez fases essenciais. O processo é marcado por outra concepção de tempo, não ocorrendo mais em períodos acabados, definitivos. A primeira fase tende a demonstrar a interferência do homem na natureza como ação que provocou o desequilíbrio da harmonia primordial. Os animais se rebelaram e o primeiro homem inventou o arco, a flecha e o carcaz, com o objetivo de defender-se. Na segunda fase, aparece como caçador, matando pela primeira vez um animal, um pássaro, que não conseguiu comer cru. Na terceira fase, a mulher aprendeu a cozinhar. Na quarta, o homem inventou o fuzil e se aperfeiçoou como caçador, provocando a rarefação da caça. Isso o levou a tornar-se um criador de animais domesticáveis. Na quinta fase, observou que após as cheias os peixes se acumulavam em certos lugares dos rios, aparecendo então o pescador. Para transportar os produtos da caça e da pesca inventou então, na sexta fase, a cestaria. A sétima fase é aquela em que o casal se viu diante de uma prole muito numerosa, com crianças de todas as cores. Uma delas era um menino negro, aquele que daria origem aos homens da mesma cor. Nessa fase apareceu também a discórdia, revelada pela incapacidade de comunicação – cada criança falava uma língua diferente –, levando à dispersão inicial dos homens e ao povoamento da Terra. Na oitava fase, aparece a guerra e o primeiro funeral: um homem resolveu esconder dos animais o corpo de um amigo morto em batalha, e fez a primeira cova (*Nyanga*). A propósito, Holas considera que a idéia de uma continuação da existência do homem após a morte nasceu ao redor dessa primeira sepultura, e que, até o aparecimento dos ferreiros, os homens não faziam funerais; as cerimônias fúnebres terminavam com o enterro.[12] A nona fase é marcada pelo aparecimento de um primeiro sacrifício ritual, cuja origem é atribuída às crianças. Estas teriam adotado o hábito de, a cada vez que se matava um animal, verter parte do sangue sobre uma pedra, pedaço de madeira ou pote. A décima fase é aquela onde aparece o ferreiro, símbolo da tecnologia.

Ouattara (1979) considera que a existência de tais relatos entre os Senufo devem ser admitidos com prudência, criticando sobretudo a sua estrutura, formulada segundo modelos bíblicos, o que faz crer que os informantes de Holas seriam cristianizados. E acrescenta que em cinco anos de pesquisa de campo *jamais* os encontrou. Mas, seja como for, a existência de uma proposta de criação primordial existe entre os Senufo e transparece na realidade material. Através da simbologia, da arte e dos modelos mítico-sagrados reproduzidos no interior da sociedade, percebe-se a existência de uma concepção da criação onde o mundo terrestre aparece em seu estado de formação e transformação – talvez referida a época anterior ao aparecimento do homem – e em seu estado mais ou menos atual, já acabado, onde o homem o organiza.

A fase inicial da criação faz o mundo terrestre caracterizar-se como um universo em estado líquido ou semi-líquido e em transformação, dando origem a uma série de proposições onde os elementos explicativos aparecem simbolizados em certos animais considerados primordiais. Esses animais estão ligados à idéia de água e lama, elementos da formação inicial, como peixe, sapo, serpente, crocodilo, tartaruga; ou às suas transformações, representada sobretudo pelo camaleão. Já a fase na qual o mundo terrestre se encontra formado, dá origem a outra modalidade de animais, como leão, pantera, leopardo, elefante, antílope, hiena, às vezes o esquilo, e ao homem, em seu estágio de coletor e caçador. Quanto ao pássaro *Setien*, um grande pássaro das savanas e um dos principais símbolos da fertilidade entre os Senufo, relaciona-se com os princípios de fecundidade.[13]

Essas duas grandes formulações são temas bastante freqüentes na simbologia e na arte Senufo, sendo encontrados nas legendas, estatuária, máscaras e objetos rituais,[14] em painéis e portas, assim como nos motivos que caracterizam peculiarmente as pinturas fixadas nos tecidos Senufo, onde os artistas-pintores registram essa rica visão de mundo. Ainda mais, certos animais primordiais foram introduzidos e conservados na nomenclatura das famílias Senufo, como vimos, permitindo a identificação mais socialmente viável, segundo seus padrões civilizatórios, dessas unidades. Para Holas, essas primeiras formas zoológicas passaram, com a história, a entidades genéricas "correspondendo aos cinco grupos fundamentais do sistema Senufo de parentesco" (1957: 50). Essa generalização, transformando o natural em social, é devida às associações totêmicas decorrentes de um pacto selado entre um ancestral básico e um animal primordial, remetendo a problemática a um passado extremamente longínquo, mas ainda presente nas práticas históricas.

Dessa maneira, a história primordial constitui-se em fator integrante da concepção Senufo do mundo. Ela não se manifesta, porém, apenas na exteriorização simbólica e artística das dimensões de uma explicação destituída de concretude histórica mais abrangente. Essas instâncias mágico-divinas integram de maneira significativa várias instituições sociais, como o Bosque Sagrado, os modelos mítico-históricos transmitidos à sociedade com certa freqüência através do teatro sagrado Senufo – representações sintéticas que estabelecem modalidades de recriação da história –, a natureza divina da terra, a concepção de família, de comunidade, assim como de *Poro*, instituições que abordaremos oportunamente.

Nesse processo de interação entre as instâncias divinas e sociais, *Koulotyolo* aparece como preexistente dotado do poder de criação universal, a quem os Senufo consideram "o maior dos seres sobrenaturais" (Ouattara, 1981: 51). A ele se dirigem para a invocação dos ancestrais, divindades e outras forças da natureza para obter suas mediações em favor da sociedade.[15] Já *Katyeleo* e sua contrapartida masculina, *Yalamiolyogo*, personagens do Bosque Sagrado, colocam uma perspectiva diferente. Ouattara (1981) afirma que reproduzem a imagem do casal mais velho, dirigente da família extensa (*Nerigbaa*), formado por *Katyeleo* e *Sienleo* (ou *Oleo*) da aldeia:

> São portanto os dois principais personagens da organização familial do tipo matrilinear[16] que encontramos no Bosque Sagrado, mas em estado simbólico. Esses personagens simbólicos possuem as mesmas deferências, as mesmas atribuições, os mesmos deveres, os mesmos direitos que a Katyéléo ou Siénléo da Nerigbáá. (Ouattara, 1981: 60)

Sendo o Bosque Sagrado, em certo sentido, uma síntese de tudo o que existe, esses personagens representariam a organização do universo (e o próprio homem), manifestada, no real-concreto, pela constituição e administração da comunidade, a cargo dos *Katyeleo* e *Sienleo* (ou *Oleo*) das aldeias.

Não obstante a materialidade das proposições de Ouattara, baseadas em dados significativos obtidos nas fontes tradicionistas – e a firmeza de suas posições –, nós acreditamos que ainda é possível estabelecer se *Katyeleo* e *Yalamiolyogo* são ou não divindades extremamente antigas que, por um processo de desdobramento simbólico, provocado pela dinâmica histórica, vão das instâncias divinas ao Bosque Sagrado – passando talvez por *Woulo To* e *Woulo No*, o primeiro casal citado por Holas (1957) –, e até a aldeia, onde se manifestam nas *Katyeleo* e nos *Sienleo* (ou *Oleo*). Ou se, como o quer Ouattara, trata-se de representações simbólicas das práticas sociais, onde, através de um processo de sacralização, fazem o caminho inverso, indo da aldeia, lugar em que sintetizam instituições de relevante importância, até o Bosque Sagrado, "representação do mundo e da vida humana" (Ouattara, 1981: 59).

Esse amalgamento e dinâmica existente entre as instâncias divinas, míticas, ancestrais[17] e históricas, é proposição fundamental do pensamento Senufo. Ignorá-la prejudicaria a percepção da singular complexidade de que se reveste a visão de mundo desses voltaicos.

Notas

1. Problemática ligada, provavelmente, à noção de fertilidade proposta pelo elemento feminino, à organização matrilinear das famílias e a certos papéis sociais relevantes, inclusive de ordem espiritual, desempenhados pelas mulheres mais velhas.

2. Salvo quando se tratar de transcrições ou citações de autores, utilizaremos as palavras *Kulotyolo* e *Katyeleo* tal como constam aqui, obedecendo a nomenclatura proposta por Ouattara (1981). Nesse trabalho, o autor objetiva um grande número de termos usuais, obtidos nas fontes orais Senufo da Costa do Marfim. O texto é altamente recomendável por situar devidamente, com base em dados de realidade, alguns aspectos fundamentais da visão de mundo Senufo, segundo as proposições da própria sociedade.

3. O Bosque Sagrado e o *Poro* são instituições das mais importantes para a compreensão da sociedade Senufo e serão vistas mais adiante.

4. Trata-se, entretanto, de uma tese no campo da geografia, na qual esses aspectos não são os mais prioritários. Note-se ainda a multiplicidade das formas gráficas utilizadas para registrar o nome das divindades.

5. *Kaha Katyeleo*: expressão hipotética, que não existe entre os Senufo, segundo Ouattara (1981).

6. *Kulotyolo*: o mesmo que *Koulo Tyolo*, forma empregada por Holas, Coulibaly e pelo próprio Ouattara anteriormente.

7   *Yalamiolyogo* é o nome dado a esse ser no sub-grupo Tyababele (Kiembara). Ele recebe os nomes de *Nomkpelege*, *Kamao* e *Kuto* respectivamente nos sub-grupos Nafanbele, Kafinbele e Fononbele (Ouattara, 1981). Registramos a existência desses personagens mais adiante, em suas manifestações simbólicas ativadas por atores nos contextos rituais. Note-se que *Kouto* é metamorfose, no Bosque Sagrado, do *Syenleo* da aldeia.

8   Conforme depoimento de Tidiane Dem (Korhogo, 1979).

9   Tratamos desse aspecto referente à palavra entre os Senufo na Parte I.

10 Torna-se difícil aflorar o real sentido que deve ser dado à cor branca atribuída, segundo as indicações de Holas, ao primeiro casal do mundo. A primeira hipótese ocorrida foi a de tratar-se pura e simplesmente da manifestação de uma ideologia insuflada entre os Senufo, sem muito êxito, por religiosos, administradores e outros agentes da dominação estrangeira e colonialista. Mas a problemática das cores – que não estudamos – coloca realmente certas questões que não são alvo de nosso interesse atualmente. O branco pode estar ligado aos processos primordiais da criação, a uma massa indiferenciada simbolizando o sopro vital, o fluido do preexistente, à sua própria palavra. Trata-se de mera hipótese, exigindo o mais paciente trabalho de campo junto às fontes tradicionistas. Nós nos limitamos a indicar que em nossas pesquisas a cor branca apareceu, entre os Senufo, incidentalmente e no âmbito da simbologia, ligada a certas máscaras destinadas a cultos extremamente diferenciais, referidos aos mortos e suas manifestações reais ou simbólicas. Apareceu, também, juntamente com a cor negra, nas pinturas dos tecidos originários (fundo branco e motivos em negro), onde são fixados motivos saídos da explicação extensiva da história.

11 Interessa notar que até hoje os tetos das casas Senufo guardam uma simbologia ligada ao homem e à mulher. Sobre eles são fixados os símbolos indicativos das habitações dos chefes de família. Por outro lado, Coulibaly (1978) considera as formas bi-cilíndricas interligadas das construções Senufo ligadas à mulher. Segundo esse autor, a forma dessas casas representaria o princípio de procriação da mulher; a parte principal simbolizaria a mãe e seu prolongamento, o filho. Seria um ventre grávido ou a representação de uma mulher carregando seus filhos às costas. Entretanto, um informante, ao perguntarmos sobre as formas cilíndricas – incluindo as dos celeiros – respondeu-nos que paredes cilíndricas exigem tetos cilíndricos e que os Senufo teriam adotado essa forma por ser mais resistente à ação do vento, da chuva e do sol. Isso não invalida a hipótese de Coulibaly, que, aliás, faz uma excelente descrição do "habitat" Senufo. Realmente, a relação entre as explicações mágicas e fatores concretos estendem-se aos mais variados setores do social. Dificilmente a habitação fugiria a essa regra entre os Senufo.

12 Os ferreiros estão ligados fortemente à problemática da morte e, dentre outros fatores envolvendo esse acontecimento especial, aos funerais, pois são considerados portadores de forças mágicas diferenciais muito eficazes, obtidas em decorrência de sua profissão transformadora e da iniciação específica a que se submetem. Essas forças atuam positivamente na manipulação do universo dos mortos em momentos cruciais, caracterizados pela morte.

13 O pássaro *Setien* é conhecido também pelo nome de *Kalao*.

14 Um exemplo é dado pelas esculturas *Niara*, um painel esculpido em madeira formando um quadro com cinco escalões superpostos. Cada escalão comporta uma série de figuras. O painel é totalmente vazado, as figuras de cada escalão estão ligadas umas às outras por uma barra horizontal, tudo esculpido em uma só peça. As figuras constituem-se em representações de animais primordiais e figuras humanas simbolizando os ancestrais mais longínquos. Segundo Holas (1978), esse quadro esquemático, representação do sistema hierárquico dos grandes modelos míticos, é utilizado em certas cerimônias de iniciação, sendo acoplados à cabeça. A mesma tipologia de animais aparece nos tambores *Pliewo*, utilizados em cerimônias funerárias consideradas importantes. No exemplar que observamos, entretanto, não foi notada qualquer simbologia referida expressamente à imagem do homem. Existem ainda certas estatuetas representando os ancestrais-fundadores cuja "força" é simbolizada por um disco fixado à cabeça, no qual se encontram esculpidas figuras de animais primordiais.

15 Ouattara (1981) afirma, sem mais explicar, que *Kulotyolo* não é representado por imagem ou figura. Registra, entretanto, que na clareira principal do Bosque Sagrado existe um monumento, denominado *Nien*, sobre o qual considera possível aventar a hipótese de tratar-se de representação da imagem do preexistente.

16 Como já indicamos, as famílias Senufo são organizadas matrilinearmente.

17 O termo abrange aqui os ancestrais divinos, mítico-divinos, históricos e as próprias instituições de natureza ancestral.

Capítulo 15
Sizanga, o Bosque Sagrado

No conjunto da explicação Senufo do mundo, *Sizanga*, o Bosque Sagrado, assume notável importância por se constituir em um universo de múltiplas configurações fundamentais para a sociedade, que com ele mantém relações privilegiadas.

Com efeito, *Sizanga* reproduz a imagem dos processos primordiais da criação do mundo, da emergência da vida e do homem, bem como de suas transformações. É habitado por divindades, seres e forças desconhecidas, assim como pelos ancestrais, compondo um mundo irredutível – somente atingido e manipulado pelos detentores do conhecimento de seus mistérios e segredos – mas em interação constante com a sociedade. *Sizanga* é o universo privilegiado no espaço terrestre da soberania de *Katyeleo*, que então transparece como regente dos processos ligados à evolução do homem e da sociedade, presidindo os atos iniciáticos sintetizados nesses processos. Esse espaço é, de certa maneira, aquele de um encontro vital e decisivo entre homem e divindade dentro da proposta de sacralização do indivíduo, a fim de completar cabalmente sua socialização. Ainda mais, é o espaço onde ocorrem as demais cerimônias, rituais e atos secretos relacionados com divindades, ancestrais e outras forças da natureza. *Sizanga* constitui uma instituição concebida pelos ancestrais a fim de, a partir da explicação da origem divina do aparecimento da vida e do conhecimento, integrar o homem nos processos de desenvolvimento da sociedade sem causar uma ruptura crucial entre o natural e o social. Ele é, assim, a fonte geradora do *Poro*, sistema estruturador e regulador da sociedade, bem como instrumento iniciático destinado a elaborar o homem acabado, cuja configuração parece inseparável do *Sizanga*.[1] O *Sizanga* é a fonte geradora dos modelos ancestrais básicos explicativos do mundo e do homem, recriados periodicamente através das representações do teatro sagrado Senufo, amálgama das relações existentes entre homem e natureza. É também um espaço epistemológico, propondo a problemática do conhecimento iniciático transmitido de geração em geração, permitindo assim a sobrevivência dos principais valores ancestrais que organizam a sociedade. *Sizanga* é, dessa forma, o local da elaboração final do homem natural-social, ligando-se, portanto, crucialmente, aos processos de socialização.

Essas qualidades fundamentais levam a sociedade a considerar essa formação florestal a síntese de um universo sagrado. Ao estar intimamente ligado à organização social dos Senufo, transparece como instituição abrangente. Essa configuração é evidenciada, no âmbito institucional, pelo fato de que uma localidade que não possua o seu Bosque Sagrado não é considerada autônoma, não é uma *Kaha* (aldeia), mas um *Vogo* (acampamento), conforme indicado por Ouattara (1979). E continuará nessa situação até que se sacralize o seu *Sizanga*, permanecendo subordinado até então ao *Sizanga* da *Kaha* da qual se desmembrou.

Vejamos, resumidamente e de maneira entrosada, como essas proposições referentes ao Bosque Sagrado – que o fazem configurar como instituição social – se manifestam entre os Senufo.

Parece extremamente difícil tentar estabelecer a época na qual o *Sizanga* foi concebido e criado sob a forma de instituição, mas tudo leva a crer que isso ocorreu ao longo dos processos de sedentarização dos Senufo, processos que provocaram uma mutação na essência da organização social desses voltaicos. Com efeito, daí emergiram outras tipologias das relações do homem com a terra, nascendo as aldeias. A necessidade de então estabelecer, integrar e difundir as principais normativas organizadoras da sociedade, diante das novas perspectivas históricas, teria dado origem ao *Sizanga* e ao *Poro*, caracterizadores dessa proposta. Assim, nessa sociedade agrária, *Kaha*, *Sizanga* e *Poro* são elementos complementares, indissociáveis da explicação Senufo do mundo. Mas de qualquer maneira, considerando-se que os Senufo fossem os primeiros ocupantes de seu território, nele encontrando-se, possivelmente, desde o "primeiro milênio de nossa era" (Rougerie, 1977: 77), o *Sizanga* constituiria uma instituição social de significativa antigüidade. Nossos informantes, em sua linguagem poética, disseram que o Bosque Sagrado existe "desde sempre", "desde os primeiros ancestrais", que "sempre foi assim". A tese dessa grande antigüidade do *Sizanga* é reforçada pelo fato de ser praticamente a única testemunha solitária da grande vegetação florestal densa numa região ora dominada pela savana.

O Bosque Sagrado é uma formação florestal preservada pelo homem, altamente diferenciado. De fato, como o território Senufo localiza-se em zona de savana, o *Sizanga* destaca-se fortemente na paisagem, sendo praticamente impossível deixar de notá-lo quando se percorre a região. Localiza-se sempre nos arredores das aldeias, a distância pode variar, mas é geralmente visível a partir delas.[2] O Bosque Sagrado é uma formação florestal bastante cerrada, principalmente se comparada com a savana, e possui uma variedade expressiva de grandes árvores,[3] árvores de menor porte, arbustos, folhagens, enfim, uma vegetação densa a qual permitiria o estudo de antigas coberturas florestais hoje desaparecidas. Sua forma tende para o circular, ocupando, segundo Coulibaly (1978), entre dois e quatro hectares. As entradas do Bosque Sagrado estão dissimuladas ou são de difícil visibilidade para o estrangeiro postado a uma certa distância, embora as trilhas ao ar livre, partindo do espaço social em sua direção, estejam bem demarcadas. De qualquer maneira, existem orlas em suas entradas e somente após ultrapassá-las tem início, verdadeiramente, a penetração em seu interior. Nós nunca penetramos em um *Sizanga*, chegamos apenas a um de seus limiares.[4] Assim, temos de nos servir da parca bibliografia existente e das informações obtidas na pesquisa de campo – geralmente reticentes – para apresentar alguns dados sobre o seu interior.

Dentro do *Sizanga* existem caminhos principais e caminhos secundários. Os primeiros levariam a um espaço principal, talvez ao seu centro, sob a forma de clareira, e estariam orientados segundo os pontos cardeais, mas as informações não permitem assegurar que isso seja aplicável a todos eles. Quanto aos caminhos secundários, eles levariam a determinados locais e espaços destinados a certos rituais ou, então, fariam conexões com os caminhos principais ou, ainda, não levariam a lugar algum. Registre-se a propósito a existência, para enganar o estrangeiro invasor desse espaço, de um dispositivo constituído de "falsos caminhos de acesso, duplo sistema de lugares sagrados [...] 'homens de palha' em lugar do encarregado real do culto etc." (Holas, 1957: 147, nota 1). Mas é bem possível, senão certo, que esse sistema enganador esteja destinado também a aumentar as dificuldades dos iniciandos, recolhidos no Bosque Sagrado nas fases iniciáticas respectivas. Por outro lado, clareiras, pequenas ou maiores, locais de abrigo, de rituais, de sacrifícios, objetos sagrados e litúrgicos, completam o espaço.

Holas (1957) registra que, anteriormente, o *Sizanga* era povoado de animais sagrados, como a serpente *Piton*, caimãs e peixes, que faziam parte do universo mítico e litúrgico, cuidadosamente tratados pelos dignitários responsáveis. Era também o local onde se encontravam as representações de totens das famílias, através de estatuetas ou efígies.[5] Entretanto, não obstante todos os fatores históricos contrários à preservação de sua configuração orginária, o Bosque Sagrado guarda, ainda hoje, uma expressiva representação material da sua simbologia e da arte sagrada, de vez que sua importância para a vida social continua viva. Nesse sentido, as palavras de Ouattara, que indicam também a existência de alguns elementos específicos no interior do *Sizanga*, ganham importância:

> Não é surpreendente, aliás, encontrarmos no bosque sagrado termos da estrutura familial, pois que o bosque sagrado é a representação do mundo e da vida humana. Encontramos ali representados o céu (Nien), os espíritos que povoam o universo invisível (Madebele), o homem (Tyolobele, Nyábele), a natureza (Blatyge, Gunâ), a aldeia (Sizangakpapigele). (Ouattara, 1981: 59)

O Bosque Sagrado representa a imagem de um universo ainda não organizado pelo homem. Mas representa também um universo ligado ao aparecimento do ser humano e da sociedade. Essa problemática é sintetizada pelo próprio *Sizanga*, de um lado, e de outro, pelos seres inerentes à sua natureza, reproduzidos e simbolizados pelo próprio homem em seu esforço de explicar o cosmos e nele integrar-se plenamente.

Detenhamo-nos brevemente em alguns desses representantes do imaginário social, de acordo com as indicações de Holas e de observações pessoais que tivemos a oportunidade de levar a efeito em algumas localidades Senufo.[6]

O monstro *Nassolo* representa uma divindade zoomorfa. Possui uma enorme cabeça, provida de maxilares de grandes dimensões, e dois chifres, encimando horizontalmente um corpo formado por cobertura em tecido de algodão ou fibra vegetal. O conjunto lembra um grande búfalo, boi ou hipopótamo. Esse monstro é manejado por dois atores ocultos completamente em seu interior onde acionam um instrumento, a fim de imitar os mugidos de um grande animal das savanas, e, ao mesmo tempo, executam certas danças. Outro representante do bestiário sagrado Senufo é o monstro *Kagba*. Trata-se de um grande quadrúpede formado por uma roupa multicolorida que esconde completamente o ator. A cabeça, diferentemente do *Nassolo*, aparece em posição vertical e é constituída de uma grande máscara zoomorfa, também multicolorida, onde aparecem dois olhos e dois chifres. Sua dança é desordenada, brusca, reconstituindo "a imagem de um mundo paradisíaco perdido, aquela que precede o aparecimento do homem" (Holas, 1978: 48).

As máscaras ocupam lugar de destaque nesse universo, e os Senufo possuem um grande número delas, destinadas a rituais de iniciação, funerais e legitimação de certas instituições como, por exemplo, a de representar as gerações de iniciados, cada uma possuindo a sua.[7] Aparecem, dentre as mais conhecidas, as máscaras *Kpelie*, *Wabele*, *Korobla*, *Niaraou*, *Yeblique* e *Kpakpayira*, uma das quais vimos dançar.[8]

A máscara *Kpelie* é destinada a ritos de iniciação e assume várias características nos detalhes, não variando muito na estrutura. É feita em madeira, mas também aparece revestida em cobre. Representa, de maneira geral, um rosto, às vezes com duas faces, colocadas lado a lado, cujos traços se interligam, assumindo um caráter ambíguo. Holas considera que essa duplicidade resulta "segundo parece, de uma contração funcional" (Holas, 1978: 164). Mas o autor nada mais informa a esse respeito. Uma outra modalidade é dada pela máscara *Wabele* e o ator que a usa durante as cerimônias é chamado de *Wao*. Essa máscara é particularmente aterrorizante. Construída de uma única peça de madeira, possui chifres e enormes maxilares. No seu cimo, existe um nicho especial onde são depositadas substâncias mágicas cujas forças podem ser acionadas durante sua aparição. Algumas *Wabele* são elaboradas com duplos maxilares e chifres, formando um único conjunto duplo orientado em direções opostas. Ela é utilizada juntamente com vestimentas que dissimulam os atores. Considera-se que lança má sorte, provoca doenças, esterilidade e adultério, pode matar, fazer chover, cair raios, meteoros e, ainda, causar eclipses de sol. Segundo Holas, essas máscaras não estão ligadas à iniciação mais abrangente. Na verdade, as *Wabele* pertencem às chamadas "sociedades secretas", ligadas ao *Poro* particularizante e não-obrigatório. Está relacionada com as explicações totalizantes do mundo mítico, principalmente à fase caótica do universo, razão pela qual muitas vezes seu emblema é o camaleão, símbolo da transformação. Essa relação com um universo caótico é realçada por Holas, para quem seus deslocamentos rituais "imitam as caminhadas hesitantes, descontínuas, cautelosas do seu ancestral mítico, o camaleão" (Holas, 1978: 62). A *Wabele*, embora muito temida, pode ser colocada a serviço da comunidade, como, por exemplo, na expulsão das influências negativas que se abatem sobre as plantações; algumas vezes é vista nos campos, conjurando forças maléficas. Existe ainda um tipo de *Wabele*, pintada em cor branca, representando o que Holas (1978) chama de "espectros que voltam". Isso quer dizer, em outros termos, que está relacionada com os rituais destinados às manifestações dos ancestrais, ao seu aparecimento real ou simbólico. A *Wabele* está, assim, em conjunção com o passado mais longínquo dos Senufo, pois associa o controle de forças dispersas e desconhecidas da natureza e dos ancestrais totêmicos e históricos, adquirindo expressiva significação social. A máscara *Korobla* está ligada à problemática da morte e, principalmente, à correta separação entre o cadáver e os demais princípios vitais, incluindo aquele de imortalidade e destino, o *Pile*. Assim, é considerada companheira dos cadáveres e, em sua configuração mágica, habita o mundo subterrâneo (*Kubelekaa*). Segundo Holas, é capaz de cuspir fogo e, segundo nos foi dito, de expelir água e insetos, como abelhas.[9] Ela é constituída de uma grande cabeça informe provida de maxilares e dentes; o todo completado por tufos de penas colocados no alto e um espelho na fronte. Eminentemente ligada aos ferreiros, devido às relações que estes mantêm com o interior da terra, a qual perfuram para extrair a matéria básica para fazer e trabalhar o ferro, e cavam para abrir as sepulturas, uma de suas atribuições rituais. Holas (1978) atribui grande importância à máscara *Korobla*, chegando a afirmar que ela materializa o espírito do sistema iniciático proposto pelo *Poro*. Infelizmente, o autor nada mais indica a respeito dessa afirmação, que só pode ser aceita com reservas, pois o *Poro*, mesmo o iniciático,[10] apresenta uma proposição constituída de inúmeros elementos fundamentais. Acrescente-se que, como a *Wabele*, a máscara *Korobla* pertence à modalidade das iniciações atípicas e não obrigatórias, extremamente particularizante. A máscara *Niaraou* parece ligada ao desconhecido e às energias funestas exteriores à comunidade, daí seu aspecto não caracterizar traços de homem ou animal. É utilizada em espaços limitados, em cerimônias destinadas a afastar as más influências. Outra máscara ligada a essa problemática é a *Yeblique*, representante de uma divindade da noite. Também não possui traços fisionômicos caracterizáveis. O ator paramenta-se com vestes de cor negra e traz na mão uma lança considerada mágica, que possui poderes destinados a combater os feiticeiros e seres de lugares ermos e das trevas da noite. Mas as forças negativas podem manifestar-se também durante as cerimônias públicas, provocando desequilíbrio ou alteração da ordem. Contra essa possibilidade é acionada a máscara *Kpakpayira*, usada por um ator masculino mas apresentada em duas versões, macho e fêmea. A do sexo masculino leva sobre a cabeça uma vasilha contendo água lustral. Também nesse caso o ator utiliza uma lança destinada a expelir seus poderes, a fim de afastar as más influências. A do sexo feminino tem sobre a cabeça um cesto contendo grãos de milho, simbolizando a fertilidade e a materialidade da existência. Segundo Holas (1978) a atuação dessas máscaras é de grande importância para a comunidade, pois permitem o equilíbrio de forças, facilitando assim a ação mais abrangente das grandes máscaras sagradas, principalmente nas cerimônias funerárias.

Além das máscaras, a proposta Senufo de explicação do mundo concebeu também os atores travestidos. O papel desses personagens parece ser o de auxiliar ou complementar a ação das grandes máscaras ao longo das cerimônias sagradas, assim como a dos dignitários delas encarregados. De qualquer maneira, esses atores manifestam-se nas mais variadas circunstâncias.[11]

Uma modalidade é oferecida pelos *Kamao*, seres que criam um clima alegre nas cerimônias, enquanto fazem coletas na comunidade destinadas à obtenção de fundos. Outra função desses personagens é a de recriar, em público, a história longínqua dos ancestrais, aquela onde viviam da coleta e da caça. É interessante notar que muitas vezes os *Kamao* fazem a sátira desses eventos representando, na comédia, a problemática das dificuldades encontradas por esses ancestrais. Assim, dançam em praça pública utilizando lanternas quebradas, segurando velhos fuzis pelo cano, tropeçando, fingindo machucar os pés etc. Não obstante essas representações, talvez destinadas em parte a atenuar o clima altamente dramático das cerimônias, a ação desses personagens é estreitamente ligada à transmissão da história ancestral. Talvez por tais características Holas (1978) os chame de "bufões sagrados".[12] Uma outra tipologia de ator travestido é a dos *Yaladiogo*, bastante acionada ao longo das cerimônias funerárias públicas. Eles promovem as despedidas do cadáver e executam certas danças destinadas a transmitir mensagens relacionadas com o evento, como a frustração da comunidade diante dos poderes deletérios da morte, mas também a sua contrapartida, a afirmação da imortalidade do *Pile*, a dimensão mais histórica do homem Senufo.

Uma menção deve ser feita ao personagem denominado *Kouto*. Trata-se de um ator masculino, totalmente escondido por vestes elaboradas com fibras vegetais multicoloridas e por um capuz de cor negra encimado por penas brancas ou adorno em forma de crescente. O abdome do ator é colocado em evidência mediante arranjos, feitos sob as vestes, destinados a representar um grande ventre nas últimas fases da gestação. O conjunto lembra uma grande ave, talvez uma galinha.[13] Esse personagem, nos contextos iniciáticos, representa a figura primordial da mãe, simbolizando *Katyeleo*. *Kouto* exerce ainda outros papéis na comunidade: anuncia ritualmente as mortes e dança em público no encerramento dos funerais. Diferentemente de outros personagens do imaginário social Senufo, cujas participações rituais são muitas vezes reservadas, *Kouto* pode ser visto pelos não-iniciados, mulheres e crianças sem nenhum perigo.[14]

Esses habitantes do *Sizanga* integram a proposta de explicação do mundo através de arquétipos. Constituem-se em agentes dos modelos mítico-históricos que são transmitidos à sociedade com certa freqüência através das representações por nós chamadas de teatro sagrado Senufo. A importância desses modelos não é pequena, pois, de certa maneira, encontram-se na base das principais instituições sociais, que entre os Senufo são, segundo seus valores civilizatórios, geralmente sacralizadas. Para Holas, a exteriorização desses modelos – quando agentes eficazes da sociedade são acionados – constituem-se em representações

> dramáticas, periódicas, cuidadosamente elaboradas segundo temas mitológicos que fazem parte da tradição sagrada constantemente retransmitida [...]. Assim, mantêm-se vivas as lembranças históricas e os elementos constitutivos de uma imagem do mundo sobre a qual repousa, com efeito, toda a edificação social. (Holas, 1978: 48)

Não cabe discutir aqui como e em quais momentos precisos da vida social esses modelos explicativos se exteriorizam, passando do plano da consciência ao da sua reprodução material. Para tanto, teríamos de penetrar em um universo que não constituiu alvo de nosso trabalho.[15] Pode-se, entretanto, registrar que essas representações se produzem, de forma institucional, nos principais momentos que envolvem a sociedade. Dentre outras, propõem explicações sintéticas das relações existentes entre o homem e a natureza dentro da ordem cósmica universal. Abarcam toda uma explicação a respeito da natureza, de seus eternos ciclos de renascimento, configurados a cada fase agrícola. Quanto ao homem, ligam-se aos diversos escalões do conhecimento, do mais elementar ao mais complexo e esotérico, por interferir ao longo dos processos de iniciação que propõem a transformação paulatina do homem natural em homem natural-social, transmitindo-lhe a consciência dessas mutações vitais e integrando-o plenamente na sociedade segundo os valores ancestrais. Na liturgia, são indissociáveis dos ritos agrários, dos cultos às divindades e aos ancestrais, indispensáveis ao equilíbrio material, moral e espiritual da comunidade. Estão também fundamentalmente ligados à problemática da morte e do renascimento, à elaboração dos ancestrais e às relações entre vivos e mortos, produzidas ao longo dos ritos funerários e de certas cerimônias secretas.[16] Ou seja, nessa instância ligam-se não apenas à continuidade da própria sociedade e seus valores, como à continuidade materializada no país dos ancestrais após o fim da existência visível, proposição básica e fonte de legitimação desses mesmos valores. É possível também indicar que essas representações são reproduzidas num espaço privativo e interdito aos não-iniciados – o *Sizanga* – e em certos espaços públicos, quando é o caso, compreendendo determinadas áreas das plantações, cemitério e até mesmo a aldeia,[17] na dependência de uma explicação possível de ser transmitida à coletividade em face de uma determinada circunstância.[18] Cabe acrescentar ainda que essas exteriorizações dramatizadas da explicação Senufo do mundo exigem o domínio do conhecimento integral dos arquétipos ancestrais de um grupo determinado,[19] privilégio detido por uma confraria de sábios – os velhos iniciados da comunidade –, que acionam os atores e supervisionam os acontecimentos.[20]

Do ponto de vista que nos interessa reter aqui, consideramos que tais modelos e suas exteriorizações materiais, envolvem as variáveis do conhecimento e o acesso a ele segundo os padrões ancestrais, pressuposto básico da elaboração do homem natural-social e de sua integração ótima na sociedade. Essa problemática também se configura e se resolve no Bosque Sagrado. Vejamos como isso ocorre.

O *Sizanga* propõe a questão do desconhecido, configurando-se como um mistério permanente colocado às vistas da comunidade. Ele é habitado por seres atemorizantes, divindades boas e más, assim como pelos ancestrais, que ali retornam e se manifestam com freqüência. O medo instintivo de penetrá-lo e a interdição de fazê-lo, por quem não esteja habilitado a enfrentar suas forças, servem também para manter essa imagem. Por outro lado, o mistério do *Sizanga* é reforçado pelas transfigurações sofridas pela ação humana, sobretudo ao cair da noite, domínio do desconhecido. Realmente, embora certas cerimônias ocorram à luz do sol, à noite, nas ocasiões necessárias, o Bosque Sagrado produz ruídos estranhos, ouvidos a distância. São os iniciados reunidos para cerimônias "fechadas", ritos funerários e comunicações com os seres da noite e ancestrais. Os não-iniciados, as mulheres e as crianças, recolhidos na aldeia, sabem que homens qualificados estão estabelecendo relações com forças temíveis, mas ignoram como, e quais os meios para fazê-lo e dominá-las.

O *Sizanga* é um desafio ao conhecimento e um enigma a decifrar. De fato, não obstante o seu caráter aparentemente irredutível, ele pode ser acionado pelo homem e, de certa maneira, dominado por ele. Mas antes tem de ser conquistado. Ou seja, em última análise o Bosque Sagrado representa as dificuldades existentes para a conquista e obtenção do conhecimento. Ele está perto do homem e este sabe que é possível atingi-lo, mas é um mistério às vezes perigoso, enganador, é necessária muita cautela para penetrá-lo e familiarizar-se com seus múltiplos aspectos. Essa conquista – temida mas desejada – já foi obtida por alguns homens, aqueles com direito a penetrar no Bosque Sagrado e entrar em comunhão com ele. Esses homens conhecem e dominam seus mistérios pois descobriram as suas vias de acesso e percorreram os seus caminhos, que conduzem a múltiplos objetivos, alguns mais importantes, outros menos significativos; às vezes podem estabelecer conexões, às vezes conduzir a nenhum lugar. Dessa forma, o Bosque Sagrado não é apenas o universo mágico e misterioso proposto pelo imaginário saído das profundas relações mantidas pelos Senufo com a terra e o sagrado, mas também a própria imagem do conhecimento revelador do mundo e do homem.

O acesso ao desvendamento e domínio desse conhecimento é aparentemente simples: ele é obtido, segundo as regras ancestrais da epistemologia Senufo, pelo sistema iniciático estabelecido pelo *Poro*, com suas etapas sucessivas – outros tantos caminhos condutores ao *Sizanga* –, onde cada grau obtido corresponde a uma síntese da explicação do mundo, localizando diferencialmente o indivíduo em seu interior e em suas relações com a natureza e a sociedade, de acordo com o conhecimento correspondente a esses graus. Ao atingir as orlas desse conhecimento, isto é, quando chegar a ocasião onde integrará o grupo de aspirantes ao último grau iniciático – *Tchologo* –, o indivíduo começará realmente a penetrar no *Sizanga* para finalmente começar a conhecê-lo e desvendá-lo. A exteriorização do domínio do conhecimento é dada, assim, pelo homem perfeitamente caracterizado, capaz de transmitir os principais valores sociais. Nesse processo, as representações do teatro sagrado antes referido, significam, em última análise, o conhecimento detido pela sociedade como um todo, tornando-a capaz de decifrar o enigma proposto pela explicação do mundo e do homem.

Mas o processo de elaboração do homem segundo as propostas da sociedade não é simples, e nele o *Sizanga* desempenha papel da mais relevante importância, senão insubstituível.

O Bosque Sagrado é um centro irradiador da vida em sentido amplo, pois sintetiza o início do mundo e do homem, bem como a sua organização e o desenvolvimento da sociedade. Realmente, é no *Sizanga* que ocorrem os processos finais da iniciação do *Poro* – a fase *Tchologo* –, dos quais emerge o homem natural-social idealizado pela sociedade. O Bosque Sagrado, nesse campo, exerce um papel reparador das sucessivas dissoluções e recomposições do homem, ocorridas ao longo da vida e das fases iniciáticas antecedentes ao recolhimento nesse espaço diferenciado. Essas fases propõem a passagem paulatina do homem natural ao homem natural-social, e em cada uma delas o indivíduo toma consciência de sua condição existencial através das revelações concernentes a cada um dos níveis atingidos. Ora, o homem ao nascer e durante um certo período, é um ser natural completo. Sua integração na sociedade vai tirá-lo dessa condição paradisíaca e cada etapa de sua iniciação, produzida no quadro amplo dos processos de socialização, corresponde, de certa maneira, ao esfacelamento de uma das partes dessa unidade. Inútil realçar que não se trata de uma divisão da personalidade, produzida pelo sentimento de agressão à natureza, que se fundamenta na separação entre o homem e a terra, na apropriação dos recursos naturais e dos instrumentos de trabalho. Trata-se na verdade de mutações sucessivas, correspondentes aos processos de integração do homem na sociedade, com a conscientização ótima das relações existentes entre o natural e o social, cuja união é necessária. A humanização progressiva do ser divino – o homem absolutamente natural – é uma imposição da sociedade devido aos processos históricos. O indivíduo distancia-se de seu estado natural e acaba reunindo uma soma de consciência da sua condição natural-social, mas não a sua *síntese*. O homem guarda sempre, em sua essência, uma dimensão natural de origem divina, abalada momentaneamente por esses processos de socialização. As práticas históricas são substancialmente diversas das divinas, devido à fragilidade do conhecimento humano em face do preexistente. Ao final do processo, o homem deve recuperar sua condição primordial, sendo portador, entretanto, de uma consciência histórica. Essa é a síntese vital que, chegado o momento, lhe é oferecida pelo *Sizanga*.

De fato, o preexistente é o único detentor do conhecimento universal e o ser mais completo da natureza, sendo lógico que o iniciando vá ao seu encontro, e a ele se una. Essa fusão entre homem e divindade é proposta, materialmente, por um ritual efetuado no *Sizanga* durante o qual *Katyeleo* pode "materializar-se em imagem de vulva sagrada, com a qual o adepto consuma um casamento simbólico" (Holas, 1957: 145). O Bosque Sagrado é, assim, o próprio centro do universo do qual emana a vida em seu sentido mais abrangente, representando todos os processos, todas as sínteses, inclusive aquela do homem natural-social capaz de integrar-se plenamente na sociedade. O acesso ao conhecimento sintético, proporcionado por uma união com o preexistente que irá reparar o esfacelamento relativo do homem natural produzido pelas sucessivas iniciações anteriores, é, portanto, um processo de sacralização do ser humano em sua dimensão natural-social, pois ele passará a ser uma espécie de imagem do preexistente, do qual já detém o sopro vital (*Nerî*) e o princípio de imortalidade (*Pile*), justamente sua dimensão mais histórica. Esse é o conhecimento possível, que assemelha o homem ao preexistente.

Mas esse processo reparador e sintetizador exige absolutamente a "morte" do iniciando, ou seja, o desaparecimento da personalidade anterior que, devido aos processos de socialização, tendeu a distanciar-se de seu estado original puro, tal como foi criada pelo ente primordial. Exige também a sua gestação em direção ao próprio renascimento, gestação essa que corresponde à fase das revelações ocorridas no Bosque Sagrado, quando os adeptos ali são recolhidos. E exige renascimento propriamente dito, vale dizer, a emergência da nova personalidade, onde se fundirão harmoniosamente o natural e o social.

O *Sizanga*, centro irradiador de vida,[21] é o próprio ventre de *Katyeleo*, o qual preside esse complexo processo de mutação do homem. Nesse ventre sagrado são recolhidos os iniciandos da última fase do *Poro* iniciático (*Tchologo*), uma vez despojados de todos os emblemas da vida social dada pela aldeia – mundo não atingível em sua significação plena senão pelo conhecimento de sua explicação. Indo da aldeia para o Bosque Sagrado, os iniciandos estão praticando uma regressão ao estado intra-uterino, desta feita no ventre de *Katyeleo* – verdadeira imagem da mãe Senufo – de onde renascerão unificados, homem e natureza constituindo uma só proposta e uma única síntese. Daí serem "mortos" pela divindade, pois seu estado – afastado da natureza primordial contida em si pelos processos de socialização, e detentor de conhecimentos parciais – não permitiria a união com a divindade. Inicia-se, então, a gestação, período durante o qual são submetidos às mais duras provas físicas e intelectuais tendentes a revelar os mistérios do mundo, a verdadeira localização final do homem na natureza e na sociedade, o caráter sintético do conhecimento segundo os valores ancestrais. Após essa gestação, o homem renascerá. Um dado de extrema importância a esse respeito deve ser retido: ao longo dos processos iniciáticos da fase *Tchologo* do Bosque Sagrado, ocorre efetivamente um nascimento simbólico. Esse ato é dirigido pelo personagem *Kouto*, a que nos referimos antes, que assume na ocasião o papel de parteira. Os iniciandos tomam a postura de feto, simulando então um nascimento, após o que *Kouto* impõe-lhes um novo nome, iniciático e secreto, um dos principais atributos dessa metamorfose, tocando-os com um bastão ritual.[22] Aqui evidencia-se, ainda uma vez e da forma mais expressiva, as relações que os Senufo estabelecem entre as várias instâncias da realidade: *Kouto* é o mesmo *Oleo* ou *Sienleo* da aldeia – já referido ao abordar a questão do preexistente Senufo – que, travestido, assume o papel de parteira. Nesse ato, *Oleo* representa a divindade *Katyeleo*, a imagem da mãe proposta pela *Katyeleo* da aldeia, e a sua própria dimensão de elemento integrador das práticas sociais. Dessa forma o *Sizanga*, ventre e útero de *Katyeleo*, é também o espaço sagrado que, acionado pelos agentes sociais em interação mágica com ele, dá nascimento ao novo homem e lhe indica o caminho do conhecimento.[23]

O Bosque Sagrado é o próprio centro do mundo, capaz de localizar o homem. E, do ponto de vista da explicação Senufo, parece difícil distinguir se esse ponto irradiador não se configura, aos olhos da sociedade, no próprio centro do universo divino, domínio de *Katyeleo*, permanentemente reproduzido entre os homens.

Considerando sua importância para o conjunto da sociedade Senufo, o Bosque Sagrado configura-se como *um dos principais legados dos seus ancestrais.*

Notas

1 Voltaremos aos diversos aspectos assumidos pelo *Poro*.

2 Em uma das aldeias que visitamos – aliás, bastante isolada – seu *Sizanga* encontrava-se suficientemente perto como para que pudéssemos ouvir o som de tambores e outros instrumentos de maneira distinta. Tratava-se de uma cerimônia do *Poro*, e vários iniciados, vestidos com as roupas típicas utilizadas para essas ocasiões, estavam se dirigindo ao *Sizanga*. A intervenção indignada de um iniciado idoso, nos fez partir em seguida, e nos foi recomendado que nem mesmo voltássemos a olhar em direção ao Bosque Sagrado. Ao hesitarmos em partir imediatamente, fomos advertidos por nosso acompanhante, um Senufo de outra localidade, de que isso poderia ocasionar problemas.

3 Coulibaly (1978) cita nove espécies principais: *Bligia, Sapida, Cola, Cardiofolia, Antiaris, Africana, Ceiba, Pentadra* e *Adansonia Digitata*.

4 Nós estivemos perto de vários bosques sagrados e chegamos a uma de suas entradas, mas nunca obtivemos permissão para entrar em um deles. Para que isso se tornasse possível, foi-nos sugerida a possibilidade de passar por uma "iniciação rápida", que recusamos. Na verdade, essas "iniciações" às quais se submetem algumas pessoas nos parecem destituídas de sentido. A iniciação é uma prática somente legítima quando o indivíduo compreende toda a simbologia e a explicação nela contida, isto é, quando está imerso em um processo amplo de socialização, do qual a iniciação – ou melhor dizendo, iniciações, pois o processo prevê várias etapas – é apenas um momento de síntese. Em outras palavras, a iniciação somente nos parece válida para os indivíduos pertencentes à sociedade que a propõe, exigindo, além dos fatores antes enumerados, o domínio da língua e os laços de sangue. O mais lamentável é o fato de estrangeiros, que pouco ou nada tem a ver com a realidade da sociedade Senufo – e isso se aplica a outras sociedades –, fazem-se "iniciar" e utilizam essa condição falsa em proveito de seus estudos. Conhecemos mais de um caso em que europeus estavam se "iniciando"… O perigo é que os responsáveis revelem aos "iniciados" dessa espécie verdades "profundas" parciais ou, até mesmo, que forneçam dados errados propositadamente, a fim de defender seus valores, ao mesmo tempo que satisfazem sua curiosidade (e ganham algum dinheiro), proporcionando informações duvidosas capazes de serem integradas no conhecimento "científico" de uma sociedade. Tais motivos explicam nossa decisão, desde o início das pesquisas, de não tentar "conhecer" a "simbologia profunda", preferindo examinar nosso tema enquanto manifestação sociológica.

5 Os lugares tradicionais de culto sofreram a ação iconoclasta de adeptos de uma seita supratribal, denominada *Massa*, estrangeira à espiritualidade Senufo. Esse movimento durou cerca de vinte anos, tendo vindo do Mali.

6 Holas: 1957, 1969 e 1978. As observações pessoais, para esse caso, ocorreram em Nenekry, Korhogo e Niapieoledougou.

7 Conforme depoimento de Gon Coulibaly em Nenekry, 1978, e em Korhogo, 1979.

8 Diz-se que uma máscara dança quando um dignitário especialmente designado executa a dança típica dessa máscara numa dada situação ritual. Nesse sentido, o ator e a máscara propriamente dita formam uma só unidade. Dessa maneira, a máscara (e o ator) não preparada especialmente para esse fim, isto é, não sacralizada para sair dentro de um contexto ritual preciso, possui apenas o seu valor artesanal. A cerimônia assistida ocorreu na localidade de Nenekry, habitada por um sub-grupo Kiembara, após longa deliberação dos notáveis e graças à gentileza de um amigo Senufo, Roger Soro, que nos introduziu nessa localidade, sua aldeia natal. A dança foi executada dentro de um espaço sacralizado, mas não no Bosque Sagrado. Esse espaço era de pequenas dimensões, quase circular e ao ar livre, porém cercado de muros, possuindo uma única e estreita entrada. Havia uma espécie de nicho, um pequeno aposento onde, segundo afirmado, a máscara fica guardada. A um canto desse espaço a máscara estava imóvel e pensamos, à primeira vista, que não havia ninguém sob ela. De aspecto atemorizante, lembrava um grande pássaro indescritível, composto de um elemento, que seria a cabeça – onde pudemos ver um espelho fixado à altura da fronte –, e de outro, constituído da veste, feita com fibras vegetais, que cobria completamente o ator. Uma pequena orquestra, constituída de dois tambores e agogôs, deu início, repentinamente, ao toque em uníssono, animando instantaneamente a máscara que, literalmente, desdobrou-se, e um grande salto trouxe-a diante de nós. Acompanhada pelo ritmo inesquecível que se produzia, marcado ainda mais pelos guizos atados aos tornozelos do ator, em meio à poeira levantada pelos seus pés, a máscara, então, dançou. Segundo os depoimentos obtidos, trata-se da máscara *Korobla*, ligada à problemática da morte e dos ritos funerários, capaz de expelir água e mesmo insetos, como abelhas. Posteriormente, conhecendo melhor o alcance da *Korobla*, insistimos com Roger Soro se era realmente essa máscara que tínhamos visto. Sua resposta foi categórica: "Naquele dia, nós honramos Korobla!".

9 Conforme dados obtidos em Nenekry.

10 Veremos que o *Poro* é mais do que um sistema iniciático.

11 Pudemos observar vários deles em Korhogo e em Niapieoledougou, neste último caso, ao longo de uma cerimônia funerária cíclica.

12 Vê-se, mais uma vez, ainda que em referência a outra sociedade, que os africanos não escondem "os acidentes, os fracassos e as fraquezas dos atores", conforme estabelece Balandier (1976: 213).

13 A galinha é um tema que aparece em certas dimensões da iniciação do *Poro*.

14 Muitas máscaras não podem ser vistas pelas mulheres, principalmente pelas que ainda não se encontram na menopausa, as quais devem, inclusive, manter-se recolhidas quando as máscaras se apresentam em lugares públicos. O mesmo se aplica a certos locais, sendo os homens não-iniciados também alvos de restrições. Um exemplo pode ser citado. Na localidade de Penyakaha, sub-grupo Nafara, fomos convidados a visitar o pequeno santuário onde se encontra a principal divindade protetora da aldeia. Essa concessão foi oferecida sem nossa solicitação e após deliberação dos notáveis presentes, pois estávamos tentando objetivar certos aspectos das relações existentes entre o ancestral-fundador de uma localidade e as forças protetoras da terra. Ao sairmos do templo, o nosso jovem intérprete, habitante dessa mesma aldeia, avisou imediatamente que não deveríamos tocar no assunto com ele, que nada deveria saber sobre o que viramos, pois não havia ainda atingido o estágio necessário em sua iniciação. Segundo explicado, merecemos essa deferência por considerarem que possuíamos idade suficiente para discernir o que é conveniente dizer e o que deve ser calado. Deve-se, entretanto, registrar que, segundo queixa formal de um pesquisador Senufo, formulada ao longo do Seminário sobre a Civilização Senufo, realizado em Korhogo em 1979, os pesquisadores brancos conseguem ter melhor acesso às informações. Essa denúncia ocorreu poucos dias antes dessa visita a Penyakaha, localidade onde obtivemos informações até então não registradas por pesquisadores na bibliografia consultada.

15 O estudo das propostas contidas nessa problemática pode talvez revelar as concepções mais profundas da explicação Senufo do mundo e do homem. Um notável trabalho feito nesse sentido, a partir do ponto de vista da sociedade, é o de Zahan (1960) referente aos Bambara. Já Leiris (1958) aborda a dimensão teatral da possessão.

16 Uma das cerimônias secretas de que temos conhecimento, ligada aos ancestrais, possui uma particularidade: os dignitários, recolhidos no Bosque Sagrado, entram em comunicação com os mortos através da terra. Para isso, utilizam as estátuas de madeira, denominadas *Kpondosian*, bastante pesadas, que representam figuras humanas suportadas por uma massa, também de madeira, que forma o pedestal. As pessoas percutem o solo com elas ao longo dos rituais, estabelecendo uma comunicação codificada com o mundo subterrâneo. Segundo Holas, essas estatuetas representam os iniciados falecidos. Sobre a comunicação com o mundo subterrâneo, já falamos da máscara *Korobla* e dos ferreiros.

17 Pudemos observar, entre os Senufo, um notável entrosamento entre a aldeia e o cemitério. Não há limites estabelecidos entre esses espaços e, ao contrário, parecem complementar-se.

18 As manifestações esotéricas fazem parte do conhecimento secreto revelado paulatinamente ao longo dos processos de iniciação.

19 Os Senufo não pretendem deter o conhecimento total do universo, privilégio do preexistente. Isso explica, em nosso entender, a existência de diversas confrarias de sábios, as chamadas "sociedades secretas", altamente especializadas em domínios precisos do conhecimento, que se diversificam em vários pontos das áreas ocupadas por essa civilização. Se todas estivessem juntas, o homem deteria então esse conhecimento totalizante e seria igual ao preexistente, o que é impossível.

20 É justamente esse conhecimento que se encontra em vias de desaparecimento rápido. As tentativas de, ao menos, registrar a palavra desses sábios, através dos depoimentos ainda possíveis, são tímidas, se comparadas com o árduo trabalho que isso representaria. A nosso ver, somente o trabalho de equipe poderia trazer resultados consideráveis. Mas, já é quase tarde demais.

21 Holas (1957) lembra sobre a existência, no interior do Bosque Sagrado, de um cone de sacrifícios, elaborado em terra, que representaria "o umbigo do universo ritual". O tema do umbigo como centro irradiador de vida repete-se também fora do Bosque Sagrado. É o caso da simbologia contida nas escarificações que as mulheres portam em torno do umbigo, organizadas a partir desse centro, indicando a importância do ventre como universo protetor e irradiador da vida. Essas escarificações repetem-se na estatuária sagrada dos Senufo destinadas a representar a figura da mãe e sua abstração *Katyeleo*. Esse tema repete-se também, de certa maneira, na vida profana. Pode ser encontrado em painéis e em portas – elemento que separa o mundo interior do mundo exterior –, constituindo-se em ponto de difusão, de um "umbigo" simbólico, em torno do qual se organizam outros temas, como animais primordiais e outros. As casas, assim, representam um ventre, um abrigo contra os perigos externos. A propósito, segundo um depoimento, as regras de hospitalidade estabelecem que o dono da casa que se despede de uma visita, deve sair primeiro, a fim de, se for o caso, receber, em lugar de seu hóspede, os efeitos de uma eventual ação maléfica, de ordem mágica ou material.

22 Segundo um depoimento, o ato de tocar com o bastão vem do fato de que os Senufo consideram que a memória também é sensorial, dela fazendo parte o corpo. Assim, por exemplo, uma criança encarregada de transmitir uma mensagem terá normalmente sua cabeça tocada três vezes por um pequeno golpe, o que lhe impedirá de esquecer o conteúdo da mensagem.

23 Conhecimento do natural-social, elaborado pela divindade e pela sociedade em estreita colaboração. Não se trata do conhecimento total universal, do qual somente o preexis-

tente é detentor, com origem e fim nele mesmo, enquanto fonte da energia criadora de todo o existente. Trata-se, entretanto, do caminho que leva à sabedoria entre os homens, dimensão última do conhecimento possível.

Capítulo 16
A natureza mágica da terra

Na explicação Senufo do mundo, o preexistente e a dimensão divina da realidade são fatores cuja importância é fundamental para a compreensão dos valores integrantes da organização social. Não obstante, embora sempre guardando até certo ponto essa característica, as relações e instituições sociais são também fortemente legitimadas pelas normativas estabelecidas pelos ancestrais históricos, aqueles saídos do homem e da sociedade. Nessa complexa simbiose, vários problemas cruciais se colocam. Examinemos as relações mantidas entre o homem e a terra, as quais fundamentam significativamente as práticas ligadas à produção nessa sociedade agrária.

Para os Senufo a terra é considerada como uma das principais manifestações do preexistente, razão pela qual sua natureza é absolutamente sagrada, aparecendo ela mesma como uma espécie de divindade.[1]

Nós encontramos vários indícios desse caráter divino e sagrado atribuído à terra pelos Senufo.

A terra é guardada por divindades de extremo poder, encarregadas de protegê-la e defendê-la, o que se aplica, como vimos, aos demais seres da natureza. No caso da terra, essa qualidade e sua enorme importância econômica exigem cuidados especiais para estabelecer um relacionamento ideal entre ela e a sociedade, pois essas instâncias formam um só universo. A ocupação inicial de uma área é necessariamente precedida de um pacto estabelecido entre o ancestral-fundador de um núcleo e essas divindades. Esse pacto originário, selado segundo os princípios de sacralização – sacrifícios, aceitação das condições de ocupação e, até mesmo, do nome a ser atribuído à nova localidade (o todo revelado pelos jogos divinatórios e propiciatórios)[2] – estabelece os direitos e deveres da sociedade em relação à terra. Pelo pacto a sociedade cria assim uma relação histórica indissolúvel com a terra, originando, dentre outras instituições, as figuras da família-aldeia e do ancestral-fundador.[3]

Segundo os pactos, a terra, ser divino, deve necessariamente repousar, e o trabalho é organizado de maneira a que cada extensão de cultivo tenha um dia destinado a esse fim ao longo de um período determinado, quando a respectiva família ocupante trabalhará em outro local. Dessa forma, o caráter divino da terra introduziu a técnica de exploração cíclica do solo, permitindo a sua utilização intensiva planejada.

A terra é um dos principais bens legados pelos ancestrais e seu corpo sagrado não pode ser ferido a não ser pelos instrumentos de trabalho por ela mesma oferecidos. Assim, até hoje, os Senufo extraem da terra a matéria prima básica, transformada em ferro e posteriormente em utensílios, pelos ferreiros, como a enxada dos homens (*Tèg*), a das mulheres (*Kakpeg*), bem como os demais instrumentos de trabalho, aliás em número reduzido.[4]

A terra, princípio e manifestação divina da fertilidade, exige um culto, caracterizado essencialmente pelos ritos agrários nos quais ocorrem cerimônias especiais, inclusive sacrifícios de sangue,[5] envolvendo as divindades, os ancestrais ligados ao pacto, as forças protetoras individuais coletivas, as divindades-gêmeos[6] e a mulher,[7] símbolos de fertilidade. As áreas semeáveis e as próprias sementes são sacralizadas segundo as fórmulas mágicas concebidas pelos ancestrais, a fim de se conseguir uma união fértil entre elas e, em conseqüência, uma boa colheita. As pessoas que trabalham a terra nos períodos de semeadura e colheita, procedem a ritos de purificação e de acréscimo das forças individuais, absorvendo poções preparadas segundo receitas seculares que exigem o conhecimento das propriedades das folhas e outros elementos. Durante a germinação e o crescimento, são oferecidos sacrifícios às divindades protetoras a fim de se obter chuva na medida certa, o afastamento de pragas, a fertilidade e o sucesso nas colheitas. O produto, por sua vez, não poderá ser colhido, estocado e consumido antes da dessacralização, o que se faz por intermédio das divindades-gêmeos. Antes da colheita, ocorrem os rituais de oferendas às divindades-gêmeos de porções duplas do que foi obtido, como dois inhames, duas espigas de milho, dois feixes de arroz etc. Essas oferendas, segundo Coulibaly (1978), não são tocadas por ninguém, são consumidas pelos animais ou pelo tempo. Após a colheita e estocagem, procede-se a novos rituais, destinados a evitar o aparecimento de pragas peculiares a alimentos estocados e a ação de animais predadores. Dessa forma, a natureza divina da terra e o pacto deram origem à espiritualização do trabalho e da produção.

Segundo os pactos, a terra é inapropriável. Pode ser usufruída em sua fertilidade e as árvores, frutos, águas e animais existentes na área pactuada, assim como a produção obtida pelo trabalho, fazem parte desse direito. Porém, não pode ser vendida: é doação do preexistente e os pactos estabelecem que a terra não pertence a ninguém, mas a toda a comunidade abrangida pela aliança sagrada.[8] A terra é também indivisível, tratando-se de um bem coletivo e não privado, transmitido em sua totalidade às novas gerações pelos ancestrais, devendo ser legado nessas mesmas condições às novas gerações. O caráter sagrado da terra e as alianças seladas pelos ancestrais com as divindades geraram sua dimensão de bem coletivo.

Essas características fundamentais das relações existentes entre os homens e a terra são evidenciadas nas normativas ancestrais pelas quais a terra é utilizada nos processos de produção.

Segundo as regras ancestrais nascidas do pacto, a família extensa (*Nerigbaa*) ocupante, em primeiro lugar, de uma área determinada, tem o direito de usufruir da fertilidade da terra e de administrá-la. De fato, o pacto dá direito à delimitação de uma área, configurada segundo o costume, da qual uma parte é atribuída à *Nerigbaa*, dirigida pelo patriarca-chefe, o *Nerigbaafolo*. Essa sub-área, *Sekpo* ("grande campo"), é destinada ao trabalho coletivo dos membros da *Nerigbaa*, é intocável e os produtos nela obtidos são repartidos entre as famílias conjugais (*Kpaa*), componentes da *Nerigbaa*, compreendendo o ramo da família fundadora.

Preservada essa parte comunitária da terra, existe o sistema de cessões de sub-áreas de menor porte destinadas ao cultivo, que continuam, entretanto, ligadas organicamente à área total originária.

Essas sub-áreas, denominadas *Tologo* ("ajuda a título individual") são cedidas para exploração pessoal a chefes de *Kpaa*, integrantes das *Nerigbaa*. Dessa cessão são excluídos os homens solteiros, com exceção eventual daqueles nascidos de um casamento *Tyerporg*.[9] Por outro lado, as mulheres casadas têm direito, a título de local reservado ao trabalho pessoal, a um lote de alagado destinado ao plantio de arroz, recebido como dote por ocasião do casamento. Nesses dois casos, a exploração dessas sub-áreas somente pode ser feita após cumpridos os períodos obrigatórios de trabalho nos campos coletivos. Os produtos obtidos, no entanto, podem ser usufruídos livremente pelos beneficiários.

A possibilidade de cessão dessas sub-áreas constitui-se em sistema complementar da circulação comunitária de alimentos, pois os produtos obtidos nos campos coletivos são estocados em celeiros comunitários, para distribuição entre os componentes da *Nerigbaa*. Por outro lado, são desses celeiros comunitários que saem também as parcelas de víveres a serem distribuídos periodicamente às famílias conjugais e às mulheres que trabalham nos alagados. Trata-se, portanto, de uma complementação dos estoques de víveres. Essa complementação repara o quanto possível a produção deficitária dessas sub-unidades de trabalho, a deficiência caracterizando-se seja pelos reveses da natureza, seja pelo fato de uma grande parte do tempo ser destinada ao trabalho nos campos coletivos. Pode-se indicar aqui que entre os Senufo, por uma questão de ordem psicológica, ligada aos reveses da natureza, a comunidade não deve conhecer a real quantidade de alimentos estocados nos celeiros públicos. A responsabilidade pela estocagem e circulação de víveres não é do patriarca-chefe, mas sim de outra pessoa, o *Gbodounjeo* ("aquele que entra nos celeiros"). Cabe a *Gbodounjeo* velar pelos celeiros para nunca ficarem completamente vazios. Nessa difícil atividade, esse intendente é inflexível, exercendo a sua autoridade plenamente, não cabendo nem mesmo ao patriarca-chefe contestar suas decisões. Ele é soberano quanto ao produto e quanto à quantidade que deve ser distribuída na comunidade, constituindo instrumento moderador da centralização do poder.

Além dessas cessões *Tologo*, típicas da organização dessa unidade básica de produção comunitária, a *Nerigbaa*, existe ainda uma outra modalidade de atribuição de parcelas da terra pactuada, a qual pode ser feita a famílias não-pactuantes. Esse benefício, como nos demais casos, é deferido pelo patriarca-chefe, representante do pacto, diretamente ao pleiteante, após avaliação dos antecedentes deste, a fim de concluir se reúne as condições mínimas para respeitar as normas regentes desse tipo de cessão. Obtida esta, o solicitante poderá então explorar a terra, mas não as árvores e os frutos, os quais continuam a reverter à família originária. À morte do cedido, seu sucessor deve obrigatoriamente obter nova autorização do patriarca-chefe, que poderá ou não atendê-la. O mesmo ocorre em caso de morte do patriarca-chefe que autorizou essa cessão: o beneficiário deve dirigir-se a seu sucessor para obter novamente aquela vantagem. Por outro lado, o patriarca-chefe pode, por razões consideradas justas, retirar a qualquer tempo essa cessão. Tal fórmula, passível de aumentar a força de trabalho da comunidade, guarda um caráter bastante precário devido a sua natureza transitória, não obstante a sua durabilidade possível. De qualquer maneira, a terra cedida nessas circunstâncias é considerada inseparável da área pactuada e está ligada ao núcleo originário, à terra e à família representante do pacto.

Esses laços orgânicos de uma família com uma determinada área de terra não configuram o direito de propriedade, mas o direito ancestral de administração da terra e dos bens por ela produzidos, evitando a divisão e a apropriação do principal bem de raiz dos Senufo. A terra configura-se, assim, fundamentalmente, como um patrimônio coletivo.

Coulibaly (1978) aponta, entretanto, duas formas excepcionais de ocupação da terra, as quais, embora institucionalizadas, considera "distorções" às normas originárias. Ambas abrangem áreas cobertas pelo pacto inicial.

Uma delas é a possibilidade de ocupação de uma sub-área, considerada em princípio interdita segundo os pactos. Essas porções de terra são constituídas essencialmente de certos resíduos florestais habitados e protegidos por divindades particularmente irredutíveis, os *Tougoubele*.[10] Essa interdição pode, entretanto, ser alterada caso um pretendente à ocupação se disponha a obter o beneplácito daquelas divindades. Nesse caso, ocorre um pacto particularizante, firmado pelo interessado, com tais guardiões, que se configura à margem da aliança originária. O patriarca-chefe, se não conseguir dissuadir o postulante, deve praticar a cessão, ficando a problemática delegada então "aos ancestrais e espíritos da terra" (Coulibaly, 1978: 121). Isso revela uma certa flexibilidade diante de algumas necessidades ligadas à expansão das áreas de produção, mas tal possibilidade foge ao sistema comunitário de trabalho concebido pelos ancestrais. Coulibaly considera, desse ponto de vista, que essa prática – indicada por ele como excepcional – é até certo ponto perigosa: o beneficiado, obtendo sucesso em seu pacto marginal, terá o direito de usufruto ilimitado da sub-área, a qual não poderá ser reintegrada à área global nem cedida a outro enquanto não houver desistência desse ocupante ou de seus herdeiros.

A outra exceção apontada por Coulibaly (1978) chegaria a configurar um indício de propriedade privada; é o caso de atribuição de uma fração de área aos próprios filhos de um patriarca-chefe zelador de terra. Essa atribuição é feita aos filhos nascidos de um casamento *Tyerporg*. Nesse casamento, a mulher desliga-se de seu *Nerigbaa* e passa a viver na concessão de seu marido. A fórmula é excepcional, pois nos demais casos as mulheres permanecem em suas aldeias de origem. Estando a mãe desligada de sua família originária, os filhos ficam também submetidos à concessão paterna e adquirem uma situação jurídica excepcional quanto às heranças – sobretudo o direito de trabalhar a terra – e aos processos de sucessão. Realmente, a herança e a sucessão, dada a organização matrilinear da sociedade Senufo, se processa de irmão a irmão, de tio a sobrinho. Dessa forma, esses filhos ficam impedidos de herdar de seu tio materno – pois sua mãe não mais pertence à família originária – ou de seu tio paterno, fato interdito pelas regras matrilineares, pois deve a sucessão se proceder na figura de seus irmãos ou na dos filhos de suas irmãs. Nesse caso, o indivíduo que contraiu tal matrimônio tem o direito de, se tiver o poder de ser um cedente de terra, atribuir uma área cultivável a seu próprio filho mais velho oriundo do *Tyerporg*. Coulibaly considera essa forma um

> domínio privado, propriedade dos filhos saídos do casamento... À morte do pai, produz-se uma segmentação da família extensa. Se, sentimentalmente, os filhos saídos do casamento continuam ligados a seu tio paterno, herdeiro do defunto, por outro lado eles se tornam efetivamente autônomos, consagrando-se à exploração de seu domínio, e não mais participam dos trabalhos coletivos. Nasce assim uma nova célula familial, cuja conseqüência é a amputação definitiva, do domínio da família, de uma porção de terra. (Coulibaly, 1978: 122)

Esse autor realça ainda que o casamento do tipo *Tyerporg* é mal visto entre os Senufo. De fato, com ele, há diminuição do patrimônio genético do *Nerigbaa*, diminuição da força de trabalho da unidade originária e possibilidade de divisão da terra.

Mas, de qualquer maneira, essas fórmulas são excepcionais, não constituem regra geral e não permitem configurar a existência da propriedade privada, no sentido capitalista do termo, como instituição abrangente, entre os Senufo. De fato, o caráter indivisível e inapropriável da terra gera um sistema de produção comunitário que deu origem também ao estatuto coletivista dos bens. Estes se configuram no âmbito da família extensa e do conjunto da comunidade.

No âmbito da família extensa, são essencialmente coletivas as áreas de cultura delimitadas e ocupadas pelo ancestral-fundador segundo os pactos, e onde ocorre o trabalho coletivo de seus membros. São também compreendidos como bens familiares as áreas vagas existentes dentro desses limites, as casas, silos e abrigos, rebanhos, benefícios e economias oriundos do trabalho comunitário, além das árvores, frutos e animais.

No âmbito da comunidade, os bens coletivos são representados essencialmente pelos imóveis da aldeia, lugares públicos, poços, cursos de água, locais de reuniões, bosques sagrados, terrenos livres das vizinhanças, cemitérios, mercados e terras a serem trabalhadas por todos os habitantes em mutirão etc.[11]

Quanto à força de trabalho, esta também é utilizada, salvo exceções de pequeno porte,[12] em favor da comunidade, de acordo com os pactos e as regras ancestrais.

O trabalho nos campos coletivos é essencialmente comunitário e ocorre na proporção de quatro dentre os seis dias que configuram a semana Senufo,[13] restando aos indivíduos apenas dois dias para o labor nos campos deferidos às famílias conjugais, estando excluídos desta última possibilidade os homens solteiros. Os iniciandos do *Poro* em idade de trabalho dedicam-se integralmente ao labor comunitário, devendo ser realçado que os da última fase desse processo de socialização – a fase *Tchologo* –, durante os sete anos em que ela dura, trabalham exclusivamente para a comunidade. Assim, nesses sete anos, a comunidade dispõe desse contingente excepcionalmente preparado e imbuído de suas obrigações sociais.[14] Os jovens devem trabalhar mais do que os mais velhos, e o labor da terra é então organizado de maneira que aqueles, terminadas suas tarefas, os ajudem a concluir as suas.[15] Em caso do estabelecimento de negociações visando matrimônio, o pretendente deve prestar serviços nos campos de seus futuros sogros, receberá refeições a cada dia de trabalho, e não haverá obrigação de reciprocidade. Já em outros casos de trabalho por aliança, a reciprocidade é estabelecida, ocorrendo prestação de serviço, alternadamente, nos campos de cultivo respectivos. Outra fórmula de trabalho codificado pela regras ancestrais prevê a prestação espontânea de serviços, sob a forma de mutirão. A reciprocidade nesses casos é estabelecida, trabalhando o beneficiado, posteriormente, um dia para cada uma das pessoas que participaram do mutirão efetuado em suas terras. O trabalho comunitário assegura ainda a aposentadoria dos anciãos, garantida quando não podem mais carregar suas enxadas. A comunidade, então, se cotiza e fornece os meios necessários à manutenção digna das pessoas idosas até a morte, não lhes deixando faltar o essencial em seus celeiros.[16]

A organização comunitária da produção originou a humanização do trabalho. Evidentemente a produção, entre os Senufo, agricultores irredutíveis, é um fator estrutural penoso devido às duras condições de que se reveste o trabalho da terra, único meio de subsistência da sociedade. Mas o caráter sagrado da terra, que impõe os pactos e toda a jurisprudência ancestral, garante que essa sociedade detenha, em suas instituições mais abrangentes e decisivas, os recursos naturais, os recursos materiais e a força de trabalho como um único fator de produção, impedindo a emergência de excessos passíveis de serem apropriados por uma camada social privilegiada. E gera um homem essencialmente comunitário.

A observância e transmissão desses valores comunitários, manifestados nas instituições apontadas, bem como a permanência destas no interior da sociedade, é uma das tarefas dos instrumentos codificadores dos processos de socialização e das relações sociais existentes entre os Senufo. Mas a terra é a fonte legitimadora desses valores, por força do pacto estabelecido com ela pelos ancestrais-fundadores. A terra, *com seu estatuto sagrado*, é um dos bens superiores legados à sociedade pelos ancestrais.

Notas

1. Coulibaly (1978) chega a se perguntar se a posição adotada pelos Senufo durante o trabalho da terra – curvado, sem flexionar os joelhos – significaria uma atitude de adoração, sendo as enxadas já preparadas com os cabos paralelos às lâminas a fim de forçar essa posição. A nós parece ir longe demais. Observando a técnica de fabricação do utensílio, seu formato e principalmente a maneira de com ele se manipular a terra, pensamos que a enxada Senufo permite maior campo de ação sobre o solo e maior velocidade de trabalho, além de melhor adequação às formas pelas quais são dispostos os canteiros de plantio, geralmente uma sucessão de montículos aproveitados para a semeadura de mais de um elemento. De fato, as técnicas de plantio Senufo, nesse caso, visam o aproveitamento máximo da terra, nisso incluídos, em muitos casos, a pluralidade de elementos semeáveis implantados num mesmo montículo, com observação da disposição destes em função do vento, chuvas, sol, erosão etc. Essas técnicas pouco ou nada têm variado, e nelas a enxada de cabo paralelo à lâmina – característica principal desse notável utensílio – integra-se de maneira muito eficaz. Lembremos que os Senufo são considerados talvez os principais agricultores da África do Oeste.

2. Esses jogos são o elemento dinâmico da revelação e do conhecimento que dá acesso ao sagrado, à elucidação do destino, à vontade das divindades e dos ancestrais. Dentre as técnicas divinatórias de que temos conhecimento entre os Senufo, podemos indicar os jogos feitos com "noz de Kola" e cauris. O sistema parece baseado em princípios matemáticos fundamentados no número quatro e seus múltiplos. Sabemos ainda que a posição sobre a qual tomba uma ave sacrificada para efeitos divinatórios revela uma resposta, o mesmo ocorre pela observação de suas entranhas. Nossas pesquisas, entretanto, não se detiveram nesse aspecto da civilização Senufo, embora reconheçamos desde logo a grande importância de que se deve revestir nas práticas litúrgicas e naquelas ligadas a outras dimensões do social, como apontamos no caso Ioruba.

3. A família-aldeia e o ancestral-fundador, representado pelo zelador da terra, assim como a ancestral-mulher originadora dos núcleos familiares, são dimensões prioritárias da organização social dos Senufo.

4. Além dessas enxadas, existem ainda cerca de quatro ferramentas de trabalho essenciais, todas fabricadas pelos ferreiros. Nós tivemos a oportunidade de conhecer a localidade de Koni, onde existem minas de ferro e onde habitam ferreiros Senufo. Nessa localidade podem ser vistos os profundos poços que levam às galerias subterrâneas de onde é extraída a matéria prima para fazer o ferro. Esta é depurada e o produto básico passa depois pelos fornos, obtendo-se o ferro, posteriormente utilizado pelos ferreiros nas forjas. Sobre os fornos, nós obtivemos em Koni o seguinte depoimento de um jovem que

desce às galerias para retirar minério de ferro: "Isso é o grande forno, eu faço um bloco de ferro e tiro a cinza negra pelo buraco, depois ele põe palha, ele acende a palha, se a palha está bem acesa, agora ele pega o carvão de madeira, ele joga por cima, o carvão cai sobre a palha que acende embaixo, o carvão também acende; se o carvão acende ele fecha o buraco, ele coloca dois pés na frente, quatro atrás para arejar o buraco, agora, se está bem fechado ele pega o bloco de mineral, ele põe lá em cima, ele cai sobre o carvão que está aceso. Isso forma um líquido, ele põe mais dois, uma camada de carvão, uma camada de mineral, perto de quinhentos blocos de mineral no forno, isso cheira, ele espera apenas. Amanhã cedo, depois de 24 horas, ele vem, ele retira a terra, depois pega uma barra de ferro, retira um bloco do forno [...] agora ele vai vender àquele que faz a forja, ele aceita, ele reduz esse bloco em pedaços para fazer ferramentas".

5 São sacrificados animais, de acordo com as indicações dos jogos divinatórios e segundo os costumes. Coulibaly (1978) faz referência à existência, no passado, de sacrifícios de albinos por ocasião dos ritos agrários, antes da semeadura, registrando a quase inexistência de albinos velhos entre os Senufo atualmente.

6 Os gêmeos, entre os Senufo e nas demais sociedades abrangidas por este trabalho, são símbolos da fertilidade, da abundância e se relacionam com divindades extremamente primordiais. Isso não é regra geral entretanto, pois em algumas civilizações africanas os gêmeos são (ou eram) sacrificados ou abandonados em locais retirados logo após o nascimento. Nós utilizamos a expressão divindade-gêmeos para estabelecer uma diferença entre as crianças propriamente ditas e a divindade da qual reproduzem a imagem.

7 Também a mulher está ligada à noção de fertilidade da terra entre os Senufo. Essa propriedade é simbolizada em certos objetos destinados a cerimônias específicas, como os bastões rituais denominados *Tefalapitiao* destinados aos ritos agrários, os quais trazem esculpidos figuras femininas. Holas (1978) indica a importância da mulher nos cultos agrários, que considera se desenrolarem sob a égide de *Katyeleo*, informando que na região de Boundiali as jovens excisadas participam particularmente da dança *Goro*, ligada aos ciclos agrários. A fertilidade estaria representada nos aparatos utilizados na cabeça por essas jovens, totalmente recobertos por uma grande quantidade de cauris. O cauri pode assumir ainda uma dimensão que o relaciona com o sexo feminino e masculino ao mesmo tempo. Realmente, um dos lados do cauri lembra fortemente o sexo feminino. É o seu lado naturalmente "aberto". O outro lado, uma vez removida uma pequena porção de sua face, mostra uma formação que lembra o sexo masculino. Essa formação, devido à sua composição semi-espiral, apresenta um movimento evolutivo em sua composição, propondo a existência de uma dinâmica manifestada na fertilidade humana.

8 Essa é uma regra que tende a desaparecer nas regiões urbanizadas do território Senufo.

9 Apresentaremos brevemente o *Tyerporg* um pouco mais adiante.

10 O caráter mágico da interdição permite a sobrevivência de certos resíduos florestais de expressão em uma região de savana. Esse caráter de interdição e preservação é, entretanto, diverso do que ocorre com o Bosque Sagrado, em relação ao qual o caráter social é decisivo.

11 Não obstante o caráter coletivista atribuído à maior parte dos bens, a figura da propriedade individual existe. Ela é representada pelos bens recebidos em herança, doação ou compra, direito esse especialmente deferido ao chefe de família extensa. Os chefes de família conjugal têm direito ao produto de seu trabalho pessoal obtido em área de terra concedida pelo patriarca-chefe (o sistema *Tologo*) e após o período de trabalho nos campos comunitários, assim como aos bens recebidos em herança. As mulheres também podem usufruir dos benefícios obtidos nos alagados de arroz recebidos como dotes por ocasião do casamento. Podem possuir também os presentes que eventualmente recebam, sendo que os enfeites de ouro integram a massa de herança em caso de morte, e são herdados de acordo com as normas respectivas. As jovens solteiras podem possuir objetos dados pelas mães, como recompensa pelo trabalho a elas devido pelas filhas. Finalmente, parece que pertencem às mulheres quaisquer lucros obtidos por elas, em razão do que possam ter vendido nos mercados (frutas, legumes, comidas etc.) após todo o serviço comunitário e familiar. O universo da propriedade privada é, portanto, bastante limitado.

12 Uma dessas exceções – prevista nas normas regentes do trabalho – dispõe que os não possuidores de um campo individual para cultivo podem trabalhar nos alagados de arroz de uma determinada família. Trata-se pura e simplesmente de troca de trabalho pela alimentação, sem nenhum outro vínculo (matrimônio, aliança etc.) e fora do contexto comunitário da produção, quanto ao fornecedor da força de trabalho. De fato, este deve trabalhar a porção do alagado designada pelo patriarca-chefe e também aquelas do cedente, recebendo em troca refeições e parte do conseguido na sub-área, entregando o restante ao cedente. É a mão de obra mais barata que existe entre os Senufo, revelando uma tendência à apropriação da força de trabalho. A sub-área cedida denomina-se *Talieli* ("lugar para encontrar o que comer"), e os benefícios recebidos pelo cedente, *Tadane* ("a terra é doce").

13 Segundo Ouattara (1981), os dias da semana Senufo são: *Kakpoo, Nikpa, Tori, Kootyeri, Tyonien* e *Kundjennin*, em língua Tyembara. Esses dias podem ser relacionados, cada um, com uma divindade, mas geralmente referem-se aos dias em que ocorrem os mercados. Quando relacionado com o mercado, o dia pode ser elástico: pode ser prolongado em função das atividades daquele. Assim, se essas atividades forem particularmente intensas, e o retorno às aldeias circunvizinhas for retardado por esse motivo, acontecendo no dia seguinte, esse dia seguinte é considerado o mesmo dia em que ocorreu o mercado. Por

outro lado, grupos ou famílias podem decidir sobre a alteração eventual da sucessão dos dias, segundo as injunções de ordem prática ou espiritual. A sociedade domina, nesse sentido, o tempo, tranqüilamente...

14 Coulibaly (1978) indica que se trata justamente da "geração mais robusta", muito bem preparada para o trabalho agrícola, que se dedica durante sete anos aos trabalhos da terra em favor da comunidade.

15 Isso é conseguido pela disposição dos indivíduos por ordem de idade e pela extensão variável dos trechos de terra a serem trabalhados por cada pessoa. Deve ser realçado que para um jovem *Tchologo,* ou mesmo para aqueles inseridos em classes de idade mais incipientes, a conclusão da tarefa atribuída no período fixado, o atendimento pleno do esperado pela comunidade são fatores da maior importância. Essas pessoas, às vezes, privam-se do repouso após a refeição a fim de concluir suas tarefas no tempo pré-determinado. Nos duros trabalhos da terra, os homens são incentivados por pequenas orquestras, pelas jovens trazendo água e pelos velhinhos, que não mais trabalham a terra mas percorrem os campos dando conselhos e lembrando o grande poder de trabalho dos ancestrais.

16 Nessas cotizações, a participação dos iniciados da fase *Tchologo* é essencial.

Capítulo 17
A dimensão ancestral da comunidade

A sociedade Senufo é organizada espacialmente em unidades comunitárias auto-suficientes, as aldeias. Tratando-se de característica básica desse complexo civilizatório, torna-se necessário verificar quais instâncias ancestrais integram essas formações e qual a concretude delas na configuração de sua estrutura e dinâmica.

Não existe um consenso estabelecido entre os estudiosos da civilização Senufo quanto à época do aparecimento das aldeias, mas há concordância de que seriam os primeiros ocupantes do atual território. Holas (1957) nega que sejam autóctones e situa sua chegada à região de Korhogo no final dó século XVI. Rougerie acredita, como vimos, que esses voltaicos começaram a ocupar tal área "no primeiro milênio de nossa era" (1977: 77), à qual teriam chegado por vagas. Coulibaly (1978) adota a tese de serem os primeiros habitantes do território, nele se fixando após movimentos migratórios ocorridos em uma etapa da época da coleta e caça. Ouattara (1979) considera-os como os primeiros habitantes da região, oferecendo alguns dados para defender essa idéia, dos quais consideramos os mais tangíveis a ausência de relatos ligados à conquista da terra pela força e a referência contínua, e mesmo ritual, aos ancestrais-fundadores ligados à criação dos primeiros núcleos.

De qualquer maneira, autóctones ou não, a antigüidade dos Senufo em seu território atual é reconhecida pelos autores,[1] e o aparecimento das aldeias parece ter suas raízes históricas no processo de passagem à sedentarização e da opção pela agricultura como modo de produção.

> Alguns etnólogos pensam que essas formas são posteriores à civilização paleonegrítica. Mas no caso que nos concerne, parece que a emergência das formas de aldeias Senufo está ligada à adoção da agricultura, se nos referirmos às modalidades de criação de uma aldeia Senufo. (Ouattara, 1979)

De fato, como vimos, a fundação de um núcleo, dando origem à aldeia, ocorre basicamente quando uma família ocupa determinada área após efetivação de um pacto celebrado com a terra – devido à natureza divina desta – pelo patriarca-fundador, chefe da família então instalada. Sem esse pacto não existe possibilidade de aliança com as divindades protetoras do local e a ocupação não é legítima. O pacto estabelece os direitos e deveres de ocupação, gerando a primazia da exploração da terra e a possibilidade de cessão de algumas de suas partes, sem que sejam desvinculadas da área total abrangida pela aliança. Dessa forma, o aparecimento de uma aldeia Senufo tem por base as relações estabelecidas por uma família com a terra, fator de produção e elemento da autonomia da comunidade. Por outro lado, os demais agentes sociais – mesmo outras famílias – integrados na aldeia fundada pela família pactuante, ligam-se a esta também pela terra, na medida em que podem obter daquela sub-áreas para exploração. Nessa relação estabelecida entre a família pactuante e a terra são encontrados fundamentos decisivos da configuração da aldeia, que se confunde com a problemática da ocupação da terra e dos conseqüentes processos de produção. Trata-se de uma relação vital existente entre a terra e o homem, nascida da sacralização estabelecida pelo pacto.[2]

Assim, o fato de o aparecimento da aldeia emergir de um pacto selado com a terra parece confirmar que a sedentarização correspondeu à opção pela agricultura como modo de produção entre os Senufo.

Tal opção da sociedade Senufo – uma civilização agrária – permite identificar certas instâncias ancestrais e alguns aspectos não negligenciáveis da organização social desses voltaicos. Essas instâncias, no aspecto eleito para os fins deste trabalho, são essencialmente a família e a fundação da aldeia, com a manutenção e continuidade de ambas no tempo e no espaço.

Vimos anteriormente que nos processos de aparecimento das aldeias – fatores básicos da organização da sociedade em núcleos auto-suficientes, que envolvem a sedentarização e o modo agrícola de produção – a família é um de seus componentes mais decisivos. Vejamos agora sua dimensão ancestral.

A célula básica da sociedade Senufo é a *Nerigbaa* (família extensa, descendência em sentido amplo), composta fisicamente pela família-matriz (a família do chefe da *Nerigbaa*), e pelas famílias conjugais – *Kpaa* (casa, habitação) –, todas ligadas pelo sangue. A *Nerigbaa*, em termos de sua estrutura, engloba o chefe da família extensa (*Nerigbaafolo*) – patriarca mais velho da *Nerigbaa* e representante do ancestral-fundador –, sua esposa, ou esposas, e filhos; irmãos, mulheres e filhos destes; irmãs, tias e sobrinhas, solteiras ou viúvas, assim como os filhos destas últimas. Cada *Kpaa* é formada pelo esposo (*Kpaafolo*), esposa ou esposas e respectivos filhos.

O elemento constitutivo que mais caracteriza a *Nerigbaa* em suas relações de parentesco é aquele formulado pelos laços uterinos de sangue. A organização da sociedade Senufo, sob esse aspecto, é matrilinear. O estabelecimento dessa instituição parece decorrer da necessidade histórica da plena configuração de um grupo social segundo as proposições de seus indivíduos acerca da legitimidade de parentesco; supõe-se que tenha ocorrido em época longínqua, não identificada, provavelmente em períodos de adaptação a novos territórios, sedentarização e constituição de agrupamentos, quando nasceram as primeiras aldeias. Assim,

> em uma época de semi-itinerância, foi absolutamente indispensável encontrar um critério que permitisse reconhecer os seus [...] o mais seguro dos critérios foi aquele da consangüinidade, da descendência em linha matrilinear. A oportunidade da adoção de um

tal critério pode explicar-se também pelo fato de que, constituindo-se a mulher em um capital genético, tornava-se necessário encontrar uma regra intangível, ligando de maneira indefectível sua progenitura à sua célula social original. (Coulibaly, 1978: 123)

Essa regra intangível, encontrada para instituir o parentesco uterino, decorre do fato de que para os Senufo toda criança "qualquer que seja, tem obrigatoriamente sangue de sua mãe em suas veias. Ao contrário, nada prova de que ela o tenha de seu pai" (Coulibaly, 1978: 123). Ou seja, nenhum homem pode provar que alguém seja seu filho.[3] Tal princípio deu origem às descendências femininas – *Neriga* – encontradas no interior da *Nerigbaa*.

A família extensa Senufo formula-se e legitima-se pelos laços uterinos de sangue, e em sua base encontra-se uma *ancestral-mulher*, aquela iniciadora das descendências femininas de uma *Nerigbaa*, mesmo quando, eventualmente, nenhuma de suas filhas e filhos tivessem sido gerados por seu esposo. Ela é a fonte primeira do patrimônio genético que define o grupo, aparecendo assim como elemento legitimador da família extensa, englobando a Nerigbaa "todos os descendentes de uma ancestral comum" (Coulibaly, 1978: 122).

Essa formulação da *Nerigbaa* tendeu, entretanto, a modificar-se, sendo acrescida de outros elementos humanos. Antigos deslocamentos, decorrentes de pressões externas, dizimações em tempos de guerra, dissidências no interior de famílias, são fatores históricos que provocaram a necessidade do estabelecimento de novas alianças, a fim de fortalecer as bases sociais das comunidades com o aumento da força de trabalho. De acordo com Ouattara (1981), a *Nerigbaa* pode constituir-se, além dos descendentes de uma ancestral-mulher comum – fator que mantêm os princípios matrilineares da organização da família extensa – dos indivíduos pertencentes a outras descendências, dos descendentes de cativos e de pessoas pertencentes a outros complexos civilizatórios, filiados a uma aldeia em busca de cessão de terra para cultivo.[4]

Assim, a *Nerigbaa* sofreu alterações substanciais, ganhando uma dinâmica diversa de sua formulação clássica. Seu alargamento permitiu a emergência de núcleos sociais mais amplos, portadores de maior força de trabalho. Essa mutação, entretanto, ocorreu segundo regras precisas que submetem as pessoas integradas às normativas ancestrais regentes das relações e instituições estruturadoras do núcleo receptor: seja qual for o número de pessoas integradas à *Nerigbaa*, somente a família pactuante detém os direitos de administração da terra e, assim, o de cedê-la, em parte, para a exploração de terceiros, garantindo o caráter de inapropriabilidade e indivisibilidade da terra estabelecido pela aliança celebrada pelo ancestral-fundador.

Dessa maneira, face à sua estruturação básica e à dinâmica estabelecida pela sua possibilidade de expansão, a *Nerigbaa* – que no sentido mais abarcante transcende o espaço físico[5] – pode ser considerada como a própria aldeia, isto é, cada aldeia Senufo é o espaço físico onde reside a família extensa, com sua organização matrilinear, parentesco de sangue e desdobramentos, detentora de todos os fatores de produção, de sua vida material e espiritual. É nesse sentido sintetizante e dinâmico que chamamos a *Nerigbaa* de *família-aldeia*.

Na base desse processo encontra-se o núcleo fundador da comunidade, que a legitima e é legitimado pela descendência matrilinear portadora dos direitos e deveres legados pelos ancestrais, dos quais decorrem todos os outros. É por força do critério sanguíneo que o sistema organizatório sintetizado na *Nerigbaa* se concretiza, estando sempre referido à ancestral-mulher que originou uma de suas instâncias decisivas.

Essa ancestral-mulher é a matriz geradora da família tal como concebida pela sociedade, ligada à formulação do parentesco uterino originador da organização matrilinear, único fator material aceito pelos Senufo para definir as descendências. Está também materialmente referida ao próprio aparecimento da comunidade quando se trata da ancestral-mulher da família instalada em uma determinada área após a celebração do pacto com a terra, e nesse caso, é personagem integrante dos processos de passagem dos Senufo à sedentarização e à condição de civilização agrária.

Tal conjunto de fatores históricos explicam o grande respeito e a sacralização dos princípios orientadores da organização matrilinear dos Senufo, assim como o papel social da mulher, princípios esses sintetizados, em grande parte, na figura das ancestrais-mulheres. Essa sacralização do elemento feminino exterioriza-se concretamente na mulher mais idosa da *Nerigbaa*, conhecida e chamada por *Katyeleo* ou *Tyeleo* (mulher idosa, tia), sobre quem Ouattara afirma:

> O Chefe da família a consulta da mesma forma que a seus irmãos e sobrinhos. Na maioria das vezes é o seu parecer que prevalece. Por conseqüência, ela é muito ouvida e respeitada. Exerce funções específicas no seio da família; ocupa-se da educação moral, social e religiosa dos membros da família; tem o dever de encontrar esposas ou esposos para os membros da família; ela transmite a história social e religiosa da família. (Ouattara, 1981: 41)

E, em outro escrito: "Em poucas palavras, ela tem por dever principal a conservação da Narigboa. Ela é o chefe espiritual" (Ouattara, 1979).[6]

Essa venerável figura simboliza os princípios matrilineares que definem a família e as descendências, representa o início e a continuidade, sintetiza a dimensão ancestral da comunidade na instância dos laços uterinos de parentesco, institui a principal célula da sociedade Senufo, a *Nerigbaa*, vitalmente ligada à terra pelo pacto e, portanto, aos processos de produção. As *Nerigbaa* – com suas ancestrais-mulheres, das quais as *Katyeleo* das aldeias são as representantes visíveis e símbolos de suas estruturações e dinâmicas – constituem-se em instâncias que integram vitalmente a organização social dos Senufo, sem as quais essa sociedade não poderia manifestar-se tal como existe. Essas instâncias são materialmente e historicamente ancestrais.

Uma outra dimensão ancestral que define a noção Senufo de comunidade é dada pela fundação da aldeia, sua manutenção e continuidade ao longo da história. Para apreciar quais fatores ancestrais integram essa dimensão, torna-se necessário abordar ainda uma vez a configuração da *Nerigbaa* em suas relações com a terra e a administração da família-aldeia.

Vimos que as *Nerigbaa*, num de seus aspectos mais fundamentais, apresentam uma dimensão ancestral estruturada pelos laços uterinos de sangue, estabelecidos a partir de ancestrais-mulheres originadoras de descendências que concretizam a família extensa e permitem sua continuidade. Mas as *Nerigbaa* aparecem também, em sua condição de elementos estruturadores de uma civilização agrária, como núcleos humanos pactuados com a terra. Como já foi indicado seguidamente, a terra, devido à sua natureza sagrada, não pode ser ocupada e usufruída sem estabelecimento de um pacto com as divindades respectivas, sendo as *Nerigbaa* as detentoras da aliança e, em conseqüência, dos direitos e deveres decorrentes.

As *Nerigbaa* pactuadas configuram – concomitantemente com suas formulações de matrizes geradoras de descendências – *unidades básicas de produção*, cujas origens remontam ao seu próprio aparecimento e a sua fusão com a terra. Nesse processo, emerge a figura do *ancestral-fundador*, aquele patriarca-chefe de uma família, que selou uma aliança com a terra, permitindo o aparecimento da *Nerigbaa* como núcleo humano que ocupa um espaço físico e detém os fatores da produção. O ancestral-fundador sintetiza pois uma outra dimensão ancestral da família-aldeia, aquela do início e continuidade material da comunidade. Estabelecedor do pacto, está na origem das normas regentes da ocupação e exploração da terra, transmitindo-as às sucessivas gerações. Por tratar-se de uma civilização agrária, compreende-se que esse herói – suficientemente poderoso para descobrir uma área de terra viável, enfrentar as forças mágicas portetoras da natureza e colocá-las a favor da comunidade – tenha ganho uma condição semi-divina e altamente sacralizada no interior da sociedade.

Nós pudemos observar diretamente as manifestações materiais dessa sacralização no âmbito da comunidade. Para a apresentação dos dados que então conseguimos, é preciso voltar à aldeia de Penyakaha e às pedras-seres que nela descobrimos e às quais já fizemos referência. A descoberta dessas pedras-seres[7] nos proporcionou a obtenção de dados que consideramos de extrema importância para a compreensão de pelo menos duas dimensões da realidade Senufo: aquela relacionada com a noção de pessoa e de vitalidade, ou força vital, integrante dos seres – já indicada –, e outra relativa ao ancestral-fundador e sua dimensão histórico-sagrada, síntese de instância precisa da configuração da comunidade.

Havíamos obtido uma informação[8] segundo a qual o ancestral-fundador de uma aldeia seria representado por uma pedra.[9] A importância atribuída a esse elemento seria tão grande que existiriam pequenas comunidades que bem poderiam se filiar a outras, mais viáveis do ponto de vista econômico, para melhorar as suas condições existenciais, mas que não o faziam para não mudar a pedra do local originário ou não ter de abandoná-la. Essa informação nos parecia de importância para nosso trabalho, mas as várias tentativas de descobrir a pedra e, portanto, achar uma prova empírica, revelaram-se infrutíferas: obtivemos negação formal de sua existência, alegações de desconhecimento a respeito ou respostas evasivas. Finalmente, por uma questão de sorte, a pedra foi localizada em Penyakaha e explicada pelos seus informantes.[10]

Penyakaha é uma pequena aldeia constituída por uma só família do sub-grupo Nafara. Sua denominação vem de *Penya*, nome de seu fundador, e de *Kaha*, aldeia. Penyakaha é, assim, a aldeia de Penya e sua autonomia é caracterizada por possuir uma economia auto-suficiente, um cemitério, um bosque sagrado e santuários específicos.

Pudemos observar ali as pedras-seres já referidas, espalhadas pela aldeia, colocadas em frente às entradas das habitações ou então reunidas em um canteiro, cada uma representando uma pessoa viva. Já a pedra do ancestral-fundador encontra-se isolada, em espaço fortemente diferenciado, público e a céu aberto, mas que pode passar facilmente despercebido ao estrangeiro devido à disposição aparentemente aleatória das habitações. Essa pedra constitui um monumento, pois está escondida em um cone de terra de cerca de 50 cm de altura, ladeado por uma vasilha de barro e por uma canoa em miniatura esculpida em madeira. O monumento está localizado entre duas pequenas casas, construídas bem no estilo Senufo, em forma cilíndrica, com paredes de adobe e teto em palha. Essas casas não possuem portas, encontram-se separadas por alguns metros e as entradas estão voltadas uma para a outra. Todos esses elementos formam um só conjunto. Vejamos o seu significado, conforme as informações obtidas na localidade.

Penya fundou sua aldeia por volta de 1750, após selar um pacto com a terra, o que permitiu a instalação da família no local. Quando faleceu, a pedra-ser que o representa foi colocada onde se encontra até hoje, guardada e cultuada pela comunidade. A vasilha de barro serve para receber água de chuva, que é apropriada pelas divindades protetoras da aldeia, as quais ali vêm para se confraternizar com o ancestral-fundador. A miniatura de canoa revela uma particularidade da personalidade e do destino de Penya: ele deveria morrer na água, mas pereceu na guerra. Assim, seus familiares vêm colocando nesse local, ao longo do tempo, a pequena escultura, para que Penya possa viajar nas águas que, no país dos ancestrais, são abundantes. As casas que rodeiam o monumento foram construídas posteriormente para conforto de Penya e de Unamatye[11] – apresentada a nós como a principal esposa participante da fundação do núcleo –, e são consideradas as habitações desses ancestrais na aldeia. A habitação de Penya encontrava-se totalmente vazia, mas localizamos em seu interior restos de maxilares de boi e vestígios mais aparentes dos sacrifícios de sangue feitos periodicamente no local. Na casa de Unamatye pudemos observar alguns objetos, como cabaças, potes e cauris. A um canto, no chão, foi construído um pequeno nicho de terra, elaborado sob a forma de peixe, onde outros objetos similares estavam colocados. São os pertences rituais de Unamatye, que também é lembrada, reverenciada e cultuada pela comunidade, e sobre quem existem algumas legendas famosas na aldeia.[12] Nesse conjunto espacial altamente diferenciado, sacrifícios e outros atos rituais são levados a efeito com regularidade.

A pedra em questão, entretanto, não representa apenas a memória de Penya. Ela é, de certa maneira, o próprio ancestral, pois contém parte de seu *Pile*, princípio vital de imortalidade. Essa característica é explicada e legitimada pela proposição já referida, relativa às qualidades atribuídas a certas instâncias dos componentes vitais do homem Senufo – e também das outras sociedades estudadas –, que podem se localizar e manifestar em múltiplas circunstâncias e locais, não raro ao mesmo tempo. De fato, o ancestral encontra-se no espaço dos antepassados, em altares, em máscaras, no Bosque Sagrado, reencarnados, nos momentos de transe e possessão etc. Em Penyakaha, um dos locais onde se encontra seu ancestral-fundador é a pedra que descobrimos. Essa pedra é um ser vivo no qual se fundem energias da natureza e do homem. A importância atribuída à pedra-monumento de Penyakaha decorre também do fato de que, segundo explicado na ocasião, esteja ainda ligada à divindade pessoal de Penya, e integre, de certa maneira, sua personalidade profunda. Ao término da existência visível deste, tornou-se necessário erigir um santuário especialmente dedicado à divindade, em local diverso. Nós tivemos a rara oportunidade de sermos convidados a penetrar nesse espaço sagrado e fotografar seu interior,[13] onde sacrifícios são feitos regularmente. Além disso, um dia por semana – a cada seis dias, segundo a semana Senufo – a terra não é trabalhada, em honra à divindade.

Tal conjunto de fatores explica a sacralização da pedra-monumento de Penyakaha. Ela é símbolo da memória histórica, uma espécie de marco ou pedra fundamental. Mas sua natureza é mágica, pois é dotada da vitalidade do ancestral-fundador e essa energia se confunde com a própria vitalidade da terra. Essa força não é privativa ou particularizante: localiza-se a céu aberto, em interação com os homens e a natureza; aliada de Penya – o herói estabelecedor do pacto – e da comunidade beneficiada com a aliança. Pertence à sociedade e liga-se à energia social da própria aldeia como um todo.[14] Dentro do sistema Senufo de explicação do mundo, ela é fonte de vida coletiva, uma espécie de força vital histórica concretizada materialmente na existência da aldeia e na continuidade dessa existência. A necessidade de renovação constante dessa energia é obtida pelos sacrifícios periódicos, dos quais, em certo sentido, a coletividade renasce a cada vez.

Tais proposições tornam a idéia de abandonar a pedra-monumento – o conjunto de elementos sagrados interligados nessa instância – inaceitável para os habitantes de Penyakaha, pois ela sintetiza, como eles o disseram, a unidade da família e da aldeia, a garantia de sua sobrevivência e felicidade. Seu abandono estabeleceria um rompimento irreversível entre o ancestral-fundador e os membros da aldeia. Transferi-la de local seria quebrar o pacto selado por Penya com as divindades da terra, nutridora da comunidade, rompendo-se os elos estabelecidos e perdendo-se as forças que a protegem. Em qualquer dos casos, a ordem histórico-sagrada sofreria uma ruptura, isto é, geraria um acontecimento de conseqüências imprevisíveis.[15]

O ancestral-fundador, herói semi-divino e sacralizado, celebrador do pacto que uniu a sociedade à terra, é o organizador por excelência. Permitiu a concretização de um amálgama histórico-divino que define em grande parte a concepção de aldeia e comunidade, projetando no tempo e no espaço, em seus desdobramentos e continuidade, as relações e instituições sociais estabelecidas no interior dessas unidades de produção auto-suficentes.

O que descobrimos em Penyakaha – singular e profundamente humana manifestação da consciência histórica Senufo – parece constituir as provas materiais dessa proposição, a qual faz emergir outra importante dimensão da comunidade, possibilitando uma melhor apreensão dos elementos ancestrais que a integram.

Essa trama histórico-ancestral, na base da qual se encontram o pacto e o ancestral-fundador, se reproduz na continuidade que propõe: de fato, nos processos de sucessão da chefia da família detentora do pacto, assumem o posto os patriarcas mais velhos da família, aqueles representantes mais legítimos do ancestral-fundador. A legitimação decorrente desses fatos torna os processos de sucessão das chefias absolutamente naturais: não existem problemas nas sucessões de chefias, o patriarca sucessor já é conhecido da comunidade.[16]

O patriarca-chefe, representante do ancestral-fundador, é o guardião do pacto e dos princípios ancestrais regentes da administração da família-aldeia. Dentro da organização ancestral da família extensa Senufo (a *Nerigbaa*), ele é o *Nerigbaafolo* (chefe da *Nerigbaa*), o *Tarafolo* (guardião da terra), o *Keguefolo* (chefe da aldeia) e o *Sizangafolo* (principal responsável pelo *Sizanga*, o Bosque Sagrado). Desempenha portanto funções administrativas, políticas e espirituais.[17] Gere os bens, é árbitro e mediador de litígios, e responsável pela conduta de qualquer dos membros da família que lidera. Seu poder é legitimado pela terra, com a qual o ancestral-fundador celebrou o pacto originário, que possibilitou sua ocupação e exploração dentro de um estatuto sagrado. Representante desse ancestral, ele é o guardião do pacto e, por isso, encontra-se habilitado a praticar a administração da terra pactuada e a estabelecer cessões de sub-áreas, não permitindo porém sua divisão, apropriação ou venda. Em sua condição de principal sacerdote do Bosque Sagrado, é figura essencial da instituição que sintetiza as principais proposições da explicação Senufo do mundo, nelas incluídos os processos de socialização. Nestes, ajuda a dar nascimento ao homem natural-social proposto pela sociedade segundo os padrões ancestrais, transformando-se em *Kouto*, a parteira mítica do Bosque Sagrado, para o qual transporta a imagem da aldeia. Está, portanto, ligado obrigatoriamente à transmissão e observância dos valores mais significativos da sociedade. Ainda mais: sendo por excelência o representante do ancestral-fundador, é depositário de conhecimentos e segredos diferenciais, o que o torna institucionalmente o principal sacerdote dos cultos a ancestrais, a quem cabe a responsabilidade de ser o mediador mais eficaz entre os vivos e os antepassados. Essa dimensão do patriarca-chefe é também essencial para explicar sua grande autoridade e o respeito a ele dedicado, pois os ancestrais se constituem, em última análise, em fontes vitais ligadas à energia social. As relações entre eles e a sociedade devem, portanto, ser otimizadas.[18]

O patriarca-chefe é, assim, elemento unificador da família-aldeia e principal mandatário da administração da comunidade,[19] símbolo da legitimidade de sua existência, conferida pelo pacto, bem como da de sua continuidade.

Na família e na aldeia, esse venerável personagem é carinhosamente conhecido e chamado por *Oleo* ou *Sienleo* (homem idoso, o tio). É aquele que se ocupa do bem-estar social como um todo. Continuador do ancestral-fundador, é agente da força histórica e mágica integrante da comunidade, que inexistiria, tal como concebida, em caso de rompimento do pacto ou ofensa grave às normas por ele estabelecidas e as quais lhe cumpre fazer observar. Dominando a possibilidade de desordem, *Oleo* é símbolo e fator da vida social.[20] As instituições nele sintetizadas definem outra significativa instância da explicação dos elementos constitutivos da família-aldeia. Essa instância também é, em nosso entender, rigorosamente material e ancestral.

No interior da família-aldeia, detentora do pacto e configuradora da comunidade agrária auto-suficiente, característica básica da organização social dos Senufo, existem *duas* dimensões representativas de instâncias ancestrais organizadoras das práticas históricas: *as ancestrais-mulheres*, definidoras e legitimadoras da família, tal como concebida pela sociedade, e suas descendências, representadas por *Katyeleo;* e os *ancestrais-fundadores*, responsáveis pelo aparecimento da comunidade e das práticas materiais que a integram, representadas por *Oleo*. São duas dimensões complementares e inseparáveis, definindo a validade das instituições que originaram. Tal conjunto de fatores é projetado no tempo e sintetizado materialmente em *Katyeleo* e *Oleo*, detentores dos pressupostos ancestrais que mantêm viva a família-aldeia.

Notas

1. Ouattara e Coulibaly situam em 1320 a chefia de Korhogo – espécie de capital do território Senufo – por parte de Nanguem Soro. Os números apresentados para chegar a essa data indicam, entretanto, que existiram antes de Nanguem Soro no mínimo oito chefias e no máximo 33, estabelecendo um período de cerca de quatro a catorze séculos antes de 1320. Esse período foi calculado pela média de duração de cada chefia, estimada em quarenta anos cada.

2. Esse caráter semi-divino da aldeia e a sua sacralização é confirmado ainda pelo fato de que uma aldeia somente é considerada como tal – isto é, unidade autônoma, desvinculada juridicamente de uma aldeia-matriz –, quando é chamada de *Kaha* (aldeia) e não de *Vogo* ("acampamento"). Para tanto, é necessário que seja também dotada de um Bosque Sagrado devidamente sacralizado, de um panteão e de um cemitério, conforme indica Ouattara (1979). Esses elementos estão, de fato, ligados concretamente à explicação da noção de aldeia e integram a organização social dos Senufo. Ouattara considera que o

Poro – instrumento regulador dessa sociedade, enquanto corpo de normas doutrinárias – emergiu juntamente com a criação das primeiras comunidades Senufo devido à necessidade de fixar "uma prática comum estabelecendo os direitos e os deveres de cada um dos habitantes da aldeia" (Ouattara, 1979). Ora, o *Poro* é inseparável do Bosque Sagrado e das demais instituições sociais Senufo, sendo a autonomia de um núcleo dependente da sacralização de seu Bosque Sagrado. Enquanto isso não ocorrer, o *Poro* local está vinculado a outro Bosque Sagrado. O mesmo ocorre com relação aos panteões e cemitérios. Registre-se, a propósito da figura institucional dos cemitérios que, segundo um depoimento obtido de Tidiane Dem (Korhogo, 1979), quando um ancião falece fora da localidade de origem de sua família, o cadáver deve ser transportado até o cemitério respectivo e através dos caminhos habitualmente trilhados pela pessoa falecida, não obstante os percalços que o percurso possa oferecer. Na maior parte das aldeias visitadas, a interação entre elas e seus cemitérios era extremamente evidente.

3 Tal regra, nascida da origem duvidosa da paternidade, estabeleceu uma outra: o esposo de uma mulher é sempre considerado o pai de seus filhos nascidos durante a união, cabendo-lhe inclusive proceder às cerimônias funerárias em caso de morte daqueles e providenciando o enterro em sua própria aldeia, ainda que a esposa esteja vivendo com outra pessoa.

4 Entre os Senufo registra-se uma forte presença dos Dioula, pertencentes ao complexo civilizatório Mandenka, que abrange também, sob esse nome, os Bambara e os Malinke.

5 Tratando-se de descendência sanguínea, e considerando os desdobramentos possíveis da família, membros de uma *Nerigbaa* podem residir em outras aldeias.

6 *Narigboa*: o mesmo que *Nerigbaa*.

7 A bibliografia que conhecemos sobre os Senufo não registra a existência dessas pedras e suas relações com a visão de mundo Senufo.

8 Informação fornecida por Tidiane Dem, abril de 1979. Nunca agradeceremos o suficiente a esse venerável informante por nos ter colocado na pista dessas pedras-seres.

9 Existem outros símbolos relativos aos ancestrais-fundadores. Uma modalidade é dada pelas estatuetas que os representam, geralmente colocadas no Bosque Sagrado. Reproduzem figuras de um homem portando machado, faca e amuletos, símbolos de poder e força. Às vezes as cabeças são ornamentadas por um "disco" que contém animais primordiais esculpidos. Esse elemento simboliza o poder e a força.

10 Isso ocorreu em agosto de 1979. Estávamos em território Senufo há vários dias, e a questão das pedras-seres continuava a nos preocupar, pois antevíamos a importância desse fator para melhor explicação da figura do ancestral-fundador e de suas relações com a configuração da comunidade. Entretanto, como acontecera em abril do mesmo ano, não pudéramos confirmar o dado e chegamos às pedras-seres e à pedra do ancestral-fundador por mero acaso. Ainda em território Senufo, empreendimos a viagem de retorno a Abidjan, evitando a estrada principal a fim de percorrer, ainda uma vez, as pequenas rotas secundárias que possibilitam passar pelas inesquecíveis aldeias localizadas no percurso. Ao observarmos em uma delas, Penyakaha, a existência de um cemitério na mais estreita interação com a aldeia – um dos túmulos encostava-se na parede dos fundos de uma casa e sobre ele um homem dormia, rádio de pilhas ao lado, transmitindo –, resolvemos parar. Após várias horas passadas no local, explicados os motivos gerais de nossa presença, consideramos que havia um mínimo de condições para colocar o delicado problema da pedra do ancestral-fundador. Surpreendentemente, não houve necessidade de deliberações formais, e logo a seguir tivemos acesso ao assunto de nosso interesse e suas manifestações empíricas. Deixamos registrado aqui nossos mais profundos agradecimentos aos informantes de Penyakaha que, além da extrema cordialidade, nos permitiram acesso a dados que consideramos do maior significado para este trabalho, talvez os mais importantes de todos.

11 Não temos como escrever esse nome, a não ser da forma que mais se aproxima daquilo que ouvimos.

12 A legenda mais longa que nos foi relatada sobre Unamatye conta que há cerca de 45 anos um cavalo desconhecido apareceu na aldeia. Embora rechaçado, sempre voltava ao anoitecer. Aldeias foram consultadas, mas nenhuma reclamou a posse do animal. Tratava-se, portanto, de uma manifestação mágica. Feitos os jogos divinatórios, ficou constatado que se tratava de um cavalo sagrado, enviado pelas divindades em honra de Unamatye, embora esta já houvesse falecido há muito tempo. O cavalo deveria ser bem alimentado e tratado, e não podia ser cavalgado nem utilizado para qualquer serviço. Assim viveu esse cavalo em Penyakaha durante cerca de vinte anos, rodeado de respeito, sem nunca mais deixar a aldeia. Quando morreu, foi enterrado no cemitério, junto à pequena construção que nele se encontra, abrigo das forças protetoras que velam pela entrada da aldeia que passa por esse local. Ficou-nos a dúvida se Unamatye era esposa de Penya, ou a iniciadora das descendências matrilineares da localidade, a primeira ancestral-mulher. As respostas, nesse caso, foram limitadas e evasivas.

13 Nesse aposento somente podem penetrar homens com mais de vinte anos que se encontrem em processo de iniciação.

14 O caráter de interação homem-natureza e a dimensão eminentemente histórica da pedra-monumento, parece revelado, embora sua natureza esteja dotada de forças vitais, pela sua instalação ao ar livre. O aspecto sagrado de que se reveste o conjunto, que remete a instâncias de cultos e rituais diferenciais e reservados, parece manifestar-se no fato de que uma de suas partes está localizada no santuário em questão, ao qual somente certos iniciados têm acesso.

15 A quebra da ordem ancestral provoca as mais variadas conseqüências negativas. Calamidades, pragas, ausência ou excesso de chuva, colheitas insuficientes, doença e morte, são fatores que podem se ligar diretamente a essa circunstância. Trata-se de uma dimensão específica do pensamento negro-africano.

16 Segundo Gon Coulibaly, em Korhogo, 1979.

17 Essa dimensão sintetizante do patriarca-chefe corresponde à configuração originária da *Nerigbaa*, onde "os aldeões constituem coletividades homogêneas, todos os membros estando unidos por laços de parentesco" (Coulibaly, 1978: 107). Isso tendeu a modificar-se com o alargamento da família extensa e outros fatores que impactaram a civilização Senufo. De fato, eventos históricos provocaram, como vimos, alterações significativas na estrutura da *Nerigbaa* e a fixação de novas famílias em áreas anteriormente ocupadas pelos núcleos fundadores. Esse fator fez emergir, em um primeiro momento, lideranças concomitantes (essas novas famílias possuíam seus respectivos chefes), embora tenha sido respeitada a primazia da guarda da terra, detida pelos primeiros ocupantes. Essas agregações tenderam a configurar um processo paulatino de pulverização da unidade do poder concentrado em uma única pessoa. Segundo Coulibaly (1978), emergiu dos fatos uma nova figura política, a de chefe de aldeia, paralela à chefia da família, naqueles casos onde o número de agregados e de seus descendentes acabou por tornar-se superior ao dos primeiros habitantes. Com a reunião de várias aldeias, provocada pela necessidade de resistência ao inimigo, ocorrida no século XIX, e devido às imposições da dominação colonial, nasceu o cantão, figura que deu origem a uma outra liderança política, centralizadora e radicalmente oposta à concepção ancestral de chefia. O chefe de cantão, possuidor de um aparato militar organizado, manipulador dos agentes da burocracia, detentor de significativa parcela de poder de decisão por delegação da potência européia colonizante, que lhe ofereceu tais meios de constrangimento, significou a antítese do poder político ancestral, legitimado pelo direito de ocupação da terra nascido dos pactos. Atualmente a departamentalização, figura ainda mais absorvente e centralizadora, que rege vários cantões, reduziu mais a dimensão da chefia configurada pelos costumes dessa civilização, não lhe cabendo, em muitos casos, expressão política de maior alcance. Coulibaly considera que no âmbito da comunidade, da família-aldeia, essa não é a regra geral. O patriarca-chefe continua a deter as funções de guardião da terra e de administrador. Mesmo em um centro urbano,

como em Korhogo, o zelador da terra ainda é ouvido em casos em que áreas livres devem ser ocupadas. No centro urbano existe a venda de terras, mas isso não ocorre no meio rural, onde os pactos preservam a intangibilidade da terra.

18 De fato, os ancestrais podem auxiliar a comunidade nos momentos difíceis, onde sua interferência é necessária para a manutenção do equilíbrio. Em contrapartida, podem também advertir ou castigar, quando as normas ancestrais não são cumpridas de maneira aceitável. Para essas interferências utilizam suas próprias forças e poderes, freqüentemente aumentados por estar próximos das instâncias divinas, ou recorrem às próprias divindades.

19 Embora o patriarca-chefe reúna uma grande soma de poderes, várias instituições tendem a moderar e limitar o alcance de suas ações. Uma delas é o próprio sistema de cessões de terra, normas estabelecidas pelos pactos, que mantém sua inapropriabilidade e indivisibilidade. Assim, o patriarca-chefe não pode ir além do estabelecido por esses pactos. No âmbito da família, seu poder é moderado por um conselho constituído pelos chefes de cada família conjugal (*Kpaa*), cujos pareceres precedem obrigatoriamente as decisões. Como chefe da aldeia, ouve obrigatoriamente um órgão colegiado, como indica Coulibaly: "Nenhuma questão de ordem política que interesse à comunidade pode ser resolvida fora desse Conselho. Como se vê, o poder é em realidade colegial" (Coulibaly, 1978: 107). Interessa reter ainda que os pareceres e decisões dos órgãos colegiados são baseados na doutrina e jurisprudência ancestrais, invocando-se e examinando-se, ao longo dos debates, as atitudes tomadas no passado em casos similares. As sessões são abertas a todos os membros da família e da comunidade, conforme as instâncias onde ocorrem, e o julgamento cabe ao conselho respectivo que examina a problemática orientando-se pelas normas ancestrais. Outra instituição tendente a moderar o poder do patriarca-chefe é a regra segundo a qual a organização do trabalho da terra e o controle da estocagem e circulação dos produtos são de responsabilidade de terceiros, não podendo o patriarca interferir em suas ações. No primeiro caso, a organização do trabalho é feita por sexo e idade, segundo as tarefas a serem desenvolvidas em cada jornada. Para esse fim existe uma pessoa, *Seweleo* ("supervisor dos trabalhos dos campos"), que tem a total responsabilidade pelo sucesso das atividades, supervisionando, vigiando e organizando o trabalho. No segundo caso, há o *Gbodounjeo* ("o que penetra nos celeiros"), encarregado dos celeiros, da estocagem dos produtos coletivos, e cujas decisões o patriarca-chefe não pode contestar. Dessa forma, o patriarca-chefe aparece essencialmente como um administrador cujos poderes são significativamente moderados por várias instituições.

20 Essa dimensão de fonte de energia vital da comunidade sintetizada no patriarca-chefe está simbolizada em Penyakaha, lugar em que há canteiros onde são colocadas as pedras-seres que representam as pessoas vivas da localidade, mas que somente no canteiro do patriarca-chefe foi permitido plantar uma árvore, manifestação de vida.

Capítulo 18
O *Poro*

Mesmo antes de iniciarmos nossas pesquisas de campo, havíamos obtido informações sobre a existência, entre os Senufo, de uma instituição característica da organização social desses voltaicos – o *Poro* –, relacionada principalmente aos sistemas iniciáticos, e com a dimensão de "sociedade secreta". O *Poro*, no entanto, possui alcance mais abrangente, manifestando-se em vários níveis da realidade. Examinemos sucintamente alguns de seus aspectos e desdobramentos, o que permitirá talvez colocar em evidência suas diversas atuações no interior da sociedade e sua natureza ancestral.

    O *Poro* pode ser considerado, sob mais de um aspecto, como uma "sociedade secreta", termo a ser entendido em seu exato contexto. Trata-se de confraria cuja existência é plenamente conhecida da sociedade, sendo que mesmo algumas de suas exteriorizações podem ser observadas uma vez obedecidos seus interditos. Na verdade, a expressão "sociedade secreta" guarda um sentido relacionado com uma modalidade específica de conhecimento, que se manifesta em instâncias reservadas a certos dignitários com elas familiarizados. De fato o *Poro*, enquanto "sociedade secreta", está ligado decisivamente à questão do conhecimento, e é necessário realçar desde logo a existência, nele, de dois grandes níveis.

    A primeira modalidade é dada pelo conhecimento extensivo, de domínio público e corrente, manifestada nas práticas cotidianas. A outra – cuja existência é a que mais interessa reter aqui, no momento, devido às suas relações mais estreitas com o *Poro* – é de natureza esotérica, e refere-se a certos aspectos particularizantes das normativas ancestrais. Para os Senufo, esse último tipo de conhecimento está ligado à noção de segredo e é privativo dos notáveis do *Poro*, os agentes sociais mais capazes de o manipular de maneira eficaz.[1]

    O conhecimento esotérico está relacionado com duas grandes dimensões do *Poro*. Uma delas é o *Poro* comunitário, abrangente, ligado aos processos estruturadores, difusores e integradores de várias instituições sociais, compreendendo a elaboração do homem natural-social através da socialização – com suas fases iniciáticas – e sua inserção ótima na sociedade. Na prática, todos os indivíduos devem sujeitar-se ao aprendizado relacionado com essa manifestação do *Poro*. A outra dimensão é aquela do *Poro* não-comunitário, não-abrangente, particularizante e não-obrigatório, o qual prevê iniciação *atípica*, sendo privativo de certas confrarias. Cabe realçar que, nos dois casos, os detentores dos conhecimentos exigidos, os dignitários do *Poro*, normalmente atuam nas duas instâncias.

    Seja qual for o caso, o *Poro* estabelece à existência de um grupo de sábios que constitui uma entificação do conhecimento. Mas no caso do *Poro* não-comunitário, ele deu existência a certas associações diferenciais existentes no interior desse grupo, formadas por dignitários especializados na manipulação das explicações esotéricas mais transcendentes, e geralmente relacionadas com as instâncias mágicas. Essas são as "sociedades secretas" por excelência, como é o caso, por exemplo, dos *Wabele* e *Korobla*, ligados às máscaras sagradas já referidas. Tais confrarias sintetizam um conhecimento, ao qual o homem não está obrigado pela sociedade e seu caráter é particularizante.

Parece importante realçar que, não obstante a existência dessas "sociedades secretas" no interior do *Poro*, este, enquanto manifestação do conhecimento esotérico, deve ser considerado como um só sistema, encontrado na base das explicações propostas pela sociedade. Tratamos, assim, com as múltiplas facetas de um mesmo processo abrangente, cuja natureza é sobretudo histórica, pois está em relação constante com o grupo social. Entretanto, algumas manifestações particularizantes do *Poro* fundamentam, com razão, o qualificativo de "sociedade secreta" que se lhe atribui.

São essas mesmas características que conferem ao *Poro* a condição de instrumento ligado ao poder detido pelos seus dignitários, pois o conhecimento esotérico está relacionado com a manutenção das instituições ancestrais e, portanto, com a configuração da sociedade tal como ela existe. Esse grupo de sábios é o agente eficaz da sociedade, capaz de transmitir esse conhecimento: detentores de tal condição, acionam os mecanismos do *Poro*, dando-lhe a dinâmica da intervenção exercida no âmbito da sociedade. Dessa maneira, os dignitários do *Poro* atuam de maneira significativa nos mais variados setores do social: intervêm nas discussões e deliberações da família e da aldeia, sendo ouvidos e respeitados devido ao conhecimento da ética e jurisprudência ancestrais; participam dos atos litúrgicos, os quais supervisionam e praticam eles mesmos, relacionados com as instâncias divinas e com os ancestrais, sendo veículos por excelência da comunicação entre a sociedade e os entes extraordinários; são, ainda, responsáveis pela transmissão dos modelos mítico-históricos; finalmente, participam de maneira decisiva dos processos de socialização, particularmente de suas fases cruciais – as fases iniciáticas –, produtoras do homem idealizado pela sociedade. Esses homens do *Poro* ocupam, em decorrência, postos importantes na comunidade, detendo significativa porção do poder político, administrativo e sagrado, responsabilizando-se pela observação e transmissão dos valores ancestrais.

O *Poro*, enquanto proposta de conhecimento esotérico, entificado nos dignitários dele integrantes, inclusive na qualidade de membros de "sociedade secreta", revela particularmente bem uma das dimensões mais expressivas da sociedade Senufo.

A importância e o alcance do *Poro*, porém, não se manifesta apenas na esfera do conhecimento. De fato, abrange praticamente todas as instituições sociais.

Tanto Holas (1957) como Coulibaly (1978) colocam o *Poro* em capítulos destinados ao exame da vida espiritual do homem Senufo, relacionando-o com as instâncias divinas e religiosas, portanto sagradas, realçando seu aspecto de instrumento iniciático ligado à educação.

Assiste grande parte de razão a esses autores ao assim procederem, pois entre os Senufo a maioria das instituições são sacralizadas, já que sua origem é de natureza divina ou divino-ancestral; o preexistente, as divindades e os ancestrais históricos encontram-se geralmente na base da explicação proposta.

Esse fato é devido a duas proposições fundamentais. Em primeiro lugar, o preexistente, responsável pela criação primordial e pela ordem do universo, é também a fonte inspiradora de todo ato criador – ou reprodutor de um ato criador primordial – processado no conjunto da natureza. Ele está, assim, ligado aos processos de transformação do mundo. Ora, o *Poro* é uma instituição criada pelo homem com o objetivo de assegurar o bem-estar social, e é nesse sentido que reproduz, no âmbito das práticas humanas, um ato do preexistente. Daí, até um ponto bastante expressivo, a dimensão divina – ou de inspiração fundamentalmente divina – que se atribui ao *Poro*.[2] Por outro lado, o *Poro* é uma instituição concebida e criada pelos ancestrais ligados crucialmente à história da sociedade e, mantida ao longo do tempo, caracteriza fortemente a organização social dos Senufo. Esse fato evidencia seu caráter ancestral-histórico. Nesse universo proposto pelo *Poro* é normal, portanto, que a iniciação – a qual preferimos situar como fases diferenciais dos processos de socialização – seja um dos aspectos mais contundentes e uma das armas mais poderosas do *Poro*, pois é através dela que se elabora o homem-padrão idealizado pela sociedade. Esse homem, por força do *Poro*, absorve os valores ancestrais que organizam a sociedade e nela se integra de maneira ótima, mantendo-a viva.

Tal conjunto de fatores justifica que o *Poro* se destaque como elemento integrante da vida espiritual dos Senufo. Mas sua própria dinâmica, embora guarde uma natureza eminentemente sagrada,[3] manifesta-se concretamente em outros âmbitos das práticas históricas.

Holas – colocando os processos iniciáticos do *Poro* sob a égide de *Katyeleo* – indica, entretanto, que no ciclo de Korhogo e "particularmente na região centro-oeste, a atividade do poro dirige praticamente toda a vida habitual" (Holas, 1957: 149). Esse autor considera ainda necessário

> primeiramente compreender, no sentido mais profundo da palavra, que o poro é antes de tudo um microcosmo, portanto um condensador da energia social, fornecendo todos os valores indispensáveis à perpetuação da vida e à manutenção da ordem. É do poro igualmente que emanam as noções mais imediatas, tais como as de chefia, o comando ou a prosperidade. (Holas, 1957: 152–153)

Coulibaly, que considera ser o *Poro* o culto de *Katyeleo* e o Bosque Sagrado o seu templo, também sai da dimensão apenas espiritual e aponta algumas de suas outras características, como a de instrumento político e educacional, ao afirmar:

> Uma das finalidades dessa organização iniciática, desse ensino hermético, é velar pela sobrevivência do grupo e preservar a qualquer preço a intemporalidade legada, ensinada pelos ancestrais. Toda renovação estando excluída, o fundamental é permanecer fiel ao

arquétipo transmitido pelos ancestrais e de o reproduzir indefinidamente e o mais fielmente possível. (Coulibaly, 1978: 104)

Há, portanto, uma ampla dimensão histórica envolvendo o *Poro*, além daquela de ordem divina e de instrumento de iniciação e, no estado atual do conhecimento sobre essa instituição, parece ser Ouattara (1979) quem propõe as perspectivas mais materialmente consideráveis e abrangentes.

O aparecimento do *Poro* está ligado à problemática histórica dos Senufo, provavelmente aquela em que estes se constituíram em agrupamentos sedentarizados e começaram a se dedicar à agricultura, estabelecendo previamente pactos com a terra para apaziguar os entes extraordinários, seus protetores. Esse aparecimento teria ocorrido juntamente com a institucionalização do *Sizanga*, o Bosque Sagrado, do qual o *Poro* é inseparável.

Segundo as proposições de Ouattara, o *Poro* nasceu da dinâmica interna da sociedade Senufo. Realmente, sedentarizando-se em aldeias, possuindo cada uma sua autonomia, as relações comunitárias teriam se estruturado, basicamente, na subordinação à autoridade do patriarca-chefe, zelador da terra. Essas relações, entretanto, não seriam suficientemente satisfatórias para o conjunto da comunidade, exigindo um elemento estruturador e normativo capaz de atingir a sociedade como um todo. Esse elemento foi o *Poro* o qual, para Ouattara, fez as famílias unirem-se através de "uma prática comum estabelecendo os direitos e os deveres de cada um dos habitantes da aldeia" (Ouattara, 1979). Nós acrescentaríamos, dentro dessa linha histórica de idéias, que o então recente sistema de produção deu origem à dimensão organizatória das relações de produção proposta pelo *Poro* – a detenção da terra, dos bens materiais necessários para fazê-la produzir e da força de trabalho como um só fator, individido e comunitário – por ele mantido ao longo do tempo.

O *Poro* veio a constituir-se, dessa forma, em instituição que interfere em significativas instâncias da sociedade, fortemente codificadas pela doutrina ancestral por ele proposta e cuja dinâmica articula.

Vistos resumidamente esses aspectos do *Poro*, cabe apreciá-lo enquanto instrumento de socialização, uma de suas dimensões mais expressivas. Realmente, a formação de uma personalidade-padrão, representativa do arquétipo humano concebido pelos ancestrais e proposto por uma sociedade auto-suficiente e fundamentalmente igualitária, é uma das armas mais poderosas com as quais a civilização Senufo procura manter vivas as suas práticas históricas.

Para abordar essa problemática, consideramos necessário apresentar algumas considerações preliminares relativas aos dados que serão indicados: 1. esses dados são bastante limitados, devido ao difícil acesso às informações sobre o *Poro* junto às fontes tradicionistas. Baseiam-se na bibliografia e nas informações obtidas pessoalmente; 2. os dados referem-se ao que anteriormente indicamos como "iniciação típica", isto é, o processo de socialização – com suas fases cruciais de iniciação – que produz tipos sociais não-diferenciados. Essa iniciação relaciona-se com o chamado *Poro* comunitário, e não com as iniciações particularizantes, atípicas, como é o caso dos *Korobla*, *Wabele* etc., embora, de maneira geral, se trate de dimensões específicas de um só universo; 3. as informações referem-se basicamente a um sub-grupo, os Tyembara (ou Kyembara), mas sua validade é extensiva, pois as instituições iniciáticas do *Poro*, não obstante as eventuais variações internas, configuram-se como processo de socialização dirigida característica dos Senufo; 4. esse processo extensivo de socialização, do qual destacaremos a última fase – a iniciação da fase *Tchologo*, que compreende o período crucial de reclusão no Bosque Sagrado – é feito por turmas, chamadas de grupos de idade; 5. por outro lado, os dados se referem a indivíduos do sexo masculino. Aqui, algumas informações nos parecem necessárias. Em primeiro lugar, não existe consenso objetivamente estabelecido sobre até onde vai a iniciação das mulheres. Parece certo que há a prática da excisão, mas isso não é suficiente para enfocar o assunto, pois essa problemática é menos ampla do que a iniciação tomada em seu sentido mais abrangente. Holas (1957), embora sempre se refira ao *Poro* iniciático enquanto instituição ligada aos indivíduos do sexo masculino, registra que haveria cerimônias comuns a homens e mulheres em fases intermediárias. Há ainda uma referência ao fato de que o acesso ao *Poro* seria possível à mulher não excisada, salvo o último grau. Esse autor se refere também ao "Poro das mulheres", informando a existência de um exemplar da estatuária Senufo representando uma galinha chocando seus ovos que seria um dos principais símbolos dessa iniciação feminina. Um outro dado refere-se a jovens excisadas que, em determinadas circunstâncias, participam de cerimônias iniciáticas destinadas aos elementos femininos: comprovada sua virgindade pelas matronas, essas jovens têm o direito de, nessas cerimônias, portar os tambores dos homens iniciados. De fato, esse tambor ritual tem por base uma estatueta de madeira representando uma mulher sentada num pequeno banco, com o sexo à vista e os braços levantados segurando o tambor que se apóia sobre a cabeça. Esse é o conjunto levado pelas jovens excisadas aos locais das cerimônias referidas. Abordando a problemática sobre outro ângulo, um informante de Korhogo nos indicou que os processos de iniciação para mulheres existem, e de maneira expressiva, aparecendo em dois níveis: um primeiro nível se configura como iniciação idealizada e se constitui essencialmente no mérito que se atribui ao papel das mulheres durante o período de reclusão dos homens no Bosque Sagrado. Nesse período crucial, as mulheres das famílias respectivas assumem várias das responsabilidades dos homens então recolhidos, inclusive no trabalho. Preparam ainda as refeições que lhes são destinadas. Dessa maneira, considera-se que esses encargos caracterizam suficientemente o preenchimento de certos deveres ligados à iniciação. É uma espécie de iniciação por participação. Outro nível, que inclusive foi chamado também de "Poro das mulheres" por nosso informante,[4] ocorre no sub-grupo Fodonbele. Segundo parece, trata-se de uma instituição ainda mais "fechada" do que o *Poro* dos homens, e sobre ela não conseguimos obter maiores detalhes, a não ser que dela somente podem participar as mulheres que já atingiram a menopausa. É bem possível que se trate de "sociedades secretas" de mulheres. Registre-se que, após o término do período de fecundidade, a mulher passa a ter maior acesso a certos rituais e mais liberalidade em relação ao comportamento-padrão concebido pela sociedade. Pudemos observar que durante a cerimônia em que vimos dançar uma máscara, somente penetraram no recinto, além dos homens, mulheres de idade madura ou avançada. Ora, segundo informado, a visão dessa máscara é interdita às mulheres.

Isto posto, podemos examinar alguns aspectos dos processos de socialização sintetizados no *Poro*.

Esses processos compreendem, em sua formulação esquemática, três grandes fases, cada uma correspondendo a um período de sete anos, que comportam, ou não, sub-fases.

A primeira fase – *Poworo* ("Poro negro") – é aquela da infância. Esse período é composto de quatro sub-fases e nele os ensinamentos não ocorrem em um âmbito hermético, mas sim "comum". A primeira sub-fase do *Poworo*, denominada *Gbowora* ("aprendizagem"), trata de ensinamentos sobre regras de comportamento e relacionamento com a família, pessoas idosas, componentes da mesma classe de idade e de outras classes. A segunda sub-fase, *Kamourou* ("aquisição da enxada"), liga-se a ensinamentos sobre as propriedades da terra e o significado do trabalho, com o aprendizado de certas técnicas. O iniciando dessa sub-fase que for considerado aprovado nos ensinamentos ganhará de um homem mais velho uma enxada (*Tèg*, a enxada dos homens), símbolo e motivo de orgulho. As outras duas sub-fases, denominadas respectivamente *Soro* ("bode")[5] e *Tyaraga* ("leão"), parecem ligar-se a explicações mais esotéricas, seja à correspondência com uma simbologia precisa estabelecendo relações entre homem e natureza, seja à problemática das origens dos agrupamentos humanos e seu desenvolvimento. De qualquer forma, não possuímos maiores detalhes sobre essas duas sub-fases. As gerações que saem do *Poworo* recebem nomes genéricos, como geração da "mosca", do "pássaro" etc.[6]

A segunda fase – *Kwonro* ("divertimento") – é a fase da adolescência, não comporta sub-fases e corresponde ao período de aprendizado prático ligado ao bem-estar comunitário. Nesse período, o indivíduo é iniciado nas relações sociais existentes no interior do grupo familiar e na comunidade. Introduzindo-se nas regras comunitárias padronizadas pelo *Poro*, seu aprendizado é, entretanto, bastante prático. O indivíduo integra-se nos trabalhos coletivos da terra, portador já de sua enxada. Quanto ao comportamento, desenvolve o sentido social de sua presença nos grupos. O aprendizado é também estabelecido no âmbito do sagrado, é treinado a confeccionar aparatos utilizados nos diversos rituais, a cantar e dançar em função de certos ritos funerários, e inicia-se, ainda, em uma parte da mímica ancestral e na arte da guerra.[7] Nessa fase, ocorre um período de recolhimento em local específico situado fora da aldeia, denominado *Kakpara*, onde os iniciandos são submetidos a provas de resistência física e moral, uma delas referida ao fogo (nada mais sabemos a esse respeito). As gerações dessa fase são denominadas genericamente *Kwombele*, mas ao seu término cada componente recebe um nome iniciático, que desaparecerá quando chegar ao final da última fase.

A terceira e última fase do *Poro* iniciático comunitário – *Tchologo* (ou *Tyologo*) – é a da maturidade, dividida em inúmeras sub-fases, das quais a última, se vencida, atribui ao iniciando o título de *Kafo*, que, segundo consta, raramente é obtida antes dos trinta anos. Corresponde ao processo que possibilitará a integração plena do indivíduo na sociedade, pois lhe permitirá possuir sólidos conhecimentos, teóricos e práticos, das proposições ancestrais organizadoras da maior parte das instituições sociais. É a fase onde, chegado o momento, os iniciandos, ao final do processo, são recolhidos no *Sizanga*, o Bosque Sagrado. Configura-se como a introdução ao conhecimento esotérico propriamente dito, visando a complementação do homem, tal como proposta pela comunidade segundo os padrões ancestrais. Compreende ensinamentos teóricos e práticos ligados a exercícios físicos, danças, representações, história profana e sagrada, mitologia, religião, ética, jurisprudência, arte, comportamento, técnicas agrícolas, caça, pesca, criação de animais, segredos da natureza, interpretação de simbologia aparente e velada, história secreta dos ancestrais etc. É nessa fase também que os indivíduos aprendem a linguagem secreta dos iniciados – o *Tiga*– e a totalidade da mímica ancestral, recebendo finalmente um novo nome secreto, que guardarão até a morte, símbolo da personalidade profunda trazida à luz no *Sizanga*, imposto por *Kouto* após seu "nascimento" como novo homem, aquele preparado para enfrentar os pesados encargos sociais que o esperam.

Coulibaly indica que durante os três últimos anos do *Tchologo* o iniciando submete-se às mais duras provas, devendo "resistir à flagelação, errar nu na natureza, noite e dia, não usar nada mais do que um *cache-sex*, qualquer que seja o tempo" (1978: 100). Mas nesse período, o iniciando é também submetido a provas intelectuais destinadas a avaliar o grau de percepção atingido em sua marcha em direção ao conhecimento, o que às vezes pode se resumir na interpretação correta de um enigma. Obtivemos uma informação[8] que ilustra as técnicas utilizadas no acesso paulatino ao conhecimento, como é o caso da decifração de enigmas. Durante os anos que precedem a reclusão dos *Tchologo* no Bosque Sagrado, cada iniciando leva consigo um pequeno saco cujo conteúdo desconhece, e do qual não se separa jamais. Esse conteúdo constitui um enigma a ser interpretado no *Sizanga* e trata-se de um momento importante da revelação de seu aprendizado. O enigma em causa, contido no saco, é constituído de certos elementos – por vezes, apenas de uma pedra – relacionados com o conhecimento de simbologia ancestral, tratando-se de algo aparentemente simples, mas cuja explicação institucional do Bosque Sagrado configura uma revelação colocada ao nível iniciático em que se encontra a pessoa. Esse exemplo revela bem o caráter hermético do ensino proposto pelo *Poro*, principalmente aqueles ensinamentos secretos que ocorrem no *Sizanga*. A esse propósito, Coulibaly (1978) indica que mesmo os iniciados que venham a enlouquecer não revelam esses segredos. Nós vimos inúmeros jovens Senufo portando esses pequenos sacos às costas ou nas cinturas, tendo um deles nos confiado que olhava de vez em quando o seu conteúdo. Por outro lado, segundo nossos informantes, o indivíduo, ao longo dos processos de iniciação, é sutilmente testado pelos mais velhos, mesmo que não se encontre ainda na fase de reclusão do Bosque Sagrado. Os mais velhos registram suas atitudes na comunidade, em todos os aspectos, avaliando o aproveitamento obtido nos ensinamentos, podendo interferir, ou não, em seu favor, conforme o caso. Um exemplo nos foi citado: um jovem que auxilia espontaneamente uma pessoa idosa em uma situação dada – por exemplo, ajudando-a a carregar um feixe de lenha pesado demais – poderá depois receber uma informação importante, relacionada com a simbologia ou com algum tipo de explicação. Essa informação terá caráter aparentemente dúbio, mas estará sempre referida ao sistema de aprendizado e ao nível respectivo. É possível, no entanto, que no Bosque Sagrado o iniciando seja chamado a explicar o conteúdo dessa informação.

Essas são algumas instâncias do conhecimento cujas estruturas são severamente explicadas aos iniciandos e sobre as quais são exaustivamente testados, impondo multas e castigos em caso de fracasso que podem atingir grande significação material e moral. Essas multas são aplicadas individual ou coletivamente. Segundo Coulibaly (1978), esquecer o nome ritual de um antigo iniciado, misturar passos de danças, palavras das canções, ritmos de tambores e outros instrumentos, são faltas puníveis com correções ou multas após deliberação dos dignitários no Bosque Sagrado. O valor é variável e não há recurso contra as decisões, pois todos os representantes das instâncias que decidem passaram pelo mesmo processo. Holas (1978) afirma que no caso de multas ocorridas no Bosque Sagrado, os iniciados devedores devem fazer os respectivos pagamentos – na moeda originária, o cauri – antes de deixarem esse local e se reintegrarem à vida comunitária. Esse pagamento é feito à parteira divina *Kouto*, em cerimônia específica. Isso realmente acontece, porém, dados complementares nos foram fornecidos, indicando que essas dívidas materiais e morais estendem-se às obrigações contraídas pelos indivíduos com seus iniciadores. Esses pagamentos nem sempre podem ser efetuados à saída do Bosque Sagrado. Assim, eles continuam a ser feitos depois, até que o compromisso seja saldado completamente, pois há um cuidadoso controle através de um sistema que não conseguimos conhecer. O pagamento é indispensável para a reputação do iniciado e de toda sua família. Não fazê-lo é ato indesculpável, segundo as regras do *Poro*. Essa normativa ancestral ligada à iniciação do *Poro* engendra, pois, um sistema de dependência nas relações iniciandos-iniciadores, que envolve uma parte da divisão do trabalho – a obrigatoriedade de trabalhar nas plantações destes últimos durante certos períodos – e da circulação de bens, já que as multas em espécie revertem aos dignitários. Esse é mais um dos aspectos que reforçam o poder gerontocrático entre os Senufo.

Ao término do período de reclusão no *Sizanga*, ocorrem, no dia previsto, as cerimônias de saída dos iniciados, que se revestem de um caráter dramático pois não se sabe se todos os *Tchologo* retornarão à aldeia. Para que a comunidade saiba se alguém pereceu, há um ato enunciador da circunstância. Sabemos da existência de duas maneiras de anunciar a saída dos *Tchologo* do *Sizanga*. Ambas estão ligadas ao problema do desaparecimento de um ou mais *Tchologo* durante a fase da reclusão, ameaça que contribui sensivelmente para agravar a tensão que se instala na comunidade a partir do momento de recolhimento nesse local. Uma modalidade é dada através da simbologia da alimentação, fonte de vida. Durante o período de reclusão, as mulheres – mães, irmãs, primas – preparam as refeições para os homens e depositam as vasilhas em determinado local das orlas do Bosque Sagrado. As vasilhas são, então, recolhidas por quem está no *Sizanga* e, posteriormente, recolocadas no mesmo local, todas vazias. As mulheres voltam para recolhê-las. Nada, assim, pode indicar se houve ou não morte no Bosque Sagrado. No dia da saída dos *Tchologo*, as mulheres preparam as refeições preferidas de cada um, depositam as vasilhas no local habitual e se retiram. Depois de algum tempo, voltam para verificar se todas as vasilhas foram recolhidas. Cada uma que restar, intacta, significa que aquele a quem era destinada não resistiu. A outra modalidade de anunciar a morte de um *Tchologo* durante a reclusão é dada, em linhas gerais, pela simbologia da galinha e do ovo, também representações de fontes de vida que se renovam. Essa modalidade parece ser uma prática do sub-grupo Nyarafolo. A reclusão no Bosque Sagrado é concebida como um processo de nascimento, que vai da fase do ovo – talvez, até mesmo, de sua postura – até a saída dos pintinhos de suas cascas, isto é, o nascimento do novo homem que sai do Bosque Sagrado e volta à comunidade. Os ovos são os iniciandos e o *Poro* a galinha-mãe, eternamente pousada sobre eles. No dia da saída, uma máscara vem anunciar, institucionalmente, se a ninhada foi boa ou não, isto é, se todos os iniciandos estão vivos. Em caso contrário, as vestimentas e paramentos respectivos são exibidos publicamente, e as cerimônias de saída têm prosseguimento. De qualquer maneira, os desaparecimentos provocam grandes lamentações na comunidade.

As grandes cerimônias finais do processo – a saída dos *Tchologo* do *Sizanga* – marcam a reintegração do indivíduo na sociedade que, através do *Poro* e sob a sua proteção, elaborou o novo homem, o homem natural-social portador da personalidade-padrão básica proposta pelos ancestrais, ao qual deu nascimento. Realmente, tudo indica a ocorrência desse nascimento. Os iniciandos estiveram totalmente isolados da comunidade durante seu recolhimento no Bosque Sagrado e nenhuma notícia a seu respeito foi transmitida às famílias respectivas. Houve a morte simbólica, a gestação e o parto ocorridos naquele espaço originador de vida natural e social. Os iniciandos aprenderam uma nova linguagem e ganharam um novo nome. Perderam suas idades anteriores à reclusão, passando a ter a idade dada pelo dia em que "nasceram" no Bosque Sagrado. São, então, considerados irmãos, no sentido mais amplo do tempo, todos vieram ao mundo no mesmo dia sob a proteção do *Poro*. Eles são, assim, uma ninhada e o *Poro* a galinha-mãe.

A ação do *Poro* enquanto sistema de introdução do indivíduo na sociedade se faz sentir em todos os níveis, revelando a enorme importância que a sociedade lhe atribui:

> Todo Senufo que tenha pretensões de comando, ambição de ascender a um posto de responsabilidade na sociedade, deve necessariamente ser impregnado de cultura do poro. O não-iniciado tem condição de pária na comunidade aldeã. Nenhuma iniciativa lhe pode ser atribuída naquilo que implique risco de ter uma conseqüência qualquer para o grupo. Ele é automaticamente excluído de todas as reuniões que agrupem os iniciados. Seus irmãos mais novos, iniciados, não lhes devotam nenhum respeito... É por-

tanto raro encontrar na sociedade homens que aceitem deliberadamente adotar tal condição. (Coulibaly, 1978: 103)

A rigor, portanto, os homens saídos do *Poro* devem conhecer ampla e satisfatoriamente as regras ancestrais que regem as relações sociais. Um *Tchologo* é um homem perfeitamente localizado na natureza e na sociedade, já que todos os processos de socialização conduzem a uma síntese desses dois universos. Iniciado ao conhecimento esotérico que pode levar à sabedoria com a idade, ele é a imagem por excelência do homem natural-social idealizado pelos ancestrais e, nesse sentido, exerce um significativo papel social, de elo entre as gerações mais velhas e mais novas. Por outro lado, esse conhecimento e essa condição iniciática conferem aos *Tchologo* a possibilidade de participar das representações do teatro sagrado, que sintetizam os grandes modelos históricos, transmissores, pela alegoria, dos arquétipos ancestrais que explicam e legitimam a realidade.

No domínio do sagrado – inseparável da configuração abrangente das instituições Senufo –, os *Tchologo* são os instrumentos de que se servem os dignitários do *Poro*, constituindo-se em agentes altamente especializados da sociedade. Assim, ligam-se às cerimônias destinadas a estabelecer um relacionamento ideal entre a sociedade, as divindades e os ancestrais. Fabricam, utilizam e mantêm sob sua guarda a parafernália ritual destinada a esse fim. Executam as danças sagradas, detentores que são da mímica ancestral, repetindo gestos cujas origens se perdem no tempo.

Quando a morte se apresenta na comunidade, esses iniciados dão cumprimento às cerimônias que se seguem – uma das dimensões mais importantes da sociedade Senufo, devido às suas relações privilegiadas com os ancestrais –, participando dos ritos de elaboração do ancestral e dos funerais cíclicos.[9] Isto é, dão seqüência aos atos, públicos ou não – inclusive aqueles secretos que se desenrolam no Bosque Sagrado –, destinados a localizar o evento no contexto social a que pertence segundo as regras ancestrais. Nesse sentido, são eles que executam cantos e danças fúnebres, tocam instrumentos sagrados, incumbem-se de enrolar os cadáveres nos tecidos do costume, com os quais são enterrados.[10] Providenciam, em síntese, todo o necessário para levar a bom termo os vários atos que marcam as cerimônias funerárias, cuja complexidade aumenta quando se trata de um alto dignitário do *Poro*. Dessa forma, deslocam-se de aldeia em aldeia, às vezes sem repouso,[11] reunindo-se para cumprir essas importantes obrigações comunitárias que a sociedade lhes confia.

Na instância do trabalho, são os iniciandos do *Tchologo* que, durante os sete anos desse período iniciático, trabalham, um dia por semana, as terras de cada um dos idosos. Quando se negociam relações de casamento, este só ocorre se o futuro esposo pertencer, no mínimo, à categoria de iniciado da segunda fase do *Poro*, e desde que trabalhe as terras de seu futuro sogro em períodos determinados, em troca apenas das refeições. Em se tratando de iniciados de último grau, os dignitários que os iniciaram têm o direito de servir-se do trabalho daqueles, também em períodos determinados e apenas em troca das refeições, maneira de retribuir os ensinamentos recebidos. Ainda mais, como vimos antes, quando as pessoas idosas não podem mais trabalhar – o que é caracterizado pela impossibilidade de carregar a enxada e com ela manipular a terra – a comunidade lhes garante os meios necessários à sua manutenção digna até a morte. Dessa manutenção dos velhinhos participam os *Tchologo*, o que constitui motivo de orgulho, e o contrário, a não participação, significa uma execrável agressão às normas ancestrais de socialização estabelecidas pelo *Poro*, e aos próprios ancestrais.

No âmbito das práticas políticas, os não-iniciados não têm direito a voz e voto, e nenhum cargo de responsabilidade na comunidade lhes é atribuído, pois, praticamente, não possuem uma cidadania. Sem deter essa condição, jamais serão dignitários do *Poro*, nem notáveis na comunidade. Esse aspecto também é essencial para que se julgue a importância da socialização proposta pelo *Poro*. Realmente, essa limitação se configura como um banimento total das práticas políticas, pois a palavra, a discussão, a conciliação, nas civilizações da oralidade, são marcos distintivos de sua democracia. Não poder falar, registrar sua opinião, persuadir, dissuadir é não participar de suas práticas políticas. Fazê-lo, estando integrado num grupo unido pela iniciação comum – o de cada geração iniciada – é demonstrar a "força" da palavra, exprimir o ponto de vista de uma parte da coletividade e, portanto, participar dessa democracia. Na realidade, as gerações de iniciados, juntamente com as sociedades secretas, são fatores cruciais da descentralização do poder. Essas duas instâncias participam, interferem, e mesmo se opõem, nas decisões que afetam a comunidade.[12] Via de regra, as decisões importantes, inclusive os conflitos, são decididos pela palavra, invocando-se a jurisprudência ancestral, nos Conselhos de família e da comunidade. Se não houver conciliação, a palavra final é, então, dada às grandes máscaras, cujos vereditos são obrigatoriamente aceitos.

Assim, uma geração de iniciados do *Poro* constitui a população que renova os agentes sociais e a sucessão de gerações, em seus diversos níveis, permite a constante substituição dos contingentes, formando-se uma hierarquia dada pelo princípio de antigüidade iniciática, os mais velhos sendo sempre mais respeitados que os mais novos, mesmo que estes atinjam o último grau do *Tchologo*, o grau *Kafo*. O traço distintivo dessa estruturação por grupos que se renovam, além do sentimento de solidariedade existente entre os membros de uma mesma geração – tecida pelas duras provas físicas, morais e intelectuais a que foram submetidos juntos – é dado pelo conjunto de obrigações que o *Poro* lhes atribui: *todas as cargas sociais de cada geração são comuns a cada um de seus membros.*[13]

Nesse complexo processo de elaboração do homem representativo dos principais valores ancestrais, o *Poro* adquire extrema importância por se constituir no sistema básico do qual a sociedade se serve para levá-lo a termo. Não se conhece muito da iniciação proposta pelo *Poro* naquelas instâncias secretas ligadas à compreensão da simbologia ancestral, nem quanto aos atos que se passam no Bosque Sagrado e visam mostrar ao homem qual o lugar que ocupa no universo. Um estudo nesse sentido poderia contribuir fundamentalmente para a compreensão mais dilatada do profundo humanismo de que se reveste a sociedade Senufo.[14] Mas esse humanismo, cuja origem divina e ancestral não nos foi dado conhecer melhor – a lei do segredo o impediu –, mas apenas entrever, é talvez ainda mais tocante quando colocado em relação com as práticas históricas comuns. Ou seja, quando colocado em relação com a proposição de elaborar, sem nenhum aparato tecnológico, em meio às duras condições do trabalho incessante da terra, um homem que compreende a si próprio e à sua sociedade, que concebe as instituições que a regem e o seu bem-estar como valores fundamentalmente integrantes de sua condição existencial.

É nesse sentido que os Senufo buscaram produzir uma personalidade-padrão, um indivíduo profundamente embebido de valores segundo os quais a sociedade deve ser um instrumento privilegiado de relações igualitárias entre os homens. Esse homem é realmente "muito dócil, muito humilde, muito prisioneiro de um sistema de regras ancestrais que lhe deixa pequena margem para tomar iniciativas pessoais" (Coulibaly, 1978: 106). Mas isso foi uma opção histórica dos ancestrais: esse homem não está em conflito nem com a natureza, nem com a sociedade, ele é uma barreira natural a qualquer tipo abrangente e institucionalizado de exploração do ser humano. O *Poro* realmente envolve uma proposta de controle social que, entretanto, deve ser situado no seu justo contexto qualitativo e comunitário. Ao que nos parece, esse controle manifesta-se, mais decisivo, como exteriorização da auto-consciência do homem e da sociedade. Produzir homens conscientes de sua condição histórica e manter a consciência da sociedade acerca de tal homem e de si mesma segundo seus valores civilizatórios, comunitários, igualitários e democráticos, *esse é o humanismo histórico e material proposto pelos ancestrais Senufo*, do qual o *Poro* é dimensão e instrumento privilegiado.

Os homens saídos do *Poro* e as gerações às quais pertencem são parte dos elementos estruturadores de tal humanismo, como parecem simbolizar esses magníficos monumentos que são encontrados nas aldeias Senufo, fortemente destacados na paisagem e que, apoiados sobre enormes forquilhas, vão sendo edificados progressivamente, ao longo do tempo, pela superposição de fileiras de longos bastões dispostos horizontalmente, lado a lado, onde cada bastão representa um iniciado e as fileiras representam as gerações de homens do *Poro*, recriando a trama proposta pelos antepassados, na qual cada elemento sustenta o outro, os mais novos e os mais velhos, o homem e a comunidade, a sociedade e os ancestrais.

Notas

1   Segundo os Senufo, a não-revelação dos segredos desse conhecimento aos não-iniciados é fator da manutenção dos padrões civilizatórios ancestrais. Tratando-se de uma civilização cuja pedra-de-toque é a elaboração do homem perfeitamente integrado na sociedade segundo esses padrões, compreende-se que seus principais valores sejam transmitidos pelos detentores do seu conhecimento. Entretanto, evidenciado o homem natural-social, ele pode ter acesso aos vários níveis de conhecimento.

2   Lembremo-nos que os processos iniciáticos dos Senufo prevêem a sacralização do homem e seu encontro com o preexistente, contribuindo para reforçar o caráter sagrado também atribuído ao *Poro*.

3   Negar a dimensão sagrada do *Poro* nos parece grave erro. Nessa instituição – como em várias outras entre os Senufo – o sagrado e as práticas sociais não se separam, completam-se.

4   Depoimento de Gon Coulibaly, 1979.

5   A palavra *Soro* não parece significar somente bode. Nós a encontramos significando pantera, leopardo ou ainda elefante, no contexto da nomenclatura das famílias Senufo. No contexto iniciático, essa palavra pode ter assumido outros significados.

6   Esses nomes estão relacionados com as qualidades que se quer estabelecer para um homem iniciado no *Poro*. A esse respeito, ver Zahan (1960), para os Bambara, onde todas essas relações, tais como aparecem naquela sociedade e nos processos iniciáticos ali examinados, são explicadas minuciosamente.

7   Holas (1957) indica que os iniciados dessa fase constituem a "vanguarda" Senufo em caso de guerra.

8   Segundo Tidiane Dem, 1979.

9   Em 1979 nós pudemos apreciar, em Niapieoledougou, parte de um funeral que se repete periodicamente. Trata-se de cerimônia geralmente dedicada aos dignitários fortemente conservados na memória social.

10 Segundo nos foi revelado por Tidiane Dem (1979), a quantidade de tecidos utilizados para enrolar os cadáveres pode gerar problemas. Como todos esses tecidos – cuja doação é típica dos ritos funerários – devem acompanhar o corpo, às vezes o cadáver não cabe na cova. Suas pernas são, então, quebradas.

11 Coulibaly (1978) assinala que por vezes os *Tchologo*, terminados os ritos funerários em uma localidade, devem dirigir-se imediatamente a outra, para os mesmos fins. Realmente, o *Tchologo* é visto correndo pelos caminhos da savana, deslocando-se de um local a outro. Nós pudemos ver, em território Senufo, quando percorríamos estradas secundárias, que nas aldeias pelas quais passávamos os jovens iniciandos estavam se reunindo em grupos de dois ou três, e colocavam-se em marcha e desapareciam nas veredas, usando suas vestimentas iniciáticas e seus objetos rituais. Embora normalmente o *Tchologo* se

desloque a pé, correndo, pudemos observar alguns deles, que logo desapareceram de vista, utilizando mobiletes.

12 É o caso que vivemos ao observar uma cerimônia funerária em localidade da qual não mencionaremos o nome. Nos apresentamos aos chefes locais, oferecemos uma contribuição para as despesas e fomos autorizados a permanecer. Mais tarde alguns jovens, vestidos com seus trajes de iniciados e trazendo seus objetos rituais, nos convidaram a deixar a aldeia. Ao citarmos a autorização recebida dos chefes, um deles disse-nos que essa autorização não se confundia com a dos grupos, pois eles é que praticavam atos "fechados" das cerimônias. Deixamos o local sem poder obter informações que permitissem avaliar os limites do exercício da autoridade.

13 Segundo Gon Coulibaly, em informação pessoal. A mesma fonte nos informou que a iniciação do *Poro* exerce grande influência no indivíduo, submetendo-o moralmente à sociedade, razão pela qual a administração governamental, em dada situação, incentivou, junto às instâncias respectivas, a iniciação no Bosque Sagrado de vários funcionários não submetidos a ela, a fim de conseguir maior eficácia destes nas relações de trabalho. Triste mutação do significado desse processo de socialização, a ser aproveitado na burocracia.

14 O trabalho mais completo e exaustivo (dentro da bibliografia que conhecemos), revelador desse humanismo em sua dimensão mais profunda, é o de Zahan (1960), que teve o mérito de desvendar a problemática relatando em detalhes como ela se configura entre os Bambara. Essa civilização não pode ser compreendida, no marco das ciências humanas, sem que se conheça esse trabalho exemplar.

Conclusões

Os dados expostos neste trabalho oferecem a possibilidade de se colocar em evidência, resumidamente e a título de conclusões, alguns aspectos gerais que mais nos chamaram a atenção.

O pré-ancestral

Pode-se considerar que o homem natural efetivamente manifesta-se como síntese de uma pluralidade de elementos vitais, um deles estabelecendo a noção de imortalidade do ser humano assim como sua dimensão mais capaz de tornar-se histórica e ancestral. Note-se que esse princípio vital – assim como os demais indicados no texto – foram encontrados nas três sociedades pesquisadas, com características idênticas. Tal proposição é, porém, indissociável de sua dinâmica, a qual se caracteriza em virtude de dois fatores principais. Um deles é proposto pelo movimento de forças do próprio ser, pois cada um desses princípios encontra-se em união vital dependente e, enquanto esta perdure, manifesta-se a vida no plano da existência visível. Em segundo lugar, esses princípios vitais, cada um na sua esfera de ação possível, são capazes de sofrer mutações qualitativas. Em outras palavras, a sociedade propõe a existência de uma potencialidade de progressão do homem natural em direção àquela do homem natural-social. Isso conduz a outro grande fator da dinâmica do ser: a capacidade de interação de seus componentes vitais naturais com as práticas históricas. É nesse sentido que o *nome* e a *socialização* constituem-se também em elementos vitais, estabelecidos, entretanto, pela ação humana.

Tudo leva a crer que tais qualidades e características somente se manifestam na totalidade de seu alcance quando sua exteriorização ocorre no universo da consciência mantida pela sociedade acerca das transformações possíveis do homem natural. Mas o processo não ocorre ao acaso: pressupõe, em primeiro lugar, que a socialização dos elementos vitais deve conduzir à absorção mais significativa de valores históricos diferenciais, aqueles que instituem a identidade profunda do grupo; e, por outro lado, que somente a sociedade é capaz de manipular esse processo constituinte do ser humano total pela manutenção de sua dimensão natural em união com sua dimensão social. A capacidade transformadora do ser parece ainda fazer emergir a consciência da potencialidade do homem em adquirir a condição de ancestral após o término da existência visível, ainda com a intervenção da sociedade, como vimos. Essa dimensão ancestral é revelada pela capacidade de o pré-ancestral permanecer sempre no mesmo grupo social, seja durante a fase da existência visível, seja após ela, através da reencarnação ou inserção na massa ancestral privativa da sociedade, capacidade atribuída justamente pela sua dimensão mais *histórica*, aquela criada pelo *princípio vital de imortalidade*.

A problemática da morte

Dentre os vários aspectos relacionados com a morte, um deles coloca a questão da desagregação dos princípios vitais em analogia com uma perspectiva de desagregação da própria sociedade. Nesse sentido, há uma proposição de imperfeição do sistema vital estabelecido e articulado pela natureza, de certa forma incluindo o preexistente. O indivíduo é assemelhado à sociedade: aos elementos vitais naturais e sociais constitutivos do pré-ancestral correspondem os fatores que fazem configurar a existência material e histórica da sociedade. Nós consideramos essa dimensão da morte insuperável e reveladora de um ângulo específico, demonstrando a mobilidade do ser humano e da sociedade: ela se constitui no fim da existência visível de uma de suas partes, o corpo.

Bem analisados os dados oferecidos, dentre os elementos vitais o corpo é o único realmente perecível, se tanto. Os demais assumem outros estados existenciais. Note-se: as características desses princípios praticamente permitem à sociedade reconstituir o homem no plano material, reelaborando o corpo através de estatuetas ou qualquer outro elemento representativo de sua imagem, ainda que em alto grau de abstração, e dotando-o de porções da vitalidade anterior, inclusive daquela referida ao princípio vital de imortalidade, estabelecendo princípios de sacralização. Vários foram os exemplos ilustrativos dessa proposição, ligada a uma característica básica do ancestral: a capacidade de fazer expandir suas forças vitais para manifestá-las, muitas vezes concomitantemente, não apenas nos elementos materiais como também no universo das abstrações sob a forma de energia ou legitimação relacionada com a vitalidade social. Para a sociedade, os impactos mais visíveis da morte manifestam-se nos corpos de seus indivíduos, todo o resto continuando a existir de uma ou outra forma.

Mas sendo a morte um elemento inseparável da existência visível, cabe à sociedade dar continuidade ao ser em outro plano, sempre envolvidas no processo as práticas históricas. O primeiro ato praticado nesse sentido – e o mais aparente – é o da configuração *social* da morte, cujos efeitos deletérios são atribuídos ao seu caráter de certa forma exterior ao ser. Ou seja, a natureza mágica do evento simboliza o fato de ser ele um veículo de desagregação dos elementos vitais fazendo emergir o fim da existência visível. Não se trata de promover a simples superação da morte através de artifícios banais, mas sim de rearticular concretamente o homem e a sociedade, pois a perda material de um de seus indivíduos é fato da mais intensa importância. Para esse fim, um grande número de atos e instituições emanadas das cerimônias funerárias promovem efetivamente tal reorganização, limitando a morte a um momento dado e a uma dimensão específica do homem e da sociedade imposta pela existência visível. Todos os demais atos funerários – muitos deles secretos e inacessíveis a pesquisadores – estabelecem a continuidade histórica nos dois níveis em que ela se situa: o da sociedade no mundo terrestre e o dos ancestrais no mundo que lhes é próprio.

Tais proposições são absolutamente materiais e históricas. A elaboração do ancestral institui que concretamente a morte, nos limites de sua manifestação, é um fato insuperável. Mas fora desses limites não o é, pois o homem é dotado de imortalidade. Esta, estabelecida por um princípio vital atribuidor justamente de sua dimensão mais histórica, é preenchida de uma qualidade transformadora notável: é capaz de integrar um processo que promove sua interação com a sociedade até mesmo no universo da morte, cabendo àquela reivindicar a primazia de dar destino preciso a tal fator determinante. Esse destino, não fosse a ação eficaz da sociedade, seria *aleatório*, a dimensão mais histórica do homem poderia então encaminhar-se em direção a uma massa vital *indiferenciada* e nela se fundir, perdendo-se do ponto de vista social. Tal destino não é, entretanto aceito pela sociedade, a qual, então, prepara gradualmente a individualização da imortalidade através das cerimônias funerárias, manifestando-se inclusive na manipulação mesma do próprio princípio vital em causa, efetivada em múltiplas fases por agentes sociais extremamente especializados, a fim de, finalmente, elaborar o ancestral. De fato, a sociedade detém condições capazes de promover mutações no ser humano e, sobretudo, de assumir o controle das mesmas, dominando a desordem. Isso explica por que as fases sintéticas dos processos de socialização aproximam-se significativamente da morte e da construção do ancestral. Em ambos os casos, há morte – desaparecimento da personalidade anterior a certas práticas ou morte física do indivíduo nos espaços sagrados –, o todo sendo de alçada exclusiva da sociedade segundo seus padrões civilizatórios. Como na iniciação, o homem, na morte física, depende totalmente das ações históricas. Em última instância, seja na construção do homem natural-social (o pré-ancestral), ou na do ancestral propriamente dito, homem e sociedade detêm consciência ótima da condição proposta: na existência visível, a sociedade integra o homem nas práticas históricas do mundo terrestre; na instância da morte, trata-se de integrá-lo no país dos ancestrais. A carga vital histórica que tipifica o pré-ancestral é a mesma individualizadora de seu retorno ao mesmo grupo através da reencarnação ou em sua condição de ancestral, sempre embebido da identidade que lhe foi atribuída. Por tais vias, compreende-se a importância da morte: não obstante seu caráter desagregador, *ao invés de propor um princípio de extinção, estabelece a continuidade do homem e do processo histórico*.

Tipologias dos ancestrais

Anteriormente nós estabelecemos uma distinção entre divindades e ancestrais históricos. Na primeira e segunda partes deste trabalho, referimo-nos essencialmente ao ancestral histórico, pois buscávamos a materialidade possível desse conceito a partir da própria noção de pessoa instituída pelas sociedades examinadas. Na terceira parte, fizemos uma reversão metodológica e colocamos sob a mesma designação de ancestral tanto os antepassados como as divindades e mesmo o preexistente, embora às vezes tenhamos praticado distinções de importância então menor. Voltaremos agora, na tentativa de melhor objetivar a noção, a estabelecer formalmente uma diferenciação entre essas duas categorias de ancestrais, pois o alvo de nossa preocupação neste momento coloca o problema da essência que distingue esses entes sobrenaturais.

Consideramos evidenciar-se *duas* massas ancestrais de naturezas diversas: uma é de *essência mítica* (preexistente e divindades) e a outra é de *essência histórica* (seres humanos tornados ancestrais).

Vejamos alguns dados sobre a primeira massa ancestral indicada, a de essência *mítica*.

Quanto ao *preexistente*, é ele o detentor por excelência da energia primordial que engendrou os processos inaugurais de criação. Está relacionado com a criação do mundo e do homem, participação essa que ocorre através de sua própria ação, como entre os Senufo, na versão de Holas (1957), ou com o concurso de divindades específicas, como aparece entre os Ioruba e também ainda entre os Senufo, na versão por nós obtida pessoalmente e já indicada. Sobre os Agni, não dispomos de dados mais diferenciais — além daqueles apresentados no capítulo 10 — nem quanto aos processos de criação, nem quanto à eventual delegação de atos criadores a divindades. Uma característica atribuída ao preexistente por Verger (1957 e 1981) e por Holas (1957) para os Ioruba e Senufo, respectivamente, é a de seu relativo, senão total, afastamento da sociedade após terminados os processos de criação. Essa idéia não deve, entretanto, ser generalizada, a nosso ver, cabendo aceitá-la com certas reservas para fins de uma análise diferencial da problemática, pois, se isso parece evidente entre os Ioruba, segundo a versão de Verger, sua abrangência é menor entre os Agni e Senufo. De fato, como vimos e dentro das limitações de dados disponíveis, o preexistente Agni chegou mesmo a manifestar-se no mundo terrestre, e suas ações marcaram a emergência de vários fatores relacionados com as práticas históricas. Tal participação do preexistente foi tão significativa que mesmo hoje sua presença real ou simbólica entre esses Akan marca a divisão do tempo, estabelecendo aqueles períodos mais propícios às práticas relacionadas com o sagrado — justamente quando o ente primordial encontra-se no espaço terrestre — e aqueles mais favoráveis às demais atividades, quando retira-se para seu mundo privativo. Deve ser realçado ainda que, em determinados momentos das práticas históricas, o preexistente Agni pode manifestar-se em relação quase direta com a sociedade, como no caso do sabre sagrado vindo do espaço na batalha decisiva anterior ao êxodo, ou quando demonstra sua cólera através de tempestades e raios lançados sobre a Terra, podendo ainda punir ou fazer punir os homens em suas atitudes contrárias à ética estabelecida. Quanto aos Senufo, a participação de *Koulotyolo* é menos evidente na versão de Holas (1957), mas segundo Ouattara (1979 e 1981) esses voltaicos têm sua espiritualidade referida ao preexistente, havendo cerimônias específicas destinadas a seu culto e até mesmo a possibilidade da existência de uma representação simbólica de sua imagem no interior do *Sizanga*, o Bosque Sagrado. Partindo de uma abordagem histórica, o preexistente deve ser considerado personagem integrante da massa ancestral de essência mítica proposta pelas sociedades em causa por ser, *no mínimo*, o principal responsável pelo aparecimento do mundo e do homem.

No que concerne às *divindades*, elas assumem pelo menos três configurações. A primeira refere-se à sua participação generalizada nos diversos domínios da natureza, sendo portadoras de energias vitais específicas hierarquizadas segundo as instâncias de suas manifestações, criando forças menos ou mais próximas do conhecimento humano, pois a multiplicidade das energias naturais e dos processos por elas engendrados somente pode ser explicada em seu conjunto pelo próprio preexistente, *único* detentor do saber universal. Uma segunda configuração indica que o relacionamento desses entes sobrenaturais com o mundo adquire características específicas, pode abarcar os elementos da natureza em suas mais variadas exteriorizações e estabelecer dinâmicas peculiares. Isso explica a variedade de locais deles característicos, como montanhas, florestas, mar, lagunas, rios, fontes, árvores, terra, ar, fogo etc., isto é, espaços generalizantes, mas com os quais o homem pode estabelecer interações, algumas bastante significativas, como, por exemplo, nos ritos agrários. Uma terceira característica a ser apontada, é a de que as divindades podem fazer parte da própria constituição do homem, individualizando-se então fortemente e apresentam caráter extensivo quando referidas a mandatários de notável importância social, como no caso do culto do *Ori* do rei entre os Ioruba, cerimônia válida para ao conjunto da sociedade. Ainda mais: quando a participação desses entes nas práticas sociais acontece de maneira mais ampla, integrando práticas sociais, seu caráter sagrado adquire dimensão eminentemente histórica, ocorrendo então o que chamamos de *humanização dos deuses*. Nesse caso, os locais a eles destinados pela sociedade, assim como suas representações, são diferenciados e geralmente impactados pela ação humana.

Essas três dimensões básicas das divindades aparecem bem caracterizadas nas sociedades de que nos ocupamos.

Entre os Ioruba, o aspecto mais contundente as relaciona com as práticas políticas e com a legitimação do poder do rei, embora o exemplo do reino de Ketu tenda a demonstrar o envolvimento dos ancestrais históricos. Para os Agni, os dados disponíveis fizeram aparecer com maior significação os dois primeiros aspectos. Já no que se refere aos Senufo, há uma hipótese ligando *Katyeleo*, a deusa, à problemática da organização da sociedade, segundo a versão apontada por Holas (1957). Mas, partindo das interpretações de Ouattara (1979 e 1981), baseada em dados aparentemente mais seguros, acontece uma reversão: a importância de certos mecanismos sociais, ligados à organização da família e da comunidade, manifesta-se nas *Katyeleo* das aldeias – figura humana antes apontada – mas se reproduz no Bosque Sagrado, propondo a mais interessante dialética. Tudo leva a crer que a sacralização das *Katyeleo* das aldeias e seu desdobramento até o Bosque Sagrado é de ordem material e histórica, revelando dimensão específica do humanismo Senufo. Mas a hipótese de uma fusão no *Sizanga* entre instâncias de essências diversas no âmbito simbólico não deve ser afastada, mesmo porque o Bosque Sagrado é domínio de *Katyeleo*, a deusa, manifestado no mundo terrestre. A interação entre divindades e sociedade no caso Senufo é ainda evidente quando se têm em conta os processos que dão origem à ocupação e exploração da terra, elementos básicos da organização social, gerando pactos estabelecidos entre entes sobrenaturais e ancestrais-fundadores, os quais, por esse mesmo motivo, atingem significativo estado de sacralização, como vimos no caso da comunidade Penyakaha.

Podemos agora expor aspectos referidos à segunda massa ancestral indicada, aquela de essência *histórica*.

A massa ancestral de essência histórica compreende aqueles antepassados que denominamos ancestrais históricos, emergidos do homem natural (o pré-ancestral) e integrados diferencialmente – após o fim da existência visível e concluídos os funerais respectivos – no país dos ancestrais de um determinado grupo social com o qual mantém relações permanentes. Nessa modalidade é possível distinguir-se, para maior objetividade, duas categorias. A primeira é constituída dos ancestrais mais distantes, os quais podem, às vezes, confundir-se com uma configuração mítica. Ligam-se ao aparecimento do homem no mundo, aos pactos totêmicos, às primeiras propostas de organização da sociedade, e até mesmo do poder, aos períodos de coleta e caça, bem como aos movimentos migratórios antigos que levaram ao estabelecimento longínquo em determinado território, sendo possível mesmo estarem relacionados a opções pelos modos de produção (agrária, caça, criadores andarilhos de gados). Dessa forma, associam-se à história mais distante e por vezes torna-se difícil estabelecer os contornos precisos de sua dimensão mítica ou histórica. Sua diluição paulatina na massa ancestral faz com que os locais, onde oferendas e sacrifícios lhes são feitos, constituam-se em espaços assaz genéricos como riachos, árvores, trechos de florestas, às vezes a própria terra etc., assemelhados ao que ocorre com os entes sobrenaturais de essência mítica. São extremamente sacralizados por serem considerados muito próximos das instâncias superiores das forças vitais e da sabedoria, mesmo até do preexistente. Sua manifestação no interior da sociedade é bastante abstrata, embora possam ser considerados como fontes originárias de uma modalidade de conhecimento diferenciada, levando à transmissão da interpretação da realidade através da recriação de modelos ligados a problemáticas abrangentes, as quais incluem o chamado *saber esotérico*. Nós pensamos que nessa categoria podem ser incluídos os ancestrais possuidores de uma capacidade de interação ótima com a natureza, habilitados inclusive a promover pactos totêmicos, isto é, os antigos ancestrais relacionados com o início das várias etapas sucessivas do existir. Eles são os *arquiancestrais históricos*. A segunda categoria é composta dos ancestrais menos distanciados no tempo, bastante presentes na memória familiar e comunitária, fortemente individualizados pelo nome, ritos específicos, locais privativos a eles destinados, representações materiais, simbologias e outros elementos impactados pela ação humana. Viveram em uma comunidade determinada e estão associados à história da efetiva organização e desenvolvimento da sociedade. Ligam-se a pactos estabelecidos com a terra e à natureza em geral, com a ocupação de um determinado território ou área, à estruturação e legitimação da família pelos laços de sangue e à organização e administração familiar e da comunidade, nisso incluída a questão do exercício do poder. Participaram do estabelecimento de normativas ancestrais menos ou mais extensivas relacionadas com as práticas históricas originárias, estando assim ligados à transmissão do conhecimento pela recriação de modelos diferenciais explicadores de padrões civilizatórios específicos. Sua imagem e sacralização, embora muito significativas, não são extensivas, no sentido de possuírem abrangência mais totalizante, e os locais destinados à sua representação e seus elementos simbólicos, como santuários familiares, aposentos reservados, estatuetas, potes, monumentos etc., pouco transcendem o âmbito de um grupo social mais restrito, como a família, por exemplo. Mas esses ancestrais *também* podem ligar-se, concomitantemente ou não com a sua configuração menos extensiva, a instâncias mais abrangentes da sociedade. Trata-se dos patriarcas, notáveis e mandatários com poder mais centralizador e abarcante, como é o caso dos chefes superiores de comunidades e reis. Devido às suas relações com esferas mais totalizantes da sociedade, os espaços, representações e ritos que lhes são destinados configuram-se de maneira ampla, embora fortemente individualizada, atingindo totalidades. Quando ocorre a demonstração pública da sacralização desses ancestrais, ela abarca toda a comunidade. Esses são os *ancestrais históricos* por excelência.

Razões históricas fazem com que, com certa freqüência, essas duas categorias de ancestrais históricos se sobreponham e se caracterizem concomitantemente, como é o caso do antepassado o qual, tendo ultrapassado o âmbito do grupo social menor manifesta-se também no conjunto da sociedade como elemento ligado a práticas sociais mais extensivas, caso em que sua condição ancestral *guarda mais de uma dimensão*.

Vistos assim sumariamente os tipos de ancestrais definidos pela sociedade – de essência mítica e de essência histórica –, podemos indicar brevemente alguns fatores relacionados com a explicação ancestral de certas dimensões da realidade emanados das sociedades em causa.

Concretude e dinâmica ancestral de práticas históricas

Voltando a englobar em um só universo divindades e ancestrais históricos para exposição mais sintética dos assuntos deste item, parece-nos possível dizer uma palavra sobre as relações concretas estabelecidas entre esses entes e o curso da vida em sociedade.
Reforçando ângulos já expostos, consideramos que *divindades e ancestrais* são forças e energias próprias e específicas da natureza, de essências diversas (mítica ou histórica) explicadas e colocadas em relação com as práticas sociais segundo padrões diferenciais dos processos civilizatórios, caracterizados seus âmbitos de ações. Ou seja, estão em relação constante e material com a ordem natural e social. Estão, de alguma maneira, ligados a uma explicação mágica da realidade, e negar essa dimensão poderia ser um erro embora não a confundamos, sob nenhuma hipótese, com práticas religiosas, nem mesmo no caso

dos ritos destinados à celebração desses entes. E insistimos no fato de essa dimensão mágica não significar ausência de materialidade histórica mais abrangente. Ao contrário, os dados obtidos em nossas pesquisas parecem indicar que a instância mágica das práticas sociais constitui aquele universo caracterizado por diversas esferas sociais onde ocorrem as ações dos ancestrais mas que não estão fora do alcance da ação humana. De fato, o homem detém a possibilidade de participar do processo através de atos de comunicação e interação estabelecidos entre os dois universos. Tais atos ultrapassam a limitação de processos rituais para abranger um grande número de ações eficazes e extensivas pelo que não se restringem apenas a certos momentos onde se fixam na ordem social as simbologias dessa interação. Nós consideramos que os processos rituais são apenas momentos sintéticos – cuja importância não deve ser ignorada – de mecanismos mais gerais que promovem a participação plena do homem no conjunto da ordem natural total, reproduzindo a realidade ancestral pensada pela sociedade, pois tal interação parece inseparável e permanente, manifestando-se com naturalidade e na mesma medida de outras práticas sociais ou formas de explicar o mundo.

Nessa linha de idéias, é possível pensar na dinâmica da interação entre uma dada sociedade e a *natureza*, envolvendo princípios ancestrais. A natureza parece ser concebida, ao mesmo tempo: como natureza em si, nascida dos processos primordiais de criação; como fonte mais abrangente de vitalidade e fertilidade colocada em efetiva relação consciente com a sociedade; e como elemento onde essa ação se concretiza. Ou seja, a natureza transparece como universo natural-social desde que se exerça sobre ela uma atuação histórica. Para tanto é necessário saber como proceder, e tal fator tem por base formulações criadas pelos ancestrais ao longo do tempo. É assim que os domínios do preexistente, das divindades e dos ancestrais históricos assumem configuração específica quando vistos sob ângulos referidos a uma dada sociedade e problemática. A terra, espaço natural, assume pela ação dos antepassados, que com ela estabeleceram pactos de ocupação, sua dimensão histórica e ancestral, abrangendo os processos de produção. O mesmo ocorre quando se leva em conta a importância de lugares sacralizados – locais esses onde são levados a efeito certos processos de formação da personalidade – que simbolizam e são parte da imagem do universo reproduzida no mundo terrestre, e parte da imagem da sociedade padrão ou de atos funerários secretos. Esses locais assumem sua configuração ancestral por se constituir em instrumentos concebidos pelos antepassados de um grupo, unificando o natural e o social a fim de auxiliar na organização e administração das coisas. E não deve ser esquecida a grande dimensão atribuída à terra pelos ancestrais: fonte de vida, ela é uma divindade a ser tratada com muita cautela, possuidora que é de forças vitais a serem respeitadas. Nessa dialética estabelecida entre natureza e sociedade – da qual a terra e certos espaços foram exemplos –, o homem consegue interação ótima devida em grande parte, supomos, à concepção ancestral que a orienta e lhe dá materialidade e que propõe, ao contrário de agressão à natureza e a todos os seus seres e manifestações, uma composição constante, *organizando-a no interior da sociedade e esta no interior daquela*.

O mesmo pode ser dito, de certa maneira, sobre a dimensão ancestral do *tempo*, o qual assume várias configurações: há o tempo destinado ao culto pessoal do princípio vital de imortalidade e de destino, quando as pessoas ainda estão no período da existência visível, prática de significado abrangente caso trate-se de mandatários de notável importância, como no exemplo do rei Ioruba; há o tempo destinado aos ritos destinados aos ancestrais familiares e comunitários, que pode envolver o conjunto da comunidade, fazendo evidenciar a existência de categorias políticas no interior desses eventos e relacioná-los com a própria legitimação do poder; existe um tempo do preexistente que na verdade parece abranger totalidades e também particularidades, como no caso da configuração do calendário Agni, evidenciando-se que as divindades possuem o privilégio de influir no tempo como no caso da semana Ioruba; existe a configuração ancestral do tempo destinado aos cultos agrários onde são celebrados, conjuntamente, os funerais do ano agrícola encerrado, o nascimento do novo ano agrário e dos produtos que com ele virão, as divindades e os ancestrais; a isso junte-se o tempo de sacralização e dessacralização da produção em virtude da natureza da terra, cuja essência divina estabelece a necessidade de seu próprio descanso nas ocasiões previstas, bem como a exigência de pactos para sua ocupação; há o tempo iniciático, aquele dos processos comuns de socialização e aquele dos períodos cruciais, o todo propondo configurar as mutações do ser humano em sua caminhada do natural ao natural-social e a integração adequada na sociedade segundo os processos engendrados pelos ancestrais para assegurar a identidade profunda e a organização social; não se deve esquecer do tempo das iniciações atípicas, que produzem indivíduos portadores de saber esotérico e ganham importância notável e abrangente quando se prepara um novo rei, o mandatário continuador de ancestrais e de divindades; pode-se pensar na dimensão ancestral do tempo de antes e de depois dos movimentos migratórios, que estabeleceram novas condições históricas para a sociedade; mas não se pode esquecer o tempo da morte, no qual a sociedade elabora seu ancestral pacientemente, aguardando o desfecho do processo de desunião dos princípios vitais integrantes do homem em sua existência visível. Nesse tempo, a expectativa é geral: a sociedade deve introduzir seu indivíduo no país dos ancestrais onde estes aguardam, os olhos voltados para a aldeia, a superação da desordem a fim de receber em sua comunidade o novo membro, dotado de uma nova vitalidade, nascida de sua imortalidade histórica devidamente preparada pela ação transformadora dos funerais.

Também o *conhecimento* nos parece dotado de uma dimensão ancestral. Não se pretendem discutir aqui os fundamentos epistemológicos estabelecidos eventualmente pelos antepassados, porém constatamos a existência efetiva de proposições acerca do conhecimento que envolve a questão ancestral. Isso configura-se essencialmente na absorção e transmissão de valores civilizatórios por intermédio de processos específicos, sem dúvida concebidos pelos ancestrais e enriquecidos com o passar do tempo. Para fins de generalização e exposição sintética dessa proposta, diríamos que ela manifesta-se materialmente no que se pode denominar de conhecimento *esotérico* e conhecimento *exotérico*, de certa forma já abordados, mas para os quais desejamos acrescentar alguns aspectos. No primeiro caso, podem ser classificadas as categorias *atípicas* do conhecimento, ligadas a certas instâncias diferenciais da explicação da realidade, como no caso dos jogos divinatórios, sociedades secretas, bruxos, mágicos, médicos, músicos profissionais do uso da oralidade, manipuladores de elementos primordiais da natureza, notáveis responsáveis por certos ritos de comunicação e interação com divindades e ancestrais etc. Os agentes sociais desse tipo de conhecimento são produto de iniciações atípicas e em princípio não-obrigatórias para fins de elaboração da figura social comum devidamente integrada na sociedade segundo padrões estabelecidos pelos ancestrais e manifestados nos processos de socialização. No caso do conhecimento citado como *exotérico* podem ser incluídas as categorias *típicas* do conhecimento, ligadas às instâncias da explicação da realidade e da absorção das normas e jurisprudência ancestrais, isto é, às esferas da consciência possível da maior parte dos valores internalizados na identidade social. Essa divisão entre formas de conhecimento, feita para fins de exposição da problemática é, entretanto, apenas funcional. Levada às suas últimas conseqüências, poderia introduzir a idéia de que o conhecimento se constitui em dimensão estratificada da consciência social. Não é o caso: elas manifestam-se concomitantemente e assumem a categoria de instrumentos complementares das práticas sociais. Vejamos nesse sentido o caso dos processos de socialização onde, nas fases de reclusão nos espaços iniciáticos, os neófitos são submetidos às mais duras provas materiais e intelectuais destinadas a fazer evidenciar e avaliar os graus de iniciação atingidos, nisso incluído a dimensão animal do homem. Nessas situações, temos de um lado os dignitários iniciadores e de outro os iniciandos, estabelecendo-se uma oposição concreta e um tipo gerontocrático de dominação, pois os primeiros são detentores de um conhecimento mais abrangente, criando-se severas hierarquias. Mas essa oposição é superada pelos próprios processos por ela originados: uma vez configurado o grau de socialização, concebido pelos ancestrais como necessário à elaboração plena do homem natural-social, este passa a ser considerado institucionalmente dotado do conhecimento relativo à fase existencial respectiva, tornando-o capaz de, por sua vez, transformar-se em veículo transmissor de valores sociais (sem levar-se em conta o exercício de ações outras, atinentes ao estatuto adquirido). Ainda mais: os agentes sociais dotados de conhecimento diferenciado, revelador do domínio de patamares específicos do saber, são produzidos e acionados pela própria sociedade. Seria ingenuidade imaginar, por exemplo, que as chamadas sociedades secretas, de máscaras e outras, encontram-se de certa forma desvinculadas do total das práticas históricas, constituindo-se em espécie de nichos afastados. Essas corporações de fato assumem papéis diversificados e diferenciados e suas ações se caracterizam pelo hermetismo de que se revestem, explicando a aura mística a elas atribuída, mas nada mais fazem a não a ser expressar à sua maneira valores propostos pela sociedade, agindo por delegação desta, pois é ela o elemento produtor de tipos sociais ligados ao conhecimento esotérico, destinado a complementar a exteriorização da consciência social total. O conhecimento é, sem dúvida, um importante instrumento de identidade social e das práticas históricas. Mas é também um desafio permanente, pois sua exteriorização não pode ser gratuita, ela deve necessariamente ser fundamentada pela localização precisa no referencial explicativo. Lembremo-nos de suas manifestações – a principal delas sendo o próprio processo histórico – envolvendo a socialização, as várias instâncias das narrativas que incluem contos, fábulas e discursos e abrangem a memória social, o teatro sagrado, a ação de poetas, os conselhos de família e de comunidade, a árvore da palavra, as cortes de apelação, as instâncias mágicas das decisões sintetizadas na palavra das máscaras sagradas, os deputados do povo constituídos pelas gerações dos grupos de idade onde exercem funções políticas muitas vezes conflitantes com o poder mais abrangente etc. O conhecimento é assim um universo diversificado e por vezes hermético, que exige seu desvendamento paulatino, pois está em jogo não a captação de um saber mais ou menos aleatório e não raro reitificador, mas a consciência do homem e da sociedade a seu próprio respeito através dos mais variados mecanismos instituídos pelos ancestrais.

Podemos pensar ainda na questão do *poder* envolvendo os ancestrais.

Entre os *Ioruba* o Estado e o poder do rei oferecem à análise aquela dimensão ancestral de natureza *divina* (essência mítica) na qual os *Orisa* legitimam certas práticas que envolvem de maneira decisiva o soberano e, conseqüentemente, o reino. Essa característica faz emergir dois aspectos básicos: no primeiro deles, as divindades estão relacionadas com o aparecimento do mundo e da sociedade em configurações diferenciais, reportando-se, portanto, à organização política em acordo com propostas originárias de explicação estabelecidas pela sociedade. Em segundo lugar, nesse universo e com igual importância, a imagem do rei deve de certa maneira reproduzir algumas instâncias dessa proposição. De fato, ele não escapa de sua condição humana e de vez que o Estado é singularmente detentor de natureza divina, o soberano deve submeter-se ostensivamente às fontes que caracterizam essa mesma natureza, explicando o expressivo número de atos e instituições tendentes a demonstrar o estabelecimento de relações ótimas com os *Orisa*, seja no âmbito da escolha de um novo mandatário, seja no âmbito do exercício do poder. Mas o rei é também, em sua condição de principal chefe superior de um reino com profundos traços de natureza divina, o representante por excelência dos *Orisa*, e a condição humana do soberano deve adquirir também, sob variadas formas, uma dimensão assemelhando-o às divindades. Isso é conseguido: pela sacralização do rei obtida por força de atos iniciáticos específicos; pela manipulação de sua imagem de maneira a nela introduzir, por uma série de artifícios, atos, comportamentos, simbologias etc., a ausência de ascendência humana, a ambigüidade, a duplicidade e até mesmo a imortalidade no plano físico; e pelos inúmeros personagens e instituições ligados ao rei e ao poder de Estado que assumem o caráter de aspectos complementares do mandatário. Nesse sentido, o rei Ioruba, nos exemplos citados ao longo do texto, é continuador dos ancestrais-reis, mas ao mesmo tempo é também a manifestação dos *Orisa* em um contexto político. O caso do reino de Ketu introduz a participação dos ancestrais históricos (essência histórica) nesses processos de legitimação de maneira não negligenciável, levando a crer que – mesmo de maneira diferente – manifeste-se também nos reinos de Ifé e Oyo. Mas a ausência de dados de realidade referentes a esses dois últimos reinos não nos permite, porém, ir além dessas suposições lançadas sobre os ancestrais *históricos*.

Diferentemente do caso Ioruba, a dimensão ancestral mais evidenciada com relação às práticas políticas dos *Agni* é referida aos ancestrais *históricos* (essência histórica). Nas situações analisadas, o poder liga-se crucialmente às Cadeiras patriarcais, fontes ancestrais da configuração das descendências – legitimando sucessões – e à Cadeira-Estado, símbolo máximo da sociedade e depositária dos ancestrais-reis, como foi descrito antes. Entre esses Akan, a condição humana do rei é fortemente realçada e ele é assemelhado de maneira decisiva aos ancestrais históricos detentores do poder de Estado, formando uma espécie de totalidade ancestral em que um de seus membros está ainda na fase da existência visível. Essa materialidade de que se reveste a figura do soberano Agni é revelada pelos atos institucionais legitimadores de sua posição, desde sua potencialidade sucessorial – nascida do exame minucioso de sua situação histórica no interior da família reivindicante, segundo a concretude ancestral dessa situação – até aos complexos processos de proclamação e entronização. A isso devem ser acrescentados aqueles aspectos onde a legitimação do rei é remetida à história do êxodo dos Agni, um fator diferencial que demonstra particularmente bem o caráter dinâmico atribuído à ação dos ancestrais. É bom deixar registrado que a ausência de dados mais seguros não nos permite abordar com mais detalhes a participação das *divindades* nas práticas políticas e na figura do rei.

Nesses exemplos apresentados, tratamos com formulações políticas que denominamos *sociedade com Estado*. Iremos apresentar agora dados referentes a uma *sociedade sem Estado*, os Senufo.

No que concerne aos Senufo, sua dimensão mais evidenciada é idêntica à dos Agni: o poder que mais se observa na bibliografia e na pesquisa de campo refere-se aos ancestrais *históricos*, embora a presença de entes de essência *mítica* seja importante. Essa dimensão aplica-se seja quanto à questão da legitimidade do poder e seu alcance, seja quanto ao seu efetivo exercício. No primeiro caso, a legitimação indiscutível ocorre pelos princípios ancestrais estabelecidos pelos laços uterinos de sangue, elemento configurador das ascendências e descendências. E, no segundo, em função dos pactos estabelecidos com a terra pelos ancestrais fundadores, de onde emerge o poder ancestral comunitário, pois, como vimos, a família confunde-se com a comunidade e esta com a terra. Isso denota que o poder aparece como elemento extremamente difuso quando tomado em relação ao conjunto da sociedade, mas bastante centralizador quando referido à família-aldeia, na qual se esgota. Devem ser levados em conta, todavia, os aparatos moderadores do poder, nascidos da jurisprudência ancestral, antes indicados.

Segundo entendemos, tais exemplos fazem evidenciar materialmente as dimensões ancestrais do poder em seus aspectos considerados mais significativos para os fins deste trabalho, articulados e manifestados sob várias formas, apresentando natureza, essências, concretude e dinâmica diferenciais, relacionando-se com massas ancestrais específicas – talvez uma impactando a outra – e com sociedades portadoras de estruturas políticas diversas.

Finalmente, parece-nos possível aflorar sumariamente outro assunto e alvo final de nossas propostas formuladas no campo das generalizações possíveis e cabíveis: trata-se do conceito a que denominamos *ancestralidade*.

A ancestralidade

O termo – por nós encontrado poucas vezes na literatura, mas sem nenhuma explicação sobre seus fundamentos materiais e históricos – é utilizado por Lévi-Strauss no discurso formulado a propósito das máscaras e sua dimensão social com o qual, em certa medida, faz avançar a noção do conceito, embora não o explore suficientemente. Abordando a questão do desdobramento de signos e símbolos, esse autor considera que as máscaras apresentam sua representação gráfica, mas também sua expressão funcional afirmando:

> no entanto as máscaras representam também ancestrais e, vestindo a máscara, o ator encarna o ancestral. Qual é, pois, a diferença? É que, ao inverso das civilizações que consideramos aqui, não há esta cadeia de privilégios, de emblemas e de prestígios que, por intermédio das máscaras, justificam uma hierarquia social pela precedência das genealogias. O sobrenatural não é destinado, antes de tudo, a fundar uma ordem de castas e de classes. O mundo das máscaras forma mais um panteão do que uma ancestralidade.
> (Lévi-Strauss, 1975: 302)

Nesse enunciado o termo está, pois, ligado à dimensão histórica referida a questões que se formulam em certas instâncias sociais subordinadas à ordem de castas e de classes, as quais as máscaras não podem expressar em todos os seus termos. É por isso que para esse autor as máscaras constituem apenas um panteão e o conceito de ancestralidade não fica objetivado, pois a simples referência a ligações com o universo das práticas sociais não parece estabelecer nem a materialidade nem o alcance da proposta.

Os dados apresentados neste trabalho permitem, entretanto, em nosso entender, melhor objetivar e fundamentar esse conceito, ainda que sucintamente.

Propusemos há pouco a existência de uma tipologia de ancestrais. Tratamos então com ancestrais de essência *mítica* (preexistente e divindades) e com ancestrais de essência *histórica* (ancestrais históricos) referidos a complexos civilizatórios específicos. Isso foi necessário para distinguir os tipos de entes sobrenaturais envolvidos no discurso e para melhor objetivação dos fatos apontados. Voltamos depois, por razões de método e também práticas, a englobar em um só universo aqueles dois tipos de ancestrais, originando-se assim, formalmente, uma *única massa ancestral sem perda da necessária distinção das essências que a compõem* (mítica ou histórica). Ou seja, consideramos que cada sociedade aqui tratada é possuidora de uma *massa ancestral* dela privativa formada por aqueles *dois tipos de ancestrais*.

Mas parece-nos necessário avançar mais para procurar demonstrar a materialidade das propostas dessas sociedades negro-africanas sobre a questão ancestral.

De fato, como os fatores sociais de essência ancestral apontados ao longo deste trabalho integram historicamente relações e instituições de inúmeras esferas dos processos sociais – muitas delas de notável envergadura –, julgamos cabível propor que tal realidade institui uma *outra massa ancestral privativa das sociedades, aquela formada pelo conjunto das práticas sociais nela envolvidas*, impactadas pelos entes sobrenaturais, mas *produzidas pelo homem*.

Parece-nos possível agora lançar uma abstração justificada: como essas duas massas ancestrais encontram-se em relação dialética constante, uma não se legitima em sua configuração originária sem a outra, sob pena de perda da identidade mais decisiva, *a síntese* produzida pela interação entre os dois universos é o fator que revela a dimensão ancestral desses complexos civilizatórios. Essa síntese, tomada em sua concretude histórica, dinâmica e pluralidade de ações possíveis, constitui a *ancestralidade*.

Esse termo fica pois dotado, a nosso ver, de maior materialidade e alcance – nada tendo a ver com o universo ínfimo das religiosidades – refere-se de fato a ações concretas de práticas históricas abrangentes. Acrescentamos, por decorrência, que as características da ancestralidade negro-africana permitem atribuir uma tipologia para o conceito. Tal proposta está, evidentemente, relacionada com a própria tipologia dos ancestrais antes enunciada, da qual de certa forma nasceu em virtude de suas ligações diferenciais com as diversas instâncias da realidade. Mas há que estabelecer certas distinções.

A complexidade teórica envolvendo uma proposição para a ancestralidade negro-africana exige que esta seja tomada como enunciado provisório, constituindo-se possivelmente em campo eficiente para futuras explorações na tentativa de verificar procedências reais, ultrapassando seu atual alcance.

Dentro desses limites teríamos, esquematicamente, duas modalidades básicas de ancestralidade, superpostas ou combinadas, sendo que, entretanto, as sociedades apresentam dimensões ancestrais consideradas mais significativas, *consubstanciadas em tipos para os quais tendem mais decisivamente*, como vimos nos inúmeros exemplos expostos.

Poderíamos, assim, cogitar da existência de um tipo de ancestralidade divina ou semi-divina, altamente sacralizada, envolvendo o preexistente, divindades e alguns ancestrais históricos, principalmente os que chamamos de arquiancestrais, estes às vezes aparecendo, até certo ponto, como míticos e outras como realmente históricos. Esse tipo liga-se geralmente à explicação primordial do mundo, ao aparecimento do homem e dos primeiros ancestrais básicos, originando propostas muito longínquas de organização da sociedade, podendo, entretanto até mesmo relacionar-se com a configuração do Estado. Dá origem a instituições sociais abrangentes relativamente bem configuradas entre os Senufo e plenamente entre os Ioruba, sobretudo nos reinos de Ifé e Oyo. A esse tipo atribuímos o nome provisório de *ancestralidade mítico-histórica*.

O outro tipo de ancestralidade envolve apenas os ancestrais históricos, sacralizados dentro de certas hierarquias, menos ou mais longínquos, mas perfeitamente individualizados e conservados na memória social, sendo característica básica de sua concretude o fato de sua condição ancestral ter sido criada pela própria sociedade por força das cerimônias funerárias. Liga-se a explicações extremamente diferenciais da realidade e dá origem a práticas e instituições sociais menos ou mais abrangentes, desde a configuração da família e da sociedade, incluindo mesmo a noção e legitimação de Estado, quando é o caso. Manifesta-se fortemente entre os Ioruba do reino de Ketu, entre os Senufo – onde transparece em uma espécie de fusão com o primeiro tipo – e plenamente entre os Agni. Para esse tipo atribuímos provisoriamente o nome de *ancestralidade histórica*.

As relações estabelecidas entre ancestrais e instituições ancestrais fazem supor que a ancestralidade negro-africana contém a materialidade própria do complexo social a ela referido. Essa materialidade acompanha os processos históricos e seus desdobramentos – o que lhe dá sua dinâmica e atualidade de valores *originários* – revelando a dimensão ancestral das sociedades e propondo configuração não-mecanicista desse imperativo social. De fato, a multiplicidade de aspectos concretos assumidos pela ancestralidade negro-africana parece indicar, de maneira expressiva, que as ações históricas e os domínios sociais por ela abarcados são os elementos mais decisivos de sua explicação.

Bibliografia

ABIMBOLA, Wande. *An Exposition of Ifá Literary Corpus*. Ibadan: Oxford University Press Nigeria, 1976.
———. "The Yoruba Concept of Human Personality", in *La Notion de personne en Afrique Noire*. Paris: CNRS, 1973.
ABLÉ, Jean-Albert. *Histoire et tradition politique du pays Abouré*. Abidjan: Imprimerie Nationale, 1978.
ADOUKONOU, Barthélémy. "Pour une problematique anthropologique et religieuse de la mort dans la pensée Adja-Fon", in *La Mort dans la vie africaine*. Paris: Présence Africaine, 1979.
AMIN, Samir. *Le Développement du capitalisme en Côte d'Ivoire*. Paris: Éditions de Minuit, 1967.
AMSELLE, Jean-Loup et al. *Les Migrations africaines*. Paris: François Maspero, 1976.
AUGÉ, Marc. *Théorie des pouvoirs et idéologie*. Paris: Hermann, 1975.
BALANDIER, Georges. *Antropo-lógicas*. São Paulo: Cultrix/Edusp, 1976.
———. *Anthropologie politique*. Paris: PUF, 1969.
———. *Sociologie actuelle de l'Afrique noire*. Paris: PUF, 1971.
BASTIDE, Roger. *As religiões africanas no Brasil*. São Paulo: Livraria Pioneira/Edusp, 1971.
———. *Las Américas negras*. Madri: Alianza Editorial, 1969.
———. "Le Principe d'individuation (contribution à une philosophie africaine)", in *La Notion de personne en Afrique Noire*. Paris: CNRS, 1973.
BASTIDE, Roger e VERGER, Pierre. "Contribuição ao estudo da adivinhação no Salvador (Bahia)". *Revista do Museu Paulista*, v. VII, 1953.
BASTIDE, Roger et al. *Réincarnation et vie mystique en Afrique Noire*. Paris: PUF, 1965.
BRAGA, Julio Santana. *Le Jeu de "Buzios" dans le Candomble de Bahia* (tese de doutoramento em antropologia, mimeografada). Lubumbashi: Université Nationale du Zaire, 1977.
CAUVIN, Jean. *La Parole traditionnelle*. Paris: Saint-Paul, 1980.
COULIBALY, Sinali. *Les Paysans Sénoufo de Korhogo*. Dakar: Faculté des Lettres et Sciences Humaines de Dakar, s/d.
———. *Le Paysan Sénoufo*. Abidjan-Dakar: Nouvelles Éditions Africaines, 1978.
D'ABY, F. J. Amon. *Croyances religieuses et coutumes juridiques des Agni de la Côte d'Ivoire*. Paris: Larose, 1960.
DAOUDA, Sanogo. Entrevista sobre "Célébrations des cérémonies de retour des Bois Sacrés". *Fraternité Matin*, Abidjan, 1978.
DIENG, Amady Aly. *Hegel, Marx, Engels et les problèmes de l'Afrique Noire*. Dakar: Sankoré, 1978.
DIOP, Alioune et al. *Les Religions africaines comme source de valeurs de civilisation*. Paris: Présence Africaine, 1972.

ELBEIN DOS SANTOS, Joana. Os *Nàgô e a morte: Pàde, Asèsè e o culto Égun na Bahia.* Petrópolis: Vozes, 1976.

ENGELS, Friedrich. *A origem da família, da propriedade privada e do Estado.* Lisboa: Presença, s/d.

ELIADE, Mircea. *El mito del eterno retorno.* Madri: Alianza, 1972.

———. *Mito e realidade.* São Paulo: Perspectiva, 1972.

ESCHLIMANN, Jean Paul. *Les Agni Bona devant la mort.* Tankesse, 1976 (mimeografado).

FERNANDES, Florestan. *A função social da guerra na sociedade tupinambá.* São Paulo: Livraria Pioneira/Edusp, 1970.

GOLDMANN, Lucien. *Ciências humanas e filosofia.* São Paulo: Difusão Européia do Livro, 1970.

———. *A criação cultural na sociedade moderna.* Lisboa: Presença, 1972.

———. *Dialética e cultura.* Rio de Janeiro: Civilização Brasileira/Paz e Terra, 1967.

GRIAULE, Marcel. *Dieu d'eau (entretiens avec Ogotemmêli).* Paris: Fayard, 1966.

———. e Dieterlen, Germaine. *Le Renard pâle.* Paris: Institut d'Ethnologie, 1965.

GURVITCH, Georges. *El concepto de clases sociales.* Buenos Aires: Nueva Visión, 1970.

———. "La Magie, la religion et le droit", in *La Vocation actuelle de la sociologie.* Paris: PUF, 1979.

GUYADER, Josseline. "Une royauté Agni à l'aube de la conquête coloniale: Le pouvoir politique dans la societé Sanwy depuis 1843 juqu'à 1893", in *Annales de l'Université d'Abidjan* (série I, v. VII, Histoire). Abidjan: Université d'Abidjan, 1979.

HAMPÂTÉ BÂ, Amadou. "La Tradition vivante", in *Histoire Générale de l"Afrique,* I. Paris: Jeune Afrique/Stock/Unesco, 1980.

HAZOUMÉ, Paul. *Le Pacte de sang au Dahomey.* Paris: Institut d'Ethnologie, 1956.

HOLAS, B. *L'Art sacré Sénoufo.* Dakar, Abidjan: Nouvelles Éditions Africaines, 1978.

———. *Les Dieux d'Afrique Noire.* Paris: Librairie Orientaliste Paul Geuthner, 1968.

———. *Les Sénoufo (y compris les Minianka).* Paris: PUF, 1957.

———. *Sculpture Sénoufo.* Abidjan: Centre des Sciences Humaines, 1969.

IDOWU, E. Bolaji. *African Traditional Religion: a Definition.* Londres: SCM Press, 1976.

IGUE, Ogunsola John. *Le Rôle de l'igname dans la civilisation agraire des populations Yoruba.* Université du Dahomey, 1975 (mimeografado).

JOHNSON, Samuel. *The History of the Yorubas.* Lagos: CSS Bookshops, 1976.

KAGAME, Alexis. *La Philosophie Bantu comparée.* Paris: Présence Africaine, 1976.

KIPRÉ, P. *Les Populations des lagunes ivoiriennes à la Volta du XIIe au XVIe siècle.* Texto apresentado ao Comitê Científico Internacional para a Redação de uma História Geral da África da Unesco, aprovado pelo diretor do volume respectivo, v. IV, cap. 13 (mimeografado).

KI-ZERBO, Joseph. *Histoire de l'Afrique Noire.* Paris: Hatier, 1978.

LAFARGUE, Fernand. *Religion, magie, sorcellerie des Abidji en Côte d'Ivoire.* Paris: Nouvelles Editions Latines, 1976.

Laye, Camara. *Le Mâitre de la parole*. Paris: Librairie Plon, 1978. (Apresentador da palavra de Babou Condé, recitador tradicionista da história africana).

Leiris, Michel. *La Possession et ses aspects théâtraux chez les éthiopiens de Gondar*. Paris: Librairie Plon, 1958.

Lepine, Claude. *Contribuição ao estudo do sistema de classificação dos tipos psicológicos no Candomblé Kétu de Salvador*. Tese (Doutoramento em Ciências Sociais), Universidade de São Paulo, São Paulo, 1978.

Lévi-Strauss, Claude. *Antropologia estrutural*. Rio de Janeiro: Tempo Brasileiro, 1975.

———. *O pensamento selvagem*. São Paulo: Companhia Editora Nacional/Edusp, 1970.

Lukács, Georg. *Historia y conciencia de clase*. México, DF: Grijalbo, 1969. (Contém o prólogo de 1967).

Marx, Karl. *Formações econômicas pré-capitalistas*. Porto: Publicações Escorpião, 1973.

———. *Introducción general a la crítica de la economía política*. Córdoba: Cuadernos de Pasado y Presente, [1857] 1971.

Maupoil, Bernard. *La Géomancie à l'ancienne Côte des Esclaves*. Paris: Institut d'Ethnologie, 1943.

Mouezy, Henri. *Assinie et le royaume de Krinjabo*. Paris: Larose, 1954.

N'Guessan, Marius Ano. *Contes Agni de l'Indenie*. Abidjan: Imprimerie Nationale, s/d.

Niangoran-Bouah, Georges. *Introduction à la drummologie*. Abidjan: Université Nationale de Côte d'Ivoire, 1981.

———. *La Division du temps et le calendrier rituel des peuples lagunaires de Côte d'Ivoire*. Paris: Institut d'Ethnologie, 1964.

Obenga, Théophile. "Sources et techniques spécifiques de l'histoire africaine aperçu général", in *Histoire Général de l'Afrique*, I. Paris: Jeune Afrique/Stock/Unesco, 1980.

Ouattara, Tiona. "Les Origines du Poro communautaire". *Fraternité Matin*, Abidjan, 1979.

———. *Nomenclature de quelques termes usuels dans les sources orales Sénufo de Côte d'Ivoire*. Abidjan: Les Cahiers de l'IHAAA, 1981.

Palau Marti, Montserrat. *Le Roi-Dieu au Benin*. Paris: Berger-Levrault, 1964.

Parrinder, Geoffrey. *La Religion en Afrique occidentale*. Paris: Payot, 1950.

———. *The Story of Ketu*. Ibadan: Ibadan University Press, 1967.

Paulme, Denise et al. *Les Religions africaines traditionnelles*. Paris: Éditions du Seuil, 1965.

Pazzi, Roberto. *L'Homme Eve, Aja, Gen, Fon et son univers: dictionnaire*. Lomé, 1976 (mimeografado).

Ramos, Arthur. *As culturas negras*. Rio de Janeiro: Casa do Estudante do Brasil, s/d.

Rouch, Jean. "Essai sur les avatars de la personne du possédé, du magicien, du sorcier, du cinéaste et de l'ethnographe", in *La Notion de personne en Afrique Noire*. Paris: CNRS, 1973.

———. *La Religion et la magie Songhay*. Paris: PUF, 1960.

Rougerie, Gabriel. *La Côte d'Ivoire*. Paris: PUF, 1977.

Souza, Germain de. *Conception de vie chez les "Fon"*. Cotonou: Éditions du Bénin, 1975.

STAVENHAGEN, Rodolfo. *Las clases sociales en las sociedades agrarias.* México, DF: Siglo XXI, 1970.

SYLLA, Lanciné. "Démocratie de l'arbre à palabre et Bois Sacré (essai sur le pouvoir parallèle des sociétés initiatiques africaines)". *Annales de l'Université d'Abidjan,* Abidjan, 1980.

———. *Tribalisme et parti unique en Afrique Noire.* Paris: Presses de la Fondation Nationale des Sciences Politiques, 1970.

TEMPELS, Placide. *Bantu Philosophy.* Paris: Présence Africaine, 1969.

THOMAS, Louis Vincent. *Cinq essais sur la mort africaine.* Dakar: Université de Dakar/Faculté des Lettres et Sciences Humaines, 1968.

———. "Le Pluralisme cohérent de la notion de personne en Afrique Noire traditionnelle", in *La Notion de personne en Afrique Noire.* Paris: CNRS, 1973.

THOMAS, Louis-Vincent e Luneau, René. *La Terre africaine et ses religions.* Paris: Librairie Larousse, 1975.

TURNER, Victor W. *O processo ritual: estrutura e antiestrutura.* Petrópolis: Vozes, 1974.

VERGER, Pierre Fatumbi. "Grandeur et décadence du culte de Ìyámi Òsòròngà". *Journal des Africanistes,* v. XXXV, 1965.

———. "La Société Egbé Òrun des Àbíkú: les enfants qui naissent pour mourir maintes fois". *Bulletin de l'IFAN,* v. XXX, série B, n. 4, 1968.

———. *Notes sur le culte des Orisa et Vodun à Bahia, la Baie de tous les Saints au Brésil et à l'ancienne Côte des Esclaves en Afrique.* Dakar: IFAN, 1957.

———. "Notion de personne et lignée familiale chez les Yoruba", in *La Notion de personne en Afrique Noire.* Paris: CNRS, 1973.

———. *Orixás: deuses iorubás na África e no Novo Mundo.* Salvador: Currupio, 1981.

WILLETT, Frank. *Ifè, une civilisation africaine.* Paris: Tallandier, 1971.

ZAHAN, Dominique. *Sociétés d'initiation Bambara: le N'Domo, le Korè.* Paris: Mouton, 1960.

Sobre o autor

Fábio Leite, brasileiro, Bacharel em Ciências Políticas e Sociais em 1973 pela Escola de Sociologia e Política de São Paulo e Doutor em Ciências Humanas (Sociologia) pela Faculdade de Filosofia, Letras e Ciências Humanas (FFLCH) da Universidade de São Paulo (USP) em 1983. Dedicou-se desde a infância e por cerca de 25 anos ao estudo do piano, principalmente no campo da música impressionista francesa, tendo sido aluno de Magdalena Tagliaferro e Guilherme Fontainha, atividade que contribuiu expressivamente para a constituição de sua personalidade. Ingressou na administração da Universidade de São Paulo em 1960 e, devido à sua formação acadêmica, em fins de 1977 foi enviado oficialmente pela USP para colaborar na implantação de um curso de Português e Civilização Brasileira na então Universidade Nacional da Costa do Marfim (hoje Universidade de Cocody) em Abidjan, África do Oeste, dando início ao Convênio internacional estabelecido entre as duas universidades, em razão do que foi posteriormente designado Leitor brasileiro junto à Embaixada do Brasil na Costa do Marfim. Permaneceu na universidade africana de 1978 a 1981 continuadamente e o curso em questão foi efetivamente implantado, existindo até hoje. Exerceu ainda naquela universidade funções de Membro do Conselho de Departamento de Espanhol (que abrigava o curso de Português), Delegado Pedagógico junto ao Serviço Universitário de Pedagogia e Membro do "Comitê de Concertation" do mesmo Serviço. Ligado ao Centro de Estudos Africanos da Faculdade de Filosofia, Letras e Ciências Humanas (CEA/USP) desde 1974 e até hoje, nele integrou-se formalmente a contar de 1983 como Pesquisador, exercendo ainda atividades de administração, de Membro do Conselho Deliberativo e do Conselho Editorial da revista *África*, coordenando também a área de África do Oeste e o curso de língua Ioruba disponibilizado durante vários anos. A convite, foi devidamente credenciado docente do Programa de Pós-Graduação do Departamento de Sociologia da mesma Faculdade (linha de pesquisa de Sociologia da África Negra) durante mais de quinze anos, ministrando aulas e orientando vários candidatos a mestrado e doutorado, sempre naquela linha de pesquisa, integrando ainda inúmeras bancas de exames de qualificação e de defesas de dissertações de mestrados e teses de doutoramento. Participou de cerca de cem eventos – palestras, encontros, comunicações, entrevistas a rádios, jornais e televisões – nacionais e internacionais, inclusive como "expert" pela UNESCO, todos ligados à sua área de estudo. Publicou vários trabalhos sobre a África Negra, onde realizou pesquisas de campo durante os quatro anos em que ali permaneceu, percorrendo por terra milhares de quilômetros e dedicando seus estudos principalmente aos Ioruba, Agni-Akan e Senufo.

Esta obra foi composta nas fontes Bembo e ITC Officina Sans e impressa nas oficinas da Gráfica Palas Athena.